广播影视新视角丛书

丛书主编 孙宜君 陈龙

广播电视新闻作品评析

孙宜君 唐 黎 编著

国防工业出版社

·北京·

内容简介

本书是一本将广电新闻理论和新闻作品评析实践相结合的著述。其主旨就是以马克思主义新闻观为指导,对广播电视新闻作品进行价值评判。使学习者通过阅读与评析广播电视新闻作品中的优点和不足,有效地提高自身分析与评价广播电视新闻作品的能力。本书总体框架由三大部分11章构成。第一是广播电视新闻作品评析理论基础部分;第二是广播新闻作品的选评部分;第三是电视新闻作品评析部分。广播与电视新闻评析两大部分,都是按各自的体裁来分章进行选文与评析的。所选的60多篇作品,大都是经典或是历年获得国家或省级新闻奖的佳作。选文精当具有代表性,评析到位具有深刻性。语言生动流畅,可读性强。

本书可作为高等院校广播电视学、新闻学、传播学等专业的教材,也可供新闻与传播工作者学习与使用。

图书在版编目(CIP)数据

广播电视新闻作品评析/孙宜君,唐黎编著. —北京:
国防工业出版社,2014.8
ISBN 978-7-118-09488-6

Ⅰ.①广… Ⅱ.①孙… ②唐… Ⅲ.①广播电视 – 新闻 – 文学评论 – 中国 – 当代 – 文集 Ⅳ.①I207.5 – 53

中国版本图书馆 CIP 数据核字(2014)第 163326 号

广播电视新闻作品评析

出版发行	国防工业出版社
责任编辑	丁福志
地址邮编	北京市海淀区紫竹院南路23号　100048
经　售	新华书店
印　刷	北京虎彩文化传播有限公司
开　本	710×1000　1/16
印　张	23
字　数	514千字
版 印 次	2014年8月第1版第1次印刷
印　数	1~4000册
定　价	45.00元

(本书如有印装错误,我社负责调换)

国防书店:(010)88540777　投稿电话:(010)88540632
发行邮购:(010)88540776　发行业务:(010)88540717

"广播影视新视角丛书"编委会

学术顾问：胡正荣　中国传媒大学副校长、教授、博导，
　　　　　　　　　教育部高校新闻传播学专业教学指导委员会主任
　　　　　　　胡智锋　中国传媒大学《现代传播》主编、教授、
　　　　　　　　　博导，中国高校影视学会会长

丛书主编：孙宜君　陈　龙

编委会成员：(按姓氏音序排列)

　　毕一鸣　（南京师范大学新闻传播学院教授）
　　陈　霖　（苏州大学凤凰传媒学院教授）
　　陈　龙　（苏州大学凤凰传媒学院教授）
　　陈尚荣　（南京理工大学设计艺术与传媒学院博士、副教授）
　　戴剑平　（广州大学新闻传播学院教授）
　　邓　杰　（扬州大学新闻与传播学院教授）
　　金梦玉　（中国传媒大学南广学院教授）
　　李法宝　（华南师范大学文学院教授）
　　李　立　（中国传媒大学《现代传播》编辑部编审）
　　李亚军　（南京理工大学设计艺术与传媒学院教授）
　　陆　地　（北京大学新闻与传播学院教授）
　　尚恒志　（河南工业大学新闻传播学院教授）
　　沈国芳　（南京师范大学影视系教授）
　　沈晓静　（河海大学新闻传播系教授）
　　沈义贞　（南京艺术学院影视学院教授）
　　孙宜君　（南京理工大学设计艺术与传媒学院教授）
　　王长潇　（北京师范大学文学院教授）
　　王宜文　（北京师范大学艺术与传媒学院教授）
　　吴　兵　（南京政治学院新闻传播系教授）
　　杨新敏　（苏州大学凤凰传媒学院教授）
　　于松明　（南京晓庄学院新闻传播学院教授）
　　詹成大　（浙江传媒学院科研处教授）
　　张兵娟　（郑州大学新闻传播学院教授）
　　张国涛　（中国传媒大学博士、副编审）
　　张晓锋　（南京师范大学新闻传播学院教授）
　　张智华　（北京师范大学艺术与传媒学院教授）
　　周安华　（南京大学戏剧影视艺术系教授）

"广播影视新视角丛书"总序

胡正荣 孙宜君

20世纪末以来,数字技术、互联网技术及现代通信技术的飞速发展,给广播影视等传媒带来巨大的影响,传媒和科技都呈几何级数发展速度变化与增长。年龄稍长的人,可能都经历了电视的视图从黑白到彩色,广电技术从模拟信号到数字信号,节目从单调到越来越丰富的过程。如今广播影视传播的数字化、网络化、互动化已经成为现实。就通信而言,20年前,传呼机还是新潮的通信工具,现如今手机已经非常普及并开始进入3G时代。手机向着微型计算机的方向快速延展,其功能之强大已现端倪。当然,近10年来互联网对人们社会生活的影响就更大、更为深远,其中网络电视、网络音视频等视听新媒体也起到了重要作用。广播影视需要技术作为支撑,技术的进步必将给广播影视的存在形态与发展模式带来新的嬗变因素。可以预见,在媒介融合趋势的主导下,广播影视事业必将获得更快的进步,其中既有机遇,也有挑战。

对广播影视事业另一个至关重要的影响来自体制改革与媒介管理层面。自20世纪90年代中期以来,国家出台了一系列广播影视事业的管理办法,有力推动了广电体制改革,鼓励人们探索、实践新的媒介经营与管理模式。外资的进入、民营影视机构的准入、电影院线制的实施、电视节目"制播分离"制度的浮现,都有效繁荣了广播影视市场,并促使中国的广播影视事业迈上国际化的道路。于是我们有了国产大片,有了许多叫好又叫座的电视节目,更为重要、也更为内在的是广播影视机构的专业人士在经营与管理方面逐渐获得了自我意识。2011年10月举行的中共十七届六中全会对文化产业予以了高度重视,全会提出了"推动文化产业成为国民经济支柱性产业"的战略发展目标,广播影视事业作为国家文化产业的重要组成部分,必定会在这一大背景下受到积极的引导与激励,从而获得健康的、长足的发展。

所有这些,都使得广播影视在技术、产业、文化等方面不断出现新现象、新问题、新态势、新思潮、新理念。从广播影视学术研究与教学的角度来看,则出现了许多新案例与新的研究对象。传统的广播影视研究的内容、方法与范式面临挑战。在此形势下,广播影视学者理应把握住时代脉搏,将广播影视传播实践中所发生的巨大变化——从技术到产业、从理论到实践、从现象到文化——注入教学内容之中，从而让广播影视教学能够"与时俱进"。在这前提下，孙宜君、陈龙教授任总主编的"广播影视新视角丛书"的意义很自然地就凸显了出来。这套丛书很明确地将自己定位在"新视角"上。所谓"新视角"，不仅意味着丛书会瞄准广播影视业界出现的新现象、新问题、新态势、新思潮，突出新案例、新材料，也意味着丛书会吸收学术界的新观点、新思维。其总体脉络则是广播影视在技术进步与体制改革背景下的发展趋势。这一点充分体现出丛书编委在编写这套教材时的新理念。

在"新视角"的主导下，这套即将陆续推出30多本的丛书全方位地建构了广播影视本科教学的教材体系。广播电视新闻、广播电视编导、影视艺术、广告学等方面的内容悉数涵盖，涉及新闻传播学、艺术学两个学科。在编写思路上则以满足广播影视的本科教学为目标，充分体现教学特点，兼顾学理性与实用性。在体系上也较为完备，从技术（比如《影视数字制作技术》《电视新闻摄影教程》《电视摄像技术与艺术》等）到美学（比如《影视艺术概论》《影视美学》等）、从理论（比如《影视传播导论》《影视文化概论》《广告传播概论》）到实务（比如《广播电视实务》《广播电视经营与管理》等），涉及的课程较为全面，构架则较为严谨。所设课程尽管较多，却都不出广播影视之大范畴，这在一定程度上确保了这套丛书在选题上的集中性、在特色上的鲜明性。

求"新"并不意味着一味地赶时髦，唯新潮之马首是瞻。一味地求"新"而无视传统，必将使所谓的"新"成为无源之水，最终失去生命力，徒留空洞的外壳。唯有推陈，方能出新；唯有继往，方能开来，这是"发展"之辩证法。对广播影视的学术研究与教学来说，求"新"并非是将传统理论弃之如敝屣。实际上，新现象、新问题并没有颠覆原来的理论观点，而是对之进行了充实和发展，或者是将原来的理论观点拓展到一个更大的范畴，从而使之具有当代适用性。总之，本丛书的编写理念遵循了唯物辩证法的发展规律，求新而不忘本、追求新视角却注意保持与传统的内在贯通，将"新"建立在深入理解传统的基础上。惟其如此，丛书所彰显出来的新观念和新思维，方能做到言之有据、顺理成章。

"广播影视新视角丛书"编委成员都是来自教学一线的学者。他们具有丰富教学经验；同时又在广播影视学的不同学术分支里潜心治学，可谓术业有专攻。前者保证了这套丛书的教学针对性和实用性，后者则保证了其著述的学理性与科学性。

作为这套丛书的学术顾问与主编，我们非常期待这套教材、专著能够积极、有效地推动中国广播影视教学与研究的发展。谨以之为序。

目　　录

序编　评析理论基础

第1章　广播电视新闻作品评析理论概述 ········· 2

1.1　广电新闻作品评析含义、目的和任务 ········· 2
1.2　广播电视新闻作品评析的意义和作用 ········· 4
1.3　广播电视新闻作品评析的基本原则 ········· 7
1.4　广播电视新闻作品评析的层面与方法 ········· 15
1.5　本书编写主旨、基本架构及阅读建议 ········· 21

上编　广播新闻作品评析

第2章　广播新闻消息作品评析 ········· 26

评析指要：广播新闻消息作品 ········· 26
荣成渔民跨国赶集，中国活鱼蹦上日本早市 ········· 29
　　评析：深刻的主题，新颖的形式 ········· 30
令农民生厌的"双亿元村" ········· 31
　　评析：深入挖掘，探究真相 ········· 33
浙江省率先为贫困农民筑起最低生活保障线 ········· 34
　　评析：以人为本，为民谋利 ········· 35
翱翔雅典，跨越历史 ········· 36
　　评析：身临其境，引人入胜 ········· 37
高举国旗，呼唤救援 ········· 38
　　评析：短小精悍　感人至深 ········· 38

第3章　广播新闻专题作品评析 ········· 40

评析指要：广播新闻专题 ········· 40

"造林"还是"造字" ··· 42
    评析：抓得准，做得巧，挖得深 ······································ 45
沙漠里飞出绿色的歌 ·· 48
    评析：平凡中见伟大，平淡中见真情 ······························ 51
离里百年，钟回故里 ·· 53
    评析：立意远深，爱国情真 ·· 57
追逐太阳的青春 ·· 59
    评析：新闻故事化，故事人物化，人物个性化 ················ 65
中国"小土豆"打赢国际大官司 ·· 66
    评析：充分调动听觉的艺术表达 ······································ 71
信访局长的最后24小时 ·· 72
    评析：情真意切，感人至深 ·· 75
雨水利用在徐州 ·· 78
    评析：深入浅出话科学信息 ·· 80

第4章　广播新闻评论作品评析　83

评析指要：广播新闻评论 ·· 83
名牌，要的是强 ·· 86
    评析：立高志远，论证缜密 ·· 88
信用是本，道德为先 ·· 89
    评析：多方论证，切中时弊 ·· 90
三问中部 ·· 91
    评析：观点独到，立意高远 ·· 92
决不许亵渎英雄，歪曲历史 ·· 94
    评析：站得高看得远，倡导社会主义荣辱观 ················· 95
和平的赛场需要更宽广的民族胸怀 ·· 97
    评析：要爱国主义，不要狭隘民族主义 ························ 99
"田"字新解 ·· 100
    评析：立意深，角度新 ·· 102
国企频繁制造"地王"，为转型升级埋下"地雷" ············· 103
    评析：论点鲜明有力，广播特点突出 ··························· 105
严禁酒驾带来的启示 ·· 107
    评析：如临其境的表现形式 ·· 109

第5章　广播访谈节目作品评析　111

评析指要：广播访谈节目作品 ·· 111

透视网吧 ·· 115
　　评析：娓娓说现象，深入讲道理 ····························· 121
小丽的面人儿有颗心 ··· 123
　　评析：丝丝入扣说故事 ·· 128
"开胸验肺"的痛与失 ··· 129
　　评析：紧随时事，深度剖析 ······································ 133
你好，南极人 ·· 134
　　评析：出色的空中架桥人 ·· 139
请跟我回家 ·· 141
　　评析：讲述人性的关怀 ·· 144

下编　电视新闻作品评析

第6章　电视新闻消息类作品评析 ····················· 148

评析指要：电视新闻消息 ·· 148
国庆节，中英街国旗高悬 ····································· 151
　　评析：选准角度，挖掘深度 ······································ 152
检查团来了！走了！ ·· 153
　　评析：事实说话，对比效果 ······································ 154
巴格达遭空袭纪实 ·· 154
　　评析：形象生动的现场记录 ······································ 155
个人消费信贷红红火火 ·· 155
　　评析：把握政策，引导消费 ······································ 157
遭遇县里说情人 ··· 157
　　评析：运用声像语言立此存照 ··································· 158
南浦南原两村党支部不同结果不同 ······················· 159
　　评析：运用对比语言，彰显新闻价值 ························ 160
韩国："韩流"出处有"汉潮" ································ 161
　　评析：独具慧眼，以小见大 ······································ 161

第7章　电视新闻评论作品评析 ························ 163

评析指要：电视新闻评论 ·· 163
沙尘暴的警告　167

评析:形象说理与思辨相结合 ………………………………… 170
发票期待"透明" ………………………………………………… 171
　　评析:抓住时机,点评到位 …………………………………… 174
违法收缴违民心 …………………………………………………… 175
　　评析:精心策划,精选角度 …………………………………… 178
干部图政绩普九变儿戏 …………………………………………… 179
　　评析:关注民生,针砭时弊 …………………………………… 182
管林？毁林！……………………………………………………… 184
　　评析:视听结合,还原真相 …………………………………… 188
雷书记的"雷人"视频 …………………………………………… 189
　　评析:聚焦网络事件,评说反腐得力 ………………………… 194

第8章　电视新闻专题作品评析　　197

评析指要:电视新闻专题 ……………………………………… 197
亲历盗墓 …………………………………………………………… 200
　　评析:如此"暗访"的是与非 ………………………………… 209
谁给私盐开绿灯 …………………………………………………… 211
　　评析:刨根问底,辛辣讽刺 …………………………………… 214
让鲜血不再流淌 …………………………………………………… 216
　　评析:直击事发现场,评述全面有力 ………………………… 218
你,准备好了吗？——2009招工找工难的思索 ……………… 220
　　评析:观点敏锐,视角前瞻 …………………………………… 225
大漠胡杨 …………………………………………………………… 226
　　评析:深入采写,塑造英雄立体形象 ………………………… 230

第9章　电视深度报道作品评析　　233

评析指要:电视深度报道作品 ………………………………… 233
大官村里选村官 …………………………………………………… 239
　　评析:选题重大,立意深远 …………………………………… 243
聚焦医患"第三方" ……………………………………………… 245
　　评析:全程实录,视角独家 …………………………………… 249
名不副实的"公考"培训班 ……………………………………… 251
　　评析:多方求证,揭露骗局 …………………………………… 255
追沙溯源北行记 …………………………………………………… 256
　　评析:在"新、真、实、要"上下工夫 ……………………… 261

淄水油黑链条揭秘 ………………………………………… 263
　　评析：深入调查，曝光黑幕 ……………………………… 268

第10章　电视新闻谈话类作品评析 …………………… 271

评析指要：电视新闻谈话类节目 ……………………… 271
吃的学问 ……………………………………………… 275
　　评析：独具特色的平民访谈 ……………………………… 280
"先跑"老师该不该受指责 ……………………………… 282
　　评析：群口时代的公共话语空间 ………………………… 285
走近金庸 ……………………………………………… 288
　　评析：询询善诱，情暖人心 ……………………………… 290
倾听巴菲特 …………………………………………… 292
　　评析：与股神直面对话 …………………………………… 296
网络反腐，孰是孰非 …………………………………… 298
　　评析：观点撞击出真知 …………………………………… 304
黄毅：安全为天 ………………………………………… 306
　　评析：话语交锋下的新闻 ………………………………… 310

第11章　电视纪录片作品评析 …………………………… 312

评析指要：电视纪录片 ………………………………… 312
沙与海 ………………………………………………… 317
　　评析：沙中荆，海中藻 …………………………………… 321
俺爹俺娘 ……………………………………………… 324
　　评析：平凡中的震憾 ……………………………………… 326
接近白色的精灵 ……………………………………… 328
　　评析：真心用镜头展现天鹅的美丽 ……………………… 331
千里单骑回故乡 ……………………………………… 333
　　评析：记录与叙事之间的真实 …………………………… 339
记者再报告——玻璃心 ………………………………… 340
　　评析：影像冲击心灵 ……………………………………… 345
舌尖上的中国 ………………………………………… 347
　　评析：吃的记录，人的文化 ……………………………… 351

参考文献 ……………………………………………… 354

序 编
评析理论基础

第1章　广播电视新闻作品评析理论概述

1.1　广电新闻作品评析含义、目的和任务

1. 新闻与广播电视新闻的概念及内涵

要了解广播电视(简称"广电")新闻作品评析,首先要弄清什么是新闻及广播电视新闻,它们之间有怎样的联系,又有怎样的区别。

从概念上讲,新闻通常是指新近发生、发现或变动的有价值的事实的报道。著名记者范长江也对新闻下了一个定义,即新闻就是广大群众欲知、应知而未知的重要事实。从形式上讲,新闻就是指报纸、电台、电视台、互联网等媒体经常使用的记录社会、传播信息、反映时代的一种文体。新闻概念有广义与狭义之分。就其广义而言,除了发表于报刊、广播、电视上的评论与专文外的常用文本都属于新闻之列,包括消息、通信、特写、速写(有的将速写纳入特写之列)等;狭义的新闻则专指消息,消息是用概括的叙述方式,比较简明扼要的文字,迅速、及时地报道国内外新近发生的、有价值的事实。

广播电视新闻是新闻中的一个重要种类,它通过广播、电视等媒体工具进行传播信息而与报刊新闻相区别。广播运用声音为介质,电视运用图像和声音为介质,利用电子信息技术手段的优势实现人类对新闻信息的传播需求。

广播电视新闻的内涵可以从三个方面理解:

(1)传播媒介手段。媒介手段的差异是广播电视新闻区别于其他类别新闻的主要因素。广播电视媒介手段都是电子信息技术和相关专业设备传送信息的,其传播手段隐藏于传播方式和传播符号之中,广播的传播符号包括抽象音响语言(播音语言、现场叙述语言)、具象音响语言(现场音响、音乐语言);电视的传播符号包括具象图像(如人和物)、抽象图像(如光和影)、具象语言(如表情和色彩)、抽象语言(如口语、手语、屏幕文字)。

(2)传播时效性。新闻价值的一个重要因素是时效。新闻事件报道的时间大多与新闻价值成反比,即报道的时间越迟,新闻价值就越低。这种"时效性"具有双重意思。一种是本质性含义,即新闻时间性。广播直播、电视直播的特点,使得新闻从发生到报道之间的时间差接近于零。相比较于报刊新闻,其优势

十分明显。时效性的另一层意思是指新闻的延伸性含义,它包含时新性和时宜性两个方面的意思。时新性是指在新闻时限内实现新闻本体所规定的对新闻本质的要求,以赢得更多的受众;时宜性是指对发布新闻时机的把握,只有在适当的时机对适当的新闻予以报道,才能产生预期的社会效果。

(3)传播过程意义。广播电视新闻从制作到播出的全过程是一个完整的传播过程,通过前期的选题、采访、录音、拍摄(电视特有)、写作以及后期的编辑、合成、播出,将采集到的各种符号根据一定的规则予以编码,进行传播。新闻传播过程中各个环节对新闻内容都有"把关"作用,对其新闻质量有一定的影响。总之,"对广播电视新闻的定义进行全面地剖析和说明,就是为了正确地理解和认识广播电视新闻的内涵,这样我们可以从两者不同的媒介地位中推导出两者之间在传播性质上、传播功能上的共性与特性。"①

2. 广播电视新闻作品及其评析的含义

广播电视新闻,狭义上指的是广播电视消息,与报纸的消息相类似;广义上是指以广播、电视为传播手段对新近发生的或正在发生的新闻事实的报道,泛指所有的新闻性广播电视内容和报道形式。这种形式的新闻表达与呈现即广播电视新闻作品。

广播电视新闻作品评析,就是对在广播电视媒体上公开传播的新闻作品进行分析和评价,通过对广播电视新闻作品新闻特性的挖掘,判断广播电视新闻作品的新闻价值大小的活动。评是对广播电视新闻作品的新闻价值的大小、表达的思想与产生的社会效果进行评价;析是对广播电视新闻作品的社会背景、成因、现实意义和表现手法进行综合的分析,并对其表现形式、写作特点等进行分析。广播电视新闻评析是对具体的新闻作品以及新闻现象进行评价与分析,揭示作品中所体现的新闻传播活动规律。

3. 广播电视新闻作品评析的目的

广播电视新闻理论、新闻业务和新闻史构成了传统广播电视新闻学研究的三大领域。学习广播电视新闻理论,其目的是为了了解什么是广播电视新闻,广电新闻的基本特点、基本规律以及新闻工作应遵循的基本原则;它是进行广播电视新闻实践的指导思想和方针。学习广播电视新闻业务,就是学习掌握广播电视新闻工作具体的采、写、编、评的具体方式、方法。学习广电新闻史论,就是要了解新闻的起源和发展变化过程,对前人的广电新闻实践进行梳理,从历史事件和人物活动中寻找到某些规律性的信息,作为今天的借鉴。

广播电视新闻作品评析是一种将新闻理论和新闻业务联系在一起的活动。对受众而言,广播电视新闻作品评析可以引导受众鉴赏作品、了解新闻写作的优

---

① 李岩,等.广播电视新闻学[M].北京:高等教育出版社,2002.

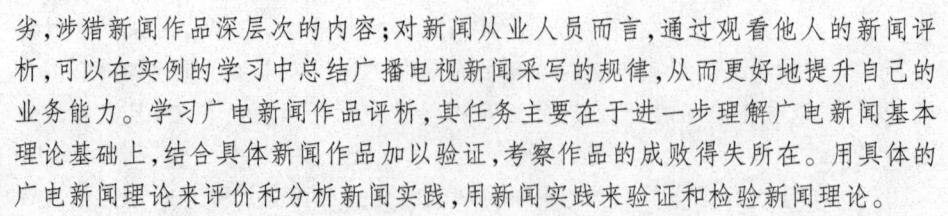

劣,涉猎新闻作品深层次的内容;对新闻从业人员而言,通过观看他人的新闻评析,可以在实例的学习中总结广播电视新闻采写的规律,从而更好地提升自己的业务能力。学习广电新闻作品评析,其任务主要在于进一步理解广电新闻基本理论基础上,结合具体新闻作品加以验证,考察作品的成败得失所在。用具体的广电新闻理论来评价和分析新闻实践,用新闻实践来验证和检验新闻理论。

通过对广播电视新闻作品的评析,旨在向优秀的新闻作品学习,在比较和鉴别中不断提高业务水平,以达到改进广播电视新闻业务、探索广播电视新闻理论的目的。

4. 广播电视新闻作品评析的任务

广播电视新闻和通常意义上的新闻,也即纸质媒体的新闻具有较为显著的区别。广播电视新闻是广播电台所播出的新闻。广播与电视,其新闻播出时的声音和画面都是"一次性"播出的。如果前面的内容没有听见、看见,也无法在这次的新闻播报中重新获取这段内容。广播电视新闻不能像报纸等印刷介质那样可以反复阅读,受众相对而言处于一种被动的境地。但是,广播电视新闻具有传播速度快、时效性强的特点,同时,它们传递信息声情并茂,现场感十分突出。广播技术与电视相比更加简单、快捷,因此广播新闻时效性更优于电视。而在其较为复杂的技术支持下,拥有画面的电视新闻现场感更强于广播。

广播电视新闻作品评析的任务就是在理解广播电视新闻理论的基础上,结合具体的广播电视新闻作品来验证新闻理论,分析作品的成败优劣。具体地说,就是以马克思主义新闻观为指导思想,对广播电视新闻作品进行价值判断,通过分析和评价广播电视新闻作品来总结和探索广播电视新闻采写的经验和规律,从而规范广播电视业务活动,引导受众理解广播电视新闻作品的内涵。通过分析和评价广播电视新闻作品中的优点和不足,建立广播电视新闻作品评析的价值体系。用理论来指导实践,用实践来检验理论,从这点来说,广播电视新闻作品评析无疑在新闻理论和新闻实践中架起了一座桥梁。

广播电视新闻作品评析是一项集理论性、实践性、应用性于一体的工作。对于广播电视新闻从业人员来说,如果只钻研新闻理论而不将所学理论运用于广电新闻工作实际,那么对理论理解的深刻程度和把握的牢固程度都将受到很大的限制,而将理论与实际结合起来加以探讨的最佳途径就是研究广电新闻作品。我们旨在帮助读者理解和掌握所学的新闻理论知识,并将其放置在广播与电视这两种媒体形态下,从而培养广播电视新闻专业理论能力和实践能力。

1.2 广播电视新闻作品评析的意义和作用

现代社会,信息无处不在,人们的学习、工作、生活离不开新闻信息。广播电视作为当下主流的大众传媒媒介,是新闻信息的重要载体。然而,到底什么样的广播电视新闻作品才算得上是优秀作品,并不是每个人都能够自觉地作出正确、客观的评判。广播电视新闻作品创作这一实践性很强的活动,其实伴随着新闻活动的开展早已开始,但多数时候是人们自觉或不自觉地选择,并未上升到理论的高度。如果只钻研新闻理论,而不将理论应用于实践,则对理论的理解必然无法深入,同时,理论也失去了应有的指导实践的意义。对他人的广播电视新闻作品进行评析,无论是对于新闻从业者、新闻研究者、新闻爱好者还是新闻学习者来说,都有较强的理论意义和实践作用。

1. 阅读和评价广播电视新闻作品是学习广电新闻技能的重要途径

先模仿后创新、先继承后发展,这是人们在实践中总结出来的有益经验。阅读和评析广播电视新闻的优秀作品,取其精华、弃其糟粕,可以使广电新闻工作者以及读者能够较好地把握各类广电新闻作品的采访过程、写作规律、特点以及写作技巧。评析广播电视新闻作品,最终是为了更好地提高读者的广电新闻报道和新闻写作能力,提高从业人员的职业素质,养成良好的新闻伦理道德。

2. 进行广电新闻作品评析是验证广播电视新闻理论的有效方法

广电新闻作品是广电新闻理论和新闻实践的有机结合体。广电新闻理论是在实践基础上总结出来的。长期以来,在广电新闻活动中,往往会存在理论研究与实际操作脱节的窘境。实践先行,而理论滞后。在有的广播电视新闻教材上有些理论已然是陈旧与过时,在实践中并不可行。而评析广电新闻作品,就是验证广电新闻理论的有效方法。广电新闻是什么?什么是新闻价值?什么是新闻敏感?什么是调查性报道?什么是解释性报道?通过评析广电新闻作品可以加深对广电新闻理论概念的理解。同时,广电新闻作品的好坏与记者采访活动的关系,与编辑的编辑活动的关系,乃至写作角度的选择、表现手法的运用等,通过评析新闻作品对新闻作品的产生过程有一个全面的了解。例如,2001年,北京申办2008年夏季奥运会成功的消息从俄罗斯首都莫斯科传来,北京顿时掀起了一场狂欢。北京人民广播电台的记者以"申奥成功北京沸腾"为题及时报道了这一新闻。通过对这篇新闻消息的评析,可以让读者了解到这篇新闻采用了点面结合的方式,既统揽全局地描述了北京各界包括党和国家领导人、北京人民群众的行动,也详细地利用几个有代表性的奥运人物的情况。只有点而忽略面会感觉杂乱无章,没有中心,有了面,点便找到了自己应有的轨道;只有面没有点,便会陷入空洞,给人感觉泛泛而不得要领。作者很好地运用了该技巧,以点带面,以面衬点,使新闻报道既具有一定的广度和深度,也有较强的针对性。另外,通过学习评析新闻作品,还可以对广播、电视新闻制作流程有一个比较深入的理解。

3. 对广电新闻作品进行评析可以提高广播电视新闻工作者的素养

广播电视新闻作品评析，需要具备判断新闻价值的专业眼光。所谓外行看热闹，内行看门道，通过对广播电视新闻作品的长期研究，学会评析广播电视新闻作品，会帮助我们迅速判断作品的真假、优劣，透过现象看到问题的实质。通过对作品长期的赏析、揣摩，久而久之就会形成专业的眼光，能很快看出新闻作品水平的高低，发现新闻作品在选题、材料取舍、角度选择、谋篇布局等方面的得失。更重要的是，有助于帮助我们练就独到的火眼金睛，迅速识别各种新闻造假。从常理来看，有些假新闻一般人是很难看出来的，通过学习评析新闻作品，对作品要素和真实性、客观性等本质问题会有全面的认识。在当下的快节奏时代，社会的信息量越来越大，新闻为了追求时效性，很难完全保证其真实性与准确性，在这个时候，如果读者具有一定的甄别能力，就可以在看新闻作品时明察秋毫，发现其不合逻辑、不合常规之处。

4. 对广电新闻作品评析可以培养对新闻现象与问题的批判能力

众所周知，西方新闻界在所谓新闻自由、平衡报道、客观中立的幌子下，往往都隐藏着某些意识形态的成分。例如，美国和其他西方国家的媒体对中国2003年上半年爆发的"非典"所进行的报道，常常是泛意识形态的，其中就包含许多政治偏见的成分。最直接的表现就是在他们的报道中加入那些意识形态的符号。全球观众、读者看到这些媒体的中国"非典"报道后，保留在其大脑中的记忆是"非典"源自共产党体制。如"SARS危机迫使中国进一步开放"（《洛杉矶时报》5月9日）、"对SARS的恐惧已转为暴力"（《今日美国》5月6日）、"中国村民反对SAILS隔离，发生骚乱"（路透社，5月6日），这些报道漠视中国政府和民众万众一心抗击"非典"的事实，专门寻找所谓的"真实事件"——那些非主流的事件加以报道，给受众带来的印象是这个国家如何混乱不堪。我们不能否认其采访的真实性，但是那些报道内容是本质真实吗？回避主流的本质真实，而关注细枝末节，其用意只能解释为有意识形态的歪曲企图。西方的新闻媒体常常标榜新闻自由、客观报道，但实际上，他们国内的媒体从来都不缺少种族歧视、民族偏见、政治偏见，在一些以公正、客观相标榜的媒体上，经常可以看到对其他国家的妖魔化甚至是带有谩骂色彩的新闻内容。如果通过相关新闻作品评析，就可以了解西方国家的新闻价值取向和基本价值观念，了解其在新闻表达方面存在的客观与偏见。从而才能做到"拿来主义"，学会透过现象看本质。

5. 对广电新闻作品评析可以理论联系实际地推动新闻改革

社会生产力的不断发展是推动新闻传播事业不断进步的根本动因，有什么样的生产力就有什么样的新闻事业，新闻改革应该从我国的基本国情出发。具有中国特色的社会主义广播电视新闻理论，是建构在总结当代中国新闻实践的基础之上的。对广播电视新闻作品和新闻现象进行分析和评价，有助于将成功的实践上升为理论。我们应把宏观广播电视理论探讨和微观作品分析结合起来,把成功的经验抽象成理论,用失败的教训来纠正那些新出现的错误观点。人类进入 21 世纪信息时代,社会在发生日新月异的变化,多元价值并存,新现象、新问题层出不穷。广播电视新闻实践从内容到形式都在发生变化。实践先行,理论滞后,指导实践的,原有的新闻理论已经不能满足新需要,不能适应时代的新要求。社会在变革,新闻也需要改革。这就要求我们通过评析广播电视新闻作品,不断地总结经验与教训,进一步改进广电新闻报道方式,深入落实"三贴近""走转改"的要求,把镜头、声音和版面更多面向基层,面向群众,面向时代。进一步解放思想,大胆创新,积极探索广播电视新闻报道新模式,加大广播电视新闻报道的信息量,不断满足人民群众日益增长的信息与文化需求。

1.3 广播电视新闻作品评析的基本原则

要对在广播电视媒体上传播的新闻作品进行分析和评价,评论者不仅要了解广播电视新闻作品的相关基础理论,掌握评论广播电视新闻作品的知识,还要遵循广播电视新闻作品评析的基本原则。

1. 广播电视新闻作品评析的新闻本位原则

什么是广播电视新闻的新闻本位? 有学者认为"新闻本位就是新闻媒体从新闻的一般原则出发考虑问题,开展报道活动,而不是从其他因素考虑来'做'新闻。从新闻本位来评析新闻作品,就是首先强调新闻不是宣传、不是广告、不是艺术,新闻就是新闻。应当把新闻当作真正的告知性传播活动,而不是把它当作劝服性的传播活动。从新闻本位出发,只思考新闻报道的真实性、时效性、新闻价值等要素。"[1]因而,当我们阅读与分析广电新闻作品时,就要先弄清广电新闻的基本要素与内涵,也就是说,要把广电新闻要素、内涵作为其本位的原则来看新闻作品,从而产生基本的价值判断。这样才能引导我们更正确、客观地看待这个新闻作品。

广播电视新闻本位是媒体从新闻的一般原则出发考虑问题,开展报道活动,而不是从其他因素考虑来"做"新闻。从广电新闻本位考虑,就是首先强调广电新闻不是宣传、不是广告、不是艺术,它是一种告知性的信息传播,而不是劝服性的信息传播。在这样原则的指导下,真实性是对广播电视作品分析的第一步,新闻价值是衡量广播电视新闻作品优劣的第一评价标准。

(1) 新闻本位原则要求在评析广电新闻作品时,首要关注广电新闻作品所反映事实的真实性。早在 20 世纪初,美国报业协会就把真实作为一项必须遵守

---

[1] 陈龙. 新闻作品评析概论[M]. 2 版. 长沙:中南大学出版社 2009.

的法则写进《新闻工作准则》一书,规定"诚实、真实、准确——忠诚于读者是一切新闻工作的名副其实的基础"。自2005年以来,中国新闻界开展了"新闻打假"自律行动,中国中央电视台也为此专门播出了《新闻打假在行动》的专题片,其中提到捕风捉影的失实报道、夸大其辞的新闻造假、缺乏常识的失实报道等。

有的广播电视新闻报道常招致批评,批评的焦点往往都是因为报道的真实性出问题。我们考察广播电视新闻报道是否真实,关键看内容的真实性。是画面的真实还是反映了事件的真相?我们有时很容易把这两者混为一谈。其实,就广播电视新闻报道而言,瞬间的真实情形往往通过摄像机记录下来,也许这只是局部的真实。这些画面音像被记录下来,局部的画面音像是真实的。但是,这一事件的本来面目或整体情况也许是截然相反的。但是有的记者采访时只顾局部的音像真实,而忽略了整体的客观事实。这样的内容经过报道后,势必会影响人们对事件本质是与非的判断。由此引发很多伦理问题。我国媒体"乌龙"新闻、八卦消息屡禁不绝,形式上的模仿、炒作之风盛行,显示新闻业的低级无能状态。从根本上说这是媒体工作人员对新闻真实性把握不好,以及工作作风不严谨造成的。真实是新闻最根本的要求,容不得半点虚假。虚假的新闻作品没有价值,也是有危害的,因此必须坚决反对、力求避免。

(2)新闻本位原则要求在评析广电新闻作品时,要重视新闻的时效性。广播电视新闻报道的是新近发生的事实,新鲜性是其重要特征。因此,时效性是广电新闻作品评析中新闻本位原则包含的又一重要内容。具体地说,时效性又包括"新"和"快"。新就是新鲜、新颖、新生。新闻离开了新,便成为明日黄花,就不能称为新闻,而只是旧闻了。新闻的这一特性决定了新闻要反应迅速,及时报道新近发生或发现的事物,向读者提供多方面新鲜的信息,如果反应不迅速,不讲求时效,更谈不到"新"和"快",就失去应有的价值了。

客观世界每时每刻都在发生变化,每时每刻都在产生新的情况。而新闻的价值往往就跟新闻作品反映这些新出现事物的速度有直接的关系。英文的"新闻"news 就是"新"new 一词演变而来的。英国伦敦2005年7月6日在新加坡申办奥运会的竞选中获胜,成为2012年奥运会主办城市,这对英国乃至全世界的新闻媒体来说都是最新的重大新闻,几乎世界各国主要媒体都作了及时的报道。然而,7日下午在伦敦的地铁、公交车上又发生了多起恐怖爆炸袭击事件。这是更新的新闻,谁在第一时间报道这一新闻谁就抢占了先机。因为事件正巧在这时的英国发生,关系重大,不免让人为今后伦敦奥运会安全产生担忧,同时这一事件还会影响到英国政治、经济、社会治安等方方面面,越早报道越容易得到世界广大受众的关注。

广播电视媒体在报道新闻事件与新闻人物方面,与报刊等传统媒体相比有着得天独厚的条件,如速度快、形象生动。例如,2003年3月20日10时35分,美伊战争打响。中央人民广播电台的记者与编辑得知这一消息后,立即调动各方资源核实消息的准确性,在10时40分30秒中断正常节目,抢发《美英军队开始对伊拉克实施军事打击》的消息,比电视媒体快11秒钟,比新华社快3分钟。整个消息仅165字,简练紧凑,动感紧张,诸如"刚刚收到""最新消息""战斗仍在进行"等话语,既在第一时间传递出大战爆发的信息,又让人感到战争新闻的紧张与震撼。在激烈的媒体传播竞争中,为广播抢得了先机。随着新的媒体技术的发展,新闻时效性也越来越被媒体所重视。

(3)新闻本位原则要求在评析广电新闻作品时,要重视新闻的新鲜性。新闻的"新"有两层意思:一是指发生的事情要新;二是指报道事情的角度要新。报道的角度陈旧,表现方式模式化,也容易让人生厌。而对一个已经发生过一段时间的事件,如果能够从好的、新颖的切入点进行报道,未必不能产生新鲜的传播效果。

(4)新闻本位原则要求在评析广电新闻作品时,要注重新闻的价值。新闻事实是变动的事实,是反常的事实,新闻所反映的内容必须具有价值,即它应具有重要性、显著性、趣味性、接近性、冲突性、人情味、社会意义等。它们共同构成了新闻的价值,这也是衡量新闻作品的一个重要评价标准。

新闻价值当然是评价广播电视新闻作品要着重考虑的要素。这方面我国与欧美国家的新闻价值观是大体相同的。其主要衡量标准是看某些新闻对于受众,对国家、民族、社会所产生的影响与作用力如何。广播电视新闻的影响力反映出所要报道的事件与人们个人的利益、国家的利益和民族的利益之间关系的密切性。在社会生活中,诸如战争风云、政局变化、经济涨落、民生问题、自然灾害等,都是人们所关心的问题。例如,中央电视台记者报道的《巴格达遭空袭纪实》,湖北人民广播电台报道的《三峡工程胜利实现大江截流》,新华社记者所采写的新闻稿《惨剧真相扑朔迷离——聚焦山西繁峙金矿爆炸案》,甘肃广电总台报道的新闻专题《祸起三鹿奶粉》等,都是关乎国际国内民生的大事,具有相当的震撼力。显然,这些报道也都具有很大的新闻价值。有些事件虽然具有重要性,但往往由于出现频率过高,使人们觉得不是十分具有新闻价值,比如领导人接近普通群众,这在民主社会里司空见惯。但是,具体事件在不同场合,如果变换一下报道角度,意义就会不同。例如,2003年温家宝总理在重庆云阳县考察期间临时停车到农家访贫问苦的事情,重庆电视台记者抓住此事写出了报道文章——《总理为农民追工钱》。这事情虽小,却体现出"群众利益无小事"的重大主题,此事几乎成为爆炸性新闻被其他媒体竞相转载。

此外,广播电视新闻的显著性、接近性、人情味等,也是新闻本位原则要求在评析广电新闻作品时要注重的新闻价值。从新闻本位的这些基本要素出发,来评析新闻作品,就比较容易发现其价值的大小、好坏。

2. 广电新闻作品评析遵循的新闻伦理原则

新闻伦理原则是广播电视新闻作品评价体系中涉及较多的又一重要原则。广播电视新闻报道什么、不报道什么以及如何报道，要受一定社会伦理道德法则的制约。因此，新闻伦理是广播电视新闻报道所必须遵循的普遍原则。

新闻伦理一词是从早期新闻界的"code of ethics"演变而来的，最初它被叫做伦理规范或道德规范。美国学者克劳福德在1924年出版的《新闻伦理学》(The Ethos of Journalum)中首次将新闻道德规范上升到一门学问来认识，并对其基本内涵作出系统阐述。此后，西方许多国家相继制定了伦理规范，虽然各国新闻伦理规范及信条并不完全相同，但以下一些类目还是基本相同的：①真实、准确；②公正、客观；③尊重他人权益；④保护公众利益；⑤品格高尚；⑥专业表现；⑦独立、自由等。以上内容是用来衡量与判断新闻作品好坏的基本准则。这同样基本适合社会主义国家的新闻报道与新闻作品的评析。同时，我们还要强调广播电视新闻伦理的以下几个方面：

（1）真实、准确。真实、准确是新闻最基本的要素，也是衡量广播电视新闻作品的基本标准。正如有的学者所说，新闻"真实性为最重要，离开了真实性，就没有真正意义上的新闻。"[①]有些新闻记者不做深入调查核实，跟风报道一些"突发事件""热点新闻"，结果被证明是虚假新闻，甚至是谣言。例如，2013年6月有家媒体报道，"山东滨州农民电死外星人事件"，其新闻作品轰动一时。有多家媒体的法人微博纷纷转载，但很快被证明是虚假新闻。这样的作品影响再大也是毫无价值的。

（2）公正、客观。在评析新闻作品时应当看看这篇新闻作品是否做到了公平、公正报道，是否将主观因素带入新闻作品中。只有真正客观、公正地报道事件对象，才有可能成为好的新闻作品。

（3）尊重他人权益。在进行新闻评析的过程中，对作品是否尊重他人权益应加以充分的考察。一篇新闻作品如果不能很好地保护报道对象的隐私，那么，这样的新闻作品肯定不是好作品。例如，2013年5月，海南万宁小学校长带6名女生开房事件发生后，社会关注度非常高。但有的媒体在报道时不仅不注意保护弱势群体、不顾及受害人的情绪和隐私，反而下气力挖掘所谓的细节，对未成年人造成了二次精神伤害。

（4）保护公众利益。这突出地体现在新闻报道内容对公众的影响上，尤其体现在保护未成年人的利益上。有的广电新闻报道为了提高收视率，过于注重刺激性内容，关注所谓明星绯闻、名人逸事，以此满足一部分受众的低级趣味；有

---

① 邓名瑛.真实性及其伦理边界——对新闻真实性原则的伦理反思[J].伦理学研究,2004(3):40.

的新闻报道过于夸大社会阴暗面,吸引受众眼球。所有这些都有可能在社会上产生不良影响。因此,在广电新闻评析中必须关注作品在这方面的倾向。

(5) 品格高尚。这方面主要指作品中反映作者的品德修养及专业精神。比如新闻记者如何对待人的生命。佑护生命、抢救生命,无疑是所有行为的伦理准则,新闻工作也概莫能外。河南电视台一位女记者在采访一起儿童落水事件时,看到救护车还没到现场,就不顾一切给孩子做人工呼吸,这一幕被同行的记者拍下来,感动了无数人,人们称赞她是"最美女记者"。

(6) 依法依规。新闻采访必须要在法律法规许可的条件下进行,不能用窃听、欺骗、引诱等手段获取信息,新闻报道不能侵犯采访对象的隐私权等合法权益。默多克新闻集团旗下的英国《世界新闻报》为了获取新闻,多次采用窃听、私闯民宅等方式,特别是对遇害女孩电话的窃听引发公众愤怒。默多克在公开道歉之后,关闭了这张有168年历史的通俗小报。

(7) 尊重公序良俗。广播电视媒体、网络媒体以其通俗化、大众化而深受市民百姓的欢迎,但通俗不等于庸俗,更不等于低俗、媚俗。不但媒体自身不能猎奇、猎艳,更要对那些伤风败俗、不讲道德的人和事进行批判。

(8) 适当适度。在考量有关刑事案件、各类灾难等的广电新闻报道时,我们还要注意作品是否把握好适当适度的原则。这既是对死难者及其家属的尊重,也是对媒体受众的一种保护。例如,2012年4月11日,美国南加州大学校园附近发生枪击案,两名中国留学生遇害;4月14日,两名遇害者家属抵达洛杉矶,前去采访的美国媒体采用了"不提问,只拍背影"的做法,比较典型地体现了适当适度的原则。

(9) 独立、自由、专业表现等。在评析新闻作品时还应关注新闻作品作者的职业道德水准、专业表现,拷问其在新闻自律方面做到底怎样等。

3. 广电新闻作品评析的舆论监督与舆论导向原则

通常新闻记者(包括广电新闻)被誉为"社会守望者",而新闻传媒被誉为"社会公器",社会公众对它们拥有相当明显的角色期待。社会各界希望通过广播、影视、报刊、杂志等大众传播媒介,发表自己的意见和看法,形成舆论,从而对国家、政党、社会团体、公职人员的公务行为以及社会上一切有悖于法律和道德的行为实行制约。

在20世纪末的美国,先后发生了尼克松"水门事件"和克林顿绯闻案,新闻舆论在披露这些事件中都发挥了重要作用,成为美国媒体舆论监督的"得意之作"。英国"伊拉克门"中的"凯利自杀事件"尽管是一场悲剧,但从中也可以看到媒体对政府监督的威力所在。媒体披露叶利钦家族腐败问题,也使这位著名政治家的威望受损。德国最大的在野党——基督教民主联盟接受了一家武器公司捐赠的丑闻,尽管在8年之后才被媒体揭露出来,但此事仍迫使科尔辞去了该党名誉主席的职务。20世纪90年代,在法国售台潜艇过程中,当时的外交部长迪马接受了贿赂,后被媒体揭露,身为法国第五号人物的迪马不得不辞去国家宪法委员会主席的职务。在许多国家,舆论监督已经成为揭露丑闻的主要手段之一,而且政府高级官员一旦卷入丑闻,就面临辞职和蹲监狱的厄运。同时,新闻界同行之间激烈的竞争,也迫使他们为争取读者、听众和观众,而千方百计地调查政府高官的活动,一旦发现任何不轨行为的蛛丝马迹,便穷追不舍,使政府官员很难长期营私舞弊而又不被发现和追究。

"舆论监督"的概念,在中国被理解的含义是公众通过舆论这种意见形态,对各种权力组织及其工作人员,以及社会公众人物与公共事件自由表达看法的客观效果。舆论监督的表达形式包括公开报道、评论、批评等。但表达的主要渠道与形式,便是通过大众传播媒体发表的作品(当然包括广播电话新闻作品)。大众传媒对党和国家事务及与公共利益相关的社会事务进行民主评议,对关系到人民群众切身利益的生产和生活事件进行批评,就是发挥新闻舆论监督功能的表现。例如,2002年10月,上海市质监局在例行检查中,发现市场上销售的金华火腿有"敌敌畏"残留物质,但是当时没有引起有关部门的重视。而中央电视台记者掌握这一线索后,于2003年10月到金华市进行了半个多月的明察暗访,调查了10多家火腿生产厂家,全面摸清了有些金华厂家在火腿的生产加工过程中为了防虫普遍使用剧毒农药"敌敌畏"浸泡的黑幕。制作了电视新闻专题《鲜火腿遭遇污染》,中央电视台播出后震惊了全国,引发了全国消费者对食品安全的广泛关注。这一新闻专题片,对于全国食品企业强化质量意识、规范生产和加强行业自律,都起到推动作用。此后有关部门对不法企业依法进行了查处,对金华火腿行业进行了全面整顿。这一事件还引发了社会如何保护好"老字号"品牌的大讨论,催生了关于保护"老字号"法规的出台。

舆论监督的实现需要两个环节:一是提供足够的舆论信息,即可以形成舆论的事实和情况,使人们对经济生活、政治生活及社会生活有充分的了解;二是在拥有信息的情况下,对各种政治、经济和社会现象及有关人进行理性的、坦率的评论。在信息日益丰富的情况下,舆论批评显得越来越重要,通过人们对普遍关心的问题进行论辩、辩驳乃至争论,即众多个体意见的充分互动,最终达到某种为一般人普遍赞同、且能在心理上产生共鸣的一致性意见,从而推动人类社会的进步。

对大众媒体来说,与舆论监督相关的另一重要职责就是舆论导向。美国传播学者约翰·莫利尔曾指出:"媒介是很强大的导向工具,它们帮助我们决定哪些事情是要思考的,甚至有时是我们需要做的,那是真正的权力。"[1]广播电视新

---

[1] 转引自[美]沃纳·赛佛林.传播理论:起源、方法与应用[M].北京:华夏出版社版,2000:326.

闻报道作为大众传媒的传播活动,其立场和态度直接关系到社会舆论的导向。

我国大众传媒肩负着坚持正确的舆论导向的重任。坚持正确的舆论导向,就是要坚持有利于加强社会主义精神文明建设和民主法制建设的舆论;坚持有利于进一步改革开放,发展社会生产力的舆论;坚持有利于鼓舞和激励人们为国家富强,人民幸福开拓创新的舆论;坚持有利于人们认同真善美,抵制假丑恶的舆论;坚持有利于国家统一,民族团结,社会政治稳定的舆论。广播电视传媒应该大力传播舆论导向正确的广电新闻作品。广播电视媒体应当以传播具有正确舆论导向的新闻作品来引导人,发挥引导舆论的功能。传播学者陈龙等人认为:广播电视"新闻作品孤立地看也许没有什么了不得的地方,但是,如果放在具体的时代环境中,往往有时就非同小可。新闻媒体的一次不慎发言,可能引发社会的动乱,这一方面,我国的教训尤为深刻。所以,看一则新闻作品的好坏,要看它是否在舆论导向上发挥了积极作用,也要看它的立意是否积极,是否有利于社会的健康发展,是否有利于社会的稳定等。消极的或引导社会舆论走向歧途的新闻报道,无疑不会是好作品。"①

4. 广播电视新闻作品评析的人文关怀原则

广播电视作品中有无人文关怀,也是考察其作品质量的一个重要尺度。人文关怀核心理念就是关心人、爱护人,关注人的生存状况、生存价值和人生命运,尊重人的理想、个性与尊严、隐私,把人作为观察一切事物的中心价值取向。在新闻报道中,既要给予新闻报道对象充分的人文关怀,尊重其隐私,照顾其情感,关注社会中人的生存状况、生活环境、精神需求等方面;又要满足受众需求,充分考虑受众真正的深层次的需求。在大力倡导构建和谐社会的今天,人文关怀应是媒体义不容辞的一项社会责任,应是衡量新闻作品优劣的一项硬指标。人文关怀是一种以人为本的传播观,要坚持贴近实际、贴近生活,要尊重、关心和贴近群众,又是对受众本位的回归,要增强新闻报道的亲和力、吸引力、感染力,满足受众需求。

真正的人文关怀不是一般意义上的关爱和善意的表达,不是抽象的人道主义和空洞的泛爱精神,不仅仅是眼泪和同情,它所揭示的是平凡的人的内在的精神、品格、信念、理想和尊严,所弘扬的是蕴于其中的质朴、坚韧、善良和互助这些美德,而这正是人文关怀所坚守的人本身的真、善、美,这样一些道德价值的存在正是促进社会健康发展之必要。

广播电视新闻作品中的人文关怀原则,首先表现为对生命的关爱与尊重,生命权是人的最基本的权利,它是人的一切权利的前提。生命的神圣性应是全社会的共识,所有人都应当尊重生命、敬畏生命。在新闻报道中要将"人"放在核

---

① 陈龙. 新闻作品评析概论[M]. 2版. 长沙:中南大学出版社2009.

心位置。海口电视台2007年10月1日播出的消息《洪水围困中巴，官兵生死营救》，就是体现人文关怀的优秀新闻报道。当日中午海口台电视新闻中心记者接到海南消防总队宣传处的电话，说因受到15号强热带风暴"利奇马"的影响，10月1日中午12时18分，海南省琼中县一辆营运中巴车途经营红路红口溪时，被洪流冲到红口溪正中央，车上司机和乘客共23人瞬间被滚滚洪水困住，生命危在旦夕。有近百名公安干警和消防官兵奔赴现场进行救援。海口台记者放下电话后立即与海南消防总队的消防干事驱车赶赴事故现场，记录下琼中消防部队的救援情况。经过3个多小时紧张的救援，消防官兵将23名乘客成功救出。海口电视台立即播出了该消息，节目播出后反响非常强烈，极大地鼓舞了市民战胜自然灾害的信心和勇气。

广播电视新闻作品中的人文关怀，其次表现为作者自愿充当普通民众生活的真正代言人。近几年来，人文关怀理念开始深入广播电视新闻界，重视人文关怀已成为新闻传播主流的一个亮点。广播电视媒体突出表现的就是坚持以人为本的思想，更加关注普通百姓、关注人类生存的境遇。中央电视台也开始"讲述老百姓自己的故事"（《百姓故事》）。在内容上，镜头对准普通的劳动人民，对准时下老百姓所关心的焦点问题，如下岗工人的再就业、医疗保险的改革、房价虚高等话题成为各大新闻媒体关注的热点。在表现方式上，采用老百姓的语言，贴近老百姓的视角，使新闻传播真正成为大众的媒体。以主打"民生新闻"的《南京零距离》更加受到市民观众的欢迎，其新闻报道与新闻专题作品更为与群众贴心，媒体及其传播的新闻作品成了民众生活的真正代言。

广播电视新闻作品中的人文关怀，还反映在新闻作品要表现出真情实感。过去我们看一些新闻作品，总给人干巴巴的印象，或使人总觉得作品中有些虚假的成分，情感不太真实。社会生活事件中并不是没有真情实感，关键是记者要善于捕捉生活中的细节，将真实感人的场面记录和表达出来。如《北京有个总理也是你的亲人》，就是一篇善于捕捉真情实感的别具一格的好广播新闻作品。2003年2月24日新疆巴楚地区发生强烈地震，268人被夺去生命。此后，刚担任国务院总理不久的温家宝奔赴灾区，看望在地震中失去5位亲人、仍带领村民艰苦自救的村党支部书记达吾提·阿西木和震区群众。面对痛哭失声的阿西木老人，温家宝说："你记着北京有个总理，也是你的亲人。"这句话胜过千言万语，一下子缩短了"领导人"与"百姓"之间的距离。作品以极强的新闻敏感，及时地捕捉到这一信息，传达出了党和政府对受灾群众的深情厚意。这篇新闻报道获得第十四届中国新闻奖一等奖。

广播电视新闻作品中的人文关怀，还具体地反映在灾难性新闻报道上，要使灾难新闻"人性化"。新闻工作者要拉近同灾难性事件当事人或其亲属的感情距离，多赋予同情，少点冷漠。在灾难性事情的报道中力求做到富有人情味，字里行间留真情,切忌感情吝啬,甚至"寡情少义"。我们应该借鉴西方主流媒体对此的重视程度,如美国媒体对本国的灾难如"9·11"事件的报道,就找不到鲜血淋淋的镜头。在这方面凤凰卫视做得就很恰当。例如,在9·11恐怖袭击事件发生以后,凤凰卫视果断地中止了原本的节目播出计划,第一时间向国内观众传递这一震惊世界的消息。并公布此次事件中一些失踪者的信息以及失踪者家属的寻亲电话,帮助许多人确定自己在美国遇袭的亲人或朋友是否平安无事。从新闻传播的角度来看,这些寻亲电话已成为新闻本身。凤凰卫视秉承了"以人为本"的宗旨,在这种信息传递中注入媒体服务意识,也体现了人文关怀理念。

实践证明,人文关怀不是小资情调的自我表现,也不是煽情主义的刻意宣泄。人文关怀正日益成为一种内在的尺度,衡量着传播效果,指导着新闻实践。在广播电视新闻报道作品中融入人文关怀,是媒体赢得受众尊重的重要前提,也是媒体所必须具备的社会责任之一。

1.4 广播电视新闻作品评析的层面与方法

1. 广播电视新闻作品内容评析

广播电视新闻作品是内容和形式的统一,其内容主要由作品主题、选材、报道角度等要素构成。

(1) 作品主题。广播电视新闻作品主题是作者通过内容所表达的某种看法或主张,是新闻事实所体现的基本观点和中心思想,体现作者的见解、意图和倾向。它来源于新闻事实,又寓于新闻事实之中,犹如一根红线贯穿于作品全文。它是新闻作品的主导思想和灵魂。一篇新闻作品质量的高低、价值的大小,在很大程度上取决于它的主题是否正确、深刻,是否具有现实意义。

广播电视新闻作品主题评析,就是要从其作品内容中分析其报道主题的呈现状况、舆论导向状况及题材、素材的选择与运用状况。分析广播电视新闻作品的主题是否深刻、鲜明、集中,是否能够体现正确的思想观点和积极的社会意义,同时,还要看它在提炼上是否鲜明、集中,是否深刻、有创新。

(2) 作品选材。广播电视新闻作品选材即选择的素材,要看它是否符合表达主题的需要,素材是否真实、全面、典型、生动。这其中内容真实性是最为重要的考量。真实性是新闻的生命,是新闻的本质要求。广播电视新闻是一种公开面向社会的信息传播,它向社会提供的是外部世界新近发生的变动情况。广大受众是新闻报道的服务对象,他们每天听广播、看电视,接触多种媒体,就是为了了解国内外新近发生的重要事件,了解世界变动的真实情况,从而使自己的行为符合实际并做出正确决策。如果新闻报道不真实,那么它就失去了作为新闻作品应有的价值了。新闻报道只有真实才能取信于民。受众是新闻报道效果最权威的检验者,他们是否接受媒体的信息传播,接受多少,在很大程度上取决于对媒体的信任度。而这种信任度又是以报道真实、讲真话为前提的。有些新闻报道招致批评,往往都出在报道不真实上。在现实中,人们不时会面临假新闻的侵扰,虚假报道、虚假信息通过不同渠道出现在媒体上,不但损害了媒体的公信力,也给国家、社会带来危害。因此,真实性是评析一篇新闻作品优劣的首要因素。

(3) 作品报道角度。广播电视新闻作品的报道角度,是指新闻采写者在发现、挖掘和表现新闻事实时的"视点""观察点"或"侧重点"等。事实是新闻的本源,也是选择新闻角度的基础。构成事物的各个因素和各个侧面,都是新闻报道可以选择的角度。也就是说,新闻报道角度具有多样性选择的特点,如某工厂发生火灾并造成了人员伤亡。那么,在这一新闻事件里就包含多种新闻角度:一是报道大火发生与发展情况,人员伤亡与财产损失情况;二是灭火救人的现场报道;三是救火英雄的事迹报道;四是提醒厂家、单位与居民注意生产与生活安全;五是灭火救人的现场报道;六是救火英雄的事迹报道;七是对受伤者的报道以及医院救治和后续相关报道;八是火灾发生原因及事故责任追查情况;九是社会救援或保险的及时理赔情况等。可见,同一新闻事件可表现的角度有很多方面。对同一事物,站在不同的方位去观察和反映,就会写出不同的报道。可谓"横看成岭侧成峰,远近高低各不同"。

广播电视新闻报道角度的选择很重要,它直接关系到采编者在哪个立足点上,用什么视角去透视、寻找、挖掘、选择和表现新闻事实,以便更充分地、更鲜明地体现其新闻价值,既及时回答受众欲知、应知却未知的问题,又能深刻反映报道对象的本质。那么,如何评析新闻角度?我们认为,评析广播电视新闻作品报道角度,应抓住以下几方面:一是新闻报道角度是否能真实反映事件或人物的真实情况;二是新闻报道角度是否能够揭示事物的本质或能说明问题;三是新闻报道角度是否贴近受众,适应受众的需求;四是新闻报道角度是否对某方面工作有影响或有指导意义。总之,"新闻作品要想产生好的社会效果,就必须在寻找新的报道角度上下工夫。角度的独特新颖,往往使新闻作品能够出奇制胜,获得意想不到的效果。"[1]

2. 广播电视新闻作品形式评析

广播电视新闻作品形式评析主要是从结构安排、表达技巧、语言特点等方面来分析其写作特色。

(1) 作品结构安排。广播电视新闻作品评析的结构安排指的是作品题材的布局谋篇。分析广播电视新闻作品的结构,首先看它是否能为表现内容服务;开

---

[1] 王灿发. 新闻作品评析教程[M]. 北京:中国传媒大学出版社,2007.

头和结尾是否关联呼应,各个结构组成部分(标题、导语、主体、结尾等)是否引人入胜;层次、段落间的逻辑关系是否明晰、严密,过渡、照应是否自然流畅。生活中同样一件事,出自不同人的叙述,其效果会大相径庭。有的能将其讲得有声有色,有的却讲得平淡无奇,甚至不知所云。新闻写作也是这样,结构设置不同,表达效果也会有所不同。许多新闻作品之所以具有较强的表现力、感染力,与其结构的精心安排有着很大关系。

新闻结构是指新闻作品内部的组织构造和总体安排,它包含新闻素材之间的内在联系、联系过程中的过渡与照应以及新闻素材的取舍和详略安排等。结构设置得好,就会增强新闻作品的表达效果;反之,就会削弱作品的表现力。因此,优化结构是增强新闻作品表现力的一个重要手段。

每一篇新闻作品的结构,都会因表达内容的不同而不同。但这并不是说结构设置可以随心所欲,它有着自身固有的表达规律。只有遵循结构设置的基本要求,所表现的新闻作品才能取得良好的表达效果。

全面地反映新闻事实,保持结构的完整性。每一个新闻事实都是完整的。即使是事实的某一侧面或局部的一个过程,也有其相对的完整性。这就要求在结构安排上,必须力争将新闻事实或局部的新闻事实表达完整。结构的本质是以一统多,形成各个部分互相依存、互为因果的有机整体;否则,我们的结构设置就会出现疏漏,在反映新闻事实时就会犯片面性的错误,给读者接受新闻信息设置一定的障碍。

客观地反映新闻事实,保持结构的严密性。任何新闻事实的发生过程,都是由事实本身的众多细节组成的,细节之间也存在着固有的内在联系,反映了事物运动的客观规律。因此,新闻结构的设置,都应客观反映新闻事实的本来面貌和内在联系,保持其固有的严密性。尽管结构设置中允许出现时序的颠倒和空间的跳跃,但这些变化只能是更有利于读者接受新闻信息,加深读者对新闻事实的认识,更好地体现新闻事实内部的必然联系,增强结构的严密性。有些新闻作品的材料本身是真实无误的,在表达中却出现了漏洞或自相矛盾的问题,反映在新闻结构上,主要是设置不够严密,要么只说其一不说其二;要么就是违背了新闻事实内在的、固有的逻辑关系,干扰人们对新闻事实内在规律的正确认识。

能动地反映新闻事实,保持结构的完美性。结构设置达到以上两个要求,就可以对新闻事实作出正确反映。但新闻作品是给人看的,记者、通讯员在传达新闻事实的同时,有义务选择完美的表达方式,帮助读者更轻松、更自然、更清楚地认识和接受新闻事实,使新闻传达的渠道更为畅通。尤其是广播电视新闻的特点决定了一定要用流畅的表现方式来讲新闻,这就要求我们的记者、通讯员更充分地发挥自身的主观能动性,运用多种手段,选择表达新闻事实的最佳结构,做到结构与内容的完美统一。

(2) 作品表达技巧。广播电视新闻作品表达技巧即运用各种表达手法的技巧。基本的表达手法有叙述、描写、议论、抒情和说明。叙述是对事件过程、人物经历、环境情况所做的交代、陈述。叙述的基本方法有顺叙、倒叙、插叙、补叙、平叙等。古人认为"文章惟叙述最难"。好的叙述讲究交代明白、头绪清楚、波澜起伏。描写是世事人情的具体描摹、刻画。首先,描写要目的明确,所谓"一切景语皆情语",说的就是景语与情语的关系。描写游离主题,则失之散漫。其次,描写要突出特征,显出个性,要写人状物,形象传神。抒情就是抒发报道者的感情,我们在表达对生活认识评价的同时,总是渗透着自己的感情,感情始终是报道的动力因素。怎样运用材料去支持观点,这是论证过程。它的作用在于揭示论据与论点间的内在联系。它的思维方法很多,有归纳、演绎、类比、比较等。它们都可用列举、引证、分析、归谬等方式去立论、驳论。论证讲究逻辑严密、思路清晰、说理充分。说明是以解释、介绍、澄清为主要的表达方式。它常用来说明背景、介绍过程、阐释事理,使观众更易于接受作品内容。

在评析广播电视新闻作品表现手法时,还要考量是否运用了现场报道、同期声、特技、图表等多种表现元素,充分发挥广播电视媒介直观、形象的优势。要评析广播新闻对声音的要求,如现场录音效果、同期声、报道者的语气与情感表达等。评析电视新闻对画面的要求,如画面信息量、形象说服力如何;画面是否坚持客观性、真实性和纪实性;画面对现场感的体现;还有画面形式是否多样化,是否做到了声画并茂等。

(3) 作品语言特点。广播电视新闻语言是表达新闻事实的符号,传达新闻信息的载体。一篇优秀的广播电视新闻报道,固然有主题深刻、选材得当、角度新颖、结构完美、表达精巧等诸多因素起作用,但这些方面还要体现在语言上。语言是一切文体物质外壳的表现形态,也是构成新闻报道的最基本元素。新闻语言之于新闻事实,犹如衣服之于人,合体、色精巧彩协调的衣裳能使人神采倍增,给人以美感;反之,就会使人感到别扭。

在评析广播电视新闻作品的语言时,总体上是要看其语言是否能准确地阐述新闻事实,是否能形象生动地传达,好的作品还会体现出较高的美学价值。具体作品评析标准来讲,一是要准确贴切,就是语言要求符合事物和客观实际,概念明确、判断准确,推理符合逻辑,语义明确,无歧义难解,再现事实既不夸大,也不缩小,能够做到恰如其分。二是简洁明快,就是用简洁而精炼的语言,表达丰富的内容,即所谓"文约而事丰"。三是通俗易懂,就是作品的语言生活化,能再现生活的原貌;同时作品语言也是口语化的,为受众所熟悉。也就是用社会生活中实实在在的声音与画面语言去叙述、描写新闻事件,不刻意雕饰、任意渲染或追求华丽奇巧。要做到通俗易懂,就应该避免用生僻字词、公文语言,慎用古汉语与外来语。当然通俗并不等于平庸和浅陋,并不是"干巴巴"地说教。四是生动形象,就是作品要运用鲜活的、富有表现力的词语和生动的、具有感染力的声音与影像,把人物、事件、情景再现与表现出来,吸引受众深刻领会新闻报道的内容。五是声像并茂,就是在广播新闻采制中可以穿插一些现场录音、同期声等,以增强现场感与信息的权威性;在电视新闻中要灵活运用多种镜头、画面语言及技巧等,做到声像并茂。

3. 广播电视新闻作品文本效果分析

(1) 分析作品的功能与作用。以新闻作品为例,新闻是信息的一种,信息的基本功能是认识功能,它帮助人们减少对于外部世界认识上的未知和不确定因素。在认识、沟通、协调、指导社会生活上,新闻作为一项事业,其功能具体体现为报道新闻、传播信息、反映社情、引导舆论、传授知识、宣传教育、提供服务、文化娱乐、刊登广告、活跃经济。在评价一部新闻作品时,应从对作品感受最深的一点入手,抓住作品在某一方面突出的作用,考察它是怎样使这一功能充分实现的。

(2) 分析作品的新闻价值。这里仍以新闻作品为例,价值这一概念,一般理解为"事物或方法所发挥的有利作用、效能",它包含问题的两个方面。一方面,它是事物作用于对象所发挥作用和效果的评价;另一方面,它的作用与功能取决于它所具备的某种特征,也就是说,价值是主、客观双向作用的结果。新闻价值也是衡量事实能否构成新闻的客观标准,它对新闻报道的全过程都有直接的重要作用。衡量新闻价值的标准主要有时新性、重要性、显著性、趣味性、接近性等,在评析广播电视新闻作品时也应关注这几方面。

(3) 分析作品的效果。作为精神产品的电视作品,借助媒介的优势对社会生活产生巨大的作用与影响。这种影响与效果,涉及社会政治、经济、文化等各个方面,有的影响是显著而迅速的,有的影响则是潜在而深远的,有有利于社会发展的正面影响,也有一些消极的因素带来的负面影响。一部具体作品对于社会产生的影响是电视媒介影响的具体表现,也是总体影响中的一部分。对于一部作品来说,由于它的类别、功能、作用、性质的不同,特定内容的不同,它的影响总是会表现在某一方面或几个方面;而影响的大小、好坏、深浅、远近,既可以通过它的功能作用和特定性质来衡量,也可以从比照这些标准,从社会的反应来衡量。

广播电视新闻并非独立于社会文化系统之外的孤立存在,相反,它与特定社会和文化的关系如此之紧密,以至脱离社会文化系统来谈论新闻传播是不可能的事。媒介批评理论正是适应这种需要而产生的,而新闻作品评析作为媒介批评的基本手段,必然地指向了社会和文化批评,即在具体的新闻作品的研究中,探讨和分析这些作品的社会成因、文化价值取向以及社会效果,从而形成广播电视新闻作品评析的一个显著特点。

4. 广播电视新闻作品比较分析的方法

在广播电视新闻作品分析方法中,侧重作品文本与思想内容的,主要用社会分析方法;侧重于形式表现的,主要用结构分析方法。

比较分析也是广播电视新闻作品常用的分析方法之一。比较法对于作品研究的总体原则是把相关的作品按照一定的要求放在一起,通过比较分析,把握各自的特征和差异,从而从不同角度总结出作品创作的经验、规律。比较新闻学是对两种或两种以上新闻现象进行比较研究的学科。比较分析法可分为平行比较、历史比较和影响比较。

平行比较具体的方式很多。比如,可以是分析同一题材而且同一体裁的作品,或者是分析同一题材而不同体裁的作品,可以分析同一类媒体的同一类体裁的作品,或者是分析不同类媒体的同一类体裁的作品等。

历史比较总体看是一种纵向关系的比较,它可以是某个作者在不同时期作品的比较,可以在主题、题材、审美趣味、个人风格等不同方面找到比较点,从中发现差异,并分析差异的原因及对作品的影响。它也可以是某一类作品的历史发展的比较,或者是某一种媒体的某一类作品历史前后的比较,从中寻找社会、文体、媒介历史演进的特征、规律,用以指导创作和指导媒介健康地发展。

影响比较的方法,从本质上看是一种与实际联系的考察方法。一事物对它事物发生作用,引起反响,就叫影响。影响一旦产生,就标志着两者发生关系、产生联系。影响比较的方法,就是考察这种联系,研究这种联系发生的原因、实际内容以及运动变化的规律。

5. 广播电视新闻作品评析的综合分析法

当代科学的发展有两大趋势。一方面,是科学的分类越来越精细;另一方面,科学的研究越来越走向综合。在这种综合性大趋势下,不仅学科的领域互相渗透,而且不同的学科还可以互为研究的方法。比如,新闻学科就有政治学、社会学、历史学、美学、心理学等学科理论作为研究的方法,并以它们的理论作为评析新闻作品的尺度。不同学科所用的研究方法也可以相互借用,但应该是有条件、有限制的。这是因为一门具体的学科在方法论上总是同高层次的方法相联系。如哲学的、逻辑学的方法,社会学科的许多社会背景、条件也都有共通性,这为方法的借用提供了可能。

但不同学科的研究对象不同,关注的问题也不尽相同,问题的性质、特性也不相同,所以又是有区别的。例如,一个不为人关注的某公司上层人事变动的新闻,通过一些其他学科的理论进行分析,可以得到惊人的结论,并产生巨大的影响,如常常会导致该公司股票价格变动,甚至引发股市的动荡。再如,为了研究新闻传播者和新闻受众(也称为在新闻活动中的传、受双方或新闻活动认识主体)的心理现象及其规律,新闻学研究者使用了大量心理学理论,也有很多心理学者参与新闻学的研究,并最终形成了新闻学和心理学交叉的边缘学科——新闻心理学。

当然,广播电视新闻作品的评析方法还有许多方面,我们只是择其要者而言。另外,广播电视新闻作品林林总总、纷繁复杂,因此评析作品不能单用一种方法,而是需要综合多种方法、有机结合。从不同的角度、层次来探析与揭示广播电视新闻作品中的蕴意与价值。

1.5 本书编写主旨、基本架构及阅读建议

1. 本书的编写缘由和主旨

编写《广播电视新闻作品评析》的缘由之一,是我们对广播电视(新闻)学专业学生知识构成与阅读兴趣的了解。我们在与专业学生接触过程中发现这样的现象:有些专业学生对广播电视新闻学知识了解甚少,有的学生连简单的新闻报道稿都不会写,有的学生很少阅读新闻作品也很少听、看广播电视节目,有的甚至根本不把新闻作品列进自己的阅读计划。有的学生进入大学一二年,还是在文化娱乐的海洋里漫无目的徜徉,或是对上网游戏感兴趣。面对这种现象,我们感到忧虑。一般地说,广播电视学专业的学生应该具有较高的新闻写作能力。阅读是写作的基础,假如学生一味沉醉在文化娱乐里,没有广播电视新闻作品的阅听经验与知识积累,他们能具备较高的新闻写作能力吗?显然不会。现代学习学研究告诉人们,阅读是很好的学习途径。阅读有许多类型,为了提高阅读效率,读者必须选用恰当的阅读方式。对于新闻专业学生来说,最重要的则是掌握并经常进行习作者式的阅读,与广播电视新闻理论学习相结合,他们才能脱离"眼高手低"甚至"手低眼也低"的尴尬,不断提高广播电视新闻写作的能力。

编写《广播电视新闻作品评析》的缘由之二,是适应"广播电视新闻作品评析"课程教学的需要。正如苏州大学陈龙教授所说:"我们认为,完整的新闻学教学体系,除了讲授新闻理论和新闻实践知识外,还需要讲授新闻评析知识,正如考古学要讲授文物鉴赏知识一样。新闻评析就是要培养学生对新闻作品的鉴别能力,只有在不断的鉴赏、观摩中才能提高自身的采写编评能力。"[1]据我们了解,全国虽有近百所院校相关专业开设了"广播电视新闻作品评析"(或叫"广播电视作品分析"等)课程,但还缺少相应的适合的教材,更缺乏相配套的音像视听资料。我虽与同仁在2004年也编写出版了《新闻作品佳作评析》,作为教材使用。但是,一是该书毕竟出版时隔较长,内容相对陈旧,二是该书选评文包括报纸、广播电视等媒体的新闻作品,较为宽泛,与现今广播电视学专业课程大纲

---

[1] 陈龙. 新闻作品评析概论[M]. 2版. 长沙:中南大学出版社,2009.

不相匹配。鉴于以上缘由，我们决定编写一本与时俱进、与教学要求贴合的《广播电视新闻作品评析》。力图站在21世纪时代的高度，以广播电视新闻本位、新闻传播理论的角度来评析新闻作品，把广播电视新闻理论知识放到对具体作品的解释中去理解，为学生提供一本较为适宜的教学蓝本。

《广播电视新闻作品评析》是一本将广电新闻理论和新闻实践作品结合联系在一起的著述。其主旨就是以马克思主义新闻观为指导思想，对广播电视新闻作品进行价值判断，通过分析和评价广播电视新闻作品来检验与探讨广播电视新闻理论。使学习者通过阅读与评析广播电视新闻作品中的优点和不足，从而提高自身分析与评价广播电视新闻作品的能力，也提高学习者对于广电新闻作品评析的写作水平。

2. 本书编写的基本架构

本书的编写总体框架是由3部分11章搭建起来的。3部分，即：一是广播电视作品理论基础，这部分简要论述广播电视新闻作品评论的理论，具体阐述广播电视新闻作品评析的目的和任务，广播电视新闻作品评析的意义和作用，广播电视新闻作品评析的基本原则，广播电视新闻作品评析的一般方法等，为学习者提供评析广播电视新闻作品的理论与评析的手段、方法。二是广播新闻作品的选评；三是电视新闻作品选析。第二、三部分是重点，分别按照作品体裁来选文与评析。考虑到电视的应用性与受众的关注度大，选评电视新闻作品的篇目多于广播新闻作品的数量。

广播与电视两大部分，都是按各自的体裁来分章进行选文与评析的。本书所选的62篇作品，大体上都是经典或是历年获得国家或省级新闻奖的佳作。入选的作品必须具备2~3个条件。一是要符合好新闻的一般标准；二是要有与某一体裁相符合的特点；三是所选广播、电视新闻作品，除文本外，尽量能有音像资料供教学中使用。我们确定这3条标准，是为了既保证教材较有特色，也便于教学需要。但坚持这3条标准，又不得不放弃一些优秀作品。要把一件事做到两全其美真是很困难的。在这3条标准之外，我们放松了其他要求。比如某一作品虽是精品，但考虑选文体裁的均衡，也只好割爱了；对于作品的时新性，我们是有所追求却不苛求，有所为有所不为。对于篇幅很长的优秀作品，如电视谈话作品、电视纪录片等，我们也只有采取节选的办法。在此还要特别说明的是，本书将电视纪录片收录成章，还是颇为踌躇的。因为，虽然它具有非虚构性与纪实性的本质特征，也有部分作品带有新闻性，但它并非严格的新闻类节目。我国有的新闻评奖时常将此类电视纪录片归入社教类节目。可是，在当今媒介融合的背景下，在电视节目形态不断嬗变的趋势下，电视节目形态杂糅与混搭特征越来越凸显，电视新闻专题与电视纪录片之间的界限也日趋模糊。因而，本书主张将带有新闻性的电视纪录片收录，并不是独出心裁，更非"大逆不道"。相反，这对于我们深入认识电视新闻专题与电视纪录片的特性还是有所裨益的。

作为教材,本书所做的安排是:第一,每章都有一篇评析指要。评析指要是对评析角度、方法和要求的交代,它具有导向和聚焦的作用,也有方法指导意义。文章构成要素及其关系的多样性,带来了评析文章的角度和方法的多样性。学习本书的任务之一,就是学会运用这些角度和评析方法。我们也希望学习者能够自觉运用评析指要所提供的方法。"工欲善其事,必先利其器。"在信息时代,掌握方法比掌握结论性知识更重要。而对方法的真正掌握则需要经由实践环节。所以运用这些方法对作品进行具体评析是非常重要的。评析指要仅仅准备了一些刀枪剑戟,至于舞弄刀枪剑戟的本领,还需要学习者通过评析活动去取得。第二,每篇选文之后有一篇评析文章。评析文章是对选文的分析和评价,也是对评析指要中的角度和方法的演练和运用。理想的评析文章应该具有示范作用。

本书中的评析文章大都比较简短。写得简短,是因为不想越俎代庖。惟其简短,才能给使用这本教材的师生较大的自由:任课教师因此有了更大的发挥余地,学生也因此有了向纵深思考的空间。当然,评析文章也有长于选文的,如对一些短新闻的评析就是如此。但不论比选文长还是短,评析文章都该是一种示范,都该达到让学生可以从中学到舞枪弄棒基本套路的能力。不过,以上所言是对理想的评析文章的要求,至于本书是否达到了这个水平则又作别论。限于时间与条件,也限于能力,本书的评析文章定会存在着这样或那样的不足。这些也许要到再版时给予修订与完善。

3. 本书的学习以及阅读建议

本书对广播电视新闻作品进行了较系统的评析与论述,学习本书将有助于加深对于广播电视新闻理论的理解与把握,有助于掌握广播电视学科的基本知识与发展规律,也将有助于读者提高分析与评价广播电视新闻作品的能力。因此,我们对学习与阅读本书提出几点建议与要求:

(1)在学习广播电视新闻作品评析时,应注意共性与个性的辩证统一关系。广播电视新闻作品评析离不开新闻作品的共性,所以读者应注意在广播电视新闻共性的前提下评价、分析其新闻作品。由于广播电视新闻作品的个性中又往往包含着新闻报道的共性,而新闻报道的共性又存在于具体的新闻作品的个性之中。读者又可以通过把握作品个例,找出共同的带有规律性的东西来指导评析类似作品。

(2)要树立正确的学习态度和学习方法。不仅要掌握广播电视新闻基本理论,而且要学会运用这些理论去分析具体作品及新闻现象,分析广播电视新闻作品中的问题,透过具体作品问题分析和掌握问题的本质。要独立思考,不盲从,有主见。要有科学的批评精神,灵活恰当地运用多种评析方法。

（3）广播电视新闻作品评析是一门实践性很强的批评活动,必须坚持理论联系实际的原则,结合广播电视实践中的问题进行有针对性的学习和研究。要收听与收看广播电视节目,学会掌握业务技能、技巧与知识。学习中,还要结合自己已经掌握的广播电视基础知识和专业知识,采取温故而知新的学习方法,比较不同的观点和说法,辨析正确与错误。

（4）本书可作为专业必修课程的教材,为以后的相关专业课程学习与新闻写作实践奠定基础。所以,读者要更加细致和深入地学习与掌握广播电视新闻评析知识,还需要结合其他相关专业课程进行学习。

（5）要本着与时俱进的原则学习本书。本书虽关注并吸纳了广播电视学科的最新研究方法和成果,但广播电视学是一门发展迅速、不断更叠知识和观念的学科,特别是广播电视数字化变革后更是如此。只有跟上时代发展的步伐,将书中的基本理论灵活地与社会实践结合理解,才能真正提高广播电视新闻评论的应用能力。

上 编
广播新闻作品评析

第2章 广播新闻消息作品评析

评析指要：广播新闻消息作品

广播新闻消息，通常是指狭义上的广播新闻。从广义上讲，广播新闻是指以广播为传播手段对新近发生的或正在发生的新闻事实的报道，泛指所有的新闻性广播内容和报道形式，如消息、专题、评论等。从狭义上讲，广播新闻指的就是广播新闻消息。具体来说，它是指运用电波传送的声音，迅速及时、简明扼要地报道新闻事实的广播新闻体裁。广播新闻消息是广播新闻中最普遍、最常用的新闻体裁，最能体现广播的传播优势，能够更好地满足快节奏社会对信息的需求，受到媒体及受众的欢迎和重视。因此，评析广播新闻消息作品应抓住以下方面。

1. 关注广播新闻消息的特点

广播新闻消息作为消息的一种，就必然具备消息的共性特征，但由于广播新闻消息以广播作为传播途径，因此具有快捷、广泛、生动、可感的特征，也有着线性传播、稍纵即逝、难以保存、难以选择的劣势。与其他新闻体裁相比，广播新闻消息既要体现消息的共性，又要突出广播的个性。具体来说，广播新闻消息有以下特点。

（1）时效性强，新鲜度高。

时效性、新鲜性是广播新闻的重要特征。新闻姓新，它是易碎品，随着社会的进步和媒体技术的发展，人们对时效性的要求越来越高，人们追求的是即时新闻、现场直播，面对报纸、电视、网络的激烈竞争，时效性也是广播制胜的重要法宝之一。报纸一般最快的稿件是"昨日消息"，特殊情况可以将截稿时间延迟至"今日消息"，最特殊的情况是出"号外"，一般是重大事件才会有这种特殊做法。而直播已经成为现在广播报道的主要方式，尤其是现在普遍采用直播方式，往往可以随时插播"本台刚刚收到的消息"，可以在新闻现场采用移动电话进行现场口头报道，几乎做到了与新闻事实发生时间同步报道。《三峡工程胜利实现大江截流》采取的就是现场直播的形式，记者进入到新闻一线，在龙口进行现场报道，准确地记录了三峡工程胜利实现大江截流的过程，让听众有身临其境之感。

记者几次提到了当时的时间,如"现在是上午8点20分""现在是11月8号下午3点18分""现在是11月8号下午3点30分",这样的做法既非常清晰地将截流工程的进展报告给了听众,同时也凸现了该报道的时效性。随着技术的进步,直播节目的日趋成熟,现在越来越多的广播电台对重大新闻事件的发生采用现场直播的做法,这样就真正实现了新闻事件的发生与广播报道之间的"零时差"。毫无疑问,这是广播新闻消息"更快捷"的最好体现。

(2) 短小精悍,言简意赅。

篇幅短,求精炼。消息是新闻中的轻骑兵,本应短小精悍,消息要"短些,再短些"是新闻界的共识,而广播由于自身的媒介特点,更要求简短,为什么呢?广播是线性传播,转瞬即逝,选择性差,如果消息冗长,不能吸引听众,听众会随时关机,而且现在生活节奏加快,广播很大程度上作为伴随媒介——一边做其他事情,一边听广播。这些都要求广播要尽量做到简短,力求在短时间内传达更多的有效信息,才有可能吸引听众。按照当前广播电视新闻奖的评奖标准,广播短消息在1分30秒以内,也就是300字左右,广播长消息限制在4分钟内,也就是800字左右。如何做到短小精炼?首先,开口要小,多做小口子新闻。其次,精选事实,用最能反映主题的事实说话。《浙江省率先为贫困农民筑起最低生活保障线》一文反映了浙江省实施城乡一体化的最低生活保障线制度这一重大题材,激起强烈的社会反响,但是这一重大题材通过短短300字,1分15秒的录音报道得到体现,这正是得益于作者的精心谋篇、精心选材。记者选择了3个素材,1个背景资料,即诸暨市牌头镇农民周信均领取低保金、浙江省从10月1日起实施《最低生活保障办法》、专家的评论以及浙江省20多年来经济的发展背景,略去了采访中得到的其他素材,以使报道更加精练、主题更加突出。

(3) 新颖生动、通俗易懂。

新——新颖,立意新、角度新。《香港热土祭洒社稷坛》的作者就是通过另辟蹊径,出奇制胜的。香港回归,普天同庆,这是中国民族历史上百年一遇的盛事。全国各大媒体都在报道回归及庆典的盛况,记者巧妙地避实就虚,从一个独特的角度切入,以小见大,写得饶有趣味,生动感人,从而在众多同类报道中脱颖而出,取得了非常好的收听效果。

活——活泼性、生动性。文无定法,"八股"会扼杀新闻的生命。要大胆尝试,敢于突破,打破常规,让新闻活起来。《荣成渔民跨国赶集 中国活鱼蹦上日本早市》的结构不同于一般消息按导语、主体、新闻背景依次平铺直叙,而是采用拼贴画的形式,自由灵活地展开叙述。全篇由"奇迹""闯关""设点""争时""求质"等画面组成。细节可以增添活力。在广播新闻消息《翱翔雅典,跨越历史——刘翔夺得男子110米栏金牌》中记者通过自己敏锐的视角,用细节勾勒出鲜活的人物形象,用准确、生动的语言抓住了紧张赛场气氛中刘翔心理状态的变化,比如"刘翔做了个深呼吸""刘翔向场下的观众挥手致意,并不断地把我们的五星红旗展示给全世界的人"等,笔墨不多,但给人印象深刻。

2. 理清广播新闻消息的结构

(1) 倒金字塔结构。

这是广播写作中最常用的一种结构形式。这种结构最大的特点是重心前置,即把最重要的内容放在最前面说,从前往后重要性依次递减。倒金字塔结构形式的优点包括:能够及时迅速地报道最新、最重要的新闻事实,使受众很快就能了解消息的中心意思;由于省略了对新闻事件过程的叙述,可以有效缩短新闻的篇幅;按照事实的重要程度排列顺序,逻辑形式上思路清楚,便于编辑和修改。编辑能够根据时间和篇幅的需要进行剪裁而不影响新闻稿件的完整性。但这种结构形式也存在一些不足,例如,由于最重要的事实在报道的最前面,后面的内容不太容易吸引受众;过于标准化的形式容易造成缺乏文采和生气等。一般来讲,报纸上运用倒金字塔结构的时候较多。对于广播来说,这种结构方式则打乱了事件发生、发展的时空顺序,主要靠逻辑顺序安排结构,不利于听众在短时间内迅速理解报道内容。

(2) 金字塔结构。

这是我国新闻界普遍使用和听众较为习惯的一种结构。金字塔结构就是完全按照新闻事件发生发展的时间顺序,从头到尾叙述其过程。事件的开头就是消息的开头,事件的结尾就是消息的结尾。它符合受众阅读、收听、收视的习惯,但也有不足之处,不能从一开始就抓住听众,可听性不强。这一点可以通过醒目的标题和生动的语言加以弥补;如果情节组织得好,可以渐入佳境。金字塔结构适用于报道故事性强、情节曲折、人情味浓的事件性新闻。

(3) 倒金字和金字塔相结合结构。

针对倒金字塔结构和金字塔结构的优、缺点,新闻工作者在长期的实践中,总结出了两者相结合的结构形式。导语部分采用倒金字塔结构,提纲挈领地介绍新闻的主要内容,并在主体部分采用金字塔结构逐步展开。主体部分不一定要按照时间顺序展开,并列关系、因果关系、点面关系、主次关系,都是消息主题安排材料可以借鉴的顺序。这一结构适合听众的收听思路,最符合广播新闻消息的要求,运用得也最广泛。

3. 注意广播新闻消息的采制要求

(1) 精心写好导语。

广播新闻消息要想抓住听众,必须精心制作导语。广播新闻消息的导语,一般来说要突出"何事"和"何时"两大因素。突出"何事"只能是突出一个最重要、最新鲜的新闻事实,并以最朴实生动的文字描述出来。突出"何时"在能用最新的时间概念,增强新闻的新鲜感。

（2）精心取材，浓缩信息。

精心取材就是要选择价值最重要的新闻事实，浓缩信息就是要提炼事实，短小精悍，用最简明扼要的语言表达事实。人们在听广播时，如果内容庞杂、重点不清，往往会分散注意力，记不住消息内容，因此，广播新闻消息不宜内容过多，要选择一个典型的新闻事实或新颖的角度进行报道。

（3）语言口语化。

广播节目语言速度快，内容多，有稍纵即逝的特点，因此，写广播新闻消息必须使用口语。在口语方面注意以下几点：易把单音词写成双音词；用口头语不用书面语；使用通俗易懂、适合听众语言习惯的词；注意同音异意词；普通话广播，少用方言；句子要短；不用倒装句；不用简称。在评析广播新闻作品时应特别注意以上几点。

文本

荣成渔民跨国赶集，中国活鱼蹦上日本早市

荣成渔民捕捞的活鱼，3天后就会变成日本餐桌上的佳肴。这一奇迹是石岛外海渔业公司，靠一条185马力普通渔船创造的。昨天归来的这条1423号船又带回好消息：他们第74个航次运去的25吨活赤贝，再次以当日最高价在日本鱼市被抢购一空。至此，这家全国创汇明星企业已累计向日本运销鲜活海产品1620吨，为国创汇1000多万美元。

用普通渔船远涉重洋搞鲜货出口，是这家仅有131名职工的小企业的首创。1988年他们在出口冷冻鱼虾时发现，日本市场对生猛海鲜倍加青睐，一条活鱼比一方冻鱼还值钱。他们便立即聘请专家，将"185"渔船改造成能保鲜保活的运输船，并争得国家经贸部、海关总署的特许，开始直接向日本运销鲜海鲜。1988年9月17号，满载活蹦乱跳河豚鱼的1423号船，闯过3天3夜的惊涛骇浪，首次开进了日本最大的鲜活鱼市下关。从此，中国渔民实现了跨国赶集的梦想，中国活鱼也通过这条海图上找不到的航线，源源不断地蹦上了500海里外的日本早市。

做跨国鲜货生意，利大风险也大。鱼虾一旦死亡，就会连本搭进去。为此，他们派员在日本建立了3个信息点，而家里则是一船待远航，千船先扬帆，一接到要货的信息，便发动全部船只抢捕抢装抢运。今年大年初一，下关急电：鲅鱼脱销、价格飞涨！闻讯，正在欢度春节的渔民立即换掉新装，顶雪出海……76小时后，一船鲜鲅鱼运抵下关，硬是从南朝鲜鱼商鼻子底下抢下了市场。一时间，《朝日新闻》等日本传媒接连发出"中国渔民当刮目相看"的赞誉。

国格比价格更重要。几年来，他们总是从这个高度对待产品质量。去年2月10号，装有20吨活赤贝的运输船行至日本海时，死贝骤增，倘若到岸低价处理尚能挽回不少损失，但总经理邢厚斋断然下令返航。有人对这个损失20万元的"回马枪"不理解，而邢厚斋却告诫大家："要端国际饭碗，小算盘万万打不得！"

(王悦之、邢飞，威海人民广播电台1991年4月1日播出)

> 评析

深刻的主题，新颖的形式
——评析《荣成渔民跨国赶集，中国活鱼蹦上日本早市》

广播新闻消息《荣成渔民跨国赶集，中国活鱼蹦上日本早市》因题材新、角度小、主题深刻、形式新颖而获得第二届中国新闻奖一等奖。作为一篇700余字的广播新闻消息，无论是主题挖掘，还是形式安排，都非常具有代表性。

随着改革开放的深入，原先束缚我国经济社会发展的生产力得以释放。20世纪90年代初，社会的方方面面都有了长足的发展。改革开放，改变的不仅是社会经济，更是人们的思想观念。广播稿《荣成渔民跨国赶集，中国活鱼蹦上日本早市》，描写的正是改革开放使威海的地方企业经营有声有色、渔业经济取得新发展的事实，并借以说明改革开放给当地经济及思想观念带来的巨大变化。如果没有典型的事例切口，宏大的主题必将会流于泛而论之。

这篇报道的最大成功之处，在于小取材、小切口、深挖掘，寓深刻主题与丰富内涵于个例报道中。

该广播稿从选题、采访到成稿，并非一蹴而就，而是经过了记者反复推敲、反复修改。该条新闻来源于记者对威海市乡镇企业局1990年第一季度外向型经济发展动态的一次常规采访，完成题为《威海乡镇企业外向型经济突飞猛进》的经验性新闻稿，并进行了刊发。事后，记者在稿件中发现了一个亮点，即"荣成沿海10多家渔业公司将捕捞的海鲜源源不断地销往日本，变过去的冻鱼出口为活鱼直销，出口创汇成倍增长"。多年的新闻工作经历使他们敏锐地意识到这是一条"大活鱼"。经过实地调查、采访，果然发现一个新闻富矿："荣成渔业企业跨国直运鲜活海产品乃全国首创"。但这还仅仅停留在"面"上，两位记者经过讨论，采访最终落在了"点"上，即中国销鲜业的"老大"——石岛外海渔业公司。

在报道社会经济发展时，广播新闻的采访与写作，并不是不要"面"的展示，关键是这类作品已大量存在，不易出彩。而本篇广播新闻消息描写了一家"仅有131名职工的小企业""靠一条185马力普通渔船创造的"海鲜跨国行销的奇迹，以及为国格甘愿损失20万元的细节，通篇没有"改革开放"、没有"思想观念"、没有"经济发展"等与主题直接相关的词汇，却通过一个具体的企业，形象地展现了在改革开放的背景下，这些勇闯国际市场、抢占国际市场及守护国际声誉的中国企业群体像；更是通过对荣成普通渔民胆识与魄力的展现，让人们看到了新时代中国人的新形象。该广播稿通过一个事实、一个形象，表达了极为丰富的内涵与深刻的主题。

该篇广播稿的另一大特点在于结构安排上。它不同于一般消息按导语、主体、新闻背景依次平铺直叙,而是采用拼贴画的形式,自由灵活地展开叙述。全篇由"奇迹""闯关""设点""争时""求质"等画面组成。消息开头以一连串的数据讲述了一条普通渔船创造的奇迹。悬念由此产生,让人有继续听下去的欲望。然后以倒述来讲述石岛外海渔业公司勇闯市场、跨国赶集的历史;接着一个转折——"做跨国鲜货生意,利大风险也大",带出这家渔业公司成功的秘诀,即设信息点、争取时间抢占市场;最后一句"国格比价格更重要",以为国格甘愿损失20万元的细节压轴,将中国渔民的智慧与境界展现得淋漓尽致,并将整条新闻推向高潮。拼贴画式的结构安排,让听众在收听广播时,脑海中可以浮现出具体画面,情景交融,形象、具体,又能记得住。使人在听的过程中又好像看到了什么,成功地调动起听众的多维视听感观。

最后一大特点,即标题用词新颖、活泼。据了解,记者在写作本消息时,几易其稿,篇幅从一开始的2000多字压缩到1500字,后又压到1200字、1000字、800字,最后才到700字。消息标题也随之一改再改,由"荣成千里海疆百舸争流中跨国贩海鲜",到"荣成渔民闯洋闹海,中国活鱼蹦上日本早市",最后到"荣成渔民跨国赶集,中国活鱼蹦上日本早市"。第一个标题过于文邹,读起来不顺口,听起来不顺耳;第二个标题,"闯洋闹海"用词有点中性带贬之意,与新闻主题不服帖;最后的标题中两个动词用得十分精妙:一是"赶集",既表明了人多时间紧,又与主体——渔民的形象相吻合;另一个是"蹦",此一字既让我们"看"到了早市上鱼儿活蹦乱跳的情景,又"看"到了中国渔民争分夺秒的忙碌景象。

文本

令农民生厌的"双亿元村"

请听录音报道:令农民生厌的"双亿元村"。

[录音]村民:这不是瞎掰吗?亿元村,配吗?也不嫌呵碜,欠了一屁股饥荒都没着落呢。还双亿元村呢!那是吃柳条拉粪筐,肚子里编出来的,哪有那出事儿?

讲话的农民叫孙国有,有40多岁,他很激动,在黝黑的脸上,也能看到涨红着的血色。

记者是今天上午,随同全省乡镇企业会议来到胜利村的。村委会主任孙廷忠向大家介绍情况时,村民孙国有也在场。记者发现他听了村委会主任的话直撇嘴。村委会主任究竟和大家讲了些什么呢?请听一段录音:

[录音]

孙廷忠:村办企业年产值超亿元,农业总产值超亿元,双亿元。现在我们村人均收入

4500元,村儿里给老百姓都入了医疗保险,老头老太太有养老金,小学生上学免费……

按照常理,农民巴不得富裕起来,但胜利村的村民却讨厌给他们戴上的虚假的"双亿元村"的红帽子。

60多岁的李太荣老汉,在胜利村是上等户。记者来到了李太荣的家。

[录音]

记者:大爷,您是村里有名的蔬菜大户,全家一年能收入多少?

农户:一万多块钱儿。一家六口人,十来亩地,人均收入就两千多块。

记者又走访了贫困户吴玉芬。

[录音]

记者:大姐,现在日子过得咋样啊?

农户:我没法说,孩子上学上不起。电视台记者采访都上当官的家,他们都住得那么豪华,屯子里这么困难从来没领过来看看。

听说有记者来了,一些村民找上来谈情况。

[录音]

记者:大娘,您一年能领多少退休金哪?

农户:上哪儿领啊?谁给呀?没给还硬说给了。保险?保险了,看病不还得自己掏腰包。

记者找到了村会计李长春,了解胜利村的外债情况。

[录音]

记者:有多少饥荒?

会计:一千多万吧,该建筑公司的,胶合板厂的,一千六七百万呗。

记者:从1995年到1998年这笔欠款一直有?

会计:那可不,对呀,那账都在那儿搁着呢!

记者:村里从1995年就负债累累了,为什么还成了双亿元村呢?

会计:——(沉默)

据村民反映,胜利村村办企业大部分亏损,农业总收入顶多也就五六百万元,"双亿元村"从何谈起呢?

记者来到村党支部书记邢殿军家了解情况。他的住处很气派,一栋豪华的5层小楼。邢殿军不在家,记者拨通了他的手机。

[录音]

记者:我是省电台"早餐前后"的记者,想跟你核实一下情况。

邢殿军:你啥意思?

记者:产值亿元是怎样核算出来的?

邢殿军:这事你不要问我好不好?

记者:为什么不问您,因为您是支书,最了解情况。

邢殿军:我那样报吧,我得报到上级党委、各级政府去,你找各级政府去问,他那都有档案,行不行?

记者:那您是怎么报的?

邢殿军:你管这事干啥呀?我不管那事。

记者又来到管辖胜利村的哈尔滨市道里区新发镇政府,想看看胜利村的财务报表,却遭到镇长宁立新的拒绝。

[录音]

镇长:你们哪儿的?看啥看呢?是上边让报的,愿意找找上面去!我没工夫!

镇长说胜利村"双亿元村"是"上边"让报的,村一级的"上边"是乡镇,镇长说的"上边"又是谁呢?记者将跟踪报道。

(张新、小清、杨蓬莱、赵鸿洋,黑龙江电台2000年3月12日首播)

评析

深入挖掘,探究真相
——评析《令农民生厌的"双亿元村"》

2000年,在全国闻名的"双亿元村"——哈尔滨市道里区的胜利村,来自全国各地的优秀乡镇企业代表争相介绍如何带领农民靠创办乡镇企业走上致富路的成功经验,"双亿元村"——胜利村作为成功创办乡镇企业富一方百姓的典范被众多媒体争相报道,成为帮助农民集体致富的先进典型。

然而黑龙江电台的记者在场外却意外地了解到,从1998年胜利村被评为亿元村至今,一直有20多名村民频繁上告,反映双亿元村假典型的问题,但始终无人理睬。强烈的职业敏感告诉他们,"双亿元村"光环的背后一定隐藏着不被人知的隐情。双亿元村到底是不是像村委会主任说的那样造福百姓?双亿元村的村民到底生活得怎么样?如果村民真的安居乐业为什么还出现了那样一个不和谐的声音?这一"荒唐事件"的背后到底隐藏了什么?值得探究。正是在这样的背景下,记者深入探究,挖掘真相,最终采写了这篇稿件,获得了2000年度"中国广播电视新闻奖"一等奖。

究其成功的原因,主要有以下几点:

(1)巨大的新闻价值。"三农"问题一直是党和政府高度重视的问题,它关系到社会的稳定、经济的发展。增加农民收入是一个关系到国计民生的重大战略问题,而有些地方搞浮夸风和形式主义,谎报农民收入,损害农民利益,造成不良影响,引起农民的反感和厌恶。

(2)记者的高度职业敏感和社会责任感。在大家都将胜利村作为宣传报道的正面典型时,黑龙江电台的记者敏感地从农民的上访等所谓不和谐的声音中发现了线索、看出了问题,并且顺藤摸瓜、深入挖掘、探究真相。问题性报道的采访势必不顺利,尤其揭露的是基层农村领导干部弄虚作假、虚报浮夸的问题,在采访中屡遭碰壁,甚至自身的人身安全也受到威胁,但记者仍然顶住压力,深入调查采访,掌握了大量第一手资料。

（3）用事实说话，批评有力、令人信服。

随着记者采访的深入，"双亿元村"的内幕逐渐浮现，同期录音的运用具有强烈的现场感，村民们质朴的语言、村党支部书记苍白含糊的辩解、镇长蛮横无理的拒绝都一一呈现在了听众耳边。我们通过事实，看到了领导人的领导艺术：向上邀功请赏，搞形式主义；有事推卸责任，行官僚作风。对此，记者并没有跳出来发表议论，而是将这些鲜活的事实呈现给听众，让听众自己得出结论、自己做出判断。

新闻的本源是事实。但是记者并没有简单地罗列事实，而是选取典型的、有代表性的、能体现主题的事实来说话，材料的取舍融入了记者的价值判断，也引发了人们对社会问题的思考。全篇主体由典型的谈话录音构成，步步质疑、层层深入，令人信服。

（4）巧用对比，深化主题。一边是贫困户的孩子上不起学，一边是村党支部书记住着豪华的5层小楼；一边是村主任"村办企业年产值超亿元，农业总产值超亿元"，一边是村民孙国友气愤地说"欠了一屁股饥荒都没着落呢"。这样的对比，让我们深感震惊，同时其中的因果缘由，也引发我们的思考。

文本

浙江省率先为贫困农民筑起最低生活保障线

10月初，浙江诸暨市牌头镇66岁的农民周信均，到民政部门领取了全家每月160元的最低生活保障费。从这个月开始，浙江省23万贫困农民同城市贫困居民一样，享受到了最低生活保障。10月1日实施的《浙江省最低生活保障办法》，对此作出了明确规定。这在全国首开先例。

经过20多年的改革开放，浙江省从一个资源小省，一跃成为经济大省，经济总量、财政收入位居全国前列。有了强大的经济后盾，浙江省在全国率先将贫困农民纳入城乡一体化的最低生活保障范围，并制定了专门的地方法规。全省各级财政每年将拿出1亿多元资金，确保所有贫困农民能够享受最低生活保障。

浙江省改革与发展研究所所长卓勇良认为：

[出录音]

"设立农民最低生活保障，这是构建和完善社会保障制度的一个重大举措。这一办法可以让少数目前还处于贫困状态的农民，也能享受到改革开放带来的成果，有利于社会稳定和促进经济的持续快速发展。"

（王权、王健，中央人民广播电台2001年10月9日）

评析

以人为本,为民谋利
——评析《浙江省率先为贫困农民筑起最低生活保障线》

  这是一条1分15秒的录音短消息。消息在中央人民广播电台《报纸摘要》节目中播出后,引起了比较强烈的社会反响,中央有关部门的领导和浙江省委领导都专门向中央台调看了稿子,其他一些省市领导听了这一报道后还特意到浙江学习经验。业内人士普遍认为,浙江省的这一做法在全国具有很强的示范效应。这条消息因题材重大,时效性强,荣获"2001年中国广播奖"一等奖。这也是当年中国广播奖唯一全票通过的一等奖新闻作品。

  1. 揭示重大的社会主题

  在采写这条消息前记者对浙江省实施城乡一体化的最低生活保障线制度这一题材已经关注了很长时间,也积累了很多的资料(因为浙江一些较发达地区已经在几年前就陆续实施了这一保障措施)。浙江省的这一举措,对我们国家的发展来说意义非常重大。

  从表面来看,浙江省在全国率先实行贫困农民最低生活保障制度,贫困农民和城市居民一样也能每月拿到最低生活保障费,这不仅在全国是第一个,在我国历史上也是绝无仅有的。

  从更深层次来看,第一,中国要实现现代化,根本的难题在农村,特别是在我国城乡经济社会发展出现不平衡初露端倪之际,浙江省建立城乡一体化的最低生活保障制度,具有很强的前瞻性和战略意义。因为只有实现城乡经济社会协调发展,解决了广大农村的稳定问题,我们国家才能长治久安,经济社会才能真正实现可持续发展。第二,浙江省之所以有能力在今天实行对贫困农民的最低生活保障措施,说明党的改革开放政策在我国取得了巨大的成功。第三,实施城乡一体化的最低生活保障制度,让贫困农民也能享受到改革开放带来的成果,更证明我们的党代表着最广大人民群众的根本利益。

  2. 精心谋篇、精心选材

  以上这些重大的主题要通过短短300字的录音报道得到体现,记者选择了3个素材、一个背景资料,即:诸暨市牌头镇农民周信均领取低保金、浙江省从10月1日起实施《最低生活保障办法》、专家的评论以及浙江省20多年来经济的发展背景,略去了采访中得到的其他素材,以使报道更加精炼、主题更加突出。前面两素材主要阐述新闻的主体是什么,形态上一个是宏观的,一个是微观的,使受众能全面了解农村最低生活保障是什么样的。经济背景主要是解释为什么

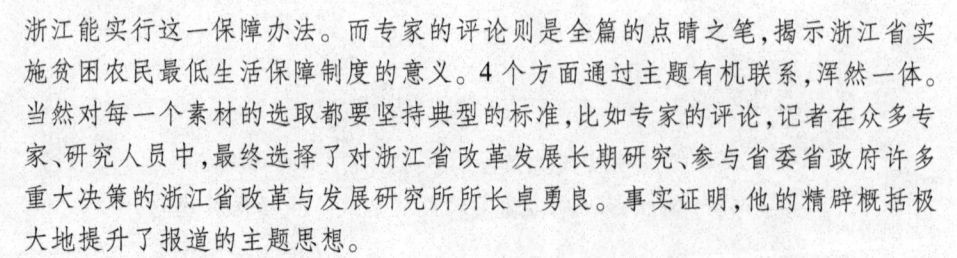

浙江能实行这一保障办法。而专家的评论则是全篇的点睛之笔,揭示浙江省实施贫困农民最低生活保障制度的意义。4个方面通过主题有机联系,浑然一体。当然对每一个素材的选取都要坚持典型的标准,比如专家的评论,记者在众多专家、研究人员中,最终选择了对浙江省改革发展长期研究、参与省委省政府许多重大决策的浙江省改革与发展研究所所长卓勇良。事实证明,他的精辟概括极大地提升了报道的主题思想。

3. 以人为本、鲜活生动

这条消息以有代表性的人物为新闻由头,展开对事件本身的叙述,原本抽象的政策、文件,因此变得真实、具体、生动而富有人情味。具体地说,本文从周信均这一浙江的一个普通农民为由头,而同他一样,浙江省23万贫困农民都能享受这样的保障,以这样的一个人性化的、与人们生活息息相关的新闻事件作由头,吸引人注意。

接下来,层层递进,逻辑清晰,条理清楚。为什么浙江"在全国首开先例",原因在于"20多年的改革开放,浙江省从一个资源小省,一跃成为经济大省,经济总量、财政收入位居全国前列。"

文本

翱翔雅典,跨越历史

——刘翔夺得男子110米栏金牌

各位听众,我现在正在雅典奥运会主体育场为您报道,男子110米栏决赛就要开始了,我国选手刘翔在前3轮比赛中一路过关斩将,轻松顺利地进入了决赛。

现在运动员都在起跑线上做着最后的准备,刘翔是排在第4道,刘翔做了个深呼吸,给自己鼓了鼓劲儿。

好,现在运动员已经在起跑器上准备起跑。

(出发令枪声)

起跑!第一个栏,我们看到刘翔和旁边的选手并驾齐驱。

第八个栏,第九个,最后一个。刘翔第一个冲过了终点,中国选手刘翔第一个冲过了终点!他以12秒91的成绩获得了男子110米栏的冠军,刘翔刚才的成绩也是平了这个项目的世界纪录。刘翔今天晚上真的太出色了,这个成绩超过了他以往所创造的个人最好成绩。刘翔为中国田径夺得了本届奥运会的第一枚金牌,也为中国田径和亚洲田径夺得了第一个奥运会短跑项目的金牌。

现在的刘翔身披着五星红旗,正在绕场奔跑着,刘翔向场下的观众挥手致意,并不断地把我们的五星红旗展示给全世界的人们。现在刘翔身披国旗绕到了我所在的看台的前面,他自己也忍不住哭了起来,确实太让人激动了!

（观众齐声喊："刘翔，刘翔！"）

［出录音］

刘翔：根本就没有想到，我自己也没有想到能跑到13秒里面。我可以说，在黄皮肤的中国人或者亚洲人来说，我实现了一个不大不小的奇迹吧！

（侯艳、赵军，中央人民广播电台2004年8月28日）

评析

身临其境，引人入胜
——评析《翱翔雅典，跨越历史》

这篇现场报道完整、流畅、生动地记录了我国田径选手刘翔在雅典奥运会上夺得男子110米栏冠军的全过程，特点鲜明，令人回味。

篇幅简短、结构完整、引人入胜。这条广播新闻消息只有短短1分32秒的时间，但是结构完整，记者紧扣新闻事件的发展过程，将报道分成几个部分：背景铺垫、比赛解说、现场描述、赛后点评和采访。整篇报道一气呵成而又层层递进、高潮叠起。

突出细节，刻画丰满。记者通过自己敏锐的视角，用细节勾勒出鲜活的人物形象，用准确、生动的语言抓住了紧张赛场气氛中刘翔心理状态的变化，如"刘翔做了个深呼吸""刘翔向场下的观众挥手致意，并不断地把我们的五星红旗展示给全世界的人"等，笔墨不多，但给人印象深刻。

情感真挚、表达流畅。由于整篇报道都是在现场完成的，发令枪声、现场的嘈杂声都清晰地在观众的耳边响起，记者的情绪紧扣现场气氛，感染力强。例如，刘翔夺冠瞬间，记者作为一名中国人的喜悦和自豪达到顶峰，声音几乎颤抖，真切、自然，这也深深地打动了听众的心。

赛后，采访的记者侯艳说"比赛在北京时间凌晨进行，当时我们没有直播节目，但我在现场仍然举着话筒不停地描述、记录，因为只有现场的声音才是最真实、最鲜活、最能打动人的，我希望听众能听到、感受到那时那刻的真实现场。"

节目播出后引起听众的强烈反响，很多人发来短信说听着这篇报道，也跟着叫呀、跳呀，忍不住流下了激动的泪水。在听众的强烈要求下，这篇报道在当天各个频率及各档节目中反复播出，在此后的回顾节目中也曾多次播出。

文本

高举国旗，呼唤救援

请听新疆台记者赵萌、阿勒泰台记者杨树赛采制的录音新闻：高举国旗，呼唤救援。

（出直升飞机声音压混）各位听众，我现在在阿勒泰机场，一架营救雪灾中受困群众的直升飞机刚刚降落，我看到7位牧民陆续被救援人员扶下飞机。

吉木乃县托普铁热克乡的波拉提·别克激动地说：

[录音]"今天直升飞机过去以后，我们的牧民没有不哭的人，偏僻的少数民族这么（被）关注嘛，党和国家没有忘记我们。"

65岁的哈萨克族牧民恰克巴斯躺在担架上，流着眼泪说：

[录音]（压混）"要是没有党和政府，没有解放军，我就病死了，太感谢他们了。"

被救牧民阿依恒说，他和28户牧民在北沙窝冬窝角困了15天，1月22号，在乡亲们快要绝望的时候，突然听到了飞机声，所有的乡民都紧紧抱在一起，拼命向天空呼喊、招手，但是由于天气恶劣，机组人员没有发现他们。这时，阿依恒迅速抓起一面国旗，骑着马向山顶跑，阿依恒说：

[录音]"我们的牧场离边境很近，中心站每天都插有国旗，危急时刻，我想到了国旗。我就骑着马拿着国旗，跑到山顶上，才看到我们的。"

雪海中的五星红旗引起了救援人员的注意。直升飞机驾驶员新疆军区陆航部队飞行大队长张晓中说：

[录音]"降雪很厚，风速特别大，找起来如大海捞针一般。有个牧民骑着马，拿着红旗一直朝我们招手，我们当时心里很感动，潸然泪下，我们就一路上加大马力，安全地把他们送回来了。"

（赵萌、杨树赛，新疆人民广播电台 2010.1）

评析

短小精悍，感人至深
——评析《高举国旗，呼唤救援》

这条广播新闻消息获得了2010年度中国新闻奖一等奖，究其制胜法宝，最关键之处在于其短小精悍、感人至深。

2010年1月，新疆北疆大部地区发生60年不遇的特大雪灾，新疆人民广播电台派出了3路记者冒着危险赶赴灾区连续采访报道一个月，捕捉到一系列感人事迹，此篇消息就是其中的一篇。位于阿勒泰山区的吉木乃县托普铁热克乡，28户牧民被大雪围困在北沙窝冬窝角长达半个月，与外界中断了一切联系。当新疆台记者第一时间得知新疆军区某陆航大队千里疾驰赶赴灾区进行不间断搜救的消息后，迅速赶往新闻现场采访。在降雪厚度达到3米、闹海风肆虐、地面能见度极低的情况下，解放军飞行员克服重重困难，冒着生命危险搜索到了雪海中的一面迎风招展的五星红旗。根据国旗的定位，找到了边境雪原中的饥困牧民，并成功将他们营救。当记者采访被救群众时，大家都热泪盈眶地讲述了依靠国旗获救的传奇故事。

主题凝练，时代感强。边境线上的哈萨克族牧民对国旗的情感、对祖国的强烈认同感在这篇报道中得到了集中展现。

报道迅速，现场感强。在直升飞机成功营救被困牧民的第一现场，记者在第一时间快速采访，把握住稍纵即逝的新闻细节，并以最快的速度发回现场报道，时效性强，现场感强。

角度新颖，以小见大。大题材，小切口。从国旗、救援中体现出党、政府以及人民军队对偏远少数民族地区群众的深切关怀。

音响清晰，制作精良。全篇采用现场同期录音的方式，声音清晰、音响效果好。

此消息播出后，新疆军区又出动了几十架次的直升飞机继续搜索营救被困牧民，听众纷纷打热线、发短信表示，聆听了一堂生动、感人、真实的爱国主义教育课。很多地方也纷纷开展了"国旗在我心中"的演讲比赛，开展了"热爱伟大祖国，建设美好家园"等报告会，激发了新疆各族群众对党、对国家、对社会主义的强烈认同感。

第3章 广播新闻专题作品评析

评析指要:广播新闻专题

广播新闻专题是就新闻事件或新闻现象,采用叙述、描写、议论、抒情等手法,或结合实况音响、人物谈话录音等手段做成的广播专题作品。新闻专题具有自身的特点:首先,它具有新闻性,但它不是新闻消息的拉长,也不是新闻消息的组合;其次,它具有专题性。一般地讲,新闻专题不止于一般的说清一件事,说清一个主题,而是应有深层挖掘或打动人心之处,是对新闻题材作详尽、生动的报道,对新闻事实作具体、系统的分析,比较完整地反映新闻事件的发生、发展过程。通常广播新闻专题需要足够长的时间,才能详细而全面地讲述一个新闻事件。因此,评析广播新闻专题作品,应当关注以下特点,并由此切入。

1. 选题重大,具有鲜明的时代特征

优秀的广播新闻专题作品选题通常要紧扣当下社会热点,具有正确的舆论导向,政策把握、控制得要好,而且有着鲜明的时代特色,有着较强的现实指导意义。

《中国"小土豆"打赢国际大官司》,就是一篇真实再现中国加入世界贸易组织后第一例涉农产品的反倾销案的新闻报道,是一篇源于经济领域,但超越经济领域的新闻佳作。此文报道的是中国加入世界贸易组织后第一例涉农产品的反倾销案。题材小中见大,内容新鲜,内含丰富而深刻,富有鲜明的民族特色和国际色彩,具有很强的新闻性,又有很强的指导性。

《"造林"还是"造字"》是一篇批评形式主义的力作。当时形式主义、浮夸之风在各地屡有发生。形式主义作为"四风"之首,严重脱离群众,完全背离实事求是的思想路线,一直是中国共产党坚决反对的作风,也是人民群众最厌恶的作风之一。地处鄂西北贫困山区的郧西县在荒山上精心造出了"巨型标语字",把"造林"演绎成"造字"。这是典型的形式主义!这篇新闻辛辣地揭露了这个事件,引起了极大反响。

《信访局长的最后24小时》用饱满的笔墨真实地再现了潘作良精神,热情地讴歌了一名优秀党员的工作作风、一位信访工作者的工作状态。好的选题和立意是新闻作品成功的基础,大凡优秀的广播作品讲述的都是这个时代的动人故事,传递的是这一时代的旋律和声音。这篇文章对时代脉搏的把握是准确的,揭示的主题是深刻的。

《挖墙脚的人们》采写于1994年3月底,恰逢朱镕基副总理亲自召开了全国打击假发票的电话会议,紧接着最高人民法院、最高人民检察院、公安部、国家税务总局联合发出了"关于开展打击假发票专项斗争"的通知。之后,打击假发票的呼声越来越高,假发票现象更成为新闻界报道的热点。《挖墙脚的人们》是反映关于假发票问题的系列专题报道的首篇。这组报道已经完成了7篇。其中,《挖墙脚的人们》荣获第四届中国新闻奖一等奖。它播出后,社会反响极其强烈。许多听众被报道里那些活灵活现、触目惊心的对话所震憾。

2. 作品表现手法多样化

广播专题是借鉴报纸通信这一新闻体裁发展而来的,它实际上是除了消息、新闻评论之外的一切新闻报道体裁的总称,在使用中很灵活。既可以详尽报道人物(人物专题)、事件(事件专题)、情况(样貌专题),也可以进行深入的背景介绍、解释、分析(研究性专题);既可以记叙、描写,又可以议论、抒情;皆可以采取口播报道、录音报道、现场报道等各种形式。

如《信访局长的最后24小时》就是一篇人物专题作品,作品用倒叙的手法,回顾了信访局长潘作良最后24小时的生活工作片段,亲人朋友的采访中还穿插了潘作良平时的工作状态。作品情感饱满、真挚感人。

《"造林"还是"造字"》则详细介绍了湖北省郧西县在荒山上精心打造"巨型标语字"的事件,记者亲历现场,对造林现场进行了"实况转播",语言幽默风趣,巧妙地批评了当地的形式主义作风。这两篇报道虽然都是广播新闻专题,但在文章结构、表现技巧、情感表达上却呈现出了截然不同的趋势,可见广播专题表现手法的多样化。

《中国"小土豆"打赢国际大官司》的叙述手法具有强烈的故事性,首先运用倒叙,极大地引起了听众的兴趣,然后采用点面结合的方法,描述了整个事件的各方反应,也详细描写了各方代表如中方公司的具体情景、行动,情节紧张,扣人心弦,具有引人入胜的故事张力。

3. 讲究纪实性、客观性

新闻专题报道讲究纪实性、客观性,与消息类新闻的要求最为接近,新闻专题报道可以有一定的记者观点,但要寓于时间和材料的选择之中,一般不直接评论人和事。新闻专题的目的在于详细、完整地报道和再现新闻事实的发展过程,在于提供信息,观点和评论留给观众自己去思考。在事件专题的报道中,要较为详细地展现时间发生和发展的过程,深入发掘事件背后的思想内涵。人物专题则要求报道人物的先进事迹和成长过程或奋斗经历,揭示人物的思想境界,反映人物思想品格、精神风貌。

4. 内容具有启发性

新闻专题的定义表明了它的态度,不求杂而求专。专一而有深度也让新闻专题报道有了较好的启发性。不是为了看消息而看新闻专题,而是为了启发思考而看。这是新闻专题的使命,也是新闻专题存在的最大意义。

比如《离家百年,钟回故里》,此篇广播专题由大沽钟"回家"举行的隆重仪式切入,随后对大沽钟"回家"的艰难历程进行了详细的叙述。记者提纲挈领地把握住了整个故事。更为可贵的是,记者把较为浓厚的爱国情愫提升到一定的高度,从故事中挖掘出了爱国的价值观,从而使这篇广播专题报道的主题思想进一步升华,体现了不忘耻辱,尊重历史,呼唤和平的深刻主题。因此在世界反法西斯战争胜利60周年暨中国人民抗日战争胜利60周年,此篇报道的主题深深地刻上了时代的烙印。

"大沽钟"作为天津市,乃至中国近代史上被掠文物第一次以赠还的方式回归祖国,体现了世界人民对和平的呼唤,题材重大。这篇报道播出后在国内外均引起了强烈反响。

文 本

"造林"还是"造字"

听众朋友,您平生见过的最大的标语字有多大? 最近,记者在湖北省郧西县算是大开了眼界。今天的《焦点时刻》请听湖北台记者杨宏斌、通讯员胡成采制的录音报道——《"造林"还是"造字"》。

今年11月28日,记者乘车经过郧西县店子镇太平寨时,突然发现公路旁陡峭的高山上,一个巨大的水泥字扑面而来。因为离得较近,记者无法看到它的全部,只有跑到500米开外的地方抬头仰望,才看清这原来是一个硕大的"禁止"的"禁"字,而它只是一幅巨型标语的1/4。记者驱车十几分钟,才终于将山体上用石头砌成的这4个大字看清:"封禁治理"。4个大字连成一排,挺立在群山之间,十分壮观。

"封…禁…治…理…",这4个大字是什么意思呢?

[出音响]

记者:"封"就是封山,那"禁"呢?

郑直:"禁"就是禁止砍伐、禁止放牧——放牧牛羊,"治"就是治理荒山,"理"就是管理的意思。

[音响止]

说话的人是原店子镇林业站职工郑直。他曾参加过这幅巨型标语的设计、建造。他告诉记者:这幅巨型标语是店子镇政府1999年组织5个村的2000多劳力,大干一个半月建成的。

这每个字究竟有多大？郑直说，每个字是严格按照840平方米来建造的，一个字大约是29米长、29米宽，足有9层楼那么高，比两个篮球场还要大！"封禁治理"的"封"字，就右边"寸"字里的那"一"，就有9米宽、4米高，能坐下40多个人。

是谁想起在山上造字的呢？

郑直介绍说，当时，县里号召退耕还林、封山植树，周边乡镇都在山体上做巨型标语，显示抓这项工作的气魄和决心。店子镇的领导见别的乡镇的山体标语很气派，受到上级表扬了，不甘示弱，决定也要做几个大字，字的大小一定要超过周边乡镇。镇里安排郑直和文化站站长桂千奇对标语字进行设计，刚开始，领导对他们的设计还不太满意：

［出音响］

郑直："开始就是按照领导意图，一个字做一亩那么大。结果做那么大，他们下来一看，小了，最后又重搞，重搞就是按840个平方这样设计的。"

［音响止］

设计的字体大小超过了周边乡镇，领导满意了，才开始施工。郑直说，这山体大字的做工很讲究：

［出音响］

郑直："先挖槽子，先开这个字的笔画；再用石头一个一个给它往上排。槽子好像是40公分深吧。石头砌好了以后，就用和好的沙浆、水泥灌；灌了后再抹平；抹平之后上涂料、刷白，石灰的不行，石灰的水一冲就没得了。"

［音响止］

太平寨山高坡陡，做字的地方坡度达45°～50°，农民们从河里运砂石，挑水上山，行路艰难。造字时正是高温酷热的夏天，2000多个劳力每天从早上六点半开始干，一直干到下午七点才收工。

［出音响］

郑直："太热了！就说我们，我们作为干部上去还没干啥子哩，整天脸上的汗都没干过，身上的衣裳都汗湿完了。（如果）扛沙、扛石头、扛水泥，那更辛苦啊。"

［音响止］

造这几个标语字共花了多少钱？郑直告诉记者，每个字至少6000元，4个字总共就是2万4千元，这还不包括群众投工在内。农民给记者算了这样一笔账：如果花2万4千元买树苗的话，可以买松杉苗16万株，按常规每亩栽127棵的话，可以栽1259亩，能把这座山绿化12遍！

为了显示退耕还林工作的力度，郧西县很多乡镇都像店子镇这样，把"造林"变成了"造字"。据县林业局有关人士介绍，全县造的300多平方米以上规模的大字近100个！

（音乐混播）

夹河乡建有两处大型标语：一处在金銮山，"封禁治理、美化汉江"这8个大字，共投入2500个劳力，做了3个月，每个字667平方米，8个字全长两公里，跨越3座山；另一处标语在腰滩河，"做好水土文章，绿化湖北山川"12个大字，每个字667平方米，2500个劳力，做了4个月，标语全长5公里！

在羊皮滩建的"泥沟乡退耕还林示范区"10个大字，全部先用水泥浇注，然后用白火石砌表面,两个村1300个劳力做了3个半月才建成。建这些字的白火石,是乡政府要农民自己掏钱买的。为了买白火石,农民最远的跑到12公里外的陕西月儿潭;没钱买,就下河捡或上山找。

羊皮滩的这10个大字的脚下,就是景阳乡官亭村。当年建字时,官亭村村民就说,与其花这么多钱造字,不如给官亭村修一条村民们盼了18年的断头路。

在各乡镇竞相开展的"造字竞赛"中,店子镇终于后来者居上,拔得头筹,凭借"封禁治理"这4个大字创下了字体最大的纪录!

郧西县一些乡镇1999年开始"造字",一晃三四年时间过去了,巨型标语字任凭风吹雨打,依然坚不可摧。相形之下,这些地方的退耕还林状况却不容乐观。

原店子镇林业站职工郑直说,建了大字之后,店子镇政府搞了几次植树造林"大会战",还请来县电视台记者摄像。可一阵热闹过后,剩下的是一片冷清。站在"封禁治理"4个大字前,郑直说:

[出音响]

郑直:"你看那山上,现在还不是那个样子!(无奈地笑)年年植树不见树,岁岁造林等于零。"

[音响止]

说是"封、禁",可是记者在店子镇看到,造了字的山上,树木稀稀拉拉,零零星星地种着黄姜和小麦;牛、羊在随意地吃着草,没有人来管。

羊皮滩的"泥沟乡退耕还林示范区"10个大字中,"退耕还林"的"还"字里面还种了农作物;红岩寨"封禁治理"4个字中的"封"字,从远处看去,隐约有几个黑点,爬到字上一看,原来不知是谁种了两分地的黄姜!

红岩寨的大字标语下有两个村,因山高坡陡,水土流失严重,泥石流经常冲毁农民的房屋。从造绿化标语的那一年起,两个村的村民就强烈要求实施退耕还林。去年他们还挖好了树窝,等上级发树苗栽植,可至今也没人理这个茬儿!

个别乡镇为了造字,竟然不惜毁林。夹河镇金銮山大型标语字,跨越3座山,其中有一座山的天然林比较好,但镇里为了造"封禁治理"的"封"字和"禁"字,砍掉了不少天然林木。

谈到这几年造字的经验,郧西县林业局的干部们很是得意,他们特别向记者说明,郧西的造字声势已经影响到了与郧西相邻的陕西6个县。

[出音响]

干部甲:"对陕西有震动、有促进。"

干部乙:"我们这个郧西呢和陕西6个县交界,他们看到这个声势以后呢,就你追我赶,湖北人了不起嘛!(笑)哼哼……"

[音响止]

可是,在汉江南岸的陕西省白河县和旬阳县的两个乡镇,记者驱车20多公里,沿途只见树木不见字。郧西县的关防乡和湖北口乡,没有造一个大字,却造出了成片成片的树林。看来,"造林"还是"造字",效果大不相同。

好,感谢收听《焦点时刻》。

(杨宏斌、胡成,湖北电台、中央电台 2002年12月9日)

评析

抓得准，做得巧，挖得深
——评析《"造林"还是"造字"》

《"造林"还是"造字"》是一篇批评形式主义的力作。近年来，形式主义、浮夸之风在各地屡有发生。地处鄂西北贫困山区的郧西县在荒山上精心造出了"巨型标语字"，把"造林"演绎成"造字"。这是典型的形式主义！2002年12月9日，湖北人民广播电台播发的录音新闻《"造林"还是"造字"》，在广大听众中引起强烈反响。

1. 事件新

当年11月28号，记者乘车经过郧西县店子镇太平寨时突然发现，公路旁陡峭的高山上，一个巨大的水泥字扑面而来。因为离得较近，记者无法看到它的全部，只有跑到500米开外的地方抬头仰望，才看清这原来是一个硕大的"禁止"的"禁"字，而它只是一幅巨型标语的1/4。记者驱车十几分钟，才终于将山体上用石头砌成的这4个大字看清："封禁治理"。4个大字连成一排，挺立在群山之间，十分壮观。这种叙述给受众"耳目一新"的感觉。这件事"新"得让人感到奇特和震惊。读罢这段文字，感到"不可思议"——"封禁治理"这句标语竟需要驱车十几分钟才能看清，其壮观程度听众可想而知。

2. 用事实说话

夹河乡建有两处大型标语：一处在金銮山，"封禁治理、美化汉江"这8个大字，共投入2500个劳力，做了3个月，每个字667平方米，8个字全长两公里，跨越3座山；另一处标语在腰滩河，"做好水土文章，绿化湖北山川"12个大字，每个字667平方米，2500个劳力，做了4个月，标语全长5公里！

山上造字在郧西县是普遍现象。作者从一个"禁"字开始，到"封禁治理"4个字，再到"封禁治理、美化汉江"8个字，最后到"做好水土文章，绿化湖北山川"12个字，导游般地带领受众漫游在郧西群山之中，一步一步深入，当游遍店子镇、夹河乡、羊皮滩等乡镇后，就使人感到"字"造得越来越多，体积和面积也越来越大。事实说明，这里的形式主义十分严重，到了"触目惊心"的程度。

3. 现场感强

（1）发现现场，深入现场。采写现场目击式新闻，要求记者深入现场和充分利用现场。《"造林"还是"造字"》的成功之处，正在于作者善于发现现场，巧妙地利用现场捕捉的有用信息，真实地再现现场情景，揭示出新闻背后的新闻。因而，作品给人以动感，给人以启迪，给人以一种身临其境的感受。

《"造林"还是"造字"》的作者在驱车郧西县山区时,发现了新闻现场——公路旁陡峭的高山上的一幅幅硕大无比的石头标语。然后,作者又精心选择了3个现场观察点:一个是离巨幅标语"500米开外的地方",抬头仰望,看清了巨幅标语的1/4;二是"驱车十几分钟的地方",让自己、也让听众"看清了山体上用石头砌成的'封禁治理'4个大字";三是"爬到大字标语上看","退耕还林"的"还"字里种了农作物,"封禁治理"的"封"字里种了两分地的黄姜。

作者选取这3个现场观察点,并且深入到现场观察,不仅有了"记者在郧西县算是大开了眼界"的感慨,也使听众对该县的一些干部热衷于搞形式主义的"气魄和决心",有了深刻而具体的印象。可见,善于寻找发现现场并真正深入现场,是采写优秀现场目击式新闻的前提。

(2)感受现场,驾驭现场。感受现场,就是记者不仅要身临现场,也要"心入"现场。不仅要用眼睛观察,还要用心去感受和体验。驾驭现场,就是要善于捕捉现场的典型音响和有效的信息。然后经过筛选和提炼,及时、准确、客观地传达给听众,使作品的内容更加厚重,以增加作品的可听性、可信性。

本专题的作者,是善于感受现场、驾驭现场和捕捉现场信息的。作品让人感受到郧西县的一些干部造字的"热情""气魄"和"决心"的信息有:"封禁治理"4个大字,是组织5个村的2000多劳力,大干一个半月建成的;每个字是严格按照840平方米来建造的;县林业局有关人士介绍,全县造的300多平方米以上规模的大字近100个;"封禁治理、美化汉江"这8个大字,共投入2500个劳力,做了3个月,每个字667平方米,8个字全长两公里,跨越3座山;"做好水土文章,绿化湖北山川"12个大字做了4个月,标语全长5公里;"封禁治理"4个字总共花了2.4万元,还不包括群众投工等。这些信息,具体翔实、形象生动,一听就给人留下极其深刻的印象。

作者驾驭现场的能力也是很强的。他们不是停留在造字劳民伤财的表象上,而是对现场捕捉、感受、采访到的信息进行认真筛选、提炼、比较和分析,进一步深化了文章主题,揭露了"造字竞赛"带来的恶果。请看:

① 村民说:"与其花这么多钱造字,不如给官亭村修一条村民们盼了18年的断头路。"

② 一些乡镇自1999年开始"造字",一晃三四年时间过去了,巨型标语任凭风吹雨打,仍然坚不可摧。相形之下,这些地方的退耕还林状况却不容乐观。

③ 郑直说:"你看那山上,现在还不是那个样子!(无奈地笑),年年植树不见树,岁岁造林等于零。"

④ 把造"封禁治理"4个字所花的钱买树苗的话,能把这座山绿化12遍!

这些干部、职工和农民朴实而无奈的心声,揭示出形式主义不得人心,其影响之坏、危害之大,震撼人心,使人有一种刻骨铭心之痛。

（3）挖掘现场,再现现场。采制一篇现场目击式的好新闻,仅仅像电视摄像那样进行"全景式的扫描"是不够的,还要对现场进行立体地、全方位地深度发掘和开拓,要对现场获得的信息进行深度加工和提炼,才能抓住事物本质的真实,从而更加准确、客观、真实地再现现场。

《"造林"还是"造字"》的作者,对现场进行了深度发掘。他们采制了大量生动、鲜活的音响素材。从"造字"的设计者、参加者、冷眼旁观者那里挖掘了大量的第一手资料,使作品内容更加丰满,内涵更加深刻,使议论更加风趣、批评更加贴切,从而使作品更具权威性和感染力。

这件作品的最大优点和特色,在于作者巧妙地再现现场上。作者摒弃了那种居高临下、无限上纲、得理不饶人的、令人反感的手法和霸道作风,而是充分利用事实本身的说服力,恰到好处地揭露事实的真象,实事求是地剖析形式主义的危害。作者巧妙地把自己的情感、观点和褒贬寓于事实之中,让听众自己从报道的事实中去感受、去评说、去得出结论。真正做到了以事实服人、以理服人,而不强加于人。通篇文章,没有空洞的说教,没有大话套话,没有尖刻刺耳的言词。用这种态度开展舆论监督,用这种手法采写批评性稿件,能收到更加强烈的社会效果,应当大力提倡。

《"造林"还是"造字"》的成功之处,还在于作者在再现现场、揭示真象时,在对现场的描述、数字的运用、人物语言的选择、议论的幽默风趣等方面,都下了一番工夫。例如,文章开头就这样提出问题:"您平生见过的最大的标语字有多大?最近记者在湖北省郧西县算是大开了眼界。"一开始,就别出心裁、高人一手。

再看结尾部分:谈到这几年造字的经验,郧西县林业局的干部们很是得意。他们特别向记者们说明,郧西的造字声势已经影响到了与郧西相邻的陕西6个县。

干部甲:"对陕西有震动、有促进。"

干部乙:"我们这个郧西呢,和陕西6个县交界,他们看到这个声势以后呢,就你追我赶,湖北人了不起嘛!(笑声)哼哼……"

这些热衷于"造字"竞赛的干部们得意的议论,十分生动地说明形式主义危害之烈。它不仅遗害乡邻,还祸及邻县、外省。没有比这些典型音响、典型语言更有趣、更有力、更出彩的了。

还有:店子镇在造字竞赛中终于后来者居上,拔得头筹,凭借"封禁治理"这4个大字,创下了字体最大的纪录。

再如数字的运用,"一个字大约是29米长、29米宽,足有9层楼那么高,比两个篮球场还要大!封禁治理的封字,就右边寸字里的那一个"、",就有9米宽、4米高,能坐下40多个人!

这些生动、形象的议论和描述成为作品中一个个耀眼的"亮点",使作品增色不少。

总之,《"造林"还是"造字"》,广播特色比较鲜明,语言幽默风趣,是一件精心打造的、体现"三贴近"原则的精品佳作,值得学习和借鉴。

文本

沙漠里飞出绿色的歌

中广网北京 1 月 12 日消息(记者张小燕) 流水淙淙,鸭儿在林间嬉戏;鸟儿啾啾,洁白的羊群在草原上悠闲地漫步;这是沙漠里的一个景象。一对年轻人用 15 年的青春岁月把荒芜的沙漠变成了绿洲。

2005 年的秋天,我来到了这个美丽的地方,找到了在沙漠里创造奇迹的人。

记者:您好,你就是鲍永新,是吧?

鲍永新:嗯。

记者:那您今年 38 岁了?

鲍永新:对,今年 38 岁。

记者:我看着您好像比实际年龄要老啊,头发白了都。

鲍永新:一般人看着我都似小老头了,腰也弯了,头也白了,在这沙漠里累的、风吹日晒的,天天。

15 年前的一个春天,内蒙古东北部的荷叶勿苏沙漠中,英俊挺拔的青年鲍永新赶着一架破旧的牛车,顶着狂风,艰难地向沙漠深处行进,坐在牛车上的秀气姑娘是他的新婚妻子于艳文,他们离开了自己的家——离沙漠 30 里的一个叫荷叶勿苏的小村庄,承包了沙漠中的 1 万 2 千亩沙地,要在这里种草、栽树。

鲍永新:当时很简单,脑瓜子很冲动,赶着牛车,带上锅灶和简单的两套行李,围上马架子就来了。

于艳文:一棵树也没有,想找树荫凉都找不着,想拾点柴火都没有。就那么个窝棚,一敞门就"呼"一下那风,吃的饭里都是沙子,想喝水也没有水,挖那么个小水坑,就在里面取水,那水又绿又臭,还有虫子——大脑袋虫,然后挑回来,再用箩过滤了以后吃。

记者:做饭洗脸都是这个水?

于艳文:嗯,都是这个水,特别不好吃,什么都没有,那可以说是一无所有。没有电。

鲍永新:到晚上了,点煤油灯,有的时候连煤油灯都点不着,只能是早点收工,早点做饭,天一黑就睡觉了,睡觉有的时候捂着被子还感觉到上面风刮,刮大沙子,顺着窟窿往里刮沙子,刮得"呜呜"响。天天都刮沙子,没有一天不刮沙子的,一刮风睁不开眼,就拿衣服包着脑瓜子,露个小眼睛,能看见东西就往前走。这一天出去基本上都是顶着沙子,顶着风。

漫天的黄沙打在脸上生疼,30 米外看不见人影,这样恶劣的自然环境,鲍永新和于艳文事先不是不知道。

于艳文:实际上我们来以前,就有个人在这里呆过,呆不下去就回去了,他40多岁,都呆不了。当时村里人都以为我们俩这么年轻,肯定呆不了。

记者:那为什么结婚不久就来治沙了呢?

鲍永新:沙子逐年地往前走,从北往南吞并,距你的这个住房,一年走近一块,一年走近一块,沙进人就得退,房屋土地就都得让它埋没了,考虑到它对人类的侵害这么大,真要把它治好的话,就不会受它侵害了,而且还能致富。

自从来到沙漠,鲍永新和于艳文白天想的、夜里梦的都是治沙,他们不知有多少次在梦中笑醒,他们梦见沙漠长出了青青的小草,一棵一棵、一片一片,漫无边际地向天边延伸,草原上开满了红色的、绿色的、黄色的、紫色的野花,成排的白杨树,风中摇曳的红柳都在向他们招手,还有洁白的羊群、唱歌的鸟儿……

早晨醒来,等待着他们的却是艰苦的劳动。

于艳文:那时候就是春季栽树。

记者:那你们在这荒山秃岭的栽树不容易啊。一场风沙过来是不是就把你们刚挖好的树坑填平了?

于艳文:要是当时挖,挖完不栽的话可不填平了?

记者:当时挖了就得马上栽树吗?那树苗还得从外面运到这沙窝子来,也不容易啊!

于艳文:不容易,那时候是靠借人家车,靠亲戚啦朋友啦帮着运。

记者:有时候你们是不是得亲自背树苗?

于艳文:从产树苗的地方运进来以后,全靠人背,一捆一捆扛。

春天栽树,是鲍永新和于艳文最忙的时候,天不亮就得出门,顶着星星才回到窝棚里,他们经常累得连话都懒得说一句。来沙漠不久,鲍永新就不得不走出沙漠到处借钱。

于艳文:有时候他一出去就得好几天,都是张罗这些钱啊,那时候这些树苗一棵就两毛多啊,再运进来就三四毛一棵,那时对我们来说太难了,这栽上的树全是靠借钱,晚上就得出去借,把我一个人扔家里,特别寂寞、特别孤独、觉得特苦。

夜晚,于艳文不敢走进窝棚,不敢睡觉,惊恐地躲在鲍永新回来要经过的沙梁底下,等他回来,不知什么时候,她的眼泪掉在了沙地上。

于艳文:哎呀,那种心情都无法形容,心想这种地方哪是人呆的?想着想着就开始掉眼泪,就在这沙子里呆着,眼泪都哭干了。

来沙漠的第二年和第三年,于艳文生了两个儿子,鲍永新高兴得合不拢嘴,说他们是沙漠派来的特使,一个起名叫沙特,一个起名叫阿拉伯。可是,他们都还在襁褓中的时候,鲍永新就顾不上他们了。

于艳文:生第一个孩子他在家照顾了10多天,就又走了,正是春季,就筹备树苗啦,人工啦,栽树全都是靠开沟栽的,……那不成活率高嘛。

记者:在月子里自己照顾自己?

于艳文:自己照顾自己。生第二个孩子的时候,第三天房子漏了,之后就塌了。

记者:下雨房子漏了?

于艳文:下雨房子漏了,房子也破,那不叫房子,就是个窝棚,娘俩都没地方呆,那时候买不起大块塑料布,就弄了一些小塑料布,在上面接着雨,娘俩在下面坐着,晚上房子就塌了。

记者:那你们娘俩孤零零的在大雨里?

于艳文:自己就抱着孩子往外跑。

记者:抱着孩子在雨水里哭?

于艳文:嗯。

为了专心治沙,沙特和阿拉伯很小的时候就被鲍永新先后送到了亲戚家和学校,只有过春节的时候才接回来。

鲍永新:我们沙特3岁那年,我姐给领去了,一年后这孩子回来了,孩子也不找他妈,也不找我,这样他妈大哭啊,你看这俩孩子爹妈都不认识了。大的5岁,小的4岁,就把他们送到学校去了,当时学校的条件也不是太好,在学前班,我们这里,既不能接也不能送,长时间不见面。

渐渐地,鲍永新和于艳文承包的1万2千亩沙地有了星星点点的绿色。1993年,鲍永新借了7千多块钱,在沙地上飞播了7千多亩草籽,沙地大面积种上了草,可是春天栽树,夏、秋、冬三季的封育、固沙、护理任务还很重。

记者:一天要走多少路有没有算过,就在这个沙地里,多少里地?

鲍永新:正常的情况下,一天上山护理的时候都得走30多里地,30多里路。

记者:就是沙地,走一步陷一步这样的沙地。

鲍永新:一般人走几步就懒得走了,迈不动步了,走一步退半步。

记者:那更多的时候你还要顶着大风?

鲍永新:顶着大风。冬季的时候,有时中午也回不来,贪晚的时候,我养成习惯了,也不怕了,怎么也得把它转悠下来。

漆黑的夜晚,干完活,拖着快散架的身子躺在床上,陪伴鲍永新和于艳文的只有沙漠里经年不止的风声和无边的寂寞。偶尔,于艳文也会唱唱歌、弹弹吉他。这是他们艰苦生活里的唯一慰藉。

夏天骄阳晒、蚊子咬,冬天风雪交加、严寒刺骨,这些困难,鲍永新和于艳文都不怕,最怕的是向别人借钱和别人催债。

鲍永新:当时借钱忒难了,因为自己当时一点儿家产都没有,人家都想你借钱到底能不能还上,跟前有亲戚,也是托朋友向他们借点。

于艳文:哎呀,天天有讨债的,特别是过年的时候,过年过节讨债,太不好受了,人家都忙着办年货,我们忙着还人家外债,东跑西颠的,两个人,这个人出去张罗钱,那个人就得在家应付讨外债的人。

记者:有时候来你们家要钱的还不止一个?

于艳文:七、八个,十来个的都有。

记者:那么多啊?

于艳文:坐满炕都是,跟人家说着好话,还得伺候着人,有啥没啥给人家吃着饭,说着好话。

记者:作为一个女人,心里别提多难受了。

于艳文:别说女人,那男人头都抬不起来。自己这些年治沙不买新衣服可以,孩子呢,看人家过年穿新衣服,就哭着、叫着:妈妈,我也要新衣服,我也穿,那工夫心里才不好受呢。有时候大年三十都有人要账的,我俩大年三十都没有啥心思。

记者:一想起借的这些外债都发愁?

于艳文:咋不发愁啊,愁得天天哭,愁得头发都白了。

鲍永新的大姐来到沙漠,看到他们手掌上一道道裂开的血口子,看到他们吃饭时端出一碗咸菜汤当菜,抱着他俩哭了,劝他俩离开。

鲍永新:就说两个人到外面打工,这一年也能挣个吃喝吧,既不残疾也不弱智,两个人吃那苦干啥呢,在这沙子里你能整出个啥来呢?每见一次就劝一次。

记者:那你当时怎么没听你姐的话呢,那么多人劝你们,就没有离开那个沙窝子地呢?

鲍永新:当时来到这个沙子里,就走不了了。

记者:怎么走不了了?

鲍永新:看着这个沙子,不把它制服了就不能走。

记者:你觉得你一定能制服它?

鲍永新:对,就是不想半途而废,治到半路的时候更不想走了,再大的苦也挡不住了,想走也还舍不得这沙子呢,想走也走不了。

(张小燕等,中央人民广播电台1月12日)

这是鲍永新夫妇在采摘柠条籽

评析

平凡中见伟大,平淡中见真情
——评析《沙漠里飞出绿色的歌》

《沙漠里飞出绿色的歌》运用广播特写的表现手法讲述了一对蒙古族青年男女在荒无人烟的沙漠植树种草、奋斗15年的感人故事。这里采用的广播特写是一种充满想象、有特点、有趣,主题有相当深度,表现手段没有任何限制,音响、语言和音乐很有感染力的信息传达方式。记者和编辑独具匠心的节目编排,帮助听众将听觉信息视觉化,完成了真实的情景再现。同时,更加重要的是,节目内容传达出的"平凡中见伟大,平淡中见真情",这样一个深远的主旨精神。本文将沿着节目制作的顺序,从选题、采访和音响编排这3个方面做出一些剖析。

1. 选题适时有深度

《沙漠里飞出绿色的歌》展现的是荒漠化背景下人性的光辉面。根据1998年国家林业局防治荒漠化办公室等政府部门发表的材料指出,中国是世界上荒漠化严重的国家之一。我国因荒漠化造成的直接经济损失巨大。在这样的大背景下,鲍永新和于艳文这对再普通不过的夫妇无人强令、无利益诱惑,却毅然决然地走进了沙漠植树治沙。在几乎与世隔绝的恶劣环境中,他们醉心于心中绿色的梦,这种追求早就超越了对基本生活享受的需求。他们可以说是白手起家,借钱植树种草。历经15年奋斗,绿色梦终于成真。

《沙漠里飞出绿色的歌》虽然没有对背景故事的宏观叙事,却蕴涵着鲜明的时代主题,通过普通家庭的微观呈现,以个性鲜明的事实,使听众的认知得到进一步升华,生发出对人性光辉和执着坚守的景仰之感。

在宣扬人性闪光点的同时,广播作品的作者也不刻意掩饰人物行为的私有初衷,更添作品真实感。鲍永新是为了脱贫致富去承包沙地的,他种树是为了砍树卖钱。这个细节很真实,这种原始的动机实际上是鲍永新这个人物真实可信的基础。防治土地沙漠化这个全球性的主题与我们所宣扬的艰苦奋斗、坚持不懈、脚踏实地,十年树木、百年树人的时代精神的双重作用,使得节目的立意更加深远,也理应得到全社会的共同关注。

2. 采访得当讲策略

高超的采访技巧是如何展现的?那便是对症下药,根据不同的受访者采取相应的采访策略。于艳文是个感性的女人,记者的提问就经常是跟她聊天,说些女人关心的话题。鲍永新是个比较理性的人,他很少说话,每天忙忙碌碌不停地干活儿,记者就采取单刀直入的提问方法,比如你为什么来沙漠,你种了多少树,这些树长大了你打算怎么办等。

面对平凡而朴实的鲍永新夫妇,记者平等、密切地与采访对象相处,获取了丰富而全面的信息和录音资料。记者全面融入采访对象的生活,就像是在餐桌上跟他们一样大口大口地吃盐水泡大葱,颇有一番"入乡随俗"的意思。他们做饭、给树浇水、播草籽记者都形影不离地跟着,这样才能记录下夫妻二人进沙漠安顿、借钱栽树、生孩子、讨债者上门、鲍大姐探望、夫妻拌嘴、银杏树早死、树草成活覆盖、养禽畜、生活改善、远景谋划等一系列故事。

深入交流,走进人物的内心世界,挖掘那些鲜为人知的故事细节。夜深人静的时候记者跟于艳文睡在一个炕上聊天,问她除了蒙古民歌,会不会唱流行歌曲,她说会唱,就给记者唱了,唱着唱着就哽咽了。记者追问这里面的故事,她就讲起她跟鲍永新是怎么相爱的、后来在沙漠里又怎么吵架、怎么风风雨雨走到现在。鲍永新和于艳文2003年就是全国典型,很多媒体都去深入采访,但《沙漠里飞出绿色的歌》的作者却得到了许多独家的素材。

记者想办法录到了第一手的录音资料,即新闻的"原生态"。这是广播特写吸引听众的要素,同时也为广播特写的成功制作埋下了伏笔。

3. 音响讲述现真实

广播特写强调原生态的现实音响,这些大量的现实音响需要精心的设计和安排,融入大胆的想象和能够烘托气氛的后期音乐和音效。《沙漠里飞出绿色的歌》就成功地将这些环节一一实现,最终组合出了真实感人的故事。

作品中能够适时地加入现实音响,从自然中的鸟鸣羊叫、狂风中牛车的吱呀作响到生活中的走路声、挑水声、倒水浇树声,这些现实音响的融入与故事内容整体协调,有利地增强了叙事的力度。

丰富的现场音响加上记者亲切自然的讲述,把听众带到了一个个生动、鲜活的画面中,使人有亲临其境之感。例如,记者的这段讲述,就是根据对鲍永新夫妇的采访加入的:"15年前的一个春天,内蒙古东北部的荷叶勿苏沙漠中,英俊挺拔的青年鲍永新赶着一架破旧的牛车,顶着狂风,艰难地向沙漠深处行进,坐在牛车上的秀气姑娘是他的新婚妻子于艳文"。瞬时,就将15年前鲍永新夫妇驾车在沙漠中行进的画面描述得栩栩如生,让听众仿佛身临其境,画面感十足,更添作品的真实性。

纵观这篇专题,主题集中、内容丰富、形式生动活泼、现场音响丰富,称得上是一篇优秀的广播专题作品。在中央人民广播电台《人物春秋》首播之后反响很大,很多听众要求重播,后又在《精品放送》节目中重播,很多听众来信,还有男青年专程从哈尔滨赶到内蒙古看望这对夫妇。荣誉的获得以及观众的热烈反响都印证了《沙漠里飞出绿色的歌》这部作品的成功,但是再优秀的作品都有可以改进的地方,之后改编的《沙漠人家》的境界就是对这一点的最好证明。我们相信,无论如何编排节目,真实且富有真情的内容作为血肉,才是优秀新闻作品的基础和灵魂。

文本

离家百年,钟回故里

听众朋友,流失海外105年的大沽钟昨天终于回到了故乡——天津塘沽。如果它有生命的话,一定会感慨万千。因为它承载过屈辱的历史,也见证了新世纪的和平、友谊。请听本台记者李贺采写的报道:《离家百年,钟回故里》。

飞机降落[压混]

2005年7月17号晚上10点50分,由英国伦敦希思罗机场起飞的FQ822次航班照例稳稳地降落在北京国际机场。但与以往不同的是,这架飞机上,托运了一座流失海外长达105年的天津古钟——大沽钟。

重新踏上了祖国的土地,大沽钟受到了故乡人民的热烈欢迎。

[回归仪式:迎接大沽古钟回归仪式现在开始。升国旗,奏国歌……压混]

尽管古钟在流失英国的过程中,已经残损,不能再敲响,但在大沽炮台举行的庆祝回归仪式上,还是吸引了很多人前来观看。人们的喜悦之情溢于言表。

[录音:小时候我就听我爷爷说,这儿有座大钟。这钟回来了,多热的天气我也要来看看,表示祝贺。]

这座令人震撼的、独一无二的、曾经一直挂在塘沽大沽炮台上的大沽钟,铸于1884年;它高65厘米,直径58.5厘米;上面刻有"风调雨顺,国泰民安"字样。然而在晚清那个民族羸弱的年代,"风调雨顺"成了"风雨飘摇","国泰民安"尚未实现却带来了"民族屈辱"。1900年八国联军入侵中国,这座古钟也伴随着国耻惨遭劫难,最终成为英国奥兰道炮船士兵的所谓"战利品";1902年朴茨茅斯博物馆将它收作受保护的文物,还列入了英国国家二级文物目录。此后,大沽钟就栖身在朴茨茅斯维多利亚公园一个中式石亭里,亭子上写有"这口钟缴获自中国天津大沽口"字样,亭子旁边是奥兰道炮船死亡官兵纪念碑。100多年来,大沽钟孤零零地悬挂在异乡,供游人参观。

离家105年的大沽钟在海外漂流着,先后有很多学者追随、寻找过古钟的去向,但每次的努力都由于各种原因半途而废。

时间飞速疾逝,转眼到了2003年。一位中国留学生范辉来到了英国朴茨茅斯市的维多利亚公园,在公园艺术中心主任马克先生的办公室里,他偶然发现一座中国的古钟,顿时一种熟悉和亲切的感觉萦绕在她的心中。听马克讲,前几天这座钟差点儿被人偷走,虽然盗窃未遂,但大钟上方的挂环被破坏了。为了保护古钟,他只好把钟暂时搬到自己的办公室里。

这座来自中国的古钟到底有着怎样的身世呢?细心的范辉辗转联系到了北京古钟研究所副研究员夏明明。有着20多年钟龄文化研究经验的夏明明是这样判断的:

[录音:看了一下钟上的铭文,对钟的历史进行了一番探索吧。这个钟过去是被侵略军掠夺走的。]

就在夏明明对大钟进行鉴定的同时,范辉和马克又从大量的资料中得知,大沽钟在英国的历程也是非常曲折、坎坷的。在二战期间及其战后的一段时间里,这口大钟曾从维多利亚公园的那座亭子里"消失",一时不知去向。当时,有的说是为了防止被纳粹德国的空袭炸毁隐藏起来了;还有传闻说,丘吉尔在战时曾要求全国上交铁器以铸造军炮,朴茨茅斯人害怕古钟被上交,就把它埋在自家花园里。范辉说,得知这座历尽沧桑百年古钟的身世后,马克先生首先说出一个大胆的提议:

[录音:他说,唉呦,这还是中国的古钟,应该还给中国吧!]

英国朋友的坦诚让这位中国留学生非常感动。从此,他们便开始尝试各种渠道,希望大钟"叶落归根"。他们把这个消息通过夏明明传达给了塘沽方面后,大钟故乡的人们异常兴奋,曾经寻找了多年的古钟终于有了明确的下落。

但回家的路途漫漫,谈何容易?天津塘沽区负责此事的区委副书记荣新海心里没底:

〔录音:国家之间追讨文物没有成功的,很少。作为我们来说,也非常慎重。〕

有资料显示,仅在47个国家的200多个博物馆中,就有中国文物精品不下百万件。其中,有很大一部分是在近代以来被巧取豪夺走的。对于流失海外文物难回归的问题,中国抢救流失海外文物专项基金会的负责人曾介绍说,虽然国际公约规定被掠夺的文物应归还原属国,但一些西方国家——同时也是收藏中国流失文物最多的几个国家,至今没有在这些公约上签字。所以这些国家博物馆主观上并不希望归还其收藏的中国文物,甚至对参观、拍照都严格限制,使得政府出面交涉异常困难。在世界文物回归的历史上也记载过几个成功案例,掐指算来也只有区区几次。

然而,看着范辉他们传来图片资料上的古钟的容颜,和钟亭上那行"这口钟缴获自中国天津大沽口"的文字,经过再三研究,故乡的人们还是决定要放手一搏,百年耻辱不能再继续下去:

〔录音:看到那字感慨万千。因为100多年前,他们侵略我们,把我们的东西弄到那儿,流失了105年,就是想办法要把它弄回来。但是这个东西……需要双方的沟通。〕

当事情进入操作层面时,人们才发现,实际困难远比想象的更加繁琐、不可预料:

〔录音:后来才知道,非常复杂。就是这个东西(大钟)在那儿究竟是由艺术中心管呢,还是由市政府管呢、是由市议会管?双方还有一些争论。我们要去跟他们谈,找谁都是不确定的。〕

众多的头绪、磨人的查询、来回的交涉。10个月的时间,就像手指缝隙的沙慢慢流逝了,仿佛事情还没有开始就已经陷入僵局。在英国,范辉和马克同样焦急。他们想到了当地的华人组织:叶锦洪——朴茨茅斯市华人协会会长,当他听说这件事后,义无反顾地加入到促进古钟回归的行列中。通过越洋电话的采访,我们仍能感觉到叶先生那片滚烫的赤子之心:

〔录音:混播 我是一名中国人,我应当为这件事出力,我们不能看着屈辱的历史再继续!只要有百分之一的希望我们就要做百分之百的努力!〕

于是百折不挠的努力重又开始了。叶先生首先写信给朴茨茅斯市的市长,很快得到答复:同意谈判。一周后,塘沽谈判代表团和朴茨茅斯谈判代表团面对面地坐到了一起。在谈判桌上,塘沽区区委副书记荣新海讲了这样一段话:

〔录音:我说,这口钟放在你这你也耻辱我也耻辱。你把人家的东西抢来然后放在你这儿,别人要也不给,这耻辱不耻辱?那么,我为什么耻辱呢,我这个地方,这么大一个国家,你来了几百人、上千人,就把……我的东西弄走了,我也觉得耻辱。你把这口钟交回来,你也光荣我也光荣。你是……善良的,是一种新的理念,对我来说,我也赢得了尊严。〕

参与谈判的范辉当时一直非常紧张,事先设想过很多种谈判的过程,甚至连英国人摇头拒绝的表情,都已经浮现在眼前。值得庆幸的是,谈判结果大出人们所料,朴茨茅斯市市长的表态意见,给中方一个意外的惊喜:

〔录音:他说,就我本人的意见,很支持这件事。他说,当时侵略中国是历史的原因,但是今天我们做这件事,也是冲着友好的意愿。市政厅的态度都很积极……〕

然而,谈判的成功并不代表事情已经尘埃落定,更艰巨的任务还在后面。按照英国法律

规定,这件事的最终结果还应由当地议会表决决定,据了解:在英国议会通过一项议案绝非易事:

[录音:它那个议会,整个议会,大部分人反对也不会成,有一部分人反对很强烈的话也不会成。]

果然,这个议案在朴茨茅斯这座不大的城市里引起了不小的轰动。作为英国早年侵略其他国家时的"战利品",古钟已被英国国家文物与遗产委员会列入英国文化遗产的二级目录,永久在英国保存,它代表了英国在那个时期的"辉煌"。而议员中的很多人却坚持认为,要有一个正视历史的态度,新的时代背景下,那绝不是英国辉煌的象征。

而此时,首先提议归还古钟的马克先生,通过媒体向当地市民讲述了这样一件事:

[录音:混播　我的曾曾曾祖父1860年到中国来过,在攻打大沽口炮台的时候还获得了英国的维多利亚十字勋章。也就是他所在的这支队伍在1860年当年,火烧了圆明园,抢劫了圆明园的大量财宝。那么,过了这么多年,作为他的后代,我想,历史应该重新解读。]

叶锦洪先生回忆说,那些富有正义感的议员们为大沽钟的最终回归,也做出了富有成效的努力:

[录音:混播　最有代表性的是Terry.Holl。他给每位议员写了一封邮件,他讲,这口钟的主人是中华人民共和国,这口钟是人家的我们就应该给人家,用来促进英国和中国两之间友好关系。在这点上,他们和有些国家不承认自己侵略的历史不一样,非常正视这件事。]

就这样,议案得到了绝大多数议员的支持,顺利通过。当地政府和议会通过后,还需得到英国政府的批准。天津塘沽区区委副书记荣新海说,一切努力就剩下这个更为棘手的环节了:

[录音:从去年的11月15号到今年的5月25号,就是走这个报批的过程。到了3月14号的时候,英国文物遗产协会同意在8个星期内给予答复。]

漫长的等待煎熬着每一位对这件事做出过努力的人。对于这件文物的回归,英国政府的态度显得非常谨慎,他们深知文物对一个国家的发展、一段历史的记录、一种文化的研究的价值所在。最终,他们还是批准了给中国送还古钟。此时,天津塘沽区已经是春暖花开的季节了。

一直为大沽钟回归不停奔波的荣新海感慨万千:

[录音:清朝政府太腐败了,那时候《辛丑条约》其中定的一条就是拆毁大沽炮台。这口钟本来它只是大沽口炮台的遗物,它的这个文物的价值⋯⋯当这口钟被送回到塘沽的时候,这口钟已经成为中英关系史的一个文物,它在证明,人类在向着改善前进⋯⋯上个世纪,我们是伴随着战争、流血、对抗和冲突,开始那个世纪的历史的,而我们这个世纪要用和平、友谊、合作和谅解来创造我们新的历史。]

考虑到朴茨茅斯人对这座钟的深厚情感,天津塘沽区决定复制一座一模一样刻有"风调雨顺,国泰民安"的大钟回赠给朴茨茅斯市,它会像大沽钟一样被悬挂在维多利亚公园里,而大沽钟将被永久安置在即将建成的塘沽区博物馆内。至此,天津市首例流失海外文物无偿回归一事,以皆大欢喜的局面圆满告终,在世界文物仅有的几次文物回归历史上,从此多了这样一个记录:"2005年7月,流失105年的中国大沽铁钟,由英国朴茨茅斯市归还给天津塘沽区。"如今,天津和朴茨茅斯这两座港口城市正在协商,要尽快缔结为友好城市,续写新的历史篇章。

  古老的大钟见证了 105 年的沧桑变换,它的回归向人们昭示:对世界永久和平的期待。

(李贺,天津人民广播电台 2005 年 7 月 23 日)

评析

立意远深,爱国情真
——评析《离家百年,钟回故里》

  由天津人民广播电台新闻广播记者李贺采写,牛予冬编辑的广播专题《离家百年,钟回故里》,荣获第十六届中国新闻奖一等奖。

  2005 年是世界反法西斯战争胜利 60 周年暨中国人民抗日战争胜利 60 周年,维护世界和平成为人们关注的焦点。该节目正是在这个大的历史背景下采制而成的,具有非常特殊的意义。

  大沽钟原本悬挂在天津塘沽大沽炮台,1900 年被英国侵略军作为所谓"战利品"带回国,并作为文物陈列在英国朴茨茅斯市的维多利亚公园内。2005 年 7 月,通过多方努力,历尽沧桑、漂泊海外长达 105 年的古钟终于回归故里。

  记者在了解到百年古钟即将回归的线索后,立即和天津塘沽区政府取得联系,提早介入此事进行调查采访,并多次通过越洋电话了解英国方面的情况,采录了丰富的典型音响。在掌握了大量素材后,确定主题。尊重历史、呼唤和平是世界人民的期待,这些意义都通过记者的采访报道得到了集中体现。

  大沽钟的流失是中国屈辱历史的一个代表,作为世界文物回归史上为数不多的文物回归事件,它的回归因而具有独特的意义。记者通过深入采访为听众讲述了一个起伏跌宕、曲折感人的故事,故事中的每一个人都竭尽心力促成古钟的顺利回归:天津塘沽区政府的努力,表现出政府机构的历史责任感;范辉、叶锦洪等华人、华侨、留学生的努力,体现了海外游子对祖国热爱的拳拳赤子之心;而以马克为代表的英国朋友们的努力,更体现了他们正视历史的态度和对于和平的期待。

  这篇广播专题报道是 2005 年 7 月采制的,报道了天津、乃至中国近代史上被掠文物首次以赠还方式回归祖国的故事。故事的时间、空间跨越大:时间从侵略军入侵天津大沽到双方的交涉再到大沽钟平安"回家",105 年的时间;空间上涉及了天津塘沽、北京、英国朴茨茅斯市。因此理清头绪显得尤为重要。记者较好地协调了故事的可听性与宏扬主旋律的观点。2005 年是世界反法西斯战争胜利 60 周年暨中国人民抗日战争胜利 60 周年,维护世界和平成为人们关注的焦点。尊重历史、呼唤和平是世界人民的期待。记者采写的这篇报道紧扣时代的脉搏,在选题、策划、内容等方面契合了社会发展的潮流。报道与时代精神相符，与社会主旋律相吻合。

另外，记者在故事中穿插了抒情与议论，情到浓时自然流露，或悲愤，或喜悦，或期待。典型音响，典型人物，使故事有血有肉，增强了可听可感性，成为故事重要组成部分。典型人物的典型音响：一是推动了故事的发展；二是不同人物音响渗透着不同的感情，因此能使听众更好地把握此专题报道的主题；三是能为作者表达的观点服务，使其更具说服力。这样的处理，能让听众感觉到感情的抒发是水到渠成的。报道中的典型音响能吸引听众注意力，最真实地反映新闻人物的内心情感，在这方面来看，播音员是难以做到的。

此广播专题由大沽钟"回家"举行的隆重仪式切入，随后对大沽钟"回家"的艰难历程进行了详细的叙述。大沽钟"回家"的仪式是一个点，"回家"的艰难历程是一条线。整篇报道便成为点、线结合的全方位、网状式报道，从而形成了完整的故事，有开端，有发展，有高潮，有结局。记者对故事来龙去脉的梳理是记者思想的梳理。作为背景材料的故事长而不繁琐，杂而有章法可寻，关键在于记者提纲挈领地把握住了整个故事。更为可贵的是，记者把较为浓厚的爱国情愫提到了一定的高度，从故事中挖掘出了爱国的价值观，从而使这篇广播专题报道的主题思想进一步升华。

从总体看来，此篇报道有故事、有人物、有细节、有观点。成功地体现了不忘耻辱，尊重历史，呼唤和平的深刻主题。因此在世界反法西斯战争胜利60周年暨中国人民抗日战争胜利60周年之际，此篇报道的主题深深地刻上了时代的烙印。

在特定的历史背景下，大沽钟——作为天津市，乃至中国近代史上被掠文物第一次以赠还的方式回归祖国，体现了世界人民对和平的呼唤，题材重大。这篇报道播出后，在国内，听众好评不断，在海外，经当地华语媒体的转播，也产生了强烈共鸣。

就稿件本身来说，最大的亮点在立意。其实就素材本身来说，各家媒体掌握的大致相同，关键就在于如何去看待这件事，也就是，所谓的高度决定影响力。如果仅仅报道了这件流失文物的回归，那就像荣新海在接受采访时说的，它只具有这件文物本身的文物价值。那么，当把整件事放到历史的长河去看，它又有什么样的意义呢？有人说，写新闻的也就是写历史的，想想看，如果这篇稿件拿给后人看，究竟要传递怎样一个信息呢？难道仅仅是天津塘沽区成功追讨了流失海外的文物吗？本文的作者认为，更重要的意义在于，透过这件事，我们看到的是新的世纪，人类理念上的一个进步。而且，对待历史遗留问题，各国之间还存在着不同的观点，特别是某些亚洲国家，对待历史问题的态度不能让人苟同。这篇报道也正好提供了一个如何看待、解决历史遗留问题的思路。这样，稿件的分量自然也要重一些。

追逐太阳的青春

［风声、经幡飘动声］
［现场同期声］
各位听众：

我是唐山电台的记者程锐，我现在是在西藏海拔5013米的米拉山口向您做报道，这次我要报道的是1995年到1998年唐山师范学院15名来西藏援教的大学生，他们的援教期限同为8年，到今年的6月份距离最后一批大学生入藏援教刚好过去了8年，也就是说，他们全部援教期满了，而家乡人民也始终在牵挂着他们，期盼着他们回来。

米拉山口是我要采访他们的必经之路。现在我的呼吸非常困难，与我同行的朋友告诉我，我的脸色非常难看，嘴唇和指甲已经变成了紫黑色。我感觉脑袋好像大了好几圈儿，而且特别的晕，我的两条腿软绵绵的，已经不听使唤了。不行了，我要回车里去了，我快要晕倒了。

［汽车关门声、行驶声］
［牧歌］

男：悠远的牧歌，连绵的雪山，透明的阳光，然而我们却无法领略世界屋脊的迷人风光，心率过速，胸闷气短，针扎般的头疼，严重的高原反应让我们的采访之路异常艰苦，但是昏沉沉的头脑中我们的叩问却更加强烈。

女：十几年前，唐山的就业环境还相当宽松，内地经济的快速发展也给年轻人创造了很多实现人生理想的机会，他们为什么会选择来西藏呢？他们最长的已在这里工作了11年，最短的也有8年，又是什么力量让他们坚守雪域高原呢？这些年他们生活的怎么样？他们什么时候回家乡唐山呢？

男：我们终于翻过了米拉山口，在林芝一中我们找到了当年唐山师院第一个报名援藏的95届毕业生周兰芸，如今她已是闻名林芝的全国优秀辅导员。

［读书声］

问：[录音]"兰芸，当年为什么会选择来西藏呢？"
答：[录音]"就是想干点事儿，不想碌碌无为地混日子，当时受孔繁森的影响比较大，他把生命都献给了西藏，毕业的时候我就想到祖国最需要的地方去，哪怕干成一件事，也就心满意足了！"

女：周兰芸是一位多情多义的姑娘，入藏前一天她悄悄来到血站无偿献了400毫升血，她说，家乡哺育了我20年，没能为家乡做点事就要走了，这点血就算是对家乡人民的一份报答吧！告别母校，告别父母，周兰芸带走了一包故乡的泥土，她说，想家了就摸摸它看看它！

男：然而真的踏上了西藏的土地，他们面临的第一道难关不是想家而是强烈的高原反应。

周兰芸说：

［录音］"我反应最重,流鼻血,出不来气,在医院打了半个多月的点滴,一到晚上我就搂着那包故乡的土掉眼泪,特别想我妈!但是我并不后悔,既然选择了这条路,就要勇敢地走下去。"

女:周兰芸代表援藏的同学们在给母校的回信中写下了这样一段话:"西藏距家乡很远,却离太阳很近,我们愿以火热的青春追逐太阳,因为我们从事的是最神圣的事业!"这15名援藏的大学生分别去了拉萨市、曲水县、林芝的八一镇、墨脱县、波密县、山南的泽当镇和扎囊县,如今他们就像西藏的山一样稳稳地站在了雪域高原,为那里的藏族孩子们传播着知识,带去了希望。

［讲课声］

男:这位正在讲课的教师名叫于久永,1996年他与唐山师院中文系的同学也是他的恋人潘丽君一起来到了曲水中学援教。

［下课铃声］

［录音］

问:"请问你喜欢上语文课吗?"

答:"非常喜欢!"

问:"为什么呢?"

答:"因为上课时候,老师很幽默,同学们都非常喜欢他!"

问:"你呢?"

答:"我也是,因为老师特别亲切、特别和蔼!"

男:10年前刚到曲水时于久永完全是另外一个样子,他说［录音］:"面对这么艰苦的环境,不是说是一天、两天的,我非常失落,也很忧郁。"

男:那么又是什么改变了他呢?［录音］"是我们之间的情感并没有变得脆弱,而是越来越纯净,让我变得坚强、乐观,它能让我以饱满的精神状态,面对我的学生们。当我看到他们的笑脸的时候,那个时候,我觉得真的是幸福的、自豪的。我真心的感谢西藏!我也永远融入了西藏!"

女:潘丽君告诉我们:［录音］"刚到西藏的时候呵,父母亲非常惦念我,我也很想家,尤其是我妈妈,她想让我能够回唐山,所以呢就让我和于久永分手,然后呢在唐山再重新给我找对象,我也知道父母亲的苦心,他们是想在结婚以后呢,能够让我以两地分居的理由调回去,父母亲是为我好,他们是想让我过得幸福,但是我没有同意!因为我和于久永相知多年,我没有办法舍下我们的这份感情。西藏的条件确实很艰苦,每当遇到了困难,我们都能够互相支持,互相鼓励。回想起一起走过的这10年,我们也经历了沟沟坎坎,也很不容易,但是心里感觉特别踏实,日子过得很幸福!"

女:1997年寒假,他们在曲水中学举行了简单得无法再简单的婚礼,新房是一间四面透风的木板房,嫁妆是几位藏族女教师编的一只大风铃。为了不给别人增加负担,他们只请了4位留守在学校的同事吃了顿饺子,饺子馅是从曲水县城买来的几根油条做的。

开学的第一天,得知他们结婚的消息,他们带的两个班的学生晚上悄悄地来到他们新房的门前,整齐地站成一排,用藏语唱起了这首《雪山阿佳》。

〔歌曲〕

男:这也许是世界上最纯净的歌声,这也许是世界上学生对老师最纯净的祝福。每到一处采访,援藏大学生们对我们说的最多的就是,西藏的孩子太可爱了,纯朴、善良,然而他们对自己的孩子却没有尽到应尽的责任和义务。

女:唐山的援藏大学生大部分都已经在西藏成家,其中的8名女性都已经做了母亲,他们的爱人几乎都是来自全国各地的援藏教师,由于双方老人都在内地,加上气候的原因他们只能回去生孩子,产假休完了只能把不满周岁的孩子丢在内地,回西藏时几乎是走一路哭一路。奶水还未退去,初为人母经验不足,医疗条件又十分有限,结果有的人得了乳疮,留下了做女人的终生遗憾!

男:然而最让她们痛苦的不是身体的伤痛、环境的艰苦,而是感情的空洞,那时的西藏连个电话都打不出去,这些年轻的妈妈们常常因为想孩子夜里就蒙上被子嚎啕大哭。

在山南二中采访98届援藏大学生王莹时,她拿出了一盘录音带放给我们听。〔孩子笑声〕

女:这是王莹回唐山探亲的时候录下的儿子的笑声,在失眠的夜里,看着儿子的照片一遍一遍地听,边听边流泪。她哽咽着告诉我们:〔录音〕"说实话,我真的舍不得西藏的孩子们,我绝不当逃兵。"

男:援藏8年,王莹已深深融入了山南这片热土,而这里的藏族同胞也把王莹看作了传播爱和希望的使者。

女:在山南我们遇到了一位藏族的阿佳(大姐)。〔出藏语录音,压混〕她说她叫格桑卓玛,祖籍贡嘎,丈夫早年病逝。因为王莹非常有名,不仅数学教得好,而且她教出的孩子都能讲一口流利的汉语,为了让儿子来王莹的班上读书,将来能够有更广阔的发展前途,她放弃了在贡嘎稳定的生活,在山南二中所在的泽当镇开了一间小茶庄来陪伴儿子读书。

男:格桑卓玛告诉我们,山南是藏民族的发源地,从第1代到第33代藏王都是在这里建立基业,民风民俗充满了浓郁的藏族风情,这里的藏族同胞会讲汉语的很少。王莹所在的学校全都是藏族学生,虽然也开设了汉语课,但由于师资水平有限,师资力量不足,教学效果始终不尽如人意,有的汉语教师只好选择了放弃。

女:8年前王莹初到山南,当她意气风发地走上讲台,充满激情地授课时,学生们却是一脸的茫然,他们都听不懂汉语。面对陌生的汉族教师,陌生的教学语言,一时都难以接受。

女:进藏前王莹虽然做好了充分的心理准备,但这依然让她始料不及。王莹说:〔录音〕"我费尽心血准备的教案几乎都成了一堆废纸,哎呀!当时脑子里真的是一片空白!"

女:但是王莹很快就调整了自己。〔录音〕"我既然来了,就不能够逃避责任,藏语和汉语应该说并不矛盾,打个比方说就好像是一对翅膀的左翼和右翼,孩子们学好藏语呢可以使藏民族的文化得到延续;汉语是国语,可以让藏族的孩子们与其他的民族进行交流,可以开阔眼界,也可以提高能力。"

女:王莹绞尽脑汁寻找探索着能够尽快与学生们沟通交流的有效方法和途径。王莹发现藏族孩子有一种特殊的音乐天赋,不管什么歌曲只要是听一遍就能唱下来,于是每节课前,她就先给学生们唱一首歌,课堂气氛一下子就活跃了,兴高采烈的学生们就跟着她一句一句地唱,王莹又教他们用汉语朗诵歌词,学生们开始喜欢上了这位能歌善舞的汉族女教师。

女:那段时间王莹成了学校里支领粉笔频率最高的教师,她说:[录音]"第一遍课由我讲,讲完以后马上来擦黑板,第二遍和第三遍由学生们用汉语跟我一起来复述,然后擦掉,第四遍再由我来讲,最后才是学生们做笔记。"

男:细致入微的讲解,不厌其烦的示范,使学生们的汉语思维能力和口头表达能力有了长足的进步,这也为他们日后的人生发展拓宽了一片新的天地,打开了另一扇窗口。目前在泽当镇政府工作的达娃央宗是王莹的第一届学生。虽然高考落榜,但正值山南在对口援藏的湖南、湖北两省的帮助下,大力发展经济,旅游业更是方兴未艾,需要大量的既精通藏语,又懂汉语的双语人才。达娃央宗告诉我们:[录音]"我的汉语就是和王老师学的。我毕业的时候,在县里面要招工作人员嘛,我就被录取了。"

男:一时间王莹成了山南二中最受欢迎的教师之一,然而她每次都是主动接手别人不愿意带的成绩较差的班级。[录音]"我从心眼里喜欢藏族的孩子们,他们真的是非常的善良、诚实,你只要与他们平等的去交心,去发现欣赏他们身上的优点,就能激发出他们学习上的积极性。"

女:王莹现在所带班上一位叫尼玛布赤的女孩这们评价自己的老师:[录音]"以前我们班的数学成绩排在普通班的倒数第三名嘛,王莹老师教了我们班以后,我们班的学习成绩提高了很多,成绩已经提高到了普通班的前一、二名,我们都喜欢王莹老师。"

男:得知我们是从王莹家乡来的,兴奋的藏族孩子们用汉语唱起了这首王莹刚刚教给他们的《一个妈妈的女儿》。

[歌声]

女:此时我们深深的理解了王莹,理解了她心中那份更炽热、更博大的爱,我们也由衷地为这些可爱的藏族孩子们祝福。

男:西藏在和平解放前没有一所正规意义上的学校,只有贵族子弟和一些僧侣能在私塾和寺院里读书,而如今在党和政府的大力扶持下,教育在西藏这片古老的土地上开辟了新的天地,唐山以及从全国各地奔赴而来的援藏教师们,满怀一腔热忱,引领着这些祖祖辈辈在西藏这片土地上放牧耕作的农牧民的孩子们走上他们父辈们曾经梦想的路。

女:为了让更多的西藏孩子们走上这条路,另一位唐山95届的援藏大学生张文军,在林芝二中的三尺讲台上辛勤耕耘了11年。11年他带出了多名西藏自治区中考状元,他的学生几次荣获全国中学生数学竞赛的一等奖,11年他成了西藏屈指可数的自治区级骨干教师。林芝地区教育局王泽民局长这样评价张文军:[录音]"首先呢他非常深入地了解咱们这块儿的学生。在教学中创造性地开展工作,不论是课堂教学,还是对学生的管理,都有些大胆的、创新的举措,形成了一种良性循环,推动咱们林芝地区的教育逐渐地走上了快车道。"

女:在很多人眼里张文军已经功成名就,然而出乎所有人的意料,2006年7月他把妻子和6岁的儿子留在林芝,自己主动申请去了林芝地区的墨脱县,11年后他又开始了二次援教。

男:张文军所去的墨脱县位于西藏的东南角,是我国与印度接壤的重要边陲,四面环山,气候恶劣,一年中有半年以上的时间被雪崩、塌方、泥石流封锁,是全国唯一一个不通邮、不通公路的县,人称"高原孤岛"。墨脱也是全国最贫困的地区之一,直到2000年这里才建起了一所简易的中学,但是由于师资缺乏,一直处于半瘫痪状态。

男:进入墨脱的路悬崖峭壁重叠,急流险滩密布,一位军旅作家进墨脱时曾这样描述"犹如万米高空走朽绳,生命脆弱如枯叶",我们一路上险象环生,几经波折,最后终于在墨脱中学见到了张文军。

问:"为什么会选择来墨脱二次支教呢?"

答:"是一位藏族的小女孩让我一直牵挂着墨脱"。

女:4年前张文军曾在墨脱中学搞过几个月的教学交流。有一次周一上课班上的一位藏族女生却没有来,3天后她才衣衫褴褛的来到学校,她告诉张文军,路上遇到了雪崩被困住了,为了取暖把能烧的东西都烧掉了,唯独没有烧课本,她说就是冻死也不会烧,当她用冻伤的小手取出带着体温的课本时,张文军一下子就流泪了![录音]"她那双冻伤的小手,对知识渴求的眼神,一直让我放不下。这几年墨脱中学的教学质量无法保证,我的心不甘啊!我从唐山到西藏来干什么,教书育人啊!来这儿我是放弃了很多东西,我认为值!为了墨脱的孩子们,我值了!"

女:张文军的到来也给墨脱中学的教师们以极大的鼓舞,一位叫次仁央宗的藏族女教师感慨地说:[录音]"对藏族的孩子非常好!很让我们感动!教学水平、奉献精神都是我们学习的榜样,对我们本地教师有很大的促进。"

男:采访结束,张文军执意要送我们出墨脱,路上他似乎看出了我心中急切的叩问。他告诉我援藏期满时,唐山师院多次派人与他们联系,明确表示回唐山可以安排工作,然而他们都婉言谢绝了!张文军说:[录音]"西藏的教育与内地相比差距太大了,我们不甘心啊!虽然援藏期满了,就这么回去对不起西藏的孩子们,大家一商量都不回去了!就在这儿扎根了!因为西藏还是缺教师,西藏需要我们,西藏的教育需要我们。"

女:车到林芝我们看到路边有很多卖瓜果蔬菜的商贩。

[过往车辆声]

问:"老乡,这西瓜怎么卖的?"

答:"两块钱一斤"。

问:"你是藏族人吗?"

答:"我妈是藏族人,我一直在四川老家。"

问:"现在怎么回来了?"

答:"现在西藏发展快嘛,这是这儿大棚里长出的西瓜,已经卖到四川去了!还有青椒、西红柿,要在以前做梦都不敢想!带点回去嘛!"

张文军:"没想到西藏出产瓜果蔬菜了吧?"

记者:"没想到,没想到啊。"

张文军:"西藏的变化日新月异,这回青藏铁路就要开通了,过去我回唐山最长的一次要走11天。开通以后只要50个小时就到了,再过几年墨脱也会大变样。可以说我们就是西藏10年发展变化的见证人,我们对西藏充满了信心,对自己的未来也充满信心!"

男:从渤海岸边的唐山到平均海拔4000多米的西藏,他们选择了高原,就选择了境界,选择了留下也就选择了奉献,常年高寒缺氧的环境也让他们付出了非同寻常的代价,指甲凹陷,面色紫红,脸颊浮肿是他们共同的面容,心室肥大,心律不齐,高血压是他们共同的病。

女:在唐山15名援藏大学生中,97届的李亚一反应最为严重,头发基本掉光,出现了心脏瓣膜闭合不全,导致血液返流,已危及生命。在原始森林深处、雪山脚下的波密县扎木中学工作了8年零6个月后不得不调回唐山。

男:8年的时间李亚一培养出了40多名大学生,尤其是他所带的第一届高三毕业班的黄健,当年以优异的成绩考入北京体育学院,这是波密县第一个来北京上大学的藏族孩子,当时轰动了波密。

女:经过多方寻找,我们在林芝职业教育学校见到了已经成为这里骨干教师的黄健。说起班主任李亚一对自己的影响,他说:[录音]"毕业之后,在上海已经谈好了一个工作吧,但是就想李老师作为一个汉族,内地条件那么好,居然支援到我们西藏,在我们县教书,我为什么不能回来呢?受他影响特别大。我一想,算了,我也回来做一份他这种事业吧!"

女:如今李亚一已经在唐山十中任教,只要有时间他就会与扎木中学的同事通电话,他无时无刻不在牵挂着西藏。

[电话铃声]

李亚一:"喂,是小曹吗?"

小曹:"亚一,你好!我告诉你一个好消息,前两天我跟你说的,咱们学校多媒体教室现在已经调试好了,明天我们的学生就可以用了,到时候我们可以用网络聊天了!"

李亚一:"太好了!我真想再回去看看!"

小曹:"就是,回来看看吧!到时候你肯定认不出我们学校了,现在建得可漂亮了!"

李亚一:"好,小曹你要多注意身体!"

小曹:"谢谢!"[电话挂断声]

李亚一:[录音]"每天做梦我想的都是西藏,我特别想念那里的同事,想念我的学生。也说不清是什么原因,我好像把自己的魂都留在那里了。明年我准备再回去一趟,如果身体状况允许,我还回西藏教书!"

男:无论是离开的还是留下的,离开了又再来的,都再也不能释怀那份对西藏深深的爱,而这份爱就如同火炬传递一样感染、鼓励着他们母校的一批又一批莘莘学子,唐山师院的郑禾书记激动地说:[录音]"我们用这15名援藏同学的精神教育、鼓舞着我们的学生,从1999~2006年我们唐山师范学院又有40多名学生奔赴了祖国的西部,为祖国的建设贡献着自己的力量。"

女:距家乡很远,但他们并不孤单。

男:离太阳很近,他们用火热的青春追逐着太阳。

[《放歌西藏》]

我们用珠穆朗玛的脊梁,托起那灿烂的太阳

我们用雅鲁藏布的豪放,播撒幸福吉祥

呀拉索,西藏放歌

呀拉索,放歌西藏……

(西藏人民广播电台、唐山人民广播电台)

评析

新闻故事化,故事人物化,人物个性化
——评析《追逐太阳的青春》

　　西藏人民广播电台和唐山人民广播电台共同制作的作品《追逐太阳的青春》获得第十七届"中国新闻奖"广播新闻专题一等奖,它通过讲述唐山15名大学生在援藏期满后,主动放弃了回唐山工作的机会,立志扎根西藏的故事,来告诉人们应该树立怎样的世界观、人生观和价值观。这篇报道是西藏台和唐山台的记者共同关注、追踪了10年的新闻事件。为了获得最新的素材,唐山台记者奔赴西藏,与西藏台同行一起历经风险,在强烈的高原反应下坚持到最后完成采访。

　　1. 翔实朴素的内容架构,催人泪下的细节描写

　　为完成此次报道,两台记者在艰苦的条件下做了大量的采访工作:从第一届援藏大学生到现在的学生,再到当地的藏民,从他们的同事到主管部门的领导,从而掌握了翔实的第一手素材。在对事件的报道中,记者做到了可亲、可近、可信,其内容符合了"三贴近"的要求。尤其是那些感人的细节描写,催人泪下。例如,98届援藏大学生王莹,把不满周岁的孩子丢在内地,回到西藏后,夜里看着儿子的照片,一遍一遍地听回唐山探亲时录下的儿子的笑声,边听边流泪。这些细节表露了援藏大学生的真情实感,令人唏嘘。

　　新闻故事化,记者最终选择了这样的几个故事——第一届唐山援藏大学生离开唐山时悄悄到血站献血,以此作为回报来报答家乡的养育之恩;第二届两名唐山援藏大学生坚贞不渝、相濡以沫的爱情故事;第三届援藏大学生因高原病生命垂危依旧眷恋西藏,眷恋藏族学生的故事;第四届唐山援藏大学生把不满周岁的孩子交给年迈的父母照顾,而自己返回西藏,在藏民族的发源地山南,积极推广汉语,促进民族关系融洽的故事,这样几个故事分别从家乡情、爱情、母子情、民族情来阐述主题,以不同的角度、不同的侧面来展示这个阳光、健康、积极向上的集体的精神风貌。

　　"新闻故事化"作为选材标尺的最大魅力就是"悬念",通过故事中的"悬念"吸引听众走进作品的意境之中,再通过细节的展开从而使整个作品跌宕起伏,引人入胜。因此在每个故事中记者都注意了"悬念"的设置,也达到了预期的效果。比如《追逐太阳的青春》的结尾有这样一个场景:记者、第一届唐山援藏大学生张文军、路边卖瓜果的商贩三人之间的对话。

　　2. 阳光健康、直面人生,具有时代的冲击力和感染力

受社会大环境和自身素质的影响,一些青年的人生观、价值观和世界观出现了一些偏差和问题,主要表现为拜金主义、享乐主义和极端个人主义等。而这篇获奖作品则旗帜鲜明地说明了这些援藏大学生的人生选择,他们把个人价值与社会需要结合起来,把高尚的道德情操、远大的理想志向同实实在在的奉献活动结合起来,追求阳光健康向上、对社会负责的精神,从而树立了正确的人生观、价值观和世界观。报道所选取的事例既典型又鲜活,既崇高又质朴,既能感染心灵又能启发思考,具有鲜明的时代特征。

3. 珠联璧合的民族情感

这篇报道不仅体现了唐山台和西藏台记者之间的密切合作,体现了援藏大学生和西藏孩子之间珠联璧合的情谊,更体现了汉藏两族人民血浓于水的民族情感。报道一经播出,许多大学生积极申请援藏,同时也激发了各行各业援藏人员投身西藏建设的热情,促进西藏经济社会又好又快地发展。

王莹为了西藏的孩子们,放弃了哺育自己的宝贝儿子,她把自己的爱全部给了她的学生们。孩子在婴幼儿时是最牵扯母亲心的,孩子在河北唐山,母亲在高原西藏,这种揪心的分离、无止的思念,对王莹(以及和王莹有同样情况的人)来说是一种情感的折磨。要知道,她每天都面对那么多孩子,她身边的这些孩子时时都会触动她思念自己孩子的那根神经,她需要付出怎样的努力才能稳定自己带好这些孩子啊!讲述王莹这段故事的时候,亲切自然,却真挚动人。

此外,该作品的音响也十分丰富,具有浓郁雪域高原气氛的西藏歌曲贯穿报道始终,令人耳目一新。

为了获得最新的素材,特派记者从拉萨到曲水,从山南到林芝,再到中印边境不通邮、不通电、不通公路的"高原孤岛"墨脱,行程达一万多华里,横穿西藏,历经艰险,两次遭遇车祸,走访了1000多人,召开了20多场座谈会,掌握了大量第一手素材。

节目在西藏、唐山两地播出后,引起强烈反响,特别是在唐山的5所大学,数十名大学生递交了援藏申请。此时,恰逢西藏军区首次到唐山征兵,所有指标全部招满,许多年轻人说是听了这组节目后才下决心到西藏当兵,报效祖国的,其中有5名大学生直接从高校入伍。

文本

中国"小土豆"打赢国际大官司

——春之序曲——

2007年3月7日,春寒料峭。顶着清晨的瑟瑟冷风,上百名农民聚集在黑龙江省农科院克山马铃薯研究所门前,准备抢购种薯。人群中,来自克山县曙光乡互利村的农民李辉表现得尤为热切。

〔录音:我家每年种马铃薯都种个五六十亩地吧,我一直种。但是在2005年,因为行情不好,企业收马铃薯量特别少。但是今年,听说马铃薯行情看涨,就想多买点种薯。〕

马铃薯俗称土豆,是黑龙江省克山县的农业支柱型产业。在当地流传着这样一句话:"土豆是个宝,天天离不了,怎么吃怎么好",另一句"克山土豆,全面!"的广告语更是闻名全国。同农民李辉一样,克山县有数以万计的马铃薯种植者。春耕时节,马铃薯市场行情看涨,大家都磨拳擦掌,准备扩大自家的生产规模。不过,他们并不完全清楚,自己已经成了中国加入世界贸易组织后首例涉农产品反倾销案的直接受益者。

(世贸之路,挑战无处不在。国际竞争,适者才能求生。

寻求市场公平,他们被迫拿起法律的武器。维护贸易自由,他们担起拯救民族产业的重任。

请听黑龙江电台和齐齐哈尔电台联合采制的新闻专题《中国"小土豆"打赢国际大官司》)

——风云突变——

时光回溯到两年前。2005年初,凭借全国马铃薯重点基地县的生产优势,黑龙江省克山县招商引资、投资办厂,力争把小土豆做成大产业。当时,县里有大大小小53个马铃薯加工厂,马铃薯种植面积达80万亩。

正当马铃薯生产需求旺盛、农民种植热情高涨之时,在当地的马铃薯淀粉加工龙头企业——沃华马铃薯制品股份有限公司里却发生了这样的事情:

〔录音:我们的市场部负责人一大早就着急忙慌地跑过来,给我一份紧急报告。我一看,都不敢相信自己的眼睛。报告显示,市场上土豆粉价格已经从每吨4000元下降到了2800元。这不可能啊?因为正常这段时间销量应该很好,价格不应该掉这么狠。〕

说这话的是沃华公司的执行经理毕连柱,他从事马铃薯淀粉加工已经有10多个年头了,非常熟悉市场规律。但是这次他也疑惑了:我国是世界马铃薯生产大国,同时更是马铃薯淀粉需求大国,市场一直供不应求,而此时销售价格却骤然下跌,到底出了什么问题呢?

〔录音:销售量和上一年同期比,甚至不到原来的10%。产品滞销、库存增加,这过去都是不可想象的事情。〕

危机突然而至,沃华公司上上下下都慌了神。望着上万吨马铃薯淀粉积压在库房里,身为公司总经理的赵建国更是心急如焚。已过不惑之年的赵建国,从事外贸工作20多年,这几年又把一个县级小厂做成了国内首屈一指的股份制有限公司,凭借其特有的国际视角和现代经营意识,他确定:这次突现的危机,源头不可能来自本国。于是,他让毕经理坐镇公司,自己带队开始了纠根同源之旅。当他第一站来到深圳海关时,眼前的景象让他惊呆了。

〔录音:每天从深圳文锦渡海关,马铃薯淀粉像潮水一样不停地流往中国。欧洲人把马铃薯淀粉直接运到香港,转口大陆。由于大量马铃薯的涌入,给我们带来非常大的压力,这个压力是不能用语言来形容的。〕

跑遍了沿海大小口岸,查阅了所有进口马铃薯淀粉的报关单,赵建国发现:自2005年3月以来,欧盟出口的马铃薯淀粉已经开始降价,从每吨人民币4300元直降到2800元。因其低廉的价格,导致我国从欧盟进口马铃薯淀粉的数量,不到半年时间激增到7.5万吨,比前一年增加了3倍,是前3年进口量的总和。

国内外马铃薯淀粉质量差别不大,而欧盟国家的劳动力成本又远高于中国,再加上大约30天的海上运输成本,欧盟马铃薯淀粉的到港价格理应高于中国企业就地生产、销售的价格。那么他们千里迢迢,漂洋过海,图的是什么?赵建国陷入了沉思:

[录音:欧洲每吨马铃薯淀粉的生产成本一般在600欧元以上,甚至更高一些比较合理。他们之所以能以2800元人民币的价格进行销售,原因就是整个欧盟对农产品生产给予了巨额的补助,比如说种植补助、生产加工补助以及海外出口的补助,这三项补助就差不多每吨2000元人民币左右。正因为有了这个补助,导致欧洲马铃薯淀粉生产厂有能力在中国进行低价销售。我们中国的马铃薯淀粉加工在20世纪90年代末刚刚起步,是一种新兴的产业。欧盟淀粉厂担心自己的世界第一大加工基地的地位受到冲击,所以他们用低价格压制我们中国马铃薯淀粉的发展。]

赵建国的推断是有依据的。欧盟马铃薯淀粉低价进口后,国内马铃薯淀粉价格也不得不降到每吨2800元。就当年的市场而言,当销售价格低于3600元,国内马铃薯淀粉加工企业已无利可图。中国90%的淀粉厂被迫停产,面临倒闭。齐齐哈尔华义淀粉厂经理刘宇风介绍说:

[录音:库存好几十吨在那儿压着。我和农民始终签订单,订单应该给人家付的款项我就打不出来,家里这边东挪西借的也凑不上这钱。不想干了!]

打价格战,每吨要亏损1000多元;硬挺着不卖,产品会大量积压,客户会大量流失。一时间,大家都有了被逼上悬崖的绝望。

[录音:"我种了几十年的土豆,去年土豆都烂在地里了。"]

生死攸关,800万薯农生存命悬一线。

"反倾销是世界贸易组织允许的合法保证正常贸易秩序的一种手段。"绝地求生,17家企业联手维护合法权益。

请继续收听新闻专题《中国"小土豆"打赢国际大官司》)

——绝地求生——

美国气象学家洛伦兹在1963年发现了"蝴蝶效应"理论:一只蝴蝶在亚马逊河流域的热带雨林轻拍翅膀,可能导致美国德克萨斯州的一场龙卷风。在经济全球化时代,像欧盟这样已有百年历史的世界马铃薯淀粉加工的大本营,它在生产和经销任何环节上的细微变化,都可能引发全世界的联锁振荡。而首当其冲的就是新兴的中国马铃薯淀粉行业。

中国马铃薯的产量占全球的1/4,专业种植的薯农有800多万户,大多集中在内蒙古、甘肃、青海和黑龙江等老、少、边、穷地区,马铃薯是他们生存的主要依赖品。同时,中国大大小小几百家马铃薯制品企业承担着全国食品、医药、造纸、纺织、建筑等行业对马铃薯制品3/4的需求。所以,温家宝总理称它为:"小土豆,大产业。"对于这样一个庞大然而弱小的行业来讲,选择"生存还是死亡",不仅关乎企业,关乎800多万农户,还关乎着中国农业生产格局的健康稳定。

面对绝境,沃华公司总经理赵建国紧急联络国内几家主要马铃薯制品生产企业的老总,商议对策。

（我们一致认为:欧盟在倾销！我们就有了一个想法——把大家组织起来,对欧盟提出反倾销。我们已经加入了WTO,我们应该运用WTO的国际贸易规则,来保护我们自己的产业。）

根据世界贸易组织的反倾销规定,支持反倾销调查的企业必须达到全行业生产总量的50%以上。起初,一些企业顾虑到与欧盟企业有资金或技术上的合作,而且,中国农产品从来没有国际诉讼的经历,所以都拒绝参加。为了促成申诉成功,在短短一个多月时间里,赵建国从东北到华北、从西北到云贵高原,跑遍了大江南北几十个马铃薯产区,最终说服了同行。

[录音:人家的倾销以及给我们带来的损害,必须要用数字来证明,我们必须拿出生产成本、产品积压的状况、薯农受损害的一系列数据,来让外国人认账。老实讲,我们是在欧洲人给我们制定的游戏规则当中来伸张正义、寻找公平。我们没有先前的经验和教训,非常困难。如果不是省商务厅的协助,帮助我们企业进行策划、想办法,单靠我们企业,是难以进行反倾销的。]

2005年12月29日,由沃华马铃薯制品股份有限公司牵头,国内17家马铃薯淀粉加工骨干企业联合起来,向中华人民共和国商务部正式提交了对原产于欧盟的进口马铃薯淀粉进行反倾销调查的申请书。

2006年2月6日,春节长假后上班的第二天,广大申诉企业听到了好消息:商务部公平交易局、产业损害调查局依据《中华人民共和国反倾销条例》,决定对原产于欧盟的进口马铃薯淀粉进行反倾销立案调查。商务部进出口公平贸易局新闻发言人郭策介绍:

（反倾销是世界贸易组织允许的合法保证正常贸易秩序的一种手段。这个案件是中国加入WTO以来,第一例涉及农产品的反倾销案,所以我们给予了高度的重视,在最短的时间进行了立案。）

2006年5月,黑龙江省三大马铃薯主产地——讷河县、克山县和依安县,众多望着土地发愁的薯农迎来了商务部副部长高虎城。高副部长是代表商务部依法对生产企业和种植农户的受损情况进行实地核查来的。看到部长走上田间地头,依安县双合乡诚心村农民范长山脸上终于露出了笑容:

[录音:我种了几十年的土豆,去年土豆都烂在地里了。现在国家领导来了,我们有盼头了。]

经过商务部长达半年的国内外调查,2006年8月18日,就在新马铃薯上市前,商务部发布了马铃薯淀粉反倾销案的初裁决定:原产于欧盟的进口马铃薯淀粉存在倾销行为,并且对中国的相关产业造成损害,应根据倾销幅度征收保证金。这标志着,我国对原产于欧盟的进口马铃薯淀粉进行的反倾销拉开序幕。

坐镇公司一年、愁出了两鬓白发的沃华公司执行经理毕连柱,紧锁了一年的眉头,这一天舒展了。

（这时候公布初裁结果对国内马铃薯淀粉企业至关重要,因为两天后,2006年马铃薯淀粉加工周期就要开始了。我们国内企业已经苦苦支撑了一年,如果欧盟的生产企业在国内企业开工周期里,继续低价倾销,再打压一年的话,整个中国马铃薯淀粉加工行业就会崩溃。）

初裁决定使广大马铃薯加工业者备受鼓舞。当年秋天,马铃薯的收购价格从每市斤人民币1角8分提升到2角。虽然只涨了两分钱,但意义并不一般。

为了进一步维护权益,赵建国和参加反倾销诉讼的17家企业的老总还在继续奔走。此时在他们背后,除了政府部门的协助之外,还多了行业协会的支持。

[录音:在反倾销之前,因为没有一个成熟的行业组织作依托,咱们中国的企业呀,很难应对外国对中国产品倾销与反倾销的诉讼。这样呢,在进行反倾销的过程中,我们成立了中国马铃薯淀粉专业委员会。可以这么说,这次涉险胜利,"组织"的力量功不可没。]

就在初裁决定出台之际,商务部发布的《出口产品反倾销案件应诉规定》正式实施。这项规定确立了商务部、中介组织、企业及地方政府"四体联动"的反倾销应对模式,重点强调了中介组织——也就是行业协会在反倾销应诉中发挥的作用。这说明中国政府已经主动适应国际贸易的新格局,运用政策的力量,促使中国企业迅速成熟起来。

(在商战中校正偏差,在自卫中寻找公平。"多哈会谈的一个承诺就是发达国家削减农产品出口补贴,马铃薯淀粉案的胜诉顺应了国际潮流。"

从竞争中学会参与,从团结中聚合力量。"提升行业的国际竞争力,才能实现中国国际贸易与世界共赢的理想。"

请继续收听新闻专题《中国"小土豆"打赢国际大官司》)

——胜诉启示——

2007年2月5日,对于中华大地上千千万万马铃薯种植农户和加工业者来说,是一个具有里程碑意义的日子。在这一天,国家商务部发布了2007年第8号公告,公布马铃薯淀粉反倾销案的终裁决定:原产于欧盟的进口马铃薯淀粉存在倾销。根据终裁决定,自2007年2月6日起,对原产于荷兰艾维贝、法国罗盖特等欧盟公司进口的马铃薯淀粉,征收17%~35%不等的反倾销税。至此,由黑龙江省企业牵头发起的、历时一年半、涉及进口农产品反倾销诉讼的第一案,以胜诉而告终。

反倾销案裁决后,欧盟取消了农产品出口补贴,将种植补贴改为绿色补贴,欧盟加工企业再没有实力对外进行倾销了。

反倾销案的胜诉更如救命的甘霖,拯救了处于生死关头的中国马铃薯加工企业。几天之内,马铃薯淀粉的市场价格从2005年以来的每吨2800元涨到了4800元,马铃薯及其制品的生产、加工、物流、销售等一系列产业链开始运行。

自2001年12月11日中国正式加入世界贸易组织以来,到本月为止,共5年零3个月。中国涉外企业受到国外的反倾销立案调查达302例,而由中国企业提出的反倾销立案申请只有35例,可以说,我们大多时候都扮演着反倾销诉讼案中的应诉方。商务部进出口公平贸易局新闻发言人郭策认为,马铃薯淀粉案的胜诉,表明了中国的农业加工企业已经开始学会运用WTO规则维护自己的权益:

(多哈会谈的一个承诺就是发达国家削减农产品出口补贴,马铃薯淀粉案的胜诉顺应了国际潮流。但是我们也应看到,现在国内有的行业,对进口产品明显存在的倾销现象,不理不睬;还有的行业,已经被国外提出了反倾销,却不去应诉,任凭人家制裁。这说明,中国入世后,涉外企业掌握和运用国际规则的能力还相当薄弱。所以,马铃薯淀粉案起到了示范效应。)

就在这场反倾销案件进行中,中国加入WTO的5年过渡保护期已经悄然结束。中国企业面临的是更加规范的中国市场和竞争更加激烈的国际市场,如何在市场化和国际化双重

挑战中做大做强中国的农产品加工业,带领中国企业维权胜利后的赵建国有了更多的感悟:

（我们所遭遇的这些事情,都是中国对外贸易进入高速发展时期必须直面的"成长的烦恼"。我们必须尽快壮大产业品牌,提升行业的国际竞争力,才能实现中国国际贸易与世界共赢的理想。）

（焦春溪、任季玮等,黑龙江电台、齐齐哈尔电台2007年3月15日）

评析

充分调动听觉的艺术表达
——评析《中国"小土豆"打赢国际大官司》

《中国"小土豆"打赢国际大官司》是一篇真实再现中国加入世界贸易组织后第一例涉农产品的反倾销案的新闻报道,是一篇源于经济领域,但超越经济领域的新闻佳作,获得了第18届中国新闻奖新闻专题一等奖。历来新闻奖的评奖中,新闻专题都是竞争最激烈的,它能在同类作品中脱颖而出,源于以下几点。

1. 标题吸引人听觉关注

这篇作品的题目用词简单明了,寓意却很深刻。形象生动,对比鲜明,充满悬念,吸引人,具有强烈的听觉冲击力。

广播记者一般不大重视做题目。以为那是报纸的需要。其实,广播节目更需要做题目,需要做出能够叫醒耳朵、激发听众收听欲望的好题目。《中国"小土豆"打赢国际大官司》,这个题目一下子就能吸引听众,让听众产生了强烈的好奇心:"小土豆"为什么要打官司?"小土豆"怎么会打起国际大官司?"小土豆"怎么打赢的国际大官司?"小土豆"的官司值得打吗?打"小土豆"官司有什么价值?一连串的问号从脑海中蹦出来,使听众产生了强烈的收听欲望。

本文的这个题目用词非常简单,用意却很深刻,作者巧妙借用了中国古代诗歌的对仗手法,通过鲜明的对比,营造了充满悬念的氛围,吸引听众产生强烈的收听欲望。

2. 题材小中见大,内容新鲜、新奇

这篇作品题材小中见大,内容新鲜、丰富而深刻;富有鲜明的民族特色和国际色彩,具有很强的新闻价值和社会意义。

《中国"小土豆"打赢国际大官司》报道的是中国加入世界贸易组织后第一例涉农产品的反倾销案。题材小中见大,内容新鲜,内含丰富而深刻,富有鲜明的民族特色和国际色彩,具有很强的新闻性,又有很强的指导性。

我国是世界马铃薯种植和生产大国,温家宝总理评价它为:"小土豆、大产业。"因为马铃薯关乎农民、企业和社会需求,但是,目前我国还远不是加工和贸易强国。入世6年多,我们起诉国外倾销案件的总数,仅为遭受反倾销诉讼总数

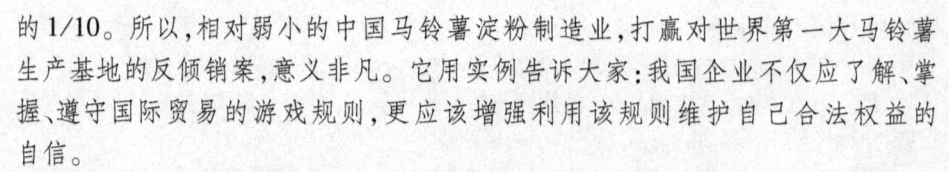

的1/10。所以,相对弱小的中国马铃薯淀粉制造业,打赢对世界第一大马铃薯生产基地的反倾销案,意义非凡。它用实例告诉大家:我国企业不仅应了解、掌握、遵守国际贸易的游戏规则,更应该增强利用该规则维护自己合法权益的自信。

进入WTO(世界贸易组织)的规则体系后,应对贸易摩擦,是我们这个相对落后的经济体走向发达经济过程中的必修课。中国是农业大国。中国农产品因为涉及人数多,波及面广,与广大农民的命运息息相关,所以对这场反倾销案进行报道,它的新闻价值和社会影响非常重大。

这一节目播出后,在听众中产生强烈反响。商务部、电台和节目中所报道的沃华公司以及反倾销案的发起人赵建国都接到了听众电话的咨询和求助。这也从另一个侧面反映出这个节目的新闻价值和社会意义。

3. 叙事的手法运用得当

该文用讲故事的手法,把一个专业性、政策性很强的报道,做成一篇具有全球化视野和时代高度,并颇具可听性的新闻专题。

这个新闻专题属于经济报道、法制报道,有很强的专业性和政策性,不容易让听众听懂,更难以吸引听众。所以记者在软化经济、法制这一硬题材上很下了一番工夫。节目的开头很用心。作者采用了倒叙的手法来讲述这个打官司的故事,以一个生动的场景来吸引听众(见文稿开头)。这个生动的场景引出了"小土豆"打国际大官司的案件。农民热切的声音,现场热闹的音响,呈现了一幅画面,把听众带入现场,引入故事之中。之后,节目按"风云突变""绝处求生"这一类似章回小说的结构,来具体报道案件的发生、发展、变化和结果,把一个很专业的案件演绎得跌宕起伏,吸引听众持续地关注。

4. 语言生动形象,富有韵律,而又具有思辨色彩

广播是声音的艺术,广播是语言的艺术。文中大量的句子对仗工整,前呼后应,读起来朗朗上口,铿锵有力,具有强烈的感染力、吸引力。有了这样的语言基础,播音员才有了二度创作的条件。同时该节目的播音很到位,女播音员自如地驾驭了这一题材,大气端庄,而又亲切温和,娓娓道来。这也是使一个枯燥的经济案件听起来却很生动的一个重要原因。

文本

信访局长的最后24小时

5月13日是辽中县信访局长潘作良老父亲79岁的寿诞之日。老爷子一大早就在村口等着,巴巴的盼着他老儿子作良来给他过这个生日,车盼来了,可带给他的却是五雷轰顶的消息。潘作良的大姐一直在老父亲身边,也一直瞒着他怕他承受不了。今天是老弟出殡的日子,老爷子应该见儿子最后一面。

[录音:来一车人,下车后(哭)我老姑就说,说作良过去了,我二弟说,(哭)作良在殡仪馆,我爸这就连忙穿衣服,也哭,4月初9嘛,正好我爸过生日,出殡那天。]

潘作良是辽中县信访局局长,他在1年零8个月的任期内一心扑在信访工作上,为上访群众办了太多实实在在的事。5月9日因带病连续工作,突发脑溢血倒在了办公桌前,年仅43岁。胡锦涛总书记在得知他的事迹之后,亲自写下了这样的批示:"我们要学习他'为党分忧、为民解难'的崇高精神和'奋力拼搏、苦干实干'的优良作风'。"

辽中县当地有为死者守灵的民俗。在辽中县殡仪馆潘作良的灵前,除了他的亲属之外,还有50多位守灵人,他们是辽中县300多位老知青的代表。为了让这300多位常年上访的老知青办理下多年不能解决的退休手续,他忙了大半年,走了几个省市,学习人家的经验和模式,并多次与县领导磋商,这300多位老知青的养老难题得到了解决。他们想报恩哪!可恩人已离他们而去,他们含泪相邀为潘作良守灵3天。说起这事,今年已近60岁的刘玉兰泪流满面。

[录音:这个时候棺材盖已经打开了,能看到本人了。完事我就伸手去摸潘局长的额头,摸摸衣服摸摸手,完事大伙都哭了,我说潘局长啊,可惜你这个人才啦,为百姓实实在在、脚踏实地的办实事,怎么能这么命短呢?我说咱们给他跪下吧,这是咱老知青的恩人哪,也就是最后一天了,让咱们跪一跪吧!]

"四十三年尘与土,一心为民永造福"这是潘作良追悼会上的一幅挽联,当我们整理一下采访辽中县干部群众的录音时,我们似乎从他最后的24小时的时光中感受到一种精神。也许这24小时正是潘作良作为信访人为百姓操劳的缩影。

5月8日下午5点30分,早过了下班时间,但下班这个概念在潘作良眼中似乎并不存在,大约6点30分,眼中布满血丝的潘作良又招呼着县信访局接待科科长于守福和有关人员在信访3楼会议室召开信访稳定工作座谈会。老于说,潘局长上位第一天就定下两个规矩:

[录音:对于卷宗每案必看,每案必通,所有案件他挨个审。上午接待信访群众,下午开会研究信访的整体情况。]

晚上11点30分会终于散了,可走出单位大门的,唯独少了潘作良一个。而此时,潘作良在办公室接通了他这一生中最后一个上访群众的电话,辽中县城南村上访者刘玉霞说,她最后悔的事就是半夜打给潘作良的这个电话。

[录音:他说我这号码你就是24小时哪怕半夜2点、1点钟打我也能接,之后我就打了电话试试他,唠了2个半小时,我一边唠这眼泪就一边掉,他说:"大姐,你放心吧,我肯定给你拍板。"]

现在,那部至今还记在刘玉霞家挂历上的"热线"号码已经成为一个永远无法接听的号码了。女儿潘鹤流着眼泪查看爸爸的手机通话记录,她大吃一惊。

[录音:3月份的手机通话记录有1201条,4月份的通话记录竟然达到了1444条,而且这还不包括家里和办公室的座机电话,可想而知,爸爸每天的工作量应该是非常之大。]

潘作良的妻子贾丽鹃回忆说:5月9日凌晨2点左右他才回家,早上5点钟潘作良在妻子身边轻轻地说了句:我走了。

［录音：我迷迷糊糊的听着一句"我走了"，门就响了，我一看这才5点5分，天天是5点钟左右就走，唯一跟我说了一句话我走了，没成想这一句话成了咱俩永远的离别。］

每天早上5点钟潘作良都会到正在建设中的新信访大厅施工工地看看，这是他最着急的事，辽中县的新信访大厅即将在5月末与沈阳市信访大厅同步启动，可施工进度总是让他着急，其实他更挂记着他制定的信访新制度发挥的作用，就是变上访为约访，由信访干部主动把上访户约来处理问题，信访部门由原来的民意诉求中转站变成终结站，一些难以协调的群众上访诉求，由相关部门的"一把手"甚至县委县政府主要领导用联席会议的形式进行解决。辽中县县委书记张东阳说：新制度的强大优势已经开始显现。他说，辽中县的信访案件非常少，这与潘作良的艰苦努力有直接关系。张书记拿出手机给我们看，他说这是作良同志去世当天上午8点钟发给他的短信，这应该是潘作良生前发出的最后一条信息：

［录音：作良同志就讲张书记你在外招商，请你放心，信访工作我们一定能抓好，现在百日会战的息访率我们在全市排第一，你就安心招商不要惦记家里的这些事。这条信息我还一直保留到现在。］

在辽中县粮食系统有36名因伤致残的职工，他们因伤残金上访，多年来一直没有解决，潘作良上任后逐户了解伤残职工的困难情况，根据政策应该落实解决，他用很短的时间从县里协调出资金，依据伤残职工各自不同的情况分别予以一定的经济补偿。71岁的马仁权，失去了右腿，生活困难，潘作良跑前跑后帮他安装假肢，联系购买代步车。5月9日上午9点县里要开会，开会前他还没忘记要办的事，盼咐办事人员把新买的轮椅给马仁权送去。马老爷子在回忆这件事的时候红着眼圈对我们说：这个潘局长啊，他办的事让我们心颤连啊，他是当着我的面给我要车呀！

［录音：你们调查残疾人，你给人家遗漏了，我跟前坐着一个就没有腿，你要有车赶快给一个，当时给我车的时候，你说我那心情是怎么想的，那我真都掉眼泪。］

5月9日上午9点钟，潘作良在县长办公室作了100分钟的发言，他生动地向各位领导汇报了全县信访工作的最新进展情况，他说话的时候有理有据，很有劲头。可讲完了却双手按着腰，大家都知道他的腰脱病又犯了。老知青刘玉兰对他的病非常清楚，她给我们讲了当初几位上访时的情景。

［录音：到他办公室门一开，潘局长正在床上趴着呢，潘局长就说，我的腰脱病确实太重了，我起不来失礼了各位，大伙就说刘玉兰你给他做做按摩吧，没做40分钟，他就强撑着能起来了，慢慢走到水壶旁边拿起杯子给我们每人倒一杯水，7杯水，你们都是我姐姐，都是老大姐，没办法我真起不来呀。］

刘玉兰说，自那以后他一直惦记着说我按摩手法不错，要帮我开个诊所，亲自跑手续，可他就这么早走了。说着说着眼泪又止不住地流了下来。

潘作良用他的真诚换来了百姓的信任，据统计，在县信访局任职1年零8个月，他亲自接待上访群众3848次，其中重大疑难案件107件，息访104件。

5月9日下午1点，食堂的饭点过去了，潘作良只能泡上一桶方便面充饥，接待科的同志说，我们有时候管潘局长叫方便面局长，他也只是笑笑说，方便面挺好吃呀！下午1点半钟潘作良又坐回办公桌前认真审看上访案卷，他要抓紧时间看，因为他会同县法院的黄院长约了一位上访者一起解决问题。下午4点钟牛心驼村的付玉兰来到潘作良的办公室，可这时候他已经头疼得受不了。

〔录音:老潘说玉兰啊,我的脑袋太疼了,就捂着脑袋,我是真管不了你了。〕

付玉兰说,老潘接访从没对上访者说过"停"字,他是真不行啦。我真不该成为他最后接待的上访者啊!

5点钟,潘作良的头疼有了一些好转,他又来到了接访科和科长于守福继续研究信访案件,说着说着他左手捂着头啪啪的不停地拍,这时候于科长发现他头顶开始冒起了冷汗。

〔录音:他突然说我这头怎这么疼呢,像炸开一样,我们发现不对劲,我们几个就把他送到县中医院,当时到医院量血压260,量完血压当时就昏倒在抢救床上了,那时已经都不行了。〕

于守福亲眼目睹了潘作良的最后一刻,老潘那真是生生累死的呀,他这人玩命地干,对荣誉看得淡,连报上去的市劳模这个荣誉也非得让给我,我敬重他!

潘作良就这样走了,在给人们留下无尽思念的同时也带着深深的遗憾离去。他曾答应13号要给他的79岁的老父亲热热闹闹的办个生日,他答应奥运会之后要带着全家人去趟北京好好玩一玩,他答应妻子把住了20年的老楼好好收拾一下,换换裂开的地板,换换木制扶手的造革沙发,再换换那冰箱、电风扇,再安个热水器下班回来好冲个澡。可这一切都没能实现,潘作良的妻子贾丽娟跟我们说,我后悔呀,以前总抱怨他不管家里的事,是不是给他压力了,可他没有啊,每次抱怨他,他都是憨憨的一笑。

〔录音:他总对我说,老伴这家都是靠你了,你就多受累,以后等我有时间了,等我退休了,我一定好好陪你,到那时你一定会幸福的。〕

5月13日辽中县上空的雨时下时停,就像人们送别潘作良呜咽的泪水时断时续,哀乐低回,泪花飞溅。人们向潘作良的遗体默哀,做最后的告别。守了3天灵的老知青们再也控制不住情绪,他们要在最后一刻再看看潘作良的遗容。

〔录音:大伙都哭喊着,潘局长你不要走,我们还有好多话没跟你说呢,雨哇哇下的,我都说了这句话:潘局长为百姓办的好事实事都感动了苍天,苍天为他哭,为他苏醒。〕

灵车在长达5公里的政府路上缓缓而行,上万群众自发地冒雨为他送行,不断的有车加入到送灵的队伍,车队排了足足有2公里,人们举着"好公仆,好干部,一路走好""信访人永远怀念我们的好局长"等横幅,路过的汽车也都停了下来鸣笛,依依不舍地送人民的好儿子远行。潘作良带着人民群众的眷恋走了,而作精神却永远留了下来。辽中县信访局现任局长陶志伟说:"老潘在世时常跟我说的话,我永远不会忘记。"

〔录音:每解决一个信访案件,我们要换回老百姓的一颗心。老百姓是共产党的天,老百姓的利益比天大。〕

(李玉杰、蔚涛、吴静、隋杨,辽宁人民广播电台2008年6月16日)

评析

情真意切,感人至深
——评析《信访局长的最后24小时》

辽宁人民广播电台2008年刊播的广播专题《信访局长的最后24小时》获

得了第19届中国新闻奖一等奖和2007~2008年度中国广播影视大奖广播电视类一等奖两项大奖。

潘作良是沈阳市辽中县信访局长。他在任1年零8个月,创造了上访率为零,息访率100%的惊人业绩。由于长期劳累过度,他终于倒在办公桌前,年仅43岁。胡锦涛总书记为此作了批示,给予高度评价。该广播专题反映了潘作良的日常工作状态,表达了信访工作需要的执着精神和把老百姓的利益看做比天还大的工作作风。故事讲述的情感朴素、真实感人,成功地塑造了一个忠诚党的信访事业、克尽职守不畏艰难、热情为上访群众办实事的优秀信访干部的崇高形象,是一篇主题鲜明、时代感强、结构精巧的广播新闻作品。

1. 立意高远、主题鲜明

好的选题和立意是新闻作品成功的基础,大凡优秀的广播作品讲述的都是这个时代的动人故事,传递的是这一时代的旋律和声音。如今,我们国家的经济建设进入了快车道,社会繁荣、富裕;人心团结、和谐。这是全国人民的企盼,也是党的大政方针。而信访工作者正是创造稳定、和谐的社会环境的实践者。《信访局长的最后24小时》真实地再现了潘作良精神,用饱满的感情展示了一名优秀党员的工作作风、一位信访工作者的工作状态。所以,文章对时代脉搏的把握是准确的,揭示的主题是深刻的。

2. 情真意切、真情实感

这个节目的成功,当然首先是潘作良的事迹感人,这是基础。没有它,就成了无本之木、无源之水。但也与作品的创意构思不无关系。这就是开口较小,以小搏大。15分钟不到的节目,使用了如此多的素材,给人感觉非常紧凑。有铺垫,有高潮,剪裁得当,脉络清晰,音响生动,感情饱满,有一种打动人心的力量。

为了更好地挖掘潘作良的动人事迹,作者曾3次深入辽中县的乡、镇、村,行程上千里,采访了从潘作良的亲人到县委县政府领导、信访干部、上访群众以及接受过他帮助的农民,录制了大量生动感人的音响,收集了翔实的创作素材。采访中作者与被访者进行了深入的情感交流,采访现场也让人感动。

对于这样一个工作在关键岗位、又取得了突出业绩的典型,可以想见,需要和应该介绍的感人事例一定是很多的。怎么才能在有限的时间幅度内,使塑造的典型人物血肉丰满,把他立体化地塑造和展现出来,生动感人而不落俗套?这需要作者的功力。最终,作者在其大量的感人事迹中,截取了他生前最后24小时的工作片段,以时间流动为连接主线。

采访是从潘作良的灵堂开始的。这里哀乐低回,哭声一片。很多人都是被他的事迹感动而来祭拜的。这种情景很让人感动,但最终我们没有选择现场那种让人心里觉得悲切的音响,而是用了那些曾经为潘作良守灵的老知青代表的回忆录音。这一段叙述听来更真实、更感人、更具有震撼力和冲击力。

3. 精心布局、巧妙谋篇

它把那些看似流水账式的、然而却是非常典型的发生在最后一天的事情,全部集中在一起,成功地塑造了一个忠诚党的信访事业、克尽职守不畏艰难、热情为上访群众办实事的优秀信访干部的崇高形象。

作品刚一开篇就先制造一个高潮。常言道,人生有三大悲剧:幼年丧父、中年丧妻、晚年丧子。而作品一开篇,就提到潘作良的老父亲要过79岁生日。本来是喜庆的日子,可是迎来的却是儿子过世的噩耗,一上来就把气氛烘托出来了,也奠定整个作品的基调。接着,引出50多位老知青代表为他守灵,表现的是普通百姓与潘局长的非比寻常的感情。

接下来,采用闪回的手法,回顾了潘作良逝世那天做过的事情。整个叙述虽然以时间流动为连接主线,但并非平铺直叙,而是通过采访老知青刘玉兰,上访人刘玉霞、付玉兰,接待科长于守福,残疾人马老爷子,县委张书记,潘作良的姐姐、妻子、女儿,对当天的情况仔细回忆,一点点拼接起来的。在一些人的叙述中间,还自然地穿插了一些潘作良同志以前的表现。

接着,场景回到出殡的现场,上万群众自发冒雨参加送殡,车队排出2公里。人们打出标语表示祭奠,汽车鸣笛为他送行。最后,节目以潘作良生前掷地有声的录音作结语:"每解决一个信访案件,我们要换回老百姓的一颗心。老百姓是共产党的天,老百姓的利益比天大。"

作者把潘作良的事迹在他最后24小时中定格,并选择定格9个时间点,按照时间的推移把不断变化的场景一个个依次凝固,这样听众可以想象潘作良生前最后一段时间那一个个感人的场面,从他的言行举止中感受他的伟大、无私、他的尽职尽责的可贵精神。另外,作者还选用了5个"最后一次"的描述,突出时间概念,增加报道的听觉冲击力和震撼力。这5个"最后一次"强化了人物形象,起到了以点带面、画龙点睛的作用,典型人物形象更加立体、饱满。

该作品播出后,在社会上引起了较为强烈的反响。很多听众来信来电,表达了对潘作良同志的崇高敬意,并给予该报道以很高的评价。一位信访干部在信中说,这篇报道深刻地写出了潘作良的精神实质,真实地反映了信访工作的艰辛和信访干部创造性的工作。一位农民在电话中哭着说,这篇报道很感人,像潘作良这样的信访干部再多一些,我们的社会会更和谐,国家会更加安定团结。

雨水利用在徐州

[出《走进科学》栏目曲]

听众朋友，您好，我是宇红，欢迎您跟随我们一起走进科学。

[出流水声]

听众朋友，水是生命之源，离开水，人类将不能生存；没有水，地球上也将没有生物存在。但您知道我们赖以生存的淡水是从何而来的呢？

[出雷雨声　压混]

我们赖以生存的淡水资源全都来自降水。

[将雨水声推大，渐止]

海水蒸发形成云，风把云吹到陆地的上空，使它凝结成雨雪降落到大地上。这样，陆地上养育生命的江河湖泊才得以形成。然而，地球上可供人类和陆地上的动植物使用的淡水量仅占地球总水量的 0.4%；同时，由于降水的分布在时间和空间上很不均匀，极易发生旱涝交替现象，如我国就是如此。今年七八月间长江中下游地区和松花江、嫩江流域发生特大洪水的同时，黄河正处于断流期，断流长达 635 公里。另外，由于人口增长对水资源的需求与日俱增，加上工农业和生活用污水的大量排放，使水资源短缺已成为当前和 21 世纪制约社会经济发展的一个瓶颈问题。

一方面水资源日益短缺，而另一方面哗哗的雨水从我们面前白白地流走。如何寻找出一条避害兴利，充分利用雨水为人类造福的科学之路？世界各国的水问题专家、学者为此进行了长期的实践和探索，由此生出了一门新学科——雨水利用。那么，什么叫"雨水利用"呢？中国科学院院士、水问题研究权威刘昌明说：

[录音："从 20 世纪 80 年代开始，国际上把'雨水利用'这一古老的水资源利用技术变成了一个新概念作为解决水资源的途径，所以它既古老又年轻。所谓年轻就是说过去被人们所忽视，人口少的时候从河里打水，现在人口经济增长使水资源变得紧缺，人们就想到，大量的雨水是河水的来源、地下水的来源、土壤水的来源，何不把这个雨水加以利用，不让它流走或蒸发到大气中去，这样就形成了古老技术的新科学概念。"]

[雨水声]

1997 年 7 月 17 日，一场百年一遇的特大暴雨袭击了徐州市，据气象部门统计，这场暴雨的降水量是徐州市年平均降水量的一半。老百姓形象地说：一天下了半年雨。暴雨之后随之而来的是长达近 3 个月的持续干旱。然而，金秋十月，徐州市却迎来了历史上少见的大丰收，全市粮食总产量达到了 437 万吨。这是什么原因呢？这应当归功于徐州市历经 50 年建成的雨水集流系统。

徐州市属温带半湿润季风气候区，年平均降水量为 852.6 毫米，降雨多集中在 6～9 月份，容易发生旱涝交替现象。而且徐州市人均水资源占有量仅有全国的 13.6%，是全国 40

个严重缺水城市之一,水资源的严重贫乏和频繁的旱涝灾害,迫使徐州市必须在开源节流上做文章。

从20世纪50年代起,徐州市就开展了大规模的治水运动,利用工程措施充分拦截、蓄集雨水。徐州市水利局局长祖振华说:

[录音:"我市解放50年,走过了一个水利除害兴利的过程,同时也走过了一个雨水利用的过程。从思路上说是最大限度地拦蓄地面水,积极引进外来水。我们采用了'登高拦蓄、梯级控制、深沟密网'。"]

祖局长介绍说,历经50年建设,徐州市从流域上利用微山湖、骆马湖建成了蓄水工程体系,形成了水资源基地;从区域上,兴建中、小水库71座,开挖骨干河道70条,形成了徐州市水资源利用和输送的动脉;在山地丘陵区,开挖环山等高的截水沟,不同高度的截水沟依照山势以导流渠相连,一支支导流渠自上而下将截水沟中的雨水直接引到山坡上的农田边,农民们形象地称之为"长藤"。通向每块农田的"长藤"上结着许多"瓜",大一些的叫积雨窖,小一些的叫积雨池。当池窖灌满,雨水又会顺着山势流到山脚下的河流中,汇入水库里。正是这些"长藤"和"瓜",接住了"急性子"的雨水,换来了雨水长时间为人类服务的可能。徐州市的整个雨水利用系统既可以层层拦蓄雨水,提高水位,灌排自如,又可以与流域性河流湖泊相通,相互提补、相互调度,做到了涝能排、旱能提,从而为农业的旱涝保收、工业的发展以及城市生活用水提供了保证。祖振华局长介绍说:

[录音:"投资近20亿元,形成了一个雨水利用体系。全市用水从解放初期几乎没有,到现在已达到了全城可供给的水资源在正常年份是44亿立方米。通过雨水利用,农业的产量从20世纪50年代的不到10亿斤(50万吨)到目前80亿斤(400万吨),为全市整个经济发展、社会发展和今后可持续发展创造了一个良好的基础。"]

徐州市雨水高效利用的经验和成果引起了国际水资源开发利用专家、组织的高度重视。9月8~12日,雨水利用国际学术研讨会在古城徐州召开,来自英国、美国、日本、巴西、埃及等22个国家和地区的130多名水问题专家学者会聚一堂,广泛地交流雨水利用经验,并考察了徐州市的雨水利用系统。与会代表对徐州雨水集流系统给予了高度评价。

英国伦敦大学的托尼·艾伦博士说:[英语及译文录音:"他印象非常深刻,一是雨水利用率很高,同时对防涝防旱很有作用,这个水平在国际上都是先进水平,徐州这样的设计施工,这样的工程质量对其他国家、地区都有借鉴作用。"]

日本学术会议学部委员、千叶大学教授新藤静夫考察后说,徐州市能充分利用地形、地貌,把雨水很好地利用起来,这一点他很受启发。

[日文及译文录音:"他觉得印象非常深,你们做了这么多的工作,应该向全世界宣传,不仅仅是这个会议,要通过各种渠道让你们的经验介绍出去。"]

联合国已发出全球性缺水警报,警报中指出,除非更有效地使用淡水资源,否则到2025年全世界将有1/3的人口面临缺水的威胁。我国的水资源极度匮乏,人均占有量仅为世界人均占有量的1/4,被联合国列为世界上13个贫水国家之一。我国年平均降水量约为6.2万亿立方米,其中2.8万亿立方米转化为了地表水和地下水,这一数字就是通常所说的我国的年水资源总量。另有3.4万亿立方米雨水白白流走或蒸发了。而在我国600多个城市中,严重缺水城市就有114个,每年因缺水造成的工业产值损失高达2000亿元;此外还有667万公顷可灌溉耕地因为缺水无法灌溉,仅此一项就少生产粮食 150～200 亿公斤。另外,我国的降水在时间和空间上分布很不均匀,年降水的 70%～90% 集中在 6～9 ４ 个月,并多以暴雨形式出现;在空间方面,也是南多北少。这造成了我国每年平均水灾面积高达 733 万公顷,旱灾面积 1953 万公顷。触目惊心的数字迫切要求我们充分利用雨水,发展水利科学。

如何最大限度地把水留住,如何把水引到最需要的地方去,实行水的再分配? 徐州把解决洪涝问题、干旱问题、水资源分布不平衡问题和水资源短缺问题有机地结合起来,走出了一条符合中国实际的治水之路。在这一点上,徐州可以说已经走在了世界前列,为各地提供了一个可行的模式。中国科学院水问题研究中心主任刘昌明院士说:

[录音:"因为这里的经验作为一个窗口,不仅反映了徐州,也反映了中国在雨水利用技术上的进度和先进性。先进国家可以看到中国人不是养活不了自己,中国完全有能力、有才智在雨水利用中解决我们的水问题。"]

解决中国的水问题是一个长期而艰巨的任务,江泽民同志明确指出:"水资源问题必须引起全党的高度重视。"我们相信随着经济和社会的发展,中国一定能够实现从根本上解决水问题的理想,中华民族一定能够为解决这个世界性难题做出自己的贡献。

好,听众朋友,这次的《走进科学》节目到这儿就结束了,我们下周同一时间再会。

(周 波、宇 红、邵长江等,徐州人民广播电台 1998 年 9 月 13 日)

评析

深入浅出话科技信息
——评析《雨水利用在徐州》

《雨水利用在徐州》是一篇优秀的科技类录音专题报道。报道着重介绍了徐州市的雨水集流系统,这个节能环保却不为众人熟悉的科技项目。整期节目做足了前期准备工作,充实了大量的数据和采访资料,加上开篇设悬念的巧思,通过主持人娓娓道来。在开篇就吸引住了听众的同时,让听众能够清晰地了解到雨水在徐州被利用的全过程,真正实现了节目内容和主旨的传播到达。

1. 捕捉新闻,话说科技

科技新闻的落脚点在于"新闻"二字,所以新闻性是新闻节目的灵魂。科技新闻同一般新闻一样内容要新,时间上必须是新近发生的,这是科技新闻区别于其他科技文体的主要特点。作为一篇优秀的科技新闻,《雨水利用在徐州》很好地抓住了这个特点。节目通过 1997 年 7 月发生在徐州的一场百年一遇的特大暴雨与金秋十月徐州市所迎来的历史上少见的大丰收,这对截然矛盾的两个事件放在一起,引出所要介绍的徐州市历经 50 年建成的雨水集流系统。一下子就让听众兴趣盎然,欲听究竟。

制作人适时地捕捉到了这个新闻点,并开始了大量的资料搜集工作。关于雨水利用和徐州的雨水集流系统介绍,我们看到整期节目共收录了中国科学院水问题研究中心主任刘昌明院士、徐州市水利局局长祖振华、英国伦敦大学托尼·艾伦博士和日本学术会议学部委员千叶大学教授新藤静夫共4位专家学者和相关主管部门负责人的多段录音材料,从多个角度为我们解读了雨水的循环利用的话题。

在这篇广播新闻的后期录制和最终呈现上看,制作者以水声、雨声开篇,配以亲切和蔼的解说,优美的形式、触目惊心的内容,自然引起听众的兴趣,符合了新闻性这一特点。

2. 运用数字,阐明效果

成为新闻的同时,我们来关注这篇新闻的类别。不难发现,科学性是科技新闻区别于其他新闻文体的重要特征。科技新闻中所报道、传播的科学内容,必须是真实的,表述要准确,有科学根据。科技新闻的另一大特点就是其科学性,科学必须是严谨的。

所以,广播的制作者也注意到了这一点,在整期报道中,采用了大量的数据,这种无可争议的做法,也成为这篇科技新闻的一大亮点,只有严谨的科技新闻才能够经受住时间和公众的考验。例如,在提及人类可使用的淡水资源有限时,主持人叙述道:"地球上可供人类和陆地上的动植物使用的淡水量仅占地球总水量的0.4%"。在谈到雨水集流系统为农业的发展所做出的贡献时,广播中用了农业的产量从50年代不到10亿斤(50万吨)到目前80亿斤(400万吨),这样具体、明确的产量大跨越的呈现,可以说节目处处都有像这样的讲事实、摆数字的情况,也成功展现了节目制作之精良和节目制作者的严谨态度。

3. 巧用比喻,形象解说

除了传统新闻的要求外,科技报道还有个重要特征,这一特征也是财经类等新闻的特征:将深奥刻板的新闻内容用通俗易懂的新闻语言表达出来,让普遍受众迅速接受理解。简言之就是通俗性,对广播工作者来说,此类报道的语言难度系数相对更大的原因就在于此。在这方面《雨水利用在徐州》是一个相当成功的范例,它巧妙地运用了比喻这一手法,把科学技术用生动、形象的广播语言表达出来,使难题迎刃而解。

节目里要对徐州市的雨水集流系统做重点介绍。采访时,专业人士简要地将蓄水工程体系的特点总结为12个字:"登高拦蓄、梯级控制、深沟密网",这些字眼专业性比较强,不易理解,而且听众一般没有看过工程的实体,很难想象。记者用口语化的广播语言对工程概况进行了介绍,将术语大众化,使听众对工程有了大致的了解。在描述的过程中,记者借用了农民口中的精彩比喻为节目增色不少。比如,用"长藤"来比喻"导流渠",用大大小小的"瓜"来比喻"积雨池"和"积雨窖"。通过这样的手法,广播的语言就有了生动的形象,听众通过听觉引发联想,最终获得了视觉感受,即使没有见过实物也会对工程有一个比较具体、清晰的印象。在比喻的过程中,喻体选择的是听众比较熟悉的事物——"长藤"和"瓜",是传受双方共同的经验范围,而本体是要传播的新信息,是听众不大熟悉的事物——雨水集流系统。用喻体来说明本体,也就是利用共同的经验使受众与传者产生共鸣,从而调动听众联想,塑造生动的形象。本节目的作者正是敏锐地在采访中挖掘老百姓生动的语言,用生活中鲜活的比喻弥补了广播单渠道沟通的不足,强化了传播效果。

  这篇新闻无论是从切入点到新闻内容的展开,还是从每个细节到节目的整体把握,都恰如其分,堪称优秀科技新闻的典范。抓住新闻性、科学性和普及性这3个要点,由点及面配以出色的讲述和自然的音响效果,成功吸引到大量听众,实现了科技新闻一大跨越,值得更多的新闻工作者,尤其是科技、财经类的新闻记者学习和效仿。

第4章 广播新闻评论作品评析

评析指要：广播新闻评论

广播新闻评论与报纸新闻评论、电视新闻评论因为承载信息的载体不同，形成了各自不同的特点。电视的优势在声画合一、形象生动，所以单纯的讲道理式的评析，很难让观众欣赏，而广播依赖声音符号进行传播，相对地，讲道理式的评析较符合广播的传播特征。

1. 广播评论的特点

（1）快捷。

制作简单、传输迅速，长于时效。广播的传播快捷，能在最短时间内对新闻事件作出反应。广播评论也能比报纸评论、电视评论来得更快，特别是口头评论，更能体现一个"快"字。

（2）浅显。

语言通俗、表述浅显、易于听知。广播评论是口语化、通俗化的。它把较为深刻的道理，用听众听得懂的语言，深入浅出地表达出来。这个"浅"字不是"肤浅"，而是深入浅出，形式上的浅显不会影响到评论的深入透彻。广播必须把抽象的内容具体化。评论的内容要选择大多数人关心的问题。广播评论的说理要选用贴近听众思维能力的论据材料，论证过程要符合听众的习惯。

（3）平易。

态度平等、语气平和、长于交流。广播评论使用的是声音符号，声音具有表情性，所以广播可以做到平易近人，寓情于理。评论不是正襟危坐，与听众的平等交流是广播评论的优势。广播更有群众性，更易为听者所接受。

（4）生动。

生动是说广播评论应该轻松、幽默、风趣，让观众在不知不觉中接受评论的观点。同时要能达到信息丰富、个性表达、声情并茂。要做到事件、情感、道理三位一体，不但要晓之以理，还要动之以情。在议论和叙述中，还要渗透写作者的情感。注入情感因素，可以唤起听众的共鸣，强化评论的感染力和说服力。情与理的自然交融，是广播评论写作的最高要求。

2. 广播评论的写作要素

(1) 论题。

论题是评论写作首先要确定的问题。简单地说,也就是确定评论对象。一般论题可以来自以下几个方面:党中央和政府的决定和指示精神;地方各级党委和政府的工作情况;以及政府各级主管部门的意见等。从广大群众中找论题,从听众角度观察事物,分析问题,形成相应的论题,是广播评论选题的又一来源。即选择与群众生活密切相关、能引起社会普遍关注的问题。

(2) 论点。

在选好论题之后,立论就成为关键。立论就是要确定评论的基调和主题思想,确定中心论点。要确定对事物的褒贬及色彩的强烈与否以及评论所要揭示的本质,看问题的立场、方法等。立论主要注意以下几个方面:①论点正确鲜明。立论的第一条原则就是正确,不可不符合实际地人为拔高,更不能为了评论的"犀利"极尽讽刺挖苦之能事。②角度要新颖。评论,贵在出新,广播听众的心理是喜新厌旧,社会生活的发展,使得听众对一个问题的看法趋于多元化。广播评论的角度新颖,才能引起听众的兴趣和思考。③口子要小。论点不可面面俱到,泛泛而谈,一定要抓住主要矛盾和矛盾的主要方面。从事实本身出发,分析原因,揭露实质。

(3) 论据和论证。

论据是用来说明或证明论点的材料。论证,就是用论据来证明论点的过程。论据分为事实论据和理论论据两种,事实论据就是现实生活中的事实和历史事实的总称,而理论论据也就是讲道理。理论并不一定是深奥的东西,它只是一种陈述,用于解释现象,预测现象,包括经典作家的言论、格言谚语、科学定律。广播评论的结构不宜太复杂,仍然是单线结构,具体的方法有以下几种:①例证法,用具体的事例来说明论点,据事说理,以事明理;②喻证法,运用比喻论证的方法,形象生动,易于被听众接受;③比较法,将不同事物的正反两方面进行对比,将相似事物的不同之处进行对比,给听众提供更多的思考余地;④反证法,反证法是间接论证的方法,它不直接证明自己的论点,而是证明相反论点的错误,不是去直接驳斥对方论点的错误,而是从对方论点引申开去,让听众认识到其荒谬性。此外,论证的方法还有很多,如引证法、类比法、归类法、演绎法、分析法、综合法等。以上强调的方法,在广播评论中用得更多一些。总之,要寻找适合广播特点的说理方法,让听众能够接受。

3. 广播评论的写作要求

(1) 论题典型、贴近实际。

广播评论的基础是新闻事实,所以事实必须具有极强的典型性,以一当十,才能很好地做到以理服人。选题必须面向群众,突出热点问题。贴近百姓的生活实际,把关注的重点放在群众共同关心和有密切关系的事物上,放在具有普遍社会指导意义的社会道德风尚、思想认识和作风问题上,注意突出"热点""焦点"问题。

广播评论《"田"字新解》播发的是2008年关于是否需要坚守全国18亿亩耕地红线的争论再次出现,同时一些地方政府违规批地、野蛮占地的做法有所抬头,群众反响强烈。在进行了大量调查采访的基础上,记者认为,错误做法必须制止,社会发展对土地的利用必须有所节制。土地问题,关系到中华民族的生死存亡,探讨土地流失现象并不是一个新的话题,但这是全体13亿中国人最原始的精神文化源泉,是中华民族的根基所在。关注土地问题,是对历史负责,是对现实负责,更是对未来负责。

(2) 论据得当、事理交融。

广播评论在分析与论证时,要旗帜鲜明、理直气壮,但是说理要充分考虑到实际情况的复杂性,考虑到群众的接受程度,不唱高调、不讲套话、大话、官话,要设身处地、入情入理,广播评论应是事与理的结合,事是理的基础,理应缘于事,要很好地运用广播评论的3大法宝:确凿的数据、严谨的结构、理性的力量,只有这样才有说服力,并让听众乐于接受。

广播评论《三问中部》中引用了大量确凿的数据,比如"中国西部地区GDP增长率开始超出中部0.51个百分点,中部心不甘情不愿地成了全国的尾巴",比如"2004年经济增长速度列入前5名的没有中部的身影,GDP仅相当于东部的33.6%;地方财政收入仅占全国的15.3%,低于GDP所占比例",再比如"去年山西的煤产量是5亿吨,小煤矿挖了1.5亿吨,消耗了7.5亿的资源,而同样的消耗,大煤矿却挖出了3.5亿吨",用事实说话,用有力的数据说话,论证严谨、说服力强。

(3) 全面分析、深入点评。

广播新闻评论要全方位、多角度、多侧面来报道解释新闻事件,让听众对新闻事件有全面、深入地了解和认识,当然要注意这些不同侧面展示的事实必须要有内在的逻辑和联系,即最终能够组成完成的事实本身。

广播评论《和平的赛场需要更宽广的民族胸怀》记者在最短的时间内,采访了知名的传播学家、社会学家、体育评论员及奥运火炬手,从体育和平的本质,站在民族、历史的高度撰写了这篇评论。

从福建社科院历史所研究员麻健敏教授到著名体育评论员文国刚,从福建师范大学传播学院院长颜纯钧教授再到福建2008年奥运火炬手李姗姗,采访对象丰富、全面,各方的声音共同论证了一个道理,那就是要爱国主义,但是必须摒弃狭隘的民族主义,客观、全面、有权威性和说服力。

(4) 为听而写，重视音响。

广播新闻评论是靠声音传播的，应讲究言之有序的结构和情理交融的铺展，对语言的要求是写明白话、大实话，言为心声，为听而写，力求"口语化""短语化"，多用群众语言。注意音响效果的运用，增强可听性，力求通俗亲切，轻松风趣。

广播评论《黄河大桥贪污案引出的问号》中，全文900多个字，共有9个问号，而且连连发问，或设问，或反问，大都问而不答，以问代论，层层推进，形成了强有力的逻辑力量。同是一个问号，采取不同的行文节奏，张弛有致，长短结合，收到了较好的表达效果。例如，"谁都知道，久拖不决，积重难返，当断不断，反遭其乱。在这个贪污大案的形成过程中，究竟谁是始作俑者，谁在养痈遗患，主管部门又该承担什么责任呢？"就像记者自己对本文评论的那样："句随'气'走，'气'从句行"。

广播新闻评论以上这些特点与写作要求，正是我们在对广播新闻评论进行分析与评价时应当把握的基本尺度。

文本

名牌，要的是强

日前，国家工商总局公布了新一批全国驰名商标，至此，全国共有196个驰名商标，青岛的海尔、海信、青啤、澳柯玛、双星榜上有名，占总量的2%；而在10年以前的全国首批10个驰名商标中，青岛所占的比例是20%。

面对这一变化，人们议论纷纷，甚至忧心忡忡：青岛的名牌落伍了！

[垫乐]

青岛的名牌真的落伍了吗？驰名商标在全国所占比例的大小，是不是衡量、判断一个地区经济实力和发展潜力的主要标准？我们有没有必要一味追求名牌数量的简单累加？有没有可能把很多很多的品牌都做成驰名商标呢？

经济学家、原《经济日报》总编辑艾丰认为，对一个地区，名牌数量并不是衡量经济运行质量的绝对标准。

[录音：我相信比例会继续减少，如果你永远占那么大的比例，我想那不是你青岛的光荣，而是中国的悲哀。不要像考大学那样，考上大学就英雄，考不上大学就完蛋了，不能把名牌变成一个独木桥。]

在接受记者采访的经济界权威人士中，大多数都认为，对于青岛这样一个城市，现有的名牌相对其在全国所占经济总量比，已经是相当可观的业绩。当前需要强调的是，应该把眼光放到世界范围去看待名牌，除了数量、规模和市场占有率外，更应该关注的则是名牌企业的质量和效益。

经济学家们的观点，让我们想到老虎和羊的关系：老虎，有几只就可以称雄于山林；而羊，即使成群也不足为惧。在对待名牌的问题上,我们更应该要的,是强! 是培养能够在国际市场纵横驰骋的老虎。

[垫乐]

强,有强的标准。其中,企业效益和可持续发展是在市场竞争中取得"大赢"的最终体现,是走向强大的根本所在。

那么,青岛名牌企业的效益如何呢? 以具有代表性的海尔、海信为例,去年,这两家企业的利润率都在3%左右,而同处全国电子信息百强企业的深圳华为公司的利润率是19%;放眼全球,英特尔、微软等著名跨国公司,他们的利润率更在20%甚至30%以上。

这一差距在向我们敲响着警钟!

中国名牌战略推进委员会常务副秘书长荣剑英说:

[录音:在市场经济条件下,效益和可持续发展更重要地提出来了,你的产量也很大,质量也很好,你没有利润,你不可持续发展,那你的名牌很短,是昙花一现的东西。

我们的企业利润率低,原因何在? 除了经营规模和企业管理等差距外,研发水平和创新能力的滞后,是一个重要的因素。]

据了解,即使是海尔、海信这样对科研开发较为重视的企业,其研发经费的支出也只占企业销售收入的4%左右;而许多国外高新技术企业研发投入强度已经超过10%,微软、英特尔更高达20%以上。

青岛社科院研究员隋映辉指出,不加大研发力度,一个企业就不能做足品牌价值,不能最终赢得市场。

[录音:讲白了就是核心竞争力的问题。具备这种核心竞争力,那么它做大了,做强了才有品牌,这种品牌才有价值,才有影响力。]

说到价值和影响力,我们不妨冷眼来看中国的家电行业,日趋严重的产品雷同化,正使整个行业笼罩上一层迷雾。在彩电、空调价格大战的同时,包括青岛的企业在内,国内几乎所有的家电巨头又都把目光盯向了手机,而有关统计数据已经表明,在西方目前非常成熟的手机产业,其利润率还不如彩电。在国际市场上,虽然也有海尔的几款小型冰箱占据了美国一定的市场份额,但是,绝大多数国内企业的自有品牌基本无法与洋品牌相匹敌,只好退而求其次,为人家打工,贴牌生产,赚取微薄的加工费。

没有不可替代性的科研技术,就是缺少核心竞争力,缺少核心竞争力的企业就难以得到丰厚的利润和长久的市场。

[垫乐]

名牌要做大,更要做强。一些名牌企业的当家人也已经清楚地看到了这一点。全国著名企业家、海尔集团首席执行官张瑞敏就明确提出:企业做强,远比做大重要。

[录音:一直提的是五百强,要的是强,而不是五百大,如果数凑上去了,素质上不去,今天进去,明天还会被淘汰出局。]

我们也看到,海尔、海信等几家具备实力的企业已经开始建立起水准较高的研究院,全市也出现了一批在国内颇有影响力的国家级企业技术中心。依靠技术创新推动企业发展正成为越来越多企业经营者的共识。

把名牌做强,实现可持续发展,除了丰富内涵以外,拓展外延也是提升名牌战略的重要任

务。主张"莫看数量"的艾丰,还提出了一个观点——建立"企业生态"。他说:

[录音:自然生态光是老虎也活不成,实际上企业也是类似,光是孤立的强势企业,发展到一定程度也受到局限。最终名牌是少数,甚至是极少数,但是那么多企业,并不是和名牌无关,而可以利用生态关系,把名牌的优势延伸。]

实施名牌战略,从某种意义上说就是要建立起这样一个良好的"企业生态",发挥好老虎在这个生态中的作用,让优势企业与中小企业形成以名牌为中心的产业链,这对于拉动全市经济的整体发展具有不可估量的意义。

名牌所代表的是综合实力,是整体国民素质和先进的生产方式。近20年的"名牌战略"已经为青岛锻造出了一批名牌产品、名牌企业,也为追逐国际市场风云奠定了一定的基础。在中国即将加入世贸组织的形势下,我们的名牌战略应该被赋予新的内涵、新的使命,从规模要素质,以素质打造核心竞争力。不仅创出国内名牌,更要创出国际名牌。

(青岛人民广播电台2001年2月25日)

评析

立高志远,论证缜密
——评析《名牌,要的是强》

2001年青岛市占全国驰名商标总量的2%,而在10年前的全国首批10个驰名商标中,青岛市所占的比例却是20%。只要通过简单的数字对比,几乎每个人都会意识到:"青岛的名牌落伍了!"如果广播评论记者在这一问题上也是随波逐流,人云亦云,那写出来的评论就流于平庸了。此篇评论之所以给人更深的启迪与启示,就在于记者看得深,提出了一个更具前瞻性的观点——应该把眼光放到世界范围内去看待名牌,除了数量、规模和市场占有率外,更应该关注的则是名牌企业的质量和效益。

名牌在现代社会中的经济效益与社会效益是不言而喻的,它是使消费者对所购产品产生信任感的有效手段之一,甚至有的消费者就是冲着某一名牌去选择商品的。因此,各个企业不遗余力地去打造自己的名牌,把企业做大、做强。在这种情形下,名牌的占有量无疑成了衡量某一地区经济实力的"晴雨表"。然而,在加入WTO的背景下,中国的名牌走向国际市场,这一名牌的含金量究竟还有多少?换言之,名牌的数量究竟还能不能成为衡量一个地区、国家经济运行质量的绝对标准呢?作者对这一问题提出了质疑。文章通过中外知名品牌企业的利润率对比,给人们敲响了警钟:在国际竞争的大背景下,我们不要做以量取胜的羊群,而要成为称雄于山林的老虎,"在对待名牌的问题上,我们更应该要的是强!是培养能够在国际市场纵横驰骋的老虎。"这一观点的提出,无疑是对中国驰名商标评比的一剂镇定剂。

这是一篇录音述评,整篇报道分为4个部分。首先从青岛10年前后在全国名牌总量中所占比例的变化中找到了话茬儿;第二部分,便连续提出了4个问题,对这些问题,作者没有喋喋不休地自问自答,而是引用艾丰的一段录音,既回答了问题,也触及到了文章主题,生动、形象而简洁;第三部分,从青岛的名牌企业与国内外一些著名企业的比较中找出差距,分析原因,印证名牌要做强的论点;文章写到这里,加上最后一段是可以结束了的,但是在第四部分作者把"将名牌做强"的概念外延,指出应建立一个良好的"企业生态",以拉动全市经济的整体发展;最后导出结论:在中国即将加入世贸组织的形势下,我们的名牌战略应该被赋予新的内容、新的使命,不仅要创出国内名牌,更要创出国际名牌。报道4个部分是层层推进、缜密论证。另外,文章在论证过程中,比喻论证、正反对比论证等多种论证方法并用,5段权威人士的谈话录音,剪裁精当,使评论富有节奏,有效避免了经济评论易陷入枯燥的境地。

文本

信用是本,道德为先

考察当前经济秩序混乱的种种表现,可以看出,制假售假、商业欺诈、走私贩私、骗税、骗汇等不法行为,本质上都是没有履行对社会的承诺和责任,是一种信用上的缺失、道德上的滑坡。所反映的是当前市场交易行为中的一个突出问题,就是不讲信用、道德失范。

市场经济是法制经济,又是信用经济。所谓法制经济,是着眼市场经济的制度基础;所谓信用经济,则是就市场经济的道德基础而言。我们要建立成熟的社会主义市场经济,就必须树立与之相适应的经济道德观。这个道德观的核心,正是诚实守信。所以,恪守信用道德,对当前整顿和规范市场经济秩序具有重要的意义。

中华民族自古就有"守信义、重然诺"的传统美德,信义观念源远流长。"有借有还""童叟无欺",是这种信义观念的朴素表达。在计划经济时代,绝大部分信用靠国家保证,企业、个人的信用被掩盖了。进入市场经济,行政约束淡化了,个人和企业成为经济主体,信用问题就凸显出来。市场行为、市场机制、市场规律,都必须建立在信用的基础之上。但由于信用机制没有建立起来,造成信用环境、信用行为、信用关系的混乱。

据统计,目前我国每年订立合同40亿份左右,但履约率只有50%多。截至到去年11月,在四大国有商业银行开户的4万多家改制企业中,经认定有逃废债务行为的占到近一半。从百姓的角度看,喝牛奶担心掺水,买东西顾虑假货。信用环境不好,制约投资,也影响消费。"失信有所得,守信反有所失",市场行为中反映出的信用危机,冲击着正常的经济秩序,其危害不可小视。

提倡商业信用,注重经济道德,是整顿和规范市场经济秩序的一项基础性工作,也是促进社会文明进步的重要举措。解决信用问题,既要靠"法治",也要靠"德治"。要把强化信用意识、信用道德作为社会主义市场经济伦理建设的重要内容。围绕"树立正确的世界观、人生观、价值观"进行宣传教育，把尊重个人合法权益和承担社会责任相统一，协调注重效率和维护社会公平的关系。

当前，要加强全民信用观念教育，完善各项经济法规，建立行业管理制度，加强行业自律。要提高管理机构的监督能力，并建立信用登记公告制度。

对信用的道德和体制建设，一些地方已经做出积极探索。南方一些较早发展市场经济的地区，近年来提出"质量立市、名牌兴市"，就是悟到了市场经济的一个基本原则：重信守信。我国去年实行的个人储蓄实名制和上海推出的个人信用联合征信服务系统，也都是信用管理的积极举措。据中国工商银行上海分行去年底的一项统计表明，在向这家银行申请借款的9万户被调查居民中，按合同及时还款的比例已经高达99.91%。

江泽民同志指出："没有信用，就没有秩序，市场经济就不能健康发展。"信用是本，道德为先。信用作为市场经济的基石，是整顿和规范市场经济秩序的道德前提。培育确立信用道德，建立健全信用制度，是全社会的共同需要，是当务之急的一件大事。

（蔡万麟，中央人民广播电台2001年6月18日）

评析

多方论证，切中时弊
——评析《信用是本，道德为先》

随着我国由计划经济向市场经济的转型，原来主要由国家、政府承担的信用责任也开始转向由企业、个人来承担。但由于各种机制、制度的不完善，这种由企业、个人为主体承担信用责任的危机越来越突现了出来。管子云："诚信者，天下之结也。"诚信在其本意上表明的是一种人伦关系的基本准则。基于这种准则，人们建立了一种真诚、和谐的社会关系，并形成了一种良好合作的人伦氛围。在我们的社会生活中，谁也不希望遭到他人的欺诈，谁也不希望遭到别人虚情假意的对待，谁也不希望看到"失信有所得，守信反有所失"的社会现象。一个社会的诚信程度，从来就是衡量民众人文素质以及社会生活水准的重要标志。我们今天之所以要强调诚信问题，是因为一定程度上存在的诚信危机已经影响到了社会生活的方方面面。写这样一个大主题的新闻评论，作者找准了切入口，有针对性，切中时弊。

首先，学理性论证过程中以感性材料为基础。本文在于告诉人们建立健全信用制度，已成为当前市场经济健康发展的当务之急。这是一个有相当深度的大主题。为了说明信用危机对社会的危害，作者从国家和百姓两个角度加以论证："目前我国每年订立合同40亿份左右，但履约率只有50%多。截止到去年11月，在四大国有商业银行开户的4万多家改制企业中，经认定有逃废债务行为的占到近一半。从百姓的角度看，喝牛奶担心掺水，买东西顾虑假货。"使听众对信用危机的危害从国家到个人都有了一个感性的认识。

其次，多角度论证，加强文章纵深度。在这篇评论中，有从学理性的角度论证，如"市场经济是法制经济，又是信用经济。所谓法制经济，是着眼市场经济的制度基础；所谓信用经济，则是就市场经济的道德基础而言"；有从历史的角度论证的，如"中华民族自古就有'守信义、重然诺'的传统美德，信义观念源远流长。'有借有还''童叟无欺'，是这种信义观念的朴素表达"；有从现实角度加以论证的，如"据中国工商银行上海分行去年底的一项统计表明，在向这家银行申请借款的9万户被调查居民中，按合同及时还款的比例已经高达99.91%"；还有正反对比论证的，文中有实例论证信用问题已显示出一种危机，同样也用一些实例论证了一些地方为信用的道德和体制建设，做了一些积极的探索。总之，这篇评论视野较开阔，材料丰富，而且多种论证方法并用，多角度、多层次对论点加以论证，使文章具有了一种纵深感，而不是就事论事。

再次，全文线性构思，行文朴实，突出了广播特点。广播评论借助于广播发表言论，使文以载道，微言大义，必须要遵循广播传播的特点。广播是听的艺术，它一般不允许听众有太多时间思考评论的逻辑思路。这样在写作广播评论时就要理清思路，一根主线，不蔓不枝，以求明白晓畅，易听好懂。这篇评论沿着提出问题、分析问题、解决问题的思路线索组织全文。评论以江泽民同志的话作结语，提出"培育确立信用道德，建立健全信用制度，是全社会的共同需要，是当务之急的一件大事"，加强了新闻评论的力度。

文本

三问中部

每天，一条长长的超重运煤车队绵延在大同通往北京的公路上；每天，澳大利亚的铁矿石都在装船发往武钢、马钢、太钢；每天，安徽金寨县都有农民拿着那张从未见过的补贴明白卡在问：我现在可以取吗？

这些加速着的变化发生在中国的中部，晋、豫、鄂、湘、赣、皖6省，这里人口占全国的近3成，土地占全国的1成多。2002年一个数据的微小变化，使这片古老土地的希望与梦想陡然绷紧。这一年，中国西部地区GDP增长率开始超出中部0.51个百分点，中部心不甘情不愿地成了全国的尾巴。而中央投向西部4600个亿的建设资金，再加上约5000亿的各种转移和财政补助资金是中部最眼馋的。随后的东北等老工业基地振兴之策，更使中部塌陷之说与洼地之说风生水起。

第一问：中部的优劣何在？优势劣势其实是一把双刃剑的不同锋面。

这里有中国最好的小麦，也有着全国1/4的贫困县；这里有全国森林覆盖最好的江西、湖南省，也有着全国污染严重城市最多的山西省；这里有长江、黄河，全国水资源量的1/4，也有全国洪涝顽症的淮河和洞庭湖；这里有中国最多的富余劳力，也有着外出打工最多的人群，到外省市暂住人口占全国的43.6%;这里有中国最早的工业体系,也有着沉重的改革负担;这里有全国最密集的铁路、公路和河流,但运出的是煤、粮等初级产品,郑州的高速公路上飞驰的一半是过路车。一句话,中部什么都有,拥有最多的还是发展的空间和潜力。

2004年经济增长速度列入前5名的没有中部的身影,GDP仅相当于东部的33.6%;地方财政收入仅占全国的15.3%,低于GDP所占比例,说明增长较为粗放;再有两个重要指标:城镇居民人均可支配收入中部6省全都低于全国平均水平,农民人均纯收入除江西外,其余5省也都低于全国平均水平。说明百姓家底仍不殷实。

第二问:中部崛起的结点在哪里?

一个答案:三农。中部2.44亿农民不致富,中国就不会进入小康社会。面对三农,中部依然两难:不种粮,显然大局上过不去,自己也舍不得,最大的商品粮基地,小麦第一的河南,油菜第一的湖北,水稻第一的湖南怎么能不种地?但只种粮,肯定富不起来。难题可能需要3把钥匙来攻破:第一把叫调整结构,农业产业化,粮食深加工,河南凭此由农业大省成为强省。但需警惕不顾条件克隆式、刮风式的一哄而上;第二把叫劳动力转移,但就地转化需要科学规划小城镇,外出打工需要城市的户籍门、社保门公平敞开;第三把是制度钥匙,比如安徽省正低调推进的农村综合改革。而工业反哺农业,城市支持农村都是为这3把钥匙提供润滑的空间。

第三问:中部崛起的发动机在哪儿?

农业的根本出路在规模化,国际测算只有户均达到30亩地才能实现依靠农业致富,而在中国的条件下只有通过工业的发展把农业人口剥离耕地才能实现。

中部的工业化靠两条腿,一条是迎接梯度转移过来的东部产业,一条是依托自身老本上产业。但细瞧中部6省工业增加值和增值税的变动曲线,便知这里的产业外向度很低,最大的发动机依旧是传统的煤炭、电力、冶金、机械、化工等高举高打的重化军团,它涉及面广,牵动性强,但需要警惕的是资源在时空上的支撑力有多大?去年山西的煤产量是5亿吨,小煤矿挖了1.5亿吨,消耗了7.5亿吨的资源,而同样的消耗,大煤矿却挖出了3.5亿吨,一个小小开采率的提升可以使资源能够多传一代甚至几代后人。重化工业带来的水、电、土地等资源的高消耗以及污染考验着中部工业发动机的可持续运转。令人欣喜的是,中部近几年增速飞快的旅游文化产业和园区经济可能会给6省增加一部更加洁净的引擎。

中部是中华文明的发祥地,中部的所有问题都带着鲜明的中国特色,如果说落实科学发展观在中国仍任重道远,那么中部发展的帷幕也才刚刚拉开。

(王晓晖,中央人民广播电台2005年3月31日)

评析

观点独到,立意高远
——评析《三问中部》

中央人民广播电台制作播出的广播评论《三问中部》在第16届中国新闻奖

评比中荣获二等奖。分析其作品获奖的理由,概括主要有3点:

1. **符合广播评论的特点:观点独到、立意深远、论点清晰、论据充分**

这篇稿件是中宣部落实科学发展观大型主题报道中部崛起的开篇之作,以述评为体例,拨开纷繁复杂的中部经济走势,纵横捭阖,高屋建瓴,体现国家电台评论的风范。受到中宣部领导和各界好评,是所有新闻媒体中部崛起报道的精品之作。作者从3个关键问题入手,剖析中部的现状、困境、优势、劣势、趋势,显示出作者专业而独特的思考。

报道以设问贯穿全篇。"一问:中部的优劣何在?二问:中部崛起的结点在哪里?三问:中部崛起的发动机在哪儿?"由浅入深,牢牢地把握住矛盾的中心,层层推进,分析原因,提出对策。

作者在创作这篇稿件时颇费苦心,在长达20多天对中部6省进行实地采访,掌握了大量的第一手材料,同时对大量材料的发掘和处理也颇为到位,从浩如烟海的中部信息中选择出最具价值的信息加以组接,显示出历史和现实的厚重感,旁征博引,涉猎广泛,说服力强,可听性强。

2. **符合经济评论的特点:数据有力、推理清晰、政策性强、论述科学**

文中引用了大量确凿的数据,如"中国西部地区GDP增长率开始超出中部0.51个百分点,中部心不甘情不愿地成了全国的尾巴",比如"2004年经济增长速度列入前5名的没有中部的身影,GDP仅相当于东部的33.6%;地方财政收入仅占全国的15.3%,低于GDP所占比例",再比如"去年山西的煤产量是5亿吨,小煤矿挖了1.5亿吨,消耗了7.5亿吨的资源,而同样的消耗,大煤矿却挖出了3.5亿吨",用事实说话,用有力的数据说话,论证严谨、说服力强。虽然如此,但是这篇经济述评却并不同于以往的经济报道,并不高深,一看就懂,立意高,却并不艰深。这得益于作者日常对经济问题和国家大政方针的深层理解和把握,才使得该文理性和感性并存,宏观与微观并显,说理与可听兼得。

3. **符合广播特点:多用口语、多用短句、朗朗上口、场景生动**

在提到第一问——中部的优劣时,作者使用了大量的排比句,气势磅礴。"这里有中国最好的小麦,也有着全国1/4的贫困县;这里有全国森林覆盖最好的江西、湖南省,也有着全国污染严重城市最多的山西省;这里有长江、黄河,全国水资源量的1/4,也有全国洪涝顽症的淮河和洞庭湖;这里有中国最多的富余劳力,也有着外出打工最多的人群,到外省市暂住人口占全国的43.6%;这里有中国最早的工业体系,也有着沉重的改革负担;这里有全国最密集的铁路、公路和河流,但运出的是煤、粮等初级产品,郑州的高速公路上飞驰的一半是过路车。"就是这一连串的连续6个"这里有,也有",将中部的优势和劣势并举,一目了然,朗朗上口。

大量的短句"面对三农,中部依然两难""一把叫调整结构,农业产业化,粮食深加工,河南凭此由农业大省成为强省"等,文风扎实,语言拙朴而不失灵动,贴近性强而富有张力,令人回味。

难得的是由于突破了主旋律报道中固有的成就和单纯赞扬的偏颇体例,该文与中部崛起一系列报道和短评以独特的经济分析性形成强大合力,是中央台在落实科学发展观中受中宣部领导和各界肯定最多的稿件之一,同时该篇以"问"为体例的形式开始被多家媒体借鉴,成为一时各媒体采用较多的体例,取得了很好的社会效果。

文本

决不许亵渎英雄,歪曲历史

[出恶搞短片录音1　压混]

潘冬子:我爸说,民族唱法容易上春节晚会,我们唱民族唱法吧,听说刀郎一场演唱会能赚100万,那该多少钱啊?

春芽子:好,民族就民族,我们一起走穴,那能赚多少钱啊?

潘冬子:对,去年超女那么火,今年也轮到我们了!

听众朋友,正在播放的是从网络上下载的恶搞红色经典短片《闪闪红星之潘冬子参赛记》片段。短片中,小英雄潘冬子变成了整日做梦挣大钱的少年,其母亲一心想参加"非常6+1",只因为梦中情人是主持人李咏。近来,恶搞红色经典、恶搞英雄、恶搞历史成为一种时髦。一时间,"雷锋是因为帮人太多累死的""黄继光是摔倒了才堵枪眼的""董存瑞是因为被炸药包上的双面胶粘住了""狼牙山五壮士跳崖是假的""岳飞、文天祥不能算是民族英雄"等说法甚嚣尘上。搜索网络上所谓的"人品计算器",雷锋的人品只有2分,岳飞的人品不如秦桧。更有甚者,有人要捕风捉影拍摄电影《雷锋的初恋女友》,《大众电影》竟刊登文章称没有人看见董存瑞托起炸药包的情景,董存瑞的英雄事迹是根据一些蛛丝马迹推测出来的。

恶搞,作为一种新的娱乐形式,本也无可厚非,然而任何娱乐都不能歪曲事实,都必须坚守道德和法律的底线。高尚的娱乐应该给人以健康向上的精神愉悦。如今流行的对红色经典、英雄人物、人文历史的戏说、恶搞,以颠覆历史、丑化英雄为乐事,是对民族精神的亵渎。

74岁的虞仁昌老人是雷锋生前所在连的连长,说起电影《雷锋的初恋女友》,老人十分气愤:[录音2]"雷锋没有谈恋爱,不要说雷锋,像我这个二十七八岁当连长的,看到女同志都脸红,都没谈过恋爱,这个事没有的"。所幸的是,该电影即将拍摄的消息一经公布,就遭到了雷锋生前17位战友的投诉抵制,严肃要求"导演要尊重真正的历史",坚决反对"娱乐式游戏地对待雷锋",该电影也被国家广电总局及时叫停。

原董存瑞生前所在师副政委程抟久,当年是师政治部宣传干事。在攻打隆化的战斗中,他正好在董存瑞所在的六连。程抟久回忆道:[录音3]"对董存瑞这个连攻打隆化中学东北角的全部情况,我都知道,我看他用一只手托起炸药包,把导火线拉了冲着我们喊'连长,冲啊!'我都愣了,连长喊了一声:'董存瑞',这一声喊得撕心裂肺啊!"程老忍不住要质问那些恶搞的人，[录音4]"你们享受着这几十年的和平时代，享受着这么美好的生活，这是哪儿来的？你们现在享受的是以前他们牺牲的成果，你们好意思这么享受他们牺牲的成果吗？你们良心哪儿去了？"

屈原、岳飞、文天祥，承载着中华民族的伟大精神，当代红色英雄是我们今天过上幸福生活的功臣，他们都是中华民族的脊梁，是中华民族最宝贵的精神财富。

何祚庥院士认为，那些恶搞英雄和历史的人，[录音5]"对我们老祖宗当时的奋斗了解的太少了……他们享受着现成的比较富裕的生活，但是没有去认真想一想这个富裕生活是怎么到来的……自己需要承担什么责任，怎么去做一个现代的人。"他更直斥这种恶搞行为：[录音6]"等于是亵渎自己的祖宗啊，亵渎自己的先辈啊！"

是的，对于先人的奋斗，对于英雄，对于历史，我们应该常怀敬仰、感恩之心。

沈阳军区《前进影视报》前主编刘国彬大校花了大量的心血，考证了董存瑞英雄事迹，维护了英雄的尊严。他对记者说：[录音7]"任何一个民族，都是有道德底线的，真善美，假丑恶历来是泾渭分明的。""圣女贞德是法兰西民族的英雄形象，对她调侃就被视为违反道德的极端行为；在印度，圣雄甘地是一个民族英雄，老百姓对他指手画脚是犯法的；在美国，黑人领袖马丁·路德·金是反种族压迫的无畏战士，对他有不恭敬的言辞，也会受到美国民众的痛斥。我们自己的民族英雄，我们自己一个个把他们全都颠覆了，全都摧毁了、全都歪曲了、全都否定了，这是民族的悲哀。"

郁达夫先生在悼念鲁迅的时候说："没有伟大的人物出现的民族，是世界上最可怜的生物之群；有了伟大的人物，而不知拥护、爱戴、崇仰的国家，是没有希望的奴隶之邦。"

联合国前副秘书长斯特朗提醒我们："西方的文化有很强的物质主义倾向，在中国变得富有、追求物质的时候，千万不要丢失了自己的灵魂。"

一个伟大的、优秀的、生机勃发的民族，一个正在崛起的大国，不能没有自己的英雄，不能不敬仰自己的英雄。老连长虞仁昌说得好：[录音8]"人民需要雷锋，时代需要雷锋，改革开放更需要雷锋。"我们应该理直气壮地宣传雷锋、董存瑞这样的英雄，大张旗鼓地宣传社会主义核心价值观，坚守民族的精神高地，用道德和法律的规范，来坚决制止对红色经典、对英雄和历史的亵渎和歪曲，还历史以真实的面貌，让英雄的浩气长存！

（张勤、王新玲等，浙江广电集团城市之声2006年12月30日）

评析

站得高看得远，倡导社会主义荣辱观
——评析《决不许亵渎英雄，歪曲历史》

2006年以来网上恶搞红色经典、恶搞历史、恶搞英雄人物似乎成为一种时髦且有蔓延之势，如"黄继光是摔倒了才堵枪眼的""董存瑞是因为被炸药包上的双面胶粘住了"等。这类恶搞已严重逾越了法律和道德的底线。为此，浙江人民广播电台于2006年12月30日推出评论——《决不许亵渎英雄，歪曲历史》。

该节目以特有的新闻敏感性,高度的社会责任感,从树立社会主义荣辱观的高度,用大量的事实和录音对随意恶搞英雄、歪曲历史的现象,进行了有力的抨击,旗帜鲜明地指出:"恶搞"的本质是精神虚无,是社会主义核心价值观的扭曲,是对中华民族精神的亵渎。该作品观点鲜明,事实准确,层次清晰,语言流畅,音响丰富,具有很强的说服力和可听性,起到了振聋发聩的作用。

当年年初,作者在网上看到一些恶搞英雄、歪曲历史的文章,就敏锐地察觉到,这是个事关价值观的大是大非问题。3月4日,胡锦涛主席关于树立社会主义荣辱观的重要讲话发表后,作者开始有意识地收集那些恶搞英雄、歪曲历史的文章。8月13日,凤凰网上一篇《毛时代英雄尽被贬低》的文章,更坚定了作者反击恶搞歪风的决心。于是,记者开始对相关事实进行采访,当记者赴河北采访狼牙山五壮士的当事人时才发现最后一位当事人,当年把葛振林、宋学义救上来的老人也于年初离开了人世,这更增加了记者采访的紧迫感。这以后,记者花了数月的时间,先后采访了雷锋连连长虞仁昌,董存瑞的战友程抟久及宋兆田,为捍卫红色经典而连续数月战斗、花了大量心血、考证董存瑞英雄事迹,维护了英雄尊严的沈阳军区《前进影视报》前主编刘国彬大校,以及中国社会科学院院士何祚庥,浙江省委党校文化学教授曹文彪等。记者光采访这几位老同志及专家的录音素材,就翻了近4万字。在采访中,78岁的老连长虞仁昌泪流满面,掩饰不住对英雄的怀念之情,78岁的程抟久老人回忆董存瑞舍身炸碉堡的英雄壮举时,几次哽咽。他们在为英雄感伤的同时,面对借恶搞颠覆几代人心中英雄形象的歪风,不无担心地说:我们现在都是七八十岁的老人了,如果我们这些见证者都不在了,谁出来为英雄作证呢? 这股歪风不刹,我们死不瞑目啊!整个采访过程,记者深深沉浸在老人们的精神境界中。

在评论的写作中,记者坚持用事实说话,从4万多字的录音记录中选取的8段音响,这些真实的录音以事说话、以情感人、以理服人,步步深化着主题,具有强大的感染力。而郁达夫、斯特朗等名人名家的观点,更进一步增加了评论的说服力。

在写作过程中,记者对遣词造句字斟句酌,拿评论的题目来说,记者刚开始打算用《恶搞英雄和历史何时休?》,"何时休"就不够有力,只是一种呼唤、要求,而这种"恶搞"行为是应坚决制止的,这样就改成《决不许恶搞英雄和历史》,可对许多年轻人来说,"恶搞"是一种娱乐方式,是一个中性词,而对英雄和历史的恶搞,并不仅仅是娱乐、消遣,而是一种"亵渎"和"歪曲",这才有了现在的题目《决不许亵渎英雄,歪曲历史》。评论中,对"恶搞"行为的分析,对"恶搞"本质属性的提炼,以及现在形成的收束有力的结尾,都是经过反复推敲提炼才形成的。第一稿时,结尾是:"我们应该宣传正确价值观,坚守民族的精神高地,用道德和法律的规范来抵制对红色经典、对英雄、历史的戏说和恶搞,不再让英雄感伤，历史叹息。"不够有力，表达也不够精准，后改为"我们应该理直气壮地宣传雷锋、董存瑞这样的英雄，大张旗鼓地宣传社会主义核心价值观，坚守民族的精神高地，用道德和法律的规范，来坚决制止对红色经典、对英雄和历史的亵渎和歪曲，还历史以真实的面貌，让英雄的浩气长存！"理直气壮""大张旗鼓"等词的应用；"正确价值观"改为"社会主义核心价值观"；"抵制"改为"坚决制止"；"戏说"和"恶搞"改为"亵渎"和"歪曲"；"不再让英雄伤感，历史叹息"改为"还历史以真实的面貌，让英雄的浩气长存"，看着都是普通用词的改变，却使整个结尾准确有力，并与标题首尾照应，中心突出，形成了一种高屋建瓴的气势。

节目播出后，在社会上引起了强烈的反响，听众以电话、短信等不同方式称赞作品捍卫了英雄，捍卫了历史，捍卫了民族精神。许多老同志都赞扬电台领导、记者具有高度的历史和社会责任感，具有高度的新闻敏感性。该节目获得了第17届中国新闻奖一等奖，应当说是名至实归。

文本

和平的赛场需要更宽广的民族胸怀

[录音：赛场嘘声一片]

主持人：听众朋友，您刚刚听到的是9月17日晚，在杭州黄龙体育中心观众看台上传来的嘘声。这是一场2007年中国女足世界杯德国队和日本队争夺4强的比赛，赛场几乎成了德国队的主场，每当德国队拿球和进攻的时候，场下的中国球迷就会给他们震耳欲聋的掌声和欢呼声，然而，一旦日本队拿球，场下就会响起您刚刚听到的嘘声。戏剧性的一幕出现在比赛结束的一刻，日本队以0:2输了球，日本女足姑娘们挥洒着泪水准备告别赛场时，她们扯开了一条事先准备好的条幅，上面用中文、英文、日文3种文字写着"ARIGATO 谢谢 CHINA"，即"谢谢中国"，并且深深地向中国观众鞠躬致意，面对这样的举动，场上出现短暂的沉默，随后爆发出了当晚送给日本女足唯一的一次掌声。针对这一事件，不少专家学者提出，面对即将到来的2008北京奥运会，我们需要更宽广的民族胸怀。

主持人：中国观众为什么要给德国队掌声而给日本队嘘声？不言而喻，比赛的时间恰巧是9·18的前夕，日本军国主义70年前给国人的伤害是无法让中国人忘记的，况且在二战后，德国与日本对战争的态度也截然不同。对于赛场上中国观众给日本队的嘘声，福建社科院历史所研究员麻健敏教授认为：

[录音：中国人对日本的侵华历史记忆是刻骨铭心的，我们中国不会忘记这段历史，但是不忘记不等于说我们在不适合的场合发表我们的看法，表露我们的感情，尤其是在体育这个和平的赛场上，这种世界性赛场。我们研究历史、了解历史的目的是什么呢？就是总结我们人类历史发展的经验和教训，就是为了现在更好的发展，让人类有更美好的明天。]

主持人：牢记历史、总结历史是为了人类更好地发展，然而，当我们把牢记历史的民族情感转化成了球场上的嘘声,这显然是与发展相违背的。其实,在国际赛场上停止我们的嘘声并不代表我们忘记历史,反而是为民族自身的发展和民族与民族间的发展尽了自己的一份力量。

著名体育评论员文国刚老师从体育的实质以及奥运的历史方面阐述了同样的观点:

[录音:为什么奥运会会出来呢?就是欧洲人考虑到国家与国家之间老是打仗,所以他们要找一种方式让大家不打仗,寻求一种和平的环境。奥运休战就是在奥运会的时候所有交战国都不打了,都来共同参加奥运会。体育本身就代表一种和平,运动员他本身代表一种和平大使的形象。赛事本身我觉得尽可能不要政治化,而且这一点非常重要。]

主持人:"神圣休战"延续了1000多年,使古代奥运会摆脱了战争的困扰,成为和平与友谊的盛会,这对现代奥运会产生了深远的影响。1956年,澳大利亚墨尔本第16届奥运会,当时处于分裂状态的东、西德国被组织到一支队伍里,共用一面有着奥林匹克五环的黑红黄三色旗,1964年第18届东京奥运会,组委会选中了广岛原子弹爆炸日出生的一个年轻人做圣火的运送者,以向受害者表示敬意和呼唤世界和平。2000年,在澳大利亚悉尼奥运会上,朝鲜和韩国运动员也在统一的旗帜下联合入场……人类对和平的祈愿贯穿了整个奥运历史。

2008年奥运会即将在北京举办,全世界的目光都将聚焦在崛起的中国,中国也将向世界展示"同一个世界,同一个梦想"的和平期盼。福建师范大学传播学院院长颜纯钧教授表示:

[录音:一次成功的奥运会对一个国家来讲是很好的形象传播的过程,举办一次成功的奥运会对于我们中国在世界范围内去塑造自己的形象、改变自己的形象是非常重要的一个机遇。让奥运会变成全球、全世界人民的节日,这个期许实际上是中国政府和中国人民在获得2008年奥运会举办权的时候,当时在争取的时候,就是我们的基本观念,争取到之后也是我们实现的一个目标。]

主持人:对中国人来说,作为一个正视历史、不忘却历史但是更有宽阔民族胸怀的大国国民,更应该树立正确的爱国主义观,更应该在2008年奥运举办的过程中去配合奥运组委会、配合中国政府倡导的和平理念。福建2008年奥运火炬手李姗姗将在明年参与圣火的传递,同时她也在传播着人类和平的种子:

[录音:我想体育竞技有两个目的,一是追求更高、更快、更强,另一个其实就是促进世界和平,让所有的人参与到体育中来。如果真的比如说在球场上对特定国家喝倒彩的话,那么可能达不到相应的目的,反而会影响我们国人的形象,所以我觉得既然我们是在一个开放的中国,就应该用这种开放的心态去面对不同的民族,不同的国家,去接纳和包容。]

主持人:听众朋友,爱国主义的旗帜要高举,民族精神要发扬,但是面对赛场上的国外和平使者,用喝倒彩的方式去表达自己的情感我们认为这是狭隘的民族情绪的宣泄,决不是爱国主义情怀的表达,我们真诚地希望,在今后在国内外赛场上,在明年的奥运会上,我们的观众会用掌声为国内外的所有运动员鼓劲、喝彩!和平的赛场需要更宽广的民族胸怀,每位到中国比赛参加奥运会的选手都是我们的朋友,我们要让全世界记住北京奥运的掌声,记住中国的掌声!

(唐征宇、刘凌燕、李晓晖,福建广播都市生活频率2007年9月23日)

> 评析

要爱国主义,不要狭隘民族主义
——评析《和平的赛场需要宽广的民族胸怀》

《和平的赛场需要宽广的民族胸怀》福建广播影视集团广播都市生活频率制播的一篇广播评论,该作品在 2008 年获得了第 18 届中国新闻奖一等奖。这是一篇观点明确、具有国际主义胸怀的影响较大的广播评论佳作。其创作特点如下:

1. 独具慧眼,发现新闻

2007 年 9 月 17 号,在杭州举办 2007 年中国女足世界杯德国队和日本队争夺 4 强的比赛,赛场上中国球迷给日本运动员的"嘘声",而日本女足姑娘用中文、英文、日文 3 种文字写着"ARIGATO 谢谢 CHINA",即"谢谢中国"的横幅向中国观众致谢,并且深深地向中国观众鞠躬致意。"嘘声"和"鞠躬"形成强烈对比,这一事件引发了网友热议,不到一周的时间,相关事件的帖子、博客、评论转载等网页达到 15000 多个。结合即将在北京举办的 2008 年奥运会,作者敏感地意识到,这是一个重大的具有警示意义的新闻题材。

2. 多方采访,论证有力

记者在最短的时间内,采访了知名的传播学家、社会学家、体育评论员以及奥运火炬手,从体育和平的本质,站在民族、历史的高度撰写了这篇评论。

从福建社科院历史所研究员麻健敏教授到著名体育评论员文国刚,从福建师范大学传播学院院长颜纯钧教授再到福建 2008 年奥运火炬手李姗姗,采访对象丰富、全面,各方的声音,共同论证了一个道理,那就是要爱国主义,但是必须摒弃狭隘的民族主义,客观、全面、有权威性和说服力。

3. 见微知著,提前预见

这篇评论以特有的新闻敏感性、高度的社会责任感,从民族利益的高度出发,结合奥运的百年历史,阐述了体育象征和平的本质。该评论用大量的事实和录音论证了球迷在赛场上给对手嘘声是错误的行为,旗帜鲜明地指出,这种嘘声是狭隘民族情绪的宣泄,而不是爱国主义情怀的表达。作品前瞻性地在 2008 年北京奥运会之前发出了预警信号:和平的赛场需要更宽广的民族胸怀。只有这样才能避免类似事件在 2008 年的北京奥运赛场上发生,使中国在世界上的形象受到影响。

4. 有理有据、心平气和

文章没有居高临下的说教,没有扳着面孔教训人的口吻,而是从公众关心的新闻事件、社会现象出发,做有理有据、心平气和的评述,逻辑严谨、环环相扣、步步推进、评述饱满。该作品语言流畅,音响丰富,具有很强的说服力和可听性,就像震耳欲聋的警钟让人猛然警醒!

评论播出后,在社会上引起强烈共鸣和反响。许多听众朋友来电、来信对评论的观点表示认同。有关部门也充分肯定了这篇广播评论的宣传效果,认为该作品能从一件普通的体育赛事中捕捉到具有深层社会意义的新闻热点,具有很强的新闻敏感性和社会责任感,是一篇不可多得的评论佳作。此外,2008年是奥运年,对此事件引导还将影响国人如何成为一名素质观众。

文本

"田"字新解

[这是什么字?

童声:田,田地的田,田字格的田。]

我们小时候的第一个字,就写在了田字格里。它横平竖直、四四方方、农民躬耕其上,它奉献着五谷、养育着民众、呈现着四季轮转。五千年的华夏文明,恰是一部"田"字的演变史。

如今,为了这个"田"字,44岁的泗水农民吴均平抱头痛哭。半年前,他家的2亩果园被县政府强行征用,没有补偿,也没有任何理由。

[录音:呜呜……没有地了,老百姓没地了怎么治?咱有地的时候地里栽点什么东西,一年卖个七千块钱,能供两个孩子上学。现在什么也没有了。]

同样是为了这个"田"字,在山东省的一次通报会上,国家土地督察济南局副专员刘玉萍的话语中透着严厉:

[录音:山东省第三季度发现违法用地1059宗,2.12万亩,其中耕地8854亩,违法用地面积大幅上升,形势非常严峻。]

田字格里写大字,但是许多地方官员的能力显然已经超越了田字格的约束。田字格被屡屡突破,甚至有人把田字格本当成演算纸任意涂抹——耕地就像是指缝间的沙,在迅速流逝。10年当中,全国丢失的耕地面积相当于一个河南省。而每块耕地丢失的背后,无不闪现着地方政府或明或暗的身影。

[录音:之所以用地单位未经批准,仍敢滥占耕地,虽然直观看是基层政府和村集体用地单位签订协议,但谁能保证背后没有上级政府的纵容、支持或者默许。]

在某些地方领导眼里,土地的确是制造政绩的最好工具。招商引资,需要土地;城市扩张,需要土地;道路拓宽,也需要土地;至于盖新的办公大楼、领导别墅,更是离不开土地。更有甚者"挂羊头、卖狗肉",打着"土地流转"的名义,干着违法占地的勾当,集体所有的土地俨然成为自家的后花园。

目前,山东省的水泥覆盖国土面积全国第一,这样的"第一"让副省长才利民唏嘘不已。

[录音:违法违规用地说到底,还是一个政绩观的问题,不能有正确的政绩观,搞那些形象工程,急功近利。我们的浪费土地现象随处可见,比如马路的宽度,不考虑到车流人流,觉

得宽了比较气派。]

尽管从1998年起,违法批地在我国就被列入刑事犯罪,但10年来从来没有一位政府官员因此入狱。既然对土地无止境的攫取无需支付法律成本,禁令势必成为一纸空文,监督肯定严重缺位。

[录音:有些工厂都建好几个月了,巡查干什么去了?这个东西又不是高科技,都在地上的建筑,都是水泥钢筋混凝土,你怎么能看不见呢?巡查也是到那就喝酒,早就喝迷糊了,喝完了就走了。主陪三杯,副陪两杯,然后再依着转,喝完了拉倒走了。就这样的巡查吗?]

经济学上有一个著名的规律,叫"巴泽尔困境",说的是,如果没有清楚界定的产权,人们必将争着攫取稀缺的资源。于是,某些地方在"土地依赖症"的作用下,工厂越建越多,耕地越征越少,农民的怨恨越积越深。

(农民)[录音:死也找不着窝了,有个老鼠窟窿钻进去觉得肃静肃静,你说这都弄的么?老百姓第一是吃,第二是住,你说上哪住去?你起码得叫老百姓活呀!]

如果失去中心内涵,"田"字就变成了一个"口":地方政府可以无原则地松口,开发商更可以狮子大张口,肆意侵吞土地和农民的利益,进而转化成让自己膘肥体壮的营养。

要堵住这张血盆大"口",就必须坚持原则,敢用重典!

(才利民)[录音:要重拳执法,刹风治乱。现在我们需要用重典了,再吃点安痛定不行了,得打吊瓶了,别不痛不痒的。一个地方的党委政府要对你那个地方的土地负全责,你在这儿主政,出问题就要找你,行政问责也包括县委书记。]

"田"字不是不可以出头,但向上出头必须有充足的理"由"。地方领导的手再大,大不过党纪国法,大不过社会的公开监督,大不过历史和时间的检验。

"田"字可以出头,但向下出头必须有个"甲"等的选择。农民之所以被称为农民是因为手里有了土地,拿去他们赖以生存的土地,就必须塞给他们一个更为牢固的饭碗。济南市为失地农民办养老保险的做法就是一个不错的选择。

"田"字必须出头,这是生产力发展对生产关系提出的"申"请。经济发展需要土地的支持,小康社会也的确不能建在半空中,但社会发展对土地的利用必须有节有度。

党的第十七届三中全会指出,"要坚持最严格的耕地保护制度,实行最严格的节约用地制度","土地承包经营权流转,不得改变土地集体所有性质,不得改变土地用途,不得损害农民土地承包权益"。

著名经济学家、国务院发展研究中心副主任陈锡文表示,无论土地如何流转,如何征用,18亿亩耕地的红线都不能动摇。作为一个拥有13亿人口的国家,如果粮食出现问题,世界上哪个国家也养活不了我们。

[录音:最可怕的就是,没有人来真正关心农地的保护。如果从上到下都有卖地的积极性,回过头来过若干年的话,你后悔都来不及。城市退不回农村去,农地就没有了。]

最后,让我们再把这个"田"字用心写一遍:中间是一个"十"字,一横代表着农田的用途不允许改变,一竖强调着土地集体所有制的性质不允许改变,十字交叉的中心点,则象征着农民的利益不得损害。"十"字的周围有4条边,我们不妨把它们理解为"科学、民主、公平、公正"。这就是制度,这就是红线,这关系到我们的未来。

(山东人民广播电台2008年12月12日)

评析

立意深，角度新
——评析《"田"字新解》

《"田"字新解》是山东人民广播电台2008年12月播出的广播评论。这篇广播稿件，在形式上把"田"字拆开分别解释，颇有创意；节奏上，大量排比句式的运用极有气势；语言准确形象，观点尖锐独到，播音富有特色，是一篇不可多得的广播佳作。该文获得了第19届中国新闻奖一等奖。

1. 题材重大，立意深远

2008年，关于是否需要坚守全国18亿亩耕地红线的争论再次出现，同时一些地方政府违规批地、野蛮占地的做法有所抬头，群众反响强烈。在进行了大量调查采访的基础上，记者认为，错误做法必须制止，社会发展对土地的利用必须有所节制。土地问题，关系到中华民族的生死存亡，探讨土地流失现象并不是一个新的话题，但这是全体13亿中国人最原始的精神文化源泉，是中华民族的根基所在。关注土地问题，是对历史负责、是对现实负责，更是对未来负责。

有些地方领导，把土地当成了制造政绩的最好工具，无论是招商引资上项目，还是动工城建做工程，土地都是必不可少的。有些人胆大妄为，大腿一拍就敢动手圈地，小酒一喝就敢野蛮开工。党纪国法抛在脑后，红头文件放在一边。

的确，经济社会的发展，需要土地的支持，小康社会也不是悬在半空中建设的，但是对土地的利用必须有节有度；否则，有限的土地资源必将遭到疯狂的攫取，粮食安全、生态破坏等一系列问题会随之而来，后果不堪设想。

2. 深挖细磨，解出新意

论题重大、内容丰富，是一篇广播评论成功的必要条件。可再好的内容也需要有合适的载体表达出来。如何对这一重大的问题进行论证，如何做到既有深度，又有趣味，这不是一个简单的问题。而这篇广播评论很好地做到了两者的均衡和统一。其巧妙做法：

（1）玩拆字游戏，一笔一画做文章。作者从字型的角度把田字拆解开来，使每一笔每一画都有特殊的含义，而这含义都是为论点服务的。比如，"田"字中间是一个"十"字，拿去了这个"十"字，就变成了一个"口"字。我们把这张口看成是胃口，在对土地的攫取中，有些开发商和地方政府的胃口是永远也满足不了的。原文是如此诠释的——"如果失去中心内涵，'田'字就变成了一个'口'：地方政府可以无原则地松口，开发商更可以狮子大张口，肆意侵吞土地和农民的利益，进而转化成让自己膘肥体壮的营养。要堵住这张血盆大'口'，就必须坚持原则,敢用重典!"

(2)画蛇添足,从"田"造字。"田"向上出头,就会变成"由",向下出头,就会变成"甲",上下出头,就会变成"申"字。借用这3个字,作者把关于农地占用、失地农民的安置、土地与社会发展规律的思考和观点融入其中,并适时提出了"社会发展对土地的利用必须有节有度"。

(3)运用排比句,增加节目气势。如在某些地方领导眼里,土地的确是制造政绩的最好工具。招商引资,需要土地;城市扩张,需要土地;道路拓宽,也需要土地;至于盖新的办公大楼、领导别墅,更是离不开土地。更有甚者"挂羊头、卖狗肉",打着"土地流转"的名义,干着违法占地的勾当,集体所有的土地俨然成为自家的后花园。这里把某些地方领导违法征地的用途一一列举出来,极有气势,增强了讽刺和批评的效果。

文本

国企频繁制造"地王",为转型升级埋下"地雷"

[录音:场上最高叫价18.9亿……压混……]

昨天(2009年8月5日),在苏州市今年最大一场土地拍卖会上,位于吴中经济开发区的14号地块吸引了中海、华润、保利、双冠、栖霞建设等十几家地产企业的争夺。经过几十轮的鏖战后,19亿元的报价已经是起拍价的一倍了。此时,拥有国企背景的保利地产和中海地产互不相让。势在必得的中海报出19.8亿元后,现场一片掌声。这也印证了中海发展(苏州)有限公司总经理张贵清在之前所说的一句话:

[录音:对于中海来讲,用赵本山的话来说,就是"不差钱"。]

然而,保利地产随即报出19.9亿元,并最终以高出起拍价108%,夺得14号地块。今年苏州新"地王"也由此诞生。

[录音:5、4、3、2、1,成交……掌声……]

值得关注的是,在制造苏州"地王"之前,保利分别以高价在重庆、北京、成都夺得3幅地块。保利房地产集团董事会秘书岳勇坚表示,高价拿地风险非常大,但拿不到地的话,压力更大。

[录音:土地的话,你超出一定的价格确实存在着比较大的风险。我们今年参加了30多次的土地拍卖,实际上我们只拍下了4块地,你发现你去投标每一块地你都拿不到,你也会有压力,你也会着急。]

(背景资料:保利只是"国企频造地王"这部大片的主演之一。来自《易居中国》的数据显示:今年4~6月,全国共拍出10个地王,其中北京、上海、广州等一线城市新地王的买家都是国企。而在国资委分管的136家中央国有企业中,近7成涉足房地产,其中主营业务不是房地产的近80家,他们的主业分别是钢铁、医药、粮油、化工等。)

著名经济学家郎咸平表示,为应对全球金融危机,国家实行了宽松的货币政策,银行在上半年就放出了7.37万亿元的巨额信贷,资金空前充裕的国企纷纷加入到天价圈地的行列。

［录音:7.37万亿元里面的40%左右是给以国营企业为主的企业。拿到这么多钱之后,他敢不敢投资实体经济,您想一想? 投资环境恶化,产能过剩,他也不敢的。那他拿了这么多钱怎么办呢? 圈地算了。］

面对全球金融危机,中央要求把保增长与扩内需、调结构结合起来。曾任国务院发展研究中心研究员的许小年指出,全球范围内的产业结构调整正在金融危机的背景下进行,这就要求我们在保增长的同时,必须统筹消费、投资、出口协调拉动,以实现转型升级。

［录音:我们过去的这些依靠外部需求,依靠投资拉动的增长模式,在新的国际经济环境中,碰到了非常大的困难。这个时候迫使我们思考,如何去改变我们的增长模式。］

国企拥有多种发展的优势资源,本应成为转型升级的领跑者。可是,它们却挟巨资频繁地制造"地王",这必将阻碍居民消费、加大金融风险,更是为转型升级埋下了"地雷"。

第一,国企频繁制造"地王",推动房地产价格进一步上涨,埋下了一颗阻碍居民消费的"地雷"。

如今,高房价要消耗两代人甚至几代人的积蓄,房贷还款占据收入的一大部分,使许多人成为"房奴",日常开销只能节衣缩食。来自湖北的吴晓云和爱人在苏州工作了近3年,眼看着房价一天天上涨,他们却居无定所。于是,双方父母拿出全部积蓄,他们贷款购买了一套90平米的二手房。

［录音:父母支持十几万吧,家里的全部积蓄! 现在只是供房的压力,有了小孩的话压力就更大了。］

贷款买房的人为了还贷,不得不压缩日常开支;无房户为了买房,又要节衣缩食攒钱。有房没房都在为房奔忙,过高的房价已经成为抑制居民消费的重要原因。国家统计局公布的数据显示,2008年我国居民消费率仅为35.3%,不仅远低于美国的70.1%,也低于同属发展中国家印度的54.7%。

建设部房地产经济专家委员会委员、苏州科技学院教授盛承懋表示,今年房价上涨,尽管有流动性加大、通胀预期增强等因素,但是作为房价最重要的组成部分,地价上涨的这个推手也是"功不可没"的。以保利地产拍得的14号地块为例,其楼面地价已达到7549元/平米,超过周边香滨水岸等项目的在售价格。这种楼面地价比周边现房价格还要高的现象,被称为"面粉比面包贵"。其结果只能是"面包"无限地"膨胀",百姓勒紧腰带为其埋单。

［录音:从开发商的心理来说,会趁势抬高自己的价格,抬高自己的地位。］

第二,国企频繁制造"地王",将使更多的资金沉淀在房地产业,埋下了一颗加剧房地产泡沫化的"地雷"。

房产租售比是衡量一个地区楼市运行是否良好的关键指标,其判断楼市泡沫程度的警戒线,国际公认的标准是1:300。以购买苏州工业园区的一套100平米住宅为例,总价约为80万元,而目前市场上的月租金仅为2000元,需要400个月才能收回投资,租售比为1:400。而北京、上海、深圳等一线城市的租售比就更高了,地产业的泡沫端倪已经显现。中国社会科学院金融研究所博士易宪容表示,这和20世纪80年代末的日本极其相似。

［录音:一个是房价涨的比日本要快,房地产的各项指标都要高很多,中国的房地产泡沫

要比日本高得多。]

易宪容进一步指出,信贷的过度助力推高了房价,也积聚着金融风险。据银监会统计,房地产开发贷款已经占全部贷款总额的20%,仅上半年全国金融机构新增个人住房按揭贷款就近6000亿元,这相当于前10年总量的1/4。而一旦房地产泡沫破灭,风险将转移给整个金融体系。

[录音:通过银行信贷,银行高杠杆把房价炒高,这种风险会转移给银行,转移给我们整个金融体系。]

本次全球金融危机缘于美国放任房地产业及其抵押贷款的金融衍生品被肆意炒作。国企高价拿地则使更多的资金投进了房地产业,膨胀了资产泡沫,加大了经济风险。苏州大学商学院教授朱仲羽建议,要及时遏制国企频繁制造地王,以避免更多的资金沉淀在房地产业。

[录音:国有企业应该务正业,该干啥干啥,不能啥赚钱就干啥。]

第三,国企频繁制造"地王",违背了中央为国企设定的主辅分离做强主业的初衷,埋下了一颗丧失核心竞争力的"地雷"。

[背景资料:加入世贸组织后,我国将在更深层次上融入经济全球化。2002年,原国家经贸委等8部委联合下发了《关于国有大中型企业主辅分离实施办法》,对国有大中型企业实施主辅分离、辅业改制提出具体操作办法和措施。近年来,中央加快了国企改革的步伐,要求国企充分利用主辅分离、辅业改制的政策,做强做优主营业务,提高企业核心竞争力,增强参与市场竞争的能力,强化为国民服务的能力。]

国企作为国民经济的支柱,只有坚持主业的技术、产品、商业模式的创新,才能在本行业做强、做精。全球金融危机倒逼产业结构调整的时间窗口稍纵即逝,国企只有看准方向、积极行动,才能在转型升级中抢得先机。就在这个的关键阶段,国企却偏离了主业,进入高风险的房地产业。许小年认为,国企把大量资金和精力放在非主营业务上,尽管暂时获取了利润,也拉动了经济快速回暖,却失去了发展战略性新兴产业的宝贵机会。

[录音:短期内GDP数字的好转,将为中国经济的长远发展带来巨大的成本。]

这种"不务正业"还将延缓中国经济结构的调整过程,错失转型的良机。

[录音:和我们所需要进行的结构调整背道而驰。]

众所周知,国企属于全体国民,其发展的根本目的是造福百姓。但是,一些国企却拿着保增长、保民生的钱,炒高房价加重百姓的负担,这显然违背了国企的使命。因此,是时候要给"不务正业"的国企套上"紧箍咒",念一念责任经,督促其回归主业。唯有如此,才能杜绝国企与民争利,才能让百姓分享国企发展的成果。

(苏州市广播电视总台2009年8月6日)

评析

论点鲜明有力,广播特点突出
——评析《国企频繁制造"地王",为转型升级埋下"地雷"》

这篇广播评论2009年8月在广播电视总台刊播,获得了第20届中国新闻奖一等奖。这是一篇现场感强，观点鲜明，评论力度大，广播特点突出的评论。该评论以土地拍卖现场为切入点，两家国企的激烈争夺、由点到面的背景资料补充，使国企频造"地王"的新闻更有张力。论证方面，作者巧妙地将"地王"比作转型升级路上的"地雷"——阻碍居民消费、加剧房地产泡沫化、丧失核心竞争力的3颗"地雷"。通过广播评论深入浅出的分析，使这一复杂的经济问题变得通俗易懂。可以说，这是一篇不可多得的广播评论佳作。

这篇稿件的成功之处，在于作者很好地把握了广播评论的特点，论点鲜明、论据充分、论证深入，极大地提升了广播的魅力。

1. 新闻触觉敏锐，论点鲜明

选题和立论是评论创作的关键，直接关系到评论的成败。面对重要、热点的新闻事件，记者有没有较好的感知、判断能力很重要，也可以说是对记者综合素质的一种考验。2009年，在金融危机的背景下，房价在金融危机中逆势上涨，国企频繁制造"地王"，房价一路高歌猛进。2009年4~6月，全国共拍出10个地王，其中，北京、上海、广州等一线城市新地王的买家都是国企。2009年7月，苏州国土部门发布公告，将于8月5日举行苏州当年最大的一场土地拍卖会。在得知这一消息后，记者敏锐地预感到这里有"好料"。果然，8月5日，保利地产又在苏州以19.9亿元制造了新"地王"。《易居中国》的数据显示：上半年全国6成的高价地块由国企获得，国资委分管的136家央企中，近7成涉足房地产。在这样的背景下，记者又将其放在转型升级的历史进程中思考，把敏锐的触觉延伸到问题的深层，通过评论的体裁达到了为听众解惑的目的。

2. 论据充分典型、论证通俗有力

论据的选择较为典型，有力地证明论点，且具有广播特色。在论证第一颗"地雷"时，首先讲述了一个普通购房者的故事，增强了评论的感染力。在论证第二个分论点时，使用的是知识性材料——"房产租售比"，增强了评论的说服力。在论证丧失核心竞争力的"地雷"时，引用了一个背景资料——入世后，中央要求国企充分利用主辅分离、辅业改制的政策，做强、做优主营业务，提高企业核心竞争力，增强参与市场竞争的能力，强化为国民服务的能力。尽管这个事实离今天有一定距离，但是在这个背景下解读国企频繁制造"地王"，我们就赋予了这一事件更重要的新闻价值，加大了评论的力度，也使其具有一定的历史纵深感。在充分论证3个分论点后，结论水到渠成。最后，该评论呼吁要给"不务正业"的国企套上"紧箍咒"，督促其回归主业。

论证是新闻评论的核心部分。观点是在大量掌握各种各样论据的基础上思考的结果，体现的是"思想"。论证是观点形成后表达的过程，是根据证明或说明的需要选择、剪辑、组织和表现论据，体现的是"技术"。再深刻的观点，不能用生动、通俗的语言表达,也实现不了它的价值。这篇评论总体上采用了喻证法的方式,使专业性很强的经济名词变成通俗的广播语言,复杂的经济问题也相应变得浅显易懂。

3. 评论恰到好处

尽管本篇评论的全篇长达9分多钟,但在听觉上并没有想象中的那么累,这是因为采用了述评的方式,依靠具体事实的铺垫,也就是一桩桩借叙述或音响展现出来的事实引路,一步步接近概括和抽象的内容。也就是利用事实作为论据,再加上恰如其分的概括和抽象,达到了论证、说明观点的目的。

最终,该条广播评论也取得了较好的社会效果——2010年3月19日,中央勒令78家不以房地产为主业的央企退出房地产业务。由此,也拉开了调控楼市的大幕,楼价快速上涨的趋势也得到了控制,避免了房地产泡沫的进一步膨胀。由此可见,该评论凸显了新闻触觉上的前瞻性,具有较高的新闻价值。

文本

严禁酒驾带来的启示

今年5月1日起,正式生效施行的我国刑法修正案(八)中,对"醉酒驾车"和"违反食品安全"的惩处都前所未有的加大力度,两者都是"只要有行为、不论结果"都将给予严厉的刑事处罚。然而相同的力度却有着不同的结果:全国醉酒、饮酒驾车同比大幅下降;而食品违法行为却屡见不鲜。为什么"严禁酒驾"能够在全国取得良好效果,它带给社会其他领域怎样的启示呢?来听记者丁芳发来的新闻综述:

[检查现场:"请问有没有喝过酒?""没有""用力往这个位置吹。滴……噢,显示绿色,您没有喝过酒。谢谢配合。""有没有朋友因为酒驾被抓住过啊?""现在没有,以前多,我们是百分之百执行。因为现在抓得严,有典型了,高老师嘛"!]

24日晚,恰逢周末、又是西方的平安夜,23点的西藏路淮海路口依旧人来车往。此时全国范围的"查酒驾"统一行动拉开帷幕。黄埔交警豫园中队在此路口设卡检查。在记者跟随采访的两个小时时间里,这个点共检车辆约150辆,却没有查到一起酒后驾车行为,黄埔交警支队勤务路设科李科长告诉记者:

[录音:去年我们查酒后驾车最早8点半开始,基本查到11、12点已经战果累累了。5月份入刑以后,运气不好的话每一百部都不一定有。各个区交警支队基本上每天晚上都有设卡。1~4月,醉酒驾车55起,5月1日到现在为止,5起,下降90%多。]

25日早黄埔区交警支队汇总数据显示:24日晚的统一行动黄埔共设检查点8个,从23点到凌晨2点共检查车辆1800辆左右,查获酒驾5起。难怪有社会学者称:"严禁酒驾"取得的成效,可以说是共和国62年历史上,"执法见效"最成功的案例之一。市交警总队事故处陈伟群科长介绍:截至12月15日的数据显示,今年整个上海酒驾人次也大幅下降。

[录音:今年5月1日醉驾入刑后,到目前全市查处的醉酒驾车是1091起,同比下降约78%。饮酒驾机动车同比下降57%,下降的趋势很大的。]

酒驾大幅下降的成效在全国带有普遍性。如此良好的社会效果只是因为法律上加大惩处的缘故吗?社会学家、上海大学教授顾骏认为,重典固然重要,但更重要的是"执法力度的加大"和所有人在法律面前的"同一待遇"。高晓松案就是一个典型案例。

[录音:它的严格执法程度从未有过,所有的人都不能幸免,拒绝通融,拒绝具体情况具体分析。法律要发挥作用,必须对一切人有效。如果管不住一部分人,法律就管不住所有的人。再有力度的法律规定都没有了意义。]

交警总队勤务处王世杰科长说,现在在查处酒驾方面,不仅对民警执法环节的要求不断提高,对执法者自身的行为要求也比任何时候都严。

[录音:"警务通"－抓到了,这个警务通就上传到所有公安系统里了,你连求情的时间都没有,就现场处理了,我们从各个环节堵住漏洞。酒后驾车是严重违法行为,一律顶格处理。一视同仁的,不管你有什么职务、处于什么岗位,只要你酒后驾车了,必须清理出公安队伍。]

"严禁酒驾"的确已在全社会取得良好社会效果,然而法律同样严格"对待"的食品安全问题,依旧和社会其他领域的许多治理一样,面临着"走不出"的困境。市食品安全委员会办公室副主任顾振华介绍:

[录音:上海一年食品安全方面违法案件少说有四五千件,这些查处大部分都是以罚款的形式来进行处罚,上海每年大概有两位数的数字追究刑事责任已经很不错了,酒驾抓到一个就是刑事责任。]

多年从事法制研究的、上海市社联党组书记沈国明对这一现象也非常感慨:

[录音:刑法修正案里既规定了醉酒的问题,也规定了食品安全的问题。而且有个共同点,不管有没有压死人、不管有没有吃死人,他是不管后果的,只要你有这个行为,就判刑了。他的力度和醉酒是一样的,但是你看连人家知都不知道。说明执法认真不认真,造势情况如何、宣传怎样都很重要。]

不可否认,食品安全的查处难度远远高于醉酒驾车,一件食品安全事件的认定远非像"吹口气"来得那么容易,沈国民认为:食品安全问题,的确复杂,但再复杂的事件也有解决的路径,切断"利益链"让法律做主,很重要。

[录音:如果我这个企业在什么区,我对他GDP贡献很大,区里也不希望我垮掉。地方政府就是这种很微妙的态度,在某种程度上,他们都有保护伞,他不是一对一,不知道背后有多少力量。都有部门利益、地方利益,所以大家基于利益这个角度来权衡对法律的态度,这使得很多法律都不能得到很好的执行。]

法治社会要求:每个人或每个部门都只对法律负责。严查酒驾的"人人平等",凸显了法律的作用和威严。然而当下,环保、拆违等很多领域在执法时往往强调事物的特殊性。上海市联合律师事务所高级律师江宪和顾骏教授分析说:当总是强调特殊性时,问题就出现了。

[录音:我们目前走到今天,确实是由于我们在强调事物的特殊性,忽视了法律主要是针对事物的普遍性的。我们现在总是把法律当作一种很实用的东西,我要用的时候用一用;千万不要搞成法律只是治一部分人,却放过另外一部分人。执法者首先必须守法,法律管不住

执法者,执法者就管不住普通人。]

改革开放以来,中国加快"立法"建设,基本解决了无法可依的状态。江宪律师说,中国当今的问题不是法制缺失的问题,而是要充分体现法律的公正性和严肃性。

[录音:我们现在的问题是有法不依的问题。在有些事情上严肃执法了,有法必依了,但有时又有法不依了,这样造成整个社会起起伏伏(沪语)。]

建立一个健全的法制社会,受益的将是社会中的每一个人。而每一个人又都是法治社会的推手。市绿化市容局的一组数据值得深思:今年1~10月,本市工程渣土车涉及的交通事故共50起,其中28起是由助动车主、自行车或行人负主要责任。上海人大法工委主任丁伟说,公众在强调权利的同时不能忽视责任和义务。"警在法在"的现象要改变。

[录音:现在整个国家法的发展趋势是不断限制公权利。公权力加以限制我认为是社会进步的标志。相对来讲私权利就扩张了。现在普通社会公众你们准备好了没?如果你们遵法守法意识没跟上的话,那,我认为这个社会也会不稳定的了。]

越来越多的事例告诉人们:社会治理没有什么其他办法,惟有依法。

人们只有敬畏法律,把法当真,管理部门像查处酒驾一样来查处所有的违法行为,社会一定有条不紊。

(丁芳、倪晓明、孙向形,上海人民广播电台2011年12月26日)

评析

如临其境的表现形式
——评析《严禁酒驾带来的启示》

这篇广播评论,从捕捉生活中的"变化"并将其作为新闻选题,到认真思考、进行采访,一直到两易其稿,前后两个月的时间。记者从大量的采访内容中分析、提炼、总结,形成了这篇报道。

自2011年下半年以来,"醉酒饮酒驾驶明显下降",成为共和国62年历史上,"执法见效"最成功的案例之一。这一明显效果在全国具有"共性",然而,从5月1日正式实施之后,在同样严厉的法律面前,却出现了截然不同的两种"结果":全国"醉酒、饮酒驾车"同比大幅下降;而违反食品安全的违法行为却依旧层出不穷。为什么在同样严厉的法律面前,会有如此之大的反差?记者从这两种明显的社会"表现"入手,调查采访、分析解剖。

一篇优秀的新闻作品,一定是能够深刻反映时代变化、抓住时代脉络的。

从这篇报道不难发现,这是一篇下工夫、动脑筋的报道,是记者关注社会、关心社会的体现。表现出记者的独立思考和强烈社会责任感。作者从两个带有"普遍共性"的现象入手,通过采访执法者、专家、学者、地方官员等,揭示了问题的现实性,同时将欣喜、忧虑和现状呈现给听众,并且提出了应对的思路和观点。

这是一篇源于生活、源于思考的作品。最初,同事朋友们严格遵守"酒后驾车"的"突出表现"给了记者很强烈的"印象"——为什么今年下半年以来,大家如此严格遵守这一规定,而且不论职务高低、不论从事什么职业,都对这一规定严格遵守。记者开始"跟踪"这一现象。

这篇报道,记者从确定主题到跟踪采访,长达数个月的时间。"严禁酒驾取得良好社会效果,到底带给社会怎样的启示?"记者就这个问题进行了大量的采访,包括从社会偷窃行为、到环境保护问题、再到渣土车伤人现象、上访问题等,大量的采访让记者有了越来越多的思考。最后在领导的启发下,将对比的重点放在了"食品安全"问题上。在采访前人大法工委主任沈国民时,对此问题有过细致研究的沈国民也给予记者极大启发。

在获得诸多一手资料之后,记者并没有用单调死板的背书的方式,将这些资料展示出来,因为可以想象的是,一篇始终由播音员朗读数据、朗读政策理论的广播评论,其传播效果必然是微弱而不明显的,很难吸引听众的注意力。

曾经,广播拥有过辉煌时代,拥有众多的听众。然而随着电视、网络等新媒体的兴起,广播这一传统媒体受到冷落。仅供声音传播的新闻播出方式,失去了视觉手段,这是广播剧的弱点。但是,只有听觉手段(语言、音乐和音响)不仅可以充分调动听众的想象力,使之必须直接参加创造,从中获得特殊的艺术享受;而且,由于失去视觉手段,广播在展开想象时也获得更大的时空自由。

这份报道中,作者几乎没有在其中加以自己的评论,而是引用了多达11段现场采访录音,公安、司机、律师,一个个不同的受访者;道路、办公室,一个个不同的采访背景音,正面、侧面,一段段不同的观点声音,由文字报道和现场录音结合起来报道有关事件。这种手段比一般新闻能更全面、更具体、更生动地报道事件的具体情况,给听众以身临其境的现场感,从而极大地增强了这篇报道的吸引力,让听众有欲望听下去,并借助听众的想象、联想的能力,产生闻其声如见其人、如临其境的艺术效果。

这篇报道还灵活地运用了组合式镜头。被测试酒精度的司机、交警、专家是几段有代表性的采访内容,作者将其组合播放,目的就是将意义典型突出的代表性画面连缀拉出,使读者如临其境地感受其中的深刻蕴意。并把对食品安全专家的采访作为具有对比性的镜头,形象、生动地展现了整顿酒驾与整顿食品安全这两个行动的截然不同,从而尝试着引导读者去分析、去思考、去解决这个引人深思的问题。

整篇报道,立意深远、结构严谨、对比强烈、内容扎实、分析透彻,给社会以思考和启示。

第5章 广播访谈节目作品评析

评析指要：广播访谈节目作品

1. 广播访谈类节目的定义

广播访谈节目起源于美国，成熟于20世纪30~40年代。访谈类节目，顾名思义，就是指以谈话为主要形式的节目，在英文中称为"talk show"，主持人通过聊天的形式，与访谈嘉宾就预定的话题进行现场讨论，这类节目在广播和电视中都有不错的表现。广播访谈类节目必要时也可以开放现场热线接受场外观众的电话，或通过短信、微博等方式，与场外观众进行互动。谈话类节目本质上是人际间私下谈话通过广播电视媒介的放大。因此，它是一种大众传播活动的同时，又具有人际传播即兴、双向、平等的交流特点。广播访谈类节目制作要求相对简单，嘉宾、观众参与方便，现场控制和把关也较为容易。

2. 广播新闻谈话节目的分类

（1）录音专访。

录音专访是广播访谈中最早使用，也是最基本的一种体裁。录音专访是记者在话筒前与采访对象直接交谈以及有关背景音响录音。录音专访的基本特点是：第一，根据新闻报道的需要，把被采访者的讲话录音摘其要义，穿插在整篇报道过程之中。主持人或记者本人交代事件的过程，描述新闻背景、现状，连接或转承前后访问或谈话内容，或主持人发表一些感想和评论，加上现场实况音响的烘托，使报道更富有感染力。第二，录音专访的对话常常是相对完整的——从采访人提出第一个问题，到最后一个问题，被采访人如何回答的，都相对完整地展现出来。不像一般的新闻采访，往往是一段一段的，当中被割裂开的。第三，录音专访是采访人与被采访人之间事前有所沟通，甚至是有所准备的谈话，如大致要谈什么，划定一个范围，而不是漫无目的的，因此被称为"专访"，即专题访问。

（2）电话访谈。

用电话进行采访，曾经是广播中不被提倡的一种采访方式。这是因为，广播记者要想采录到最真实的新闻（音响），只有到新闻一线去，总想依赖电话进行采访的记者，那只能是一个"懒"记者。但是，随着广播触角的不断延伸，特别是

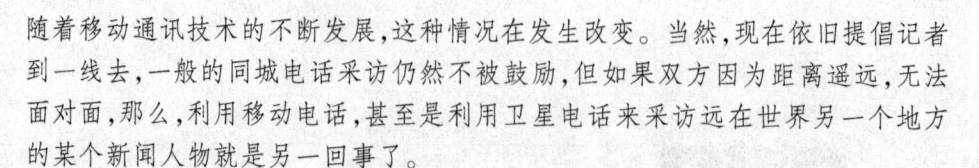

随着移动通讯技术的不断发展,这种情况在发生改变。当然,现在依旧提倡记者到一线去,一般的同城电话采访仍然不被鼓励,但如果双方因为距离遥远,无法面对面,那么,利用移动电话,甚至是利用卫星电话来采访远在世界另一个地方的某个新闻人物就是另一回事了。

(3) 直播访谈。

直播访谈是主持人在直播节目中与嘉宾或听众进行的谈话。一种最容易做,也最不容易做好的广播节目形式。说它容易,是因为可以在几十分钟的节目时间当中,找一位嘉宾海阔天空的漫谈。说它不容易,是因为直播访谈节目要做得内容充实、可听性强、有亮点,需要节目主持人有高度的把握话题和访谈内容、驾驭场面的能力。在有限的时间里,把访谈的核心内容、受众最关心的问题传播给观众。必须指出的是,直播访谈是随着直播方式的出现而逐渐兴盛起来的。近年来,随着热线电话,特别是手机短信和互联网技术被成功引入广播之后,直播访谈节目更是以其方便快捷和与听众的良好互动而越来越多见,形式越来越丰富,也越来越受到听众的欢迎。

3. 广播访谈的特点

(1) 新鲜性。

广播访谈对现实的反映和消息一样敏锐。它要求根据现实社会生活的发展变化,根据听众的需要和兴趣,精心选择和确定采访内容和采访对象,迅速及时地对现实作出反映。访谈的时效性不能和广播新闻消息相比,它强调的不是"快",而是"新"。访谈要把握准时代的脉搏,不失时机地反映社会生活各个领域的变化。由于具有针对性乃至预见性,访谈的内容是鲜活的,给听众的感觉是仿佛事情就发生在昨天。《开胸验肺的失与痛》就是一个时效好、有深度的作品。农民工张海超开胸验肺事件毫无疑问是当年的一个重大新闻,极为尖锐地反映了底层社会的人面对庞大的不合理的制度机器时绝望的抗争与悲壮的牺牲精神。记者敏锐的关注到了这一事件的新闻价值,连线首位采访"开胸验肺"事件的新华社记者,首先追踪报道此事件最新进展情况,同时邀请了事件当事人张海超,凸显了节目的新闻时效性。

(2) 专一性。

记者采访有着明确的专门目的,是对专人专事的采访。对象和内容的专一性是访谈的一大特点。访谈所报道的人物事件和问题,是根据现实生活的需要确定的。在采访之前,采访目的、采访对象和采访内容就已经确定,而且是在精心选择的基础上确定下来的。采访内容应当是热点,是大多数人关心的事件和问题;采访对象应当是对此问题具有权威性的人物,具有无可争辩的发言权,甚至是无法取代的唯一人选。

（3）现场感。

访谈要把听众带入采访现场，使听众如见其人、如闻其声。这是访谈的特点，更是访谈的优势。采访者是听众的"使者"。听众没有机会同他们想认识的重要人物见面，但他们有兴趣了解那些人的一些事。记者就替他们去提问、谈话，同时不仅向听众介绍谈话的内容，也介绍被采访者的外表和特点。一次成功的专访，是精彩的问与答，对采访现场、采访对象音容笑貌的描述和必要的背景材料的巧妙结合。纯粹由人物谈话构成的专访，只能是忽视访谈特点的平庸之作。记者应将采访对象的言谈举止，尤其是有个性特点的动作，尽量展现在听众面前，以增强专访的现场感。

4. 广播访谈节目评析要求

（1）选好题材、选准对象。

广播专访的新鲜性体现在"时机"上。新闻契机是专访成功的前提。要抓住群众关心的热点问题、有意义的问题和有新闻价值的事件采访。选好采访对象和确定选题同等重要。因人访问，采访对象随着内容的确定就定下来了；因事访问，则要找具有权威性、可信度的对象。大多数专访都是访问知名人物、专家、学者、政要等。访问前要做好准备。访问的内容要集中，围绕人物、事件展开，才能"专"起来。

（2）留意现场、深入挖掘。

专访要写得有现场感，首先要培养谈话气氛。现场气氛活跃，写出来才有听头。现场有了气氛，记者还要善于观察现场，不仅要身到现场，还要心到现场。敏锐的观察力、扎实的采访作风，是专访写作的基础。《你好，南极人》是一个出色的直播节目。围绕着节目南极考察站恶劣的气候条件和考察队员与家属通话的两条主线，主持人及时调度，对紧扣主题的话题鼓励肯定，并做必要的引申阐述，进一步深化主题，对游离于主题之外的话题巧妙地"打断"、"回流"。自始至终驾驭着节目走向，确保了节目质量，整体转播效果良好。

（3）手法多样，结构灵活。

广播专访是录音报道的一种，以人物讲话为主，现场音响、记者描述和文字稿叙述等手段皆可使用，不受固定模式的限制。请注意，一问一答式的广播专访是不具备录音报道的特点的，不可取。还有一种名为专访，实际上就是人物讲话的大段录音，单调乏味，像广播讲话，亦不可取。广播专访运用叙述、描写、议论、抒情等各种表现手法，增强专访的现场感。《请跟我回家》就出色地运用了音乐元素，用87岁老兵杨建达唱的一首《松花江上》，穿插在节目的首尾。同期声带给了观众现场感，该节目用一首特殊的老歌，点明主题，首尾呼应，拉近了听众与老兵的距离。

(4) 讲究叙事策略。

自有历史以来,人类就有听故事的愿望。在访谈类节目中,叙事策略也是非常重要的技巧。优秀的广播访谈节目,也是向听众讲述故事。在访谈节目中,情感的传达、心灵的互动以及主题的开掘,都是通过故事的展开而逐步完成的。叙事分为两个部分,一是叙事,二是话语。故事是按时间先后,以一定的逻辑顺序排列起来的,受因果关系推动的一系列人物、事件和背景。话语就是指这个故事是怎样表达的,也就是故事的叙事方式。叙事并不仅仅是单纯的娱乐,而是通过讲述,寻求解决人生矛盾和困难的方法、途径。《请跟我回家》当中,就蕴含了许多感人的故事:云南老兵在看完央视新闻对他的采访后离去;老兵李溪泉思乡情深翻烂了地图册,老兵王执平吃下家乡的黄土。通过对故事的讲述,引起了观众对老兵群体的关注,也体现了"老兵回家"这一活动背后所体现的对人性和历史的尊重。

(5) 节目主持人的主持能力。

广播主持人是谈话节目中的组织者,是话语的引导者、控制者,是嘉宾和听众的倾诉对象,主持人又是谈话类节目风格、个性的塑造者。所以说,主持人和节目是密不可分的,主持人就是节目的"代言人",是节目的核心和灵魂。

一个成功的谈话节目主持人,必须在节目中担负起引路人的职责,能使嘉宾和参与节目的听众有顺畅交流的话境,让谈话真实生动、准确可信。要做到这一点,谈话节目主持人必须有强烈的社会责任感和较高的政治思想水准,有深厚的知识底蕴、良好的语言素养和临场发挥能力。在知识结构、社会阅历和人文内涵等方面下足工夫。只有这样,所主持的节目才更具深度、更有影响力。主持人在节目中往往要有自己的思想和观点,而这些思想和观点的产生,是基于深厚的知识积累。没有丰富的知识积累,思想和观点就缺少深度。语言的表达自然就成了无源之水、无根之木。

主持人作为话题"引领者"既不能喧宾夺主,过分表现自己,又要有较强的驾驭能力,随时控制把握好谈话方向,在给自己准确定位的基础上,做到适时提出或结束话题,让讨论根据需要深入推进或者浅尝辄止,在谈话中穿针引线,因势利导。在谈话节目中,主持人不仅始终处于话题开发的中心引导地位,而且担当着最直接的即兴组织协调的职能。

文本

透视网吧

听众朋友,大家好!我是主持人向萤。今天我们已经走进了数字化时代、互联网时代。你我之间也许远隔万水千山,但只要轻轻点击鼠标,就能像面对面一样交流;伴随着一个个页面的打开,一个无所不有、五彩斑斓的世界立刻就展现在我们面前。互联网对全球政治经济的发展所起的作用,不论怎样评价它都不过分。它彻底改变了人们传统的学习生活以及思维方式,但它又像一把双刃剑把我们搞得手足无措。看看我们的周围,越来越多的网吧和网吧里越来越多的青少年,有些事情会让你紧锁眉头。

周末,我认识了一位女高中生,她在网吧通过网上聊天认识了一个小伙子,结果不到两个月就被骗去了17000多块钱,还失了身。这件事让我明白了为什么有人把网吧比作"电子海洛因"。身处21世纪的我们,不可能拒绝网络时代的来临。那么,网络真的是洪水猛兽吗?走进网吧的孩子们都在干些什么?网吧该如何治理?网络文明怎样建设?今天,我就和大家一起探讨这个问题。

1. 过渡版

一次街头网吧的在线聊天,

两个少年的人生变得如此黯淡:

一个走进了铁窗世界,

一个放弃了充满阳光的学业。

街头越来越多的网吧,犹如黑夜里的陷阱,

走进去的花季少年,究竟热衷的是什么?

《新世纪新观察》特别节目——《透视网吧》。

前天,我认识了一个名叫文文的小姑娘。她在沈阳市于洪区一家重点高中读高二,18岁,1.7米的大高个。她那收拾得干干净净的小书桌及待人接物的成熟和礼貌,使我怎么也想象不出她会一次又一次把自己妈妈送牛奶挣来的辛苦钱拿去给网友,最后还和网友一起过夜。

文文的妈妈一见面就拿出一大摞孩子的荣誉证书:

[录音:你看看这是我姑娘的荣誉证书。她本来是个好孩子,从小学到高中是班长、学生会主席。可如今,文文怕见同学,整天想着要去找份工作。这一切的起因都是因为几次上网。]

[录音:刚开始吧,我反对她,我跟她说过,你上学以学为主。她说,别的同学都懂,和别人谈不来,好像缺少点啥似的。我说,你在假期的时候学电脑打字,打得也挺好,我说你就去吧。后来我发现她上网,我说过她,她说她以后不去了。有一回心情不好,又去了,我不知道。]

她在网上聊天的过程中认识了一个叫希望的网友。没几次,两人开始见面。这个小伙子真实姓名叫高岩巍,我在看守所里见到了他。

[录音:

向:你今年多大年纪?

高:我19。

向:上网最初就想骗她吗?

高:没有,上网最初没想骗她,后来没有钱了。

向:你觉得她一骗就会把家里的钱拿给你吗?

高:也没多少钱。

向:你说你能给她办到东北财经大学去上学,有这可能吗?

高:没有。

向:怎么想起这个计策?

高:刚开始她想上东财。]

求学心切的小文文完全相信了这个骗局,一次又一次跟妈妈要钱。

[录音:

母亲:我认为是受骗了。后来我姑娘说死不相信。我说,你今天要是走出这个门,你给我立个字据。立了字据、摁了手印,她走的时候我打她几个嘴巴子,后来她真就走了。完事她又要了5000块钱,她原封不动给了高岩巍。]

文文的妈妈是个下岗工人,又离了婚,这几年一直靠送牛奶维持生活。

[录音:

母亲:我给她钱的时候,也是用这个口袋。2000块钱,就这样拿走了。她心有多狠。]

在采访中,我一直在想办法安慰这位可怜的母亲,同时鼓励文文继续读书。可是我知道这件事已经给这个家庭蒙上了阴影。

离开文文家,我的心情特别沉重,就好像春天的清晨,看见满院子的花儿,在昨夜的雨中,花瓣被打落一地,此时的心情怎么能用简单的"心痛"两个字来概括呢?文文还需要很长时间才可能重新振作起来。

这件事让我注意起街头的网吧。网吧是这几年才兴起来的,主要消费群体是学生,而且越来越多地开在学校旁边。走进网吧的孩子们都在干些什么?他们究竟热衷于什么?昨天晚上,我走进了沈阳科学宫旁边一家情缘网吧。

[现场音响压混]

这里的20多台电脑已经座无虚席,几乎都是学生。老板一边招呼着网民,一边和我闲谈。这家网吧才开不到两个月,现在只要学生一放学,这里就找不着座位了。孩子们玩电脑游戏、网上聊天,一坐四五个小时很平常。因为是星期天,有的孩子已经在这里泡了一夜。两个高中生边上网聊天边玩网络游戏。

[出录音:

学生甲:有王没?

学生乙:大王,小王?

学生甲:没草花了,自动走了。

学生乙:唉,你这事干的。

向:这局输了赢了?

学生甲:输了。

向:你是一边玩一边聊天?

学生甲:对。

向:那你可以一心二用了?

学生甲:算不上。

向:那三心二意了,玩得挺开心?

学生甲:还行,瞎玩,和同学。

向:都聊点什么?

学生甲:啥都聊,瞎聊。有啥说啥。]

  十几分钟后,轮到我了,在老板的指点下我进了聊天室。说实话,当时我真的有点不敢相信。什么"险恶江湖逍遥剑""一生给你温柔""多情公子"、"等爱的狐狸"……这些让成年人都羞于出口的词语竟然是一些十几岁孩子在网吧里上网聊天的自我称谓!我在网上一共没几分钟,就有好几个人问我的芳龄,说着一些不着边际的话。

  几次短暂的网上聊天经历让我越来越害怕。网吧、中学生、文文这些,就像影子一样老在我眼前晃来晃去。

  最近,鞍山一所中学的团委对339名学生进行了问卷调查,发现上网聊天的有130人,占38.3%;上色情网的有23人,占6.8%。在最感兴趣的一栏中,上色情网的比例很大。一次上网时间超过3小时甚至泡通宵的有54人,占15.9%。

  一名高一学生反映,自上网后,视力明显下降,胸部、腰部经常疼痛。一个女生说她迷上聊天后,脑海里总是惦记网上的蒙面人,推测着他的性格、人品,猜想着他的语言真实性,甚至还得挤出时间与对方相会,浪费了很多时间,学习成绩一落千丈。

  辽宁恒信数据公司的网络专家张树军副教授今年28岁,他和我谈起了高中时的上网经历。

[录音:

张:我那时上网15元1小时,很贵。不太懂事就聊天,学生比较孤独寂寞。

向:据了解,高中、初中生上网聊天,滥交网友,还有的真出了事,你怎么看?

张:上网和现实不一样,沉湎在里面,有点像毒品,吸鸦片那种。如果你有这种感觉的话,你没法控制自己。社会是复杂的,有好人也有坏人。

向:这是不是把人际之间的关系,原有的模式给打破了吗?

张:我感觉互联网这东西,它最开始的目的是交换信息,互联网最开始的目的不是让我们聊天。这个东西和现实生活绝对不一样,网络是虚幻的空间,我可以很真诚地说一段话,你看到了白纸黑字,你知道他在想什么? 你不知道。初、高中生很容易相信、上当、受骗。这种事情你真的碰上一个坏蛋,那不就成了灾难了吗!]

  事实上,最近关于中学生网上交友引发诈骗、绑架、强奸的案件,泡网吧影响学业的报道不绝于耳。新疆一个年仅12岁的小学生,因迷恋网吧,从家中偷偷拿走几千元,一口气儿在网吧玩了22天;江西省赣州市某中学一高中女生,与19岁的网上恋人"恋爱"3个月,由于

"恋人"要与她分手,该女生不堪忍受"失恋"的痛苦而服毒身亡。

这样的事情我们实在不想听到,可事实又是在不断地发生。直接办文文被骗案的沈阳市于洪公安分局民警李伟很无奈地告诉我:

[录音:1998年开始,陵东派出所辖区内只有一家网吧,到现在,有执照,合理合法的有70多家,还有一二十户没有手续的,接近100家。]

1998年到现在,沈阳光登记的网吧就有600多个。事实上,按陵东派出所辖区的情况推算,沈阳的网吧不下1500家。

在线聊天的OICQ注册用户已经突破了5000万,这其中超过30岁的不多。每天从早到晚在线人数几乎不少于100万。

社区Web聊天室的火爆登场、语音聊天的甜言蜜语、黄色网站的防不胜防,再加上没完没了的电脑游戏。网吧就像当初的电子游戏厅一样异常火爆,成了让"家长操心,教师烦心,学校忧心"的场所。有不少人干脆把它称为"电子海洛因"。

2. 过渡版

互联网仿佛是五彩缤纷的梦幻乐园,

浩浩荡荡的网民大军中学生越来越多。

聊天、游戏加色情,家长操心,社会担心,

面对"电子海洛因"的泛滥,我们该怎么办?

《新世纪新观察》特别节目——《透视网吧》。

今年1月最新的一次统计表明,我国上网人数达到了创纪录的2250万人。上网人数增加,主要是由18岁以下的中学生增加而造成的。教育部的统计数字表明,1999年高中在校生总数为1417.51万人。上网人数已经达到527.6万人,大约为高中生总数的1/3。也就是说,平均起来,3个高中生就有1个上过网。

现在城市家庭以独生子女居多,父母忙于自己的工作,很少有机会与他们沟通,而青少年又渴望交流和沟通,网络空间的无限性和沟通时间的连续性以及沟通内容的广博性、随意性,满足了青少年的猎奇好奇、渴望交流、了解世界等多种需求心理。

不过,越来越多的青少年加入到网民大军当中也带来了许多问题。为此,我邀请了沈阳师范学院青少年精神卫生心理研究专家王家棉教授。下面就来接通王老师的电话:

问:王老师,不知道您上不上网?

王:上,我在加拿大的时候经常上网,也上瘾,一般每天晚上8点到12点。

问:应该说上网无论对孩子还是大人都有相当大的诱惑力。它吸引着你去看一些世界上正在发生的事情,寻找一些资料,再一个是聊天室,也是一个很诱惑人的地方。昨天晚上,我也去网吧体验了一下这种感觉,只要一登录聊天室,好家伙,真是让你十八般武艺应接不暇,什么人都来问你,问你一些不敢睁眼的问题,不敢听到的问题。

王:可能人们彼此之间很冷漠,互相交往也藏有戒心。但是上网就无所顾忌,因为它是虚拟空间,他可以按照本我的原则现出自我的本来面目,可以无所顾忌地提要求,无所顾忌地提问题。如果我们不能用头脑中的冷静和理智来对待它,那么对自我约束能力极为有限的中学生来说,前方确实布满了陷阱。对此,我们进行了一番观察研究,看到目前在学生网民当中,主要是三多:一个是职高生多,一个是非重点学生多,再一个是男生比较多。有的学生每天上网,最长的上3天3夜,可以说创了一个纪录。我分析这些同学迷恋于网络这个虚拟空间,根本的原因还是心灵空虚,寻求刺激,渴望交友,自控能力又比较低,结果总是影响他们的成绩,影响和其他同学的正常交往,形成一种恶性循环。

向:好,感谢王老师的解释。

听众朋友,这些学生们长时间沉溺网络世界肯定会带来危害,比如导致人际交往、社会适应能力下降、情绪低落、思维迟缓、孤独、焦虑、食欲不振、植物神经功能紊乱、睡眠障碍,甚至消极自杀。其实,网络本身并无罪过,关键在于我们如何引导孩子正确接触它。

网络信息量大、传递快、交互性强,能激发学生的求知欲和好奇心。但网络也存在信息量不稳定和内容缺少内在联系的问题、信息内容的审查问题和信息如何有效使用的问题等。这些问题实际上是网络环境下教育面临的一个全球性的新问题,学生亟需老师、学校、家长、社会的帮助和指导,这绝非街头网吧的老板们所能办到的。但是目前我们的学校教育却不尽人意。

一位沈阳某重点中学的青年教师告诉我:他们学校电化教育室现在有70台电脑,都没上网。全校有将近700名学生,不用说上网浏览,就是练打字都不够用。这也就难怪网吧的生意好做了。

网络的兴起,让黄色信息也找到了新的载体,得以更快、更广泛的蔓延。调查显示,大约有近50%的学生曾经通过直接或间接的方式在网上接触过黄色内容,而不少打着性普及幌子的网站基本上是挂羊头卖狗肉。

黄色内容在网上的泛滥给我们提了醒。因为追根溯源,还是跑到了性知识普及不力的因素上。"禁地"终究是封不住的,相反,一些生活中的残毒很容易把这个"任务"接了过去来补缺,而后误导和曲解也就一发而不可收拾了。

透过上面种种,不难看出对网吧的整顿绝对不是"头痛医头,脚痛医脚"那么简单。

3. 过渡版

信息教育极度缺乏,互联网世界充满诱惑,

花季少年丢下书包泡网吧,只是问题的冰山一角。

社会呼唤网络文明,

围追堵截,网上巡警闪亮登场。

请继续收听《新世纪新观察》特别节目——《透视网吧》。

迅猛发展的网络业给管理带来了新课题。现在,网吧基本处于电信部门管发许可证、工商部门管发营业执照、文化部门代收税费的状态,而真正对网吧直接管理的部门却没有。这种管理的真空状态,也是目前网吧出现问题的重要原因。

从今天开始,沈阳警方将着手给全市600家网吧安装网络净化器。网络净化器是一种网络管理软件。它就像一双警惕的眼睛时刻盯着上网者的一举一动,首先对点击有害网站者提出警告,如果再次点击,系统将向监控部门报警。

此前,鞍山警方率先在全省第一个给网吧安装上了网络净化器。下面我们来采访一下鞍山市公安局计算机安全稽查科的侯叔华科长:

侯:我们鞍山地区一共是365家网吧,从2月24号开始安装,现在365家全部安装完毕。我们普遍受到网吧业主的欢迎,业主们对网民们登录黄色网站看不过来而头疼。这次安装了净化器之后,业主们向我们纷纷表示,既省时又省力,用不着再瞪着眼珠子巡视。有的网吧营业时间比较晚,有时到凌晨两三点钟,安装了网络净化器以后,不管在什么情况下,只要你登录这些违规内容,信息可以随时反馈到我们这边来,计算机自动就把这个记录下来,看是哪个网吧、第几号机器,什么时间都有记录。

向:这样就可以对网吧或登录人都可以进行教育或制裁。

侯:我们就是根据这些记录,掌握第一手证据,而且对于我们公安机关,侦破帮助很大。

向:安装网络净化器之后,情况怎么样?

侯:我们安装网络净化器之后,违规的信息还是频频发生。比如说一家网吧,安了净化器一周时间,它登录黄色网站的记录达到2000多次。还有不少人想到网吧看这些黄色内容,但全被净化器阻挡了。它每阻挡一次,就给我们网站报上一次信息:登录什么网址,什么网站,就有一个违规次数的统计。对网上聊天,我们搞了一个网上巡警。我们在网络聊天室有一定的权限,可以经常到网上聊天室巡视,发现如果在聊天室里有一些不健康、不文明的东西,我随时可以把它删除,把不怀好意的上网聊天的人给"踢出去"。我们给这起个名,叫"网上巡警"。

向:这也是个新名词。好,我们先谈到这儿。

听众朋友,自1993年美国提出建设国家信息高速公路以来,短短8年时间,互联网的触角几乎遍及世界每一个角落,对全球政治经济的发展所起的作用,不论怎样评价它都不过分。它彻底改变了人们传统的学习、生活以及思维方式。世界上第一个网吧是1994年在英国出现的。此后,网吧开始在世界各国风行。到现在,我们的近邻韩国有43%的人是通过网吧接触互联网的。

但网吧在城市的大街小巷遍地开花,甚至连小县城也都有了网吧,这绝对是中国人的一大特色。当大家还来不及仔细思考的时候,网吧给学生们的强烈冲击,已然就在眼前。特别是网络这把"双刃剑"带来的负面影响,给那些还没有任何思想准备的孩子们来了个猝不及防。他们分不清网上虚拟世界哪个是真,哪个是假。治理整顿网吧,不是"关"而是"管",我们再不能做为了给孩子洗澡,连同脏水把孩子一同倒掉那样的蠢事。正像一位网络专家所说的那样,网络好是好,但要正确引导。网吧本身没有错,问题在于人。

全国网络文明工程组委会副主任徐文伯指出,网吧问题只是网络负面影响的一个集中反映,但并不是网络问题的根源。单纯关掉网吧不能从根本上解决网络文明建设问题。要解决网吧问题,应从"立、堵、建、疏、管"等5个方面进行综合治理。"立"就是政府要加强网络立法;"堵"就是利用网络技术封堵有害信息;"建"就是强化内容建设;"疏"就是要积极倡导并形成良好的网络文明社会和舆论环境;"管"就是加强对网站、网吧等网络经营场所的管理。

据了解,以文明上网、文明建网、文明网络为宗旨的网络文明工程自2000年启动以来,已经引起了各级领导和社会各界的广泛关注和支持。网络文明工程组委会日前宣布正式启动"绿色行动"计划。其中包括"绿色网吧",是指网吧需配备安全过滤软硬件设施,拥有网络文明培训专业人才,确保网吧成为交流信息、学习知识的重要场所。

在把网络管理纳入法治化轨道方面,我们国家也已经做了许多努力。1999年1月由公安部、信息产业部、文化部、国家工商局联合下发的《关于规范网吧经营行为加强安全管理的通知》中特别规定,网吧不得经营电脑游戏。前不久,国家有关部门连续发布了一系列条例、规章和办法等规范性文件,强调网吧不得从事经营性电脑游戏,21点到第二天8点不得接纳未成年人。

在这里,我们呼吁有关部门尽早出台更具体有力的管理办法,严肃查处无序经营、违法经营,保护青少年健康成长;把网吧引向规模化、品牌化、专业化、连锁化经营。同时,在这里也应该提醒网吧的经营者要有长远的眼光和社会责任感,特别是应该遵纪守法,讲究职业道德,否则势必要影响到网吧的健康发展。一个行业绝不能让几只老鼠坏了名声。网吧,千万不要重蹈电子游戏厅由兴到衰的老路。

4. 过渡版

网络是一把"双刃剑",

我们不能因噎废食。

齐抓共管,网吧经营逐步走向规范,

"绿色行动",全社会共同构建网络文明

我们有理由相信互联网的世界会成为青少年成长的摇篮。

感谢收听《新世纪新观察》特别节目——《透视网吧》。

听众朋友,我们今天的节目就进行到这儿。明天我们将开通直播间的热线电话,请大家一起讨论网吧的管理和网络文明建设。欢迎来电话谈谈您对网吧和互联网发展的看法。你也可以通过电子信箱和我联系,地址是23868286@163.com。

主持人向萤感谢您的收听,我们明天同一时间再见!

(向萤,辽宁人民广播电台2000年播出)

评析

娓娓说现象,深入讲道理
——评析《透视网吧》

《透视网吧》是一篇主持人录音新闻专访节目,也是一期不可多得的广播新闻访谈佳作。在第五届金话筒广播节目主持人评选中,这篇由辽宁人民广播电台向萤主持并创作的《透视网吧》被名列"金话筒奖"榜首。下面就结合广播新闻访谈节目的特点,对这期节目进行简要的评析。

1. 所选话题典型,舆论引导具有前瞻性

一档精彩的广播新闻访谈节目,话题是节目的灵魂和核心。因此,话题的选择成为一个至关重要的成功因素。好的话题通常也是社会的热点论题,好的话题就像一段导火索,能引发人们思维激荡,甚至能起到舆论引导的作用。

这期节目(作品)话题谈的是网吧现象,就是一个当时的社会热点论题。节目的当时正处2000年,也正是互联网的迅猛发展初期,各种类型的网吧遍布我国城乡的大街小巷,吸引千千万万青少年去网吧上网。有人说网吧就像一把双刃剑。一方面,为人们展示了五彩斑斓的世界,带来了大量信息与新的娱乐;另一方面,由于网吧管理失控,部分青少年迷恋网吧,影响学习成绩和身体健康,有的甚至诱发犯罪。因此,社会网吧问题就成了人们关注的热点话题。这篇作品以一个令人震惊的事件开头:一位女高中生,在网吧通过网上聊天认识了一个小伙子,"结果不到两个月就被骗去了17000多块钱,还失了身"。接下来,节目又引用了鞍山市一所中学团委对300多名学生上网情况的调查数据,列举了新疆、江西两名学生迷恋网吧走上错路、绝路的事实,还公布了我国大约有1/3高中生上网的统计数字。这说明网吧现象绝不是孤立的问题,而是带有普通意义和典型性的问题。

而作为大众媒体的广播电台抓住社会中的热点和难点问题,释疑解惑,进行正确的舆论引导就显得非常必要。这篇作品话题及时,导向正确,既有充分的事实依据,又有通俗易懂的道理说服听众。此节目播出后不久,国务院办公厅就发出了关于专项治理整顿网吧的通知,全社会都在关注网吧的综合治理,有关部门也加大了整顿的力度。这在某种程度上也体现了作品高度的新闻敏感性和舆论引导的前瞻性。

2. 主持人情感真诚,采访、主持都有亲和力

在主持人节目中,主持人是节目的关键因素。主持人是信息的采集者,又是话题的把控者。在这期节目中,主持人的真诚是最重要的因素与优点。只有真诚才可以和听众达到心灵的沟通、情感的传递,才会得到听众的认可。《透视网吧》的主持人心系被采访者,心系群众,节目中那些充满深情的语言就是她真实心声的流露:

在采访中,我一直在想办法安慰这位可怜的母亲,同时鼓励文文继续读书。可是我知道这件事已经给这个家庭蒙上了阴影。

"离开文文家,我的心情特别沉重,就好像春天的清晨,看见满院子的花儿,在昨夜的雨中,花瓣被打落一地,此时的心情怎么能用简单的'心痛'两个字来概括呢?"

可以看出,主持人不仅同情被采访人,心里还牵挂着被采访人,在这一刻,她的形象不再是见惯大场面、古井无波的新闻工作者,而是一名心地善良、关心弱者的都市女性。与听众的情感交流是这期节目的一大优势。广播节目的只闻其声不见其人的特点决定了主持人在主持节目时应在心态上将自己放置在与听众平等的位置,语言应朴实自然,对听众要情真意切,切不要矫揉造作,拿腔拿调。正因为主持人向萤能够把自己的真情实感融汇到节目中,所以才创造出《透视网吧》这种娓娓道来的主持基调,而不是演讲或者是夸夸而谈。整个节目的语言朴实自然,言传心声,使节目具有很强的亲和力和感染力。

3. 访谈对象(嘉宾)合适,有广泛代表性

在新闻访谈节目中,访谈对象(嘉宾)是信息提供者,也是话题的阐发者和升华者。要根据话题内容来选择访谈对象(嘉宾),访谈对象(嘉宾)的身份最好切合话题内容,以便让他们一展所长,自如发挥。

这期节目有4位主要访谈对象(嘉宾),分别是网络专家、公安民警、青少年心理专家、网络管理部门主管。这4位访谈对象(嘉宾)分处不同的部门和专业领域,从不同视角对该网吧现象发表了不同的观点。最后殊途同归,从几个不同的角度强有力地支撑了新闻的主旨——网吧本身没有错,问题在于人。而同时,节目没有只靠一两位访谈对象(嘉宾)来说话,这也是非常明智而恰当的。网吧问题是一个复杂的社会问题,涉及社会的多方面原因,自然不可能由一两位访谈对象(嘉宾)讲述清楚。

4. 精心设计,结构布局具有独特的创新性

事实表明创新是提高广播新闻访谈节目质量的关键,也是增强主持人节目魅力的措施。《透视网吧》这一期节目无不透视出主持人的创新与匠心。整个作品主题鲜明,脉络清晰,层层深入,丝丝入扣,结构严谨,布局精巧。

在表现形式上,各种广播手段齐上阵:有主持人亲自采访录音,有与访谈对象(嘉宾)的对话;有录播又有直播;有解说又有音乐。尤其是节目使用提示性的"过渡版",更显示了作者的创新思维和精心设计。在广播新闻访谈节目中使用"过渡版",是个新的尝试,具有相当重要的启发性。

《透视网吧》中共有4段配乐的"过渡版"。归纳起来,《透视网吧》的提示性"过渡版"大体有3种作用:一是承上启下,提炼主题,弘扬观点;二是在适当的配乐中引入不同的声音要素,使节目丰满,增加可听性;三是强化节奏的转换,避免听觉疲劳,制造较强的听觉冲击力。应当说,通过"过渡版"的精心设计,这个节目达到了节目形式的外在节奏和主持人情感的内在节奏有机结合。整个节目动感强烈,张弛有序,从而形成良好的传受氛围,达到极佳的传播效果。

文本

小丽的面人儿有颗心(节选)

主持人: 听众朋友大家好,欢迎大家走进《雪莉时间》节目,我是主持人雪莉。一个月前,罹患白血病的河南姑娘小丽走进了我们的生活,成为了大家关心、关注的对象。不过呢,事情跟我们想象的并不一样。面对大家的同情和帮助,小丽婉拒了人们的善意。在宁波街头,捏着5块钱一个的小面人,回避着媒体的报道,坚持自食其力,战胜病魔。小丽的乐观与自强震撼了我们,人们开始纷纷上街,在她的摊位前排起了长长的队伍。

小丽确实是个与众不同的姑娘。那么在我们节目开始之前呢,让我们首先来回顾一下这个事件的由来。

男播音:小丽,一位来自河南农村的白血病姑娘。2008年,在历经一个多月的失望、挣扎之后,她告别母亲,用仅剩的800元药钱,在郑州街头学了一门捏面人的手艺。从此辗转河南周山等地开始自谋生路,挣钱治病。

2009年,小丽来到宁波。这是小丽在城皇庙的面人摊位,每天中午是小丽最忙的时候。

小丽其实是个不幸的姑娘。

小丽:其实我得病的时候,我感觉自己一夜之间头发白了很多。

男播音:小丽是个坚强的姑娘。

小丽:最后一次我就跟我妈讲了,我说,妈,别人得了这种病会死,我不会死的,你就看着好了。

男播音:小丽是个聪明的姑娘。

小丽:最后我学完面人,然后就自己跑出来,慢慢迈出之后我就更有信心了。

男播音:小丽是个幸运的姑娘。

好心人:我跟她认识也是个偶然的机会,我们也在给她想办法,其实也不是我一个人,是我们一帮子人。

男播音:小丽是个善良的姑娘。

小丽:我感觉没有必要的,有的人比我受的苦还多,他们更需要帮助的。

男播音:这就是她,小丽,有尊严地面对一切不幸,并迫使我们开始思索一种彼此流动、彼此支撑的爱。

小孩:阿姨,祝你身体恢复健康!

女主持人:是的,就是她,一位用巧手捏出世间万种生灵的小姑娘。

听众朋友,非常的遗憾,虽然我们一再地邀请,小丽呢还是婉言谢绝,不肯到直播室来接受我们的专访,执意坚持自己平静的生活。我们只能尊重她,所以我们今天呢,要推出的是一档特殊的节目,一次主角缺席的访谈。那么,下面就让我们欢迎3位熟悉小丽的嘉宾,晚报记者徐叶、网络爱心人士阿伟和浙江大学理工学院的硕士生导师何振标教授。由他们来讲述今天的新闻人物——小丽。好,欢迎你们。

何振标:雪莉,你好。

女主持人:你好。

何振标:观众朋友,大家好,我是何振标。

徐叶:主持人好,我是徐叶。

阿伟:听众朋友,大家好。

女主持人:欢迎3位的到来。

混音:她有美丽的劳动,善良的心灵,升华着自身对苦难的理解。她用自强的精神、执着的信念,坚守着一种平等的爱与尊重,《雪莉时间》新闻访谈——小丽的面人有颗心。

女主持人:听众朋友,首先真的要感谢小丽呢给我们这个城市带来了对爱的更深的思索,然后啊,我想也应该感谢今天坐在我身边的这位徐叶记者,小丽也亲切地叫她小叶子,对吗?

徐叶:是的。

女主持人:非常好听哦。正是你一开始用充满理解的笔调为我们讲述了这么感人的一个故事。真的非常感谢你,小叶子。

徐叶:我们也是一路被感动着这样子一直写着报道。

女主持人:是啊,那你是不是跟我们大伙说说这件事的起因?

徐叶:好的。当时其实也不是我们首先发现小丽的,当时是在一个叫老调调的网友,在网上发出了几张图片,当时发出来之后,就引起了很多人的关注。

女主持人:是吧。

阿伟:是的,小丽捏的面人,很可爱,也很漂亮。一发以后,很多人网上其实都知道小丽,但他们都不知道小丽生病了。

女主持人:那么也就是说我们的小丽首先是以她的面人让大伙记住了她,对吧。

徐叶:对的。

女主持人:那么,徐叶你们开始交往的时候,你知道小丽不希望报道的事吗?

徐叶:嗯,我能感觉得到。因为有了她的联系方式之后,我们跟她通了好几次电话,然后她一直让我们感觉就是不想让别人更多地介入她的生活,特别是记者。

女主持人:那后来,小丽知道你是记者以后,她的反应怎么样?

徐叶:我觉得她感觉很失望,因为她跟我说,她说小叶子啊,我知道你是记者,我觉得特别失望,她说我以为我们会成为特别特别好的朋友。

女主持人:本来已经把你当成最好的朋友了,或者说是很好的朋友了,后来发现你是记者,她会一下子难以接受这个事实。

徐叶:对,她心理上落差很大。

女主持人:把很多的心里话,悄悄话都跟你说了,实际上你是在采访。对吧?

徐叶:是的。

何振标:在这个事件中啊,我们发现小丽需要的并不是来自记者或公众的关注,更需要的是朋友般的平适的感情。那么从原来一个私人身份的朋友,现在呢变成一个代表公众的记者,对小丽来说,在心理上的确要有一个接受的过程。

徐叶:是的。其实我们觉得小丽是一个非常非常特别的病人吧,应该说。像一般的病人,她会向媒体求助,寻求爱心,然后需要别人帮助。而小丽呢,好多次都是婉拒我们的。因为在我们跟她接触的3天里,我们是在不断的说服她,最后其实是我们向小丽求助,因为我们特别希望小丽能够把自己的故事告诉给宁波的市民,让她的这种精神能够鼓舞更多的人。甚至我们当时就给她举了个例子,就说是宁波鄞州人民医院的小朋友能让她去他们那里捏面人,让他们树立信心。后来小丽才答应了我们的要求。

女主持人:嗳,阿伟啊,那么你是我们宁波比较有名的网络爱心人士。

阿伟:没有啦,呵呵。

女主持人:呵呵,我听说你在网上有很强的号召力,也帮助过很多人,那么我想呢,这次的经历对你来说应该是很特别的。

阿伟:对,因为这一次我的感觉是完全不一样。超出了我以前帮助人的一些经验。

女主持人:你当时是去捐款了,是吧?

阿伟：对，我去捐款了，直接找的小丽。

女主持人：结果呢？

阿伟：当我第一次给小丽钱的时候，就是2000块嘛，我卷成小小的卷，小丽没要，递给我，那么我第二次又递过去，第三次我再递过去的时候，她直接扔出来，她说不需要这样的帮助，她说我能够自食其力。

女主持人：那么她后来接受了你的帮助了吗？

阿伟：后来是我第二次去的时候了，有很多人找她捏小面人，里三层外三层，天气很热，我挤进去看见小丽呢，累得满头大汗，她身边也没水，然后我又挤了出来，买了瓶矿泉水，打开盖子，我就递了进去，小丽马上就……

女主持人：马上距离拉近了，是吧。

阿伟：对。

女主持人：是的，小丽的形象在慢慢地清晰起来，就是一个独立自强的小姑娘，那么何教授，很多人认为这是一场单纯的爱心事件，在我们的身边也是非常多的，是吧？

何振标：是的。

女主持人：那么，您当时知道这个事件以后，作为一直关心、研究社会问题的专家，您的想法是怎么样的呢？

何振标：我认为这是一个很好的契机让我们宁波的市民，让我们的社会对这个爱和帮助有一个更加深刻的认知。因为过去我们在一谈到帮助别人的时候，总是从帮助别人的角度来看问题的，认为只要对助者在物质上给予他帮助就可以了。但是，小丽爱心面人这个事情呢，就告诉我们受助者同样非常渴望得到社会的尊重和认可，而且这是一个重要的前提，那么在这个基础上，他才接受人们给他的物质的或其他形式的帮助，那么从这个角度来说呢，我们可以从这里做一个起点，意识到爱和帮助的多种可能，并强化我们对尊重的看法。

女主持人：非常感谢3位的讲述，不过事情一旦经过传播会有不同的回响。刚刚你们也在我们的节目中提到了第一个把小丽发到网上的蔡先生网友——老调调蔡大哥，那么我们也对他进行了采访，下面就来听听他当时的想法。

网友老调调：我跟她认识也是一次偶然的机会，我平时喜欢美羊羊这种东西的，刚看到有个小姑娘在这儿做的蛮好的，小朋友们挺喜欢，后来有一段时间，我们订了几十个，她老是拿不出来，说身体不好，她当时跟我们说她那时挺卖力，网上一查，她是白血病。那我们也在给她想办法，其实也不是我一个人，我们一帮子人，我们就发了几个照片，把她的情况介绍了一下，这关键还是靠自己，她是个很幸运的人，很有家教，很多人通过帮助她，自己的心灵得到升华。我们单位也是流动性比较大的一个单位，搞建筑的，长期不能回家，困难也很多，想想她我们还有什么困难，缺少她这种精神，动不动怪社会、怪别人，是吧？她得了这个病，还能乐观地这么来对待，以及她对待金钱的态度，她不愿意跟媒体打交道，她想过平静的生活，说实话，我们也很难达到这个境界。很多人向她要这个泥人，都是家里有病人的，去鼓励和支持他们，她知道后不收钱，就送给人家。关键她自己好，做得比较硬气的。

男播音：她，站在宁波最热闹的街头，是世间和煦的目光发现了她，正如她手中的一个个面人，微笑着走进千家万户。欢迎继续关注《雪莉时间》——小丽的面人有颗心。

女主持人：听众朋友，爱心摊位的开张使小丽从此在宁波有了一个真正的落脚点。政府的帮助，众人的温暖，让小丽更多充满自信，更多的人慕名而来，故事在平静地继续着，我们在细心地呵护着，呵护着一个城市之爱的童话。就在此刻，小丽或许没有听到我们的节目，但是这种浓浓的爱一直在包围着我们。随着报道的逐渐深入，我们看到了一个奇迹，一个并非用金钱，而是用爱撑起的奇迹。大家放缓了脚步，大家目光专注，大家在细细地聆听一个来自宁波街头的美丽传说。很难记住这么多心中有爱的人，我们只是把这些报道做成了一个剪辑。好，让我们一起来听一下。

新闻报道剪辑……

女主持人：听众朋友，我们很容易陷入到一种沉默中来，为了这样的一份爱与这样的一种动容的表达方式。故事到这儿呢就要结束了，我想我们每个人都可以从这个故事中得到一些启示，一种关于如何表达爱，如何实践善的启示。我们知道有一种爱不是施予，而是彼此呵护、彼此支撑。

何振标：说到这里，现在很多市民呢据我所知，每天都在关注着小丽，思考如何用更恰当的方式去帮助她。小丽呢，从头到尾，都是用一种特立独行的方式来回应，也使我们进一步接触到了慈善的本质意义，就是让受助者和施助者双方都能够受益。

女主持人：我记得我们宁波市慈善总会的会长陈金琏说过一句话，她说慈善不是钱，是心。这话说得非常有道理哦。

何振标：因为心比钱更加重要。在这股爱心中还有更多的尊重和理解。

女主持人：对。也许她所给予我们的反馈和启示，影响还要深远。

徐叶：其实，小丽的故事是不是令人动容啊，到现在为止我觉得已经不重要了。我们只是想让很多人知道，每个人在一生中都会遭受不幸。但是，你如果遭受了不幸的话，可以想想小丽，想想她那个面人。

何振标：以往的很多爱心事件都是以捐款或物的收到为终点。而这次呢是个开放性的结果，我们可以给小丽各种她能够接受的帮助，小丽的命运呢，也随着她自己的意愿而继续着。那么，我相信，这样的一种帮助是一种可持续的、常态的帮助，是一种充分尊重受助者的帮助，而且对于我们宁波打造互助型的社会有很强的指导意义。

女主持人：谢谢3位嘉宾。听众朋友，故事还在平静地继续着，我们还在细心的呵护着。这两天，小丽老家一位特殊的客人也来看她了，河南省慈善总会李致斌会长来到了小丽的摊位前，感谢宁波市民，说在心里已经把小丽当作自己的孙女儿了，说小丽就是河南人的骄傲，并一再地叮嘱小丽喜欢做面人就开心地做，但要注意身体。小丽说，她正在加紧练习呢，因为再过几天，两个重要的节日一起到了，小丽精心地为面人穿上了传统的礼服，身着对襟小红袄的卡通人物，摇着小红旗，手捧着中秋月饼，显得特别的喜庆。小丽说她要把这些面人，送给那么多的好心人。上善若水，顺其自然，无定无形。我想我只能感受到这句话：小丽的面人有颗心，有心就有了那么多的可能。

（雪莉、亚舟等，宁波人民广播电台2009年9月26日）

评析

丝丝入扣说故事
——评析《小丽的面人儿有颗心》

这是一档丝丝入扣的新闻事件访谈节目。事件的对象是一位身患白血病、以捏面人为生的河南姑娘——小丽。访谈就小丽面对厄运时的从容与智慧的生活态度、在困难中坚守自身尊严婉拒人们捐物捐款的淡定态度，与她在绝境中表现出来的笑脸与对爱的理解完成了一档让人动容的节目。

相较于电视，广播有更好的隐匿性，广播谈话节目更有益于受众交流空间的拓展，这种由私人话语空间向公共话语空间的转换，很大程度上满足了人们的精神需求，同时也给广播事业的发展带了强劲动力，因而谈话类节目至今仍蓬勃发展且日臻成熟。

访谈选择的是事件的几个关键人物，进行深入挖掘：徐叶——晚报记者，采访小丽事件的直接当事人；阿伟——网络爱心人士，小丽的朋友；何镇飚教授——社会活动问题专家。这几个人物具有极强的代表性，对他们的访谈很好地探讨了这个特殊爱心事件中关于爱与尊重之间的话题。使这个普通的爱心事件拥有了多棱镜般的效果，映照着温暖的城市与善心。

这是一档更加注重新闻传播本质的访谈作品。访谈完成的不光是对一个简单新闻事件的报道，而是通过回顾与访谈相结合的方式，对它的深层意义进行了揭示与挖掘。其间有对尊重之爱的探讨，有对慈善本质意义的探讨，有对小丽顽强人格与乐观个性的描述，更有对市民无私大爱的赞颂。

俗话说，万事开头难，做广播节目也是如此，大到整个节目的策划，小到节目的开篇铺陈，都有一定的技巧。该谈话节目采用了开门见山的方式，有效地避免了冷场、无话可说的局面，感人的故事也调动了听众参与的积极性；更有特色的是，这期节目，故事的主人公并没有出席，这也勾起了听众们的好奇心。

这篇访谈关注每个个体的情感诉求，让每个人的心理历程都很好、很自然地展现了出来。当爱心人士、采访团队试图接近小丽时，小丽的表现是异于其他需要帮助的人士的，她拒绝帮助，相信自己能够自立更生，这种不同寻常的表现对后来的发展起到了很好的烘托作用，无形中显露出小丽独立自强的精神。而团队也并没有就此退缩，或者站在道德的制高点而大放厥词，而是体贴入微地拉近和小丽的距离。不是为了新闻采访而接近她，而是因为尊敬她的精神，希望能用她的故事鼓舞更多的人。这样丝丝入扣而真心实意的采访报道，让受访者难以产生抗拒，让听众无不为之感动。

除了小丽本人，其他很多人的表现也没有被忽视。城管一反往日新闻报道中的暴力形象，反而为小丽找好了正规的摆摊点；慈善人士不是为了博得关注、吸引眼球，而是为了帮助她以及帮助更多的人；知情的不知情的买家都充满尊敬而又不做作的用正常的价格买下小丽的泥人儿，真正的帮助绝不需要施舍，人格不容施舍，这正是节目想表达的主旨。在创作过程中，采编团队不止一次地与小丽接触、录音、谈天，最后成为朋友。尊重小丽的想法，并没有对其本身进行大篇幅地渲染。就如同他们所说的那样，只是想在这个事件中找到一个可以传达的意义，以此来帮助更多的人。唤起更多的人对于慈善本质的认识。慈善不是钱，是心。

这档节目是作者、主持人和所有关心小丽的人一起完成的。主持人刻意地隐在这些声音的背后，恰到好处地引领着话题不断深入，使各种声音自由地在她的节目中率性交叠，穿插进行。这里记录的是一颗颗饱含着爱的宁波人的心。

节目播出后取得了很好的社会效果。小丽事件成为了又一个宁波的爱心品牌事件，并提升着人们对善举更深的理解。正如作品最后所说的那样：上善若水，随意率性的叙述，最终通过娓娓的语调与丝丝入扣的方式，让节目产生了震撼人心的传播力量。

文本

"开胸验肺"的痛与失

河南省新密市农民工张海超怀疑在工厂得了尘肺，先后被郑州和北京多家权威医院诊断为尘肺（尘肺为职业病），但在职业病法定诊断机构——郑州市职业病防治所却被诊断为肺结核，张海超对此强烈质疑。

在多方求助无门后，张海超做出了惊人之举，2009年6月22日，他到郑大一附院做了开胸手术，以悲壮的方式证明自己确实患上了尘肺，而不是肺结核。张海超"开胸验肺"的沉重经历暴露出职业病患者维权的艰难处境。

中国之声、中国广播网联合直播《新闻观潮》之约会中广网，邀请第一个报道这一事件的新华社河南分社记者单纯刚、法律专家陈杰人以及张海超本人作客本期节目，为您揭示事件背后的深层问题，和听众、网友共同探讨这一事件。

主持人：听众朋友晚上好，欢迎收听《新闻观潮》，我是向菲。张海超被诊断为尘肺病，按照职业病防治法的规定，职业病的诊断要由当地承担职业病诊断的医疗机构进行，张海超接受检查之后，他们给出的结果是没有尘肺病，建议他进行肺结核诊治，他跑到了第一大学附属医院进行开胸验肺，为了验证自己得的是尘肺病。介绍一下光临直播间的嘉宾，中央台特约观察员法律专家陈杰人你好。

陈杰人：主持人好，各位听众大家好。

主持人:在您的身边有没有受到职业病威胁的人,他们是如何做决定的,你想对张海超说些什么。可以登录中广网跟贴发表自己的观点。本期节目在中国广播网www.cnr.cn上同步直播。

主持人:对于一名28岁的年轻人张海超来说,患有尘肺病无疑是一个致命的打击,更沉重的打击是没有办法证明自己的确患有尘肺病,一直报道这次事件的记者是新华社河南分社的单纯刚,马上连线他,你好,今天你还在继续采访张海超事件,能不能给我们听众朋友说说截止到现在21:05分你采访的最新的进展情况?

单纯刚:今天张海超身边的4个工友被确诊为尘肺病,我今天也抓紧时间跟卫生局联系,了解了4个人的情况,他身边7个工友有4个已经证明了。我现在在河南省。

主持人:这4名工友跟张海超是同在郑州正东耐磨材料有限公司,这个公司有多少名工人呢?

单纯刚:这个公司整体工人数目我还不是很清楚。

主持人:现在是不是又检查出4名工友患有尘肺病?

单纯钢:对,另外3名结果还没有出来。

主持人:通过一系列诊治方式就能判断出来吗?

单纯刚:因为事件发生之后,河南省特别重视,专门成立了专家组对他进行科学的验证,并不是简单地看胸片了,所有的资料包括一些情况很快就作出了确诊,另外3个情况现在还不是很清楚。

主持人:最初你是如何关注到张海超事件的,你的新闻线索是如何来的?

单纯刚:是通过我一个媒体朋友知道的,他做过新闻了解到这个情况之后,觉得很有新闻性,跟我联系,给我的信箱发了电子邮件,说让我关注一下,我就给新华总社汇报了这个事情。

主持人:你听说了张海超开胸验肺之后的第一反应是什么?

单纯刚:非常震惊,我平时对卫生行业比较关注,听了以后,觉得一个疾病到了让一个人去开胸的程度,对我的冲击力非常强,当时不太相信,知道后觉得这个事情一定要抓。

主持人:第一次见到他本人是在做完手术多长时间?

单纯刚:一个多星期。

主持人:当跟张海超面对面交流之后,认为最突出的矛盾点在哪儿?

单纯刚:当时觉得,虽然结果出来了,但开胸验肺结果还未认定,认为医院不是法定的诊疗机构,不认定这个,有可能是他白挨了这一刀,企业当时也不认定,坚持仍然认为只有职防专家鉴定了才是确切的证据,才能确诊是尘肺病。

主持人:矛盾点纠缠在职业病鉴定的环节上。

单纯刚:对。

主持人:无法可依可能是非常难办的,但是张海超这件事情应该是有法可依,通过片花已经了解的,有一部《职业病防治法》,因为此法使事情变得很难办。难在哪儿呢?

陈杰人:第一个是这个法律同与法律配套的政策有一些漏洞,第二个说这些执法的部门完全在渎职,没有去真正执行法律,从漏洞方面说,《职业病防治法》对自己认为自己有职业病的申请鉴定的人需要提供什么样的材料,并没有非常明确的规定,这个法律的第48条有非常笼统的规定,恰恰在卫生部根据《职业病防治法》又出台了一个叫《职业病诊断与鉴定管理办法》,这个办法在第11条明确地规定说,如果一个人要申请职业病诊断,应该要提供职业史、既往史一些档案,还有单位的一些材料,这样相当于给申请人提出了更高的门槛,这个门槛恰恰是掌握在用人单位手里,说白了根据卫生部的规定,只要我这个单位不愿意让我的员工去鉴定职业病,我不提供材料就没办法鉴定。

主持人:换位思考一下,作为企业的经营者他愿意自己的职工被鉴定为有职业病吗?

陈杰人:当你说从企业的伦理、从企业的道德、从法律的规定说应该要实事求是,但是现在我们确实是一些工厂、用人单位总是追求利益的最大化,即便明知自己的职工有职业病也不愿意鉴定出来,一旦鉴定出来自己可能要多付出一些代价。

主持人:单纯刚采访张海超事件的时候,肯定对正东耐磨材料有限公司也有所了解,单记者能不能给我们介绍一下。

单纯刚:现在还没有鉴定出来,因为这个企业给当地的政府交了很多的税,我们采访到一些人对这个企业有意见很多年。几年来他们为工人从2007年以前每年做了一些体检,但是很多工人从来没有见过自己的体检结果,身体状况都不了解,受污染的情况也都不了解。

主持人:按照规章制度,的确他们每个时期都会给自己的工人去做体检,关键是体检报告并没有发到职工的手中。

单纯刚:对,张海超连续3年都做过体检,但是没有看到体检结果。

主持人:是不是可以推断出在这几年间他们没有尘肺病的患者?

单纯刚:现在还没有了解到。

主持人:听众朋友,您可以继续和我们联系,电话是1263。因为对生产特定环境有一定的要求,我们这里的硫和铅的含量非常高,噪声也非常大,没有任何保护措施。看到这条短信,我们说张海超实际上代表了在特殊环境下工作的一个群体,可能有的人不知道自己的工作环境对身体存在的威胁。

陈杰人:对,张海超事件因为有一个具良知的记者在媒体上揭露出来了,可能得到了一些暂时说比较好一点的结果,但是后面还有无数个李海超、王海超,现在我们国家可能有3300万工人是在这种有毒有害的环境下工作,他们有患职业病的危险,其中现在别的不说,光说尘肺这一项,可能到目前为止全国有100万的尘肺病人,这个只是一个确切统计出来的数字,那些没有统计出来的,甚至自己没有维权意识的人,根本是自生自灭的人不包括在内。

主持人:湖北宜昌的朋友说,第一个关注张海超的记者单纯刚向你问候,你真是弘扬正义,感谢你对这份职业的付出,也谢谢单记者。看一下网民,网民直来直去说:本来很容易鉴别的尘肺病竟然兜这么大的圈子认定,真的很费解。

"职业病防治所",顾名思义,是保障劳动者身体健康的机构,但郑州的这家防治所却背离了自己的职业操守,真叫人心寒呐!不知道还有多少个"张海超"正在这样的困境中煎熬,衷心地希望这样的悲剧别再发生,希望相关的部门能凭自己的良心来办事!

主持人:解决新出现的问题最关键的应该是从哪里入手?

嘉宾:整个社会、整个相关部门的转变,是社会化管理,相关部门包括诊断单位、防治医生的职责,不再是过去,一个病人治完了可以走了,没有关系还有单位,还是靠单位的力量进一步治疗等,现在不一样了,之前的已很少见到,打工者的流动性又大,怎么证明是在这个单位得的,单位推托而不给开证明,怎么证明是在我的单位得的这个病,涉及经济利益,不像过去,过去我们企业只要符合国家的政策给多少钱无所谓。这样的体制制度要逐步完善。有了病人就按规定付钱,你去治疗,给你疗养,养一辈子也没有关系。

主持人:说到最后还是制度的完善,不是说不完善,而是在实际变化中有新的情况出现,我们的制度应该及时跟上尤其是配套制度的跟上,非常感谢丁大健连线观潮。实际上打工者朋友们自身的保护意识也应该要加强,希望张海超能不能对收音机旁跟你一样在外面打工的朋友们说一句话呢?

张海超:我就是说,农民工朋友在工作期间一方面自己注意自己的健康,另一方面在这个道路上不要像我这样,怎么说呢,感觉反正挺难的。

主持人:用这样大的代价。

张海超:对。

主持人:非常感谢张海超参与中国之声《新闻观潮》,也希望你积极的治疗,好吗?

张海超:好。

主持人:再见张海超。

张海超:再见。

主持人:在这期节目临近结尾的时候特别想听听你的感受?

陈杰人:我的感觉确实像刚才所说,很沉重的,整个节目做下来我相信收音机前的听众朋友也感觉很沉重,网上搜索一下开胸验肺能够找到搜索结果40万,说明关注度非常多。怎么解决?

一方面,企业能够有一些问题,盈利支撑经济效益对劳动者的保护以及提到的一些慈善责任,企业社会责任,做一个优秀的企业公民是非常重要的,不仅是企业需要改变观念,同时需要社会去关注,像欧洲国家,如果你的劳动环境不通过我们的企业是不会要你的,我们的劳动执法机构要对劳动者负责,不是对企业负责。

另一方面,立法要转变观念,总是说把职业病鉴定出来,从法律上讲,一个人由于劳动环境原因患了病形成民事上的侵权关系,只要鉴定得了某种病提供一些工作劳动的证据,如结核病的诊断和劳动的证据,由司法机关裁定,现在鉴定的理论是鉴定机构认定,你认定之后,必须这么赔。现在不一样了,只要一个交通事故的受害者证明发生事故自己受害,再提出其他证明,如法院判决的证明。将来我们的职业病防治要彻底改变这些观念,只要自己得了病,在病和劳动中有一些关联,再由法院判定,这才符合现代的执法理论,这样才能给我们千千万万受到职业病威胁的人以希望、公平和正义。

主持人:我们说很多事情最后发现是制度和法律方面的漏洞,这样漏洞的寻找和发现难道都要靠一些事实或者是一些个例提醒我们吗?

陈杰人:每一个漏洞都要靠开一刀的代价是太惨重了,这种情况下我们的专家和人大代表、所有干部、社会的人都应该提出自己的见解,同时行政机关接触大量实际,应该提供一些法律咨询过程中的问题,使得我们的法律更完善、更合理。

主持人:郑州的朋友说,张海超事件让人们想到农民工需要付出这么高的代价才能维护自己的权利吗。我们短信平台上有很多短信让人看了之后非常担忧。不知你有没有看到。我在粉尘非常大的企业打工,给的防尘口罩根本不够用,两个月发一次口罩质量非常差。通过这样的事情让所有应该调动起来的部门都应该行动起来了。

陈杰人：最重要的是劳动行政保障部门在执法的时候真正让自己进入角色，做好自己的工作。

主持人：感谢关注《新闻观潮》，感谢今天的嘉宾，请接下来继续收听中国之声下面的节目。

（徐冰、向菲，中央人民广播电台中国之声2009年7月30日）

评析

紧随时事，深度剖析
——评析《"开胸验肺"的痛与失》

这个节目时效好、有深度，较充分地发挥了广播新闻谈话节目的特色。

"开胸验肺"是成语，原意指将通过人工手术方式把胸腔打开查验肺器官，后特指因为阶层关系无法保全自己受损利益而无奈作出的自我牺牲行为。同时也体现了一种极无奈的抗议与呻吟方式。这个现实版的农民工张海超开胸验肺事件毫无疑问是当年的一个重大新闻，极为尖锐地反映了底层社会的人面对庞大的不合理的制度机器时绝望的抗争与悲壮的牺牲精神。但是作为一个广播新闻谈话节目，该如何报道这件事呢？

节目以连线首位采访"开胸验肺"事件的新华社记者为开篇，首先追踪报道此事件最新进展情况，同时邀请了事件当事人张海超，"抓人"的同时，凸显了节目的新闻时效性，凸显了新闻谈话节目的新闻特色，为谈话首先奠定了一个事实基础。

作为谈话节目，节目不只是为了关注具体事件的事实和进展，而是关注事件本身带来的思考，将重点放在了对这一新闻事件的深度剖析和评论上。节目邀请到了事件各方相关人士：新闻记者、"开胸验肺"当事人张海超、为张海超做鉴定的北京朝阳医院医师、法律维权专家以及劳动关系专家。可以说事件的相关方和涉及的各个领域的专家都齐全了，而且都具有一定的权威性和代表性。

在这样一个新闻事件中，媒体和大众应该站在哪一边，其实是一目了然的。然而，虽然情感与道德让我们偏向于权益受侵害的弱势群体——农民工一方，但作为媒体人，在尽到应尽的责任、客观公正的报道事实之外，也要注意不能让所谓的热血冲昏头脑，在国家机关做出真正合法的判决之前，就放出不负责任的言论，形成所谓的媒体审判。

这位主持人是一位经验丰富的谈话节目主持人，除了直播间的一位嘉宾，还有4位连线嘉宾，在主持人有条不紊地调度下，穿插、交替、有序地出现在节目中，节奏环环相连，内容层层相扣，立体地呈现了事件前因后果，并实现了叙中评、叙中议的巧妙节目构思。主持人自己没有发表什么高高在上的评论，但是充分展现了各方的观点立场,自然亲切,最后却达到了观点呼之欲出的效果。

　　作为直播互动性节目,尤其是在这种群言类的谈话节目中,要鼓励听众积极发言,明确参与节目不能只当看客。因为听众的参与能有效营造和烘托谈话氛围,并能体现谈话的中心思想;对节目而言,也能够增强听众的参与性,拉近听众与节目的距离,从而增强节目的影响力。

　　这期节目的可贵之处在于节目中的短信参与不仅引入了听众的观点,而且也巧妙地成为节目的一个有序组成部分,推动了节目的进展。节目不仅是一个主持人和几位嘉宾,还有很多在场的听众一起参与讨论,主持人的驾驭和运用很见功力。

　　广播谈话的听众多为普通百姓,主持人回答问题的角度是否平民化,是否站在诉求者的角度,设身处地地为听众着想,这个质量标尺从某种程度上说就是节目的生命力所在。在这一点上,本期节目也做得很到位,严把住了正确的舆论导向,不仅分析"开胸验肺"事件暴露的问题,也对类似事件的解决提出了深层的思考和建议,还通过当事人及专家告诉听众:维权路虽然艰辛,但应选择更好的解决方式,如诉诸媒体。充分发挥媒体的引导作用,实现了广播媒体的社会调节功能。

　　节目体现了广播新闻谈话节目的一个境界,充分发挥了广播的特色和优势。同时,包装精美,资料丰富,听觉效果好。该节目充分利用新媒体优势,节目直播时,在中国广播网进行了网络同步文字直播,扩大了传播范围,收到了更好的播出效果。

　　据统计,该节目播出时,收到上千条听众参与短信;播出后,听众反响依然强烈,在召开的听友听评会上,受到听众代表广泛肯定。同时,也受到业内专家的好评。

文本

你好,南极人

(特别节目前奏)

　　[出音乐,后混播]:南极洲,最寒冷、最荒凉的大陆,地球上最后一块没有国界的冰雪大陆,在那里,有一群中国人工作着、生活着,以祖国的名义,以世界的名义。[音乐扬起,渐消]

　　中秋之夜,直播特别节目《你好,南极人》

(特别节目前奏)

　　主持人(以下简称"主"):各位晚上好,我是文涛,中秋之夜,祝千家万户圆满如意,可是也有一些人,在今天不能与家人团圆,甚至不能跟祖国团圆,而这种牺牲却是为了祖国。现在让我们把注意力投向这样一群科技工作者——中国南极第七次科学考察队越冬队员,他们目前驻扎在南极科学考察站中山站和长城站。

很久以来,我们有一个愿望,将新闻台的热线电话延伸到世界最远的角落,今天,可能是我们梦想成真的一天。几个月来,一家承揽国内外水上无线电通信业务的电台——广州海岸电台——为了一个目标与我们共同努力,那就是与南极直接通话并且广播出来,现在,广州海岸电台正在密切搜索来自南半球的电波,并随时将无线电信号转换到市内普通电话线上,接入本台热线电话系统,进入广播。

长城站建于1985年,中山站建于1989年,目前驻在两站的考察队主要承担一些越冬期的考察任务,包括对大气、地质、生物、太阳等方面的观测,这关系到全球科技界最重要的问题。

南极荒凉,平均每两万平方公里以上的面积内才只有一个人,而他们要在那里生活一年以上。今天晚上,每一位听众都可以拨通热线电话——674422,与那些"南极人"交谈,提出问题,表达祝愿。中山站、长城站距离广州一万多公里,风云变幻,这次通话有失败的可能,但我仍然感到荣幸,由我来主持这次富有意义的通话。我们即将呼叫南极,请收音机旁的朋友们与我们一起在心跳声中等待这一时刻的到来……

各位请注意,现在是北京时间19点12分21秒。

[出台标音乐,后混播]

主:广东人民广播电台新闻台,本台现在第一次呼叫距离我们约17000公里的南极中山站和长城站——中山站、中山站,广东新闻台呼叫中山站,请回话,请回话,广东新闻台呼叫中山站、长城站,请回话,请回话!

南极方面(以下简称"南"):广东新闻台、广东新闻台,这里是南极中山站,南极中山站听到。

主:中山站听到,现在我叫长城站——长城站、长城站,听到没有?新闻台呼叫!

南:广东新闻台,广东新闻台,这里是南极长城站,这里是南极长城站,这里听到了。

主:中山站,现在我们这里正在过中秋之夜,现在广州天色已经黑了,万家灯火,你们那里的天气和周围环境怎么样,给我们描述一下好吗?请回话。

南:我是中山站站长贾根整,我讲一下,我们现在对这次采访感到很高兴,我们很多队员都聚集在通信房听着,中山站今年9月份是温度最低的一个月份,现在的温度大概在零下20℃左右,我们现在也就是当地时间4点多一点,太阳还很高,所以我们要是赏月呀还得等到七点多。

这里是南极长城站,这里是南极长城站,我是长城站站长杨佐华,我代表我们15名越冬队员向广东人民问好!今年长城站的气候条件比往年稍微恶劣一些,在六七月份,这里的风达到了37.7秒米,每个月大约有20天的大风天,最低气温达到-26.6℃,(主持人插话:南极被称为"世界风极")现在的气温在-10℃左右,长城站积雪较厚,最厚可以达到4米。我们现在是早上八点十几分。

主:噢,是这样,真是天涯共此时呀,那么好,现在,中山站和长城站:很多位广东的听众朋友,已经通过我们新闻台的热线把电话打到了我们电台,那么现在我们就想请听众朋友们在电话当中直接跟你们通话,现在我们就来接听第一位听众的电话。

主:喂,这位先生贵姓?

听众:谢谢,我姓郝。

主:郝先生,现在你就可以跟南极的中山站和长城站直接通话。

听众:噢,谢谢!喂,长城站吗?

南:我是中山站,我是中山站。

听众:噢,中山站,我是广州的一名听众啊。

南:你好,你好!

听众:我在万里之外啊,向你们,代表全国人民向你们问好!

(主持人笑)

听众:喂,我想问你个问题,就是说你们这些科技工作者,最大年龄与最小年龄是多少?

南:我讲一下,我们中山站20名越冬队员,最大的年龄是60岁,是北京大学心理系薛祚宏教授,我们这儿最小的呢是搞基建的科学家,是叫周宏飞,今年24岁。

主:好了,这位听众,你向他们表达的祝愿,南极已经收到了,谢谢你,郝听众!

听众:谢谢,再见。

主:谢谢,好,那么现在呢我们再来接听第二位听众的电话——喂,你好!

听众:喂,你们是长城站吗?

主:你有什么话请直接讲就可以了,他们听得到。

听众:嗯,南极有什么动物啊?

南:这里是长城站,这里是长城站,我刚才听到了小朋友的提问,南极动物种类很多,特别是在我们长城站附近,海洋生物、鸟类也很多,在这里有代表性的动物是企鹅和海豹。值得高兴的是,现在我们站区附近,海豹正在产子,就在附近有几十条海豹,有大海豹、小海豹在海岸上,因为现在季节、气候也比较好一些了,所以我们的队员也到那儿拍拍照。

主:嗯,非常有趣,南极是世界上最后一块未被污染的大陆,也许正因为长城站净化环境做得好,所以大批海豹才跑到长城站附近产子,成为当地一大奇观。

在前期采访中,中山站站长贾根整告诉我们:南极的环境虽然对当地的动物比较适宜,但对人类来说非常恶劣,今年他们经历过15级大风,风速每秒46.2米,室外观测相当困难,可是气象观测员必须每天按时出外取回观测数据,他们想了个办法,在观测场周围拴上绳子,人抓住绳子顶风观测,因为风把积雪吹起来满天弥漫,眼前白茫茫一片,什么也看不清,即使往返距离很近也可能会迷失方向。看来,南极考察充满风险,这风险不仅来自外界,还有来自内心的考验。刚才提到的那位年龄最大的考察队员是研究心理学的薛祚宏教授,我们来问问他。

喂,中山站,中山站,听到请回话。

南:中山站,中山站,我是薛祚宏。

主:薛副教授,我们的考察队员在南极洲容易出现哪些心理上面的问题呢?

南:在南极,长期处在一种与世隔绝的状态,产生比较多的,比如像压力、抑郁,有时还感觉到孤独,感觉到寂寞,心情烦躁。因为得到的信息很少,有时候感觉到非常憋得慌,很希望得到一些新的消息、新的信息。所以我们现在正处于一个比较困难的时刻,因为我们来到中山站已经9个多月了,大家都感到有一点不安、烦躁。

主:人在南极,非常寂寞,也非常想家吧?

南:对了,我们大家都非常想家,都希望听到国内我们家里的一些情况,另外自己家里的家人,父亲、小孩、爱人都很惦念的。

主:那么在这个中秋之夜,我想,我们首先请您这位年纪最大的考察队员跟自己的家里通通话,您看好不好?

南:好,太好了,感谢你!

主:现在我们就把电话打到北京大学薛副教授的爱人王素云家里。

喂,是王素云女士吗?

北京方面(以下简称"京"):对,我是,祚宏,我是素云哪。

南:喂,我是祚宏啊,怎么样啊,这中秋节准备怎么过呀?

京:你听着,我说啊,今天是中秋节,我一个最大的准备,就是要跟咱们中山站、长城站的同志们一块儿过节,还有咱们的广东人民一块儿过节,也是最愉快的一件事情,听得见吗?南极呀连接着你跟我,联系着咱们一家,但是南极事业发展振奋着每个人的心,每次报道的新闻很快就会被我看到,咱们的老同学、同事只要看到这个消息马上就会告诉我,所以你刚刚回答的那个问题,就是你们在南极的环境容易造成孤独,我觉得你们不孤独,你们跟全国人民一样在不同的岗位工作着,只是环境恶劣一些。

主:王女士,您不是还有个可爱的女儿吗?她是不是也急着跟自己的爸爸说几句话呀?

京:好的,你等一下啊。

主:好啊。

京:喂,你吃月饼了吗?(笑)前两天心理系的书记还给咱们家送来了月饼,他请你多保重身体,另外给我们讲学的加拿大教授也给咱们送来了月饼,他说送给我们一个月亮。我现在一切都挺好的,研究生的课程已经学完了一半,等你明年回来的时候,我的课程、计划的课程就可以全部修完了,我希望明年是丰收的一年。

主:薛副教授,您听到了吗?

南:他们说的我都听见啦!

主:真让人高兴,薛老先生在这个每逢佳节倍思亲的时候听到了爱人、女儿的声音,他夫人说要在电话里跟大家一块儿过节,那么薛祚宏和他的同伴们在南极有没有中秋节的欢乐呢?我想请中山站站长贾根整进入广播。

喂,贾站长,贾站长,请回话。

南:我是贾根整,我是贾根整。

主:贾站长,你们怎么过中秋节,能不能简单说一说呀?

南:这个中秋节呀,虽然在国内是中秋节,在我们这是"中春节"啦!我们这里条件有限,但是我们也是准备好好庆祝一番,好好赏赏月,我们这儿薛教授和赵老师他们准备做月饼,自己做月饼,现在已经入锅了,已经蒸上了,已经烤上了,另外我们这儿有个队员田旺自己做的米酒,我们也做好了,准备中秋节喝。

主:听说您在南极考察队员中是个有名的大孝子,所以我要告诉您个好消息,在今天晚上,您的爱人蔡乃雅还有孩子都来到了您父母家里,大家一起过中秋,您跟他们通通话好不好?

南:好,谢谢!

主:喂,北京、北京,新闻台呼叫,听到请回话。

京:听到了。

主:是蔡女士吗?

京:是的。

主:现在您就可以跟您的爱人直接通话了。

京:喂,是中山站吗?

南:喂,中山站,我是老贾。

京:根整你好,今天是八月十五,家里人全都在爸爸妈妈这儿集合,大家刚吃完团圆饭,现在就等着跟你通完话以后再吃月饼。我只说一件事啊,有很好的细毛线卖,准备给你织一件毛衣,你喜欢什么颜色的?

南:织件毛衣……这个,棕色的吧。

京:棕色的,好的。

主:贾站长喜欢棕色的。

京:现在我就让妈妈跟你说话啊!

——哎,我是你妈,啊。

南:你们今年过节可能很热闹,我们这里也很热闹,我们在一起就像一个大家庭一样,大家都很团结,因为我们相依为命,所以我们这儿过节也很有意思,今天估计家里头去了很多人也挺热闹。你平常呢,注意一下身体就行了,因为你岁数大了,上街、买菜什么的,最好是有人陪着去比较好,也不要紧,咱家里人很多。

京:哎,好啊!整儿,昨天礼拜六,你们单位老高、老刘都拿着月饼到咱家看来啦!

南:好的,谢谢他们吧!

京:喂,根整,我呀!

主:噢,这是贾根整的父亲。

京:对,哈哈!

主:您说吧,您的儿子听得到。

京:我说呀,最近哪,今天是八月十五,今年的八月十五特别,咱们全家都很高兴,这个咱们国家虽然受了一部分水灾,但是形势相当好,北京的供应比哪年都好,所以这时候大家都很快乐,形势也挺好,你放心吧,你们在那里尽量把任务完成……

哥,我们现在都挺好的,甜甜也长大啦!现在97厘米,26斤半啦!就是瘦一点,让甜甜跟你说句话啊!

(小声教孩子)大舅你好!

(甜甜的童声)大舅你好!

南:好,你好,你现在长大啦,已经快4岁啦,是吧!

京:喂,爸,我是虎子呀!

主:好,这一家子热闹了!

南:好的,虎子你好!

京:呃,那个,您那儿现在中秋节过得怎么样啊?

南:我们这儿挺好的……

主:好,现在这一家子真是太热闹了,要是真通话呀,我看一天一夜也说不完,那么这样吧,非常遗憾我们要打断你们的通话,因为我们还有别的安排。现在呢,我们进行下一项内容,国家南极考察委员会秘书长张杰尧,他将代表国家南极考察委员会向奋斗在地球最南端的科技工作者致中秋的贺辞!

京:长城站、中山站越冬队的全体同志们,在中秋佳节,全国人民合家团圆之夜,你们为了祖国的南极事业,在地球最南端的冰雪世界忘我奋斗,顽强拼搏,接受了极夜隆冬的考验,出色地完成了前一段的越冬考察任务。我要转告同志们,目前哪,国际上正在召开科学大会——南极科学大会,中国有5位科学家的科研论文被国际科学大会选中;同时中国第八次南极考察队的各项准备工作已经就绪。我受伍鹏主任的委托,代表国家南极考察委员会和办公室的全体同志,向你们致以亲切的慰问!向越冬队员的家属致以崇高的敬礼!

南:我是中山站,最后吧,节目的最后,我代表我们这边的20名越冬队员向祖国人民、向广东人民问好!祝节日快乐!但愿人长久,千里共婵娟,我们这不是千里了,已经是好几万里了……

主:是啊,时间在流逝,今宵太短,难忘今宵,还有无数朋友,还有千言万语想在我们的热线上交流,但我们彼此都只有在心里默默地怀想与祝愿,这次冒险性的万里通话节目就这样结束了,新闻台的热线电话又向无穷的世界延伸了一步。

第七次中国南极考察队越冬队员们,你们辛苦了!我想代表今晚的听众告诉你们:在这个团圆的日子里,我们这些在祖国的人没有忘记你们——在寒冷的南极为了祖国和世界的发展度过苦乐时光的人们。

但愿人长久,千里共婵娟。再见!

[再出节目前奏——先出音乐,后混播]:南极洲,最寒冷、最荒凉的大陆,地球上最后一块没有国界的冰雪大陆,在那里,有一群中国人工作着,生活着,以祖国的名义,以世界的名义。

(窦文涛、封新城,广东电台新闻频道1991年9月22日)

评析

出色的空中架桥人
——评析《你好,南极人》

《你好,南极人》是获得1991年中国新闻一等奖的直播特别节目。在整个报道过程中,主持人将节目的特色得以充分发挥。

首先节目将电话与广播成功结合,既体现了直播的传播优势及特点,又充分运用广播的优势,发挥了广播的特点。该节目在中秋节晚上,通过无线转有线,再由有线转无线,把触角伸到地球的极端——距广州1万多千米的南极中山站和长城站,借助长距离的热线电话,把广州、南极、北京紧紧连在一起,在万家团圆的时刻,既传回了南极考察工作者对祖国、对亲人的思念,又传去了祖国、亲人对他们的敬爱与关怀,相距万里之遥的亲人也得以在中秋之夜欣喜"相聚"。

在20世纪90年代初,我国的广播开始大量采用电话参与直播的形式,电话介入广播是这一阶段主持人节目的明显特色,而像广东台这样大手笔的直播节目实属中国广播史上的创举。

电话参与节目实质是广大听众的参与,主持人直播机制为此创造了条件,使人际传播和大众传播有机结合起来,形成有效的双向流动,这种开放性是空前的。在节目中,我们看到主持人的角色更像是一位"空中架桥人",他为三地提供了媒体通道,搭好了舞台,使受众成为节目的主角。电波里传递的是南极人与普通听众之间的交流,是南极人与家人之间的问候,甚至有妻子询问家庭琐事的细节,这种生活中常有的人际传播在节目的大背景下却是小中见大,显得意味深长,节目以此方式成功地表现了南极人高尚的品德。整个节目立意高、构思新,在很多情况下主持人是以一位倾听者的身份出现的,节目主题是在听众的电话交谈中自然流露,这种"以受众为中心"的传播观念和人际化的传播方式为广播开辟了一个全新的视野。

第二,主持人良好的素质是直播成功的关键。正如主持人自己所说,万里通话使节目极具冒险性。处于"进行时"的直播节目,常有突发事件出现,热线电话多,参与对象多,这些导致了节目具有高度随意性和不确定性,这次节目更是如此。这就要求主持人必须有稳定的心理素质和快速的临场应变能力。在这次节目里有两条主线:一条是通过主持人的介绍和与考察站的通话,向听众披露了南极恶劣的自然条件,以及由此对考察队员生理和心理产生的不良影响;另一条是通过考察队员与家属的对话,展现他们的思乡之情和激荡情怀。围绕这两条主线,主持人及时调度,对紧扣主题的话题给予鼓励肯定,并做必要的引申阐述,进一步深化主题,对游离于主题之外的话题巧妙地"打断"、"回流"。在整个直播过程中主持人反应灵敏,启承转合调控得当,能够进行宏观的控制协调,自始至终驾驭着节目走向,确保了节目质量,整体传播效果良好。可以说是节目主持人对自身确准的定位和出色的发挥使节目打动人心,大获成功。

节目内容丰富,亲切感人,通过主持人的述说,考察队员的介绍,交代了南极鲜为人知的情景,使听众增长了知识,也加深了对科考队员的理解。

该报道获得1991年度"中国新闻奖"一等奖。

文本

请跟我回家

[杨建达唱《松花江上》……]

女播音：唱歌的人，名叫杨建达。这样的歌声，在这位87岁的老人心头回荡了70年。1941年，《中英共同防御滇缅路协定》在重庆签订，为保卫中国西南大后方组建了中国远征军，赴滇缅抗击日军。杨建达便是其中一员。战后因为种种原因，像他一样滞留在异国他乡的远征军老兵数量无法统计。从2005年开始，一位名叫孙春龙的年轻人发起了"老兵回家"的公益活动。在他和志愿者共同的努力下，到目前为止，已有35位老兵回到了故土。《人物空间》本期就来和您对话这位原《瞭望东方》周刊社会调查部主任、主笔孙春龙。

主持人：春龙啊，听说你们最近接回来的这个老兵就是杨建达。

孙春龙：是，他的腿脚不方便，因为腿摔断掉。他的家在广东梅县。以前的话就没考虑到要接他回来。为什么呢？因为行走不方便，而且身体也非常虚弱，我们两年前去采访他的时候，他给我们唱了首歌叫《松花江上》。就完全是他自己的一个写照，是为了这个国家。因为这首歌呢，是东北军流亡到西安1936年创作的一首歌曲。9·18事变后，日军开始侵略，国土已经沦丧的时候呢，每个人都是东北人，这是《松花江上》创作的一个背景。这个老兵就给我们唱这个《松花江上》，唱到最后自己就哭出来了，因为最后是什么呢？是什么时候才能回到他的家乡，见到他的爹娘，到最后他唱不出来这句话了。

[陈建达歌声……]

孙春龙：今年8月份，我就给他打电话。我说我现在有个想法，接你回家，你愿意吗？没想到他一口答应，他说我要回去。后来呢，我马上就安排。记得是8月29日吧，他回到国内，到腾冲，9月4号的时候，他才回到广东梅县。他见了他的亲人之后呢，要返回缅甸。返回缅甸的前一夜，他就拉着我的手，跟我讲了很长时间的话。

主持人：都讲什么了？

孙春龙：他说哎呀，我这次回来感触特别深，他甚至觉得死了也没有什么遗憾了。我觉得我一生最想得到的就是这种认同，最想得到的就是大家这样的一个礼遇。我们当时把他接回来的时候，在深圳做了一个体检，当时查到他是食道癌晚期。我们没有告诉他这个消息。但是，他平时说话、吃饭已经非常困难了，喝水都非常困难。但是他那天跟我说了有20分钟话。我有一种感觉，就是像他在交待遗言。我觉得这个老人真的，我们帮他实现了一个心愿。我能感觉到他内心的一种满足。但是，也有一种非常不好的预感。后来呢，到10月9日的时候，老人就去世了，在缅甸。

主持人：在他刚刚完成了他多年来的宿愿之后，很快就离世了。

孙春龙：我们做这个老人回家活动呢，有一个非常纠结的地方，有很多老兵都是逃不出这样一个怪圈，帮助他们完成心愿之后呢，他们很快就去世了。有好几个老兵都是这样一个状况，把这种荣光给了他们之后，他马上可能心理就放松了，真的挺不下去了，这也是让我们非常纠结的一件事情。就在2005年的时候，云南一个老兵，他接受了中央电视台的采访，因为很多老兵把接受中央电视台的采访看作无比崇高,觉得央视毕竟代表国家,他觉得央视对他采访,就是国家承认他了。然后那个节目播出的当天,他边看着电视,身体就不行了,他在那天看着电视时就告诉他的儿子,他说你去给这个记者打电话,说不管我出现什么意外,我都不怨他,我是非常高兴的,就那天晚上,老兵就去世了。很多老人都是这样。我觉得他们在最后临终的时候,可能就需要一个认可,需要跟他们说你们是英雄,这样他们才能安心地离去。很多老兵呢,一个是日子过得不怎么好,很清贫、很潦倒,但是更潦倒的是他们精神世界,他们更需要关注、更需要慰藉的是他们精神层面的东西。比如说,我接到的第一个老兵叫李溪泉,其实刚开始,我跟他说我要帮助他找家的时候,我看到他一脸漠然,我当时甚至觉得我是不是自作多情,他本来就不想回家的,我却要强求他回家,最后发现不是这样,是因为他没有希望回家,他回家的心早就死掉了。当我们燃起他的这种希望的时候,你会发现他那种迫切。后来回家的时候带了一本中国地图册,然后他就告诉我,他说这本中国地图册是20多年前在缅甸买的。后来我就翻这本地图册,我翻啊翻,一页页翻,翻到湖南那一页的时候,我看着那个地图册,我的眼泪一下子就流出来了。为什么呢?湖南那一页是被翻得最烂的一页。就是什么都不用说,你一切都明白了。一个老人他想家的时候,只能看着这本地图册。那时候李溪泉看着我的表情,他就很淡然,他说我想家的时候就翻这个地图册。他指着那本地图册,他说你看,这里是常德,这里是桃源县,我的家就在这里。那时候你会发现这个老人,他把想家这种愿望掩藏在心里多少年,但是他真的想回家。比如说,有一个老兵名叫王执平,他是河南的一个老兵。我们把他接回来的时候,当地镇领导在他走的时候带了两样东西,一包黄土,另外是一瓶黄河的水。把这瓶黄土递给他的时候,他自己抓了把黄土直接就塞到嘴里面去了。满场人看着很惊讶,赶快给他递瓶矿泉水,让他漱口,然后他直接就着矿泉水把土咽下去了。使所有人都感到很震憾。可能我们没有办法想象,或者是体会不到他们对家乡的思念。但是这个老人就用这种方式表达他对家乡的思念,他对家人的牵挂。

女播音:中缅英大战,历时3年多,中国投入兵力总计40多万,立下赫赫战功,一群英勇的士兵,为了祖国的荣誉,浴血奋战。而今由于贫困等种种原因,流落异国他乡。孙春龙做的,就是要让他们回到祖国的怀抱,在他们的迟暮之年感受到他们用鲜血和生命保卫过的国家对他们的礼遇和尊重。但出乎意料的是,圆了很多老兵梦想的孙春龙,从来就没有为做这件事情自豪和得意过。

孙春龙:做的越多你会发现,没有这种成就感在,因为什么呢,因为我们是在还债。所以现在我们在关爱老人活动时用词都尽量避免我们"帮助"老人,在这样的一个心态之下呢,我们没有办法很自豪,没有办法觉得自己做了多么伟大的事情。因为这个事情呢,是每一个人或者这个国家,或者每个公众都应该去做的事情,只是被我们遗忘、淡忘了。所以我现在也在调整自己的心态,我真的很害怕会有一些极端,就是我们力所能及去帮助他们吧。帮助他们的目的,只是让我们感到心安,只是让我们觉得我们以后少些遗憾。因为对老兵真的就是几年时间,可能在几年之后,当我们突然想到我们应该去做这些事情的时候,你会发现再也没有机会了。包括很多帮助我们的企业或者一些热心人士,不把这个事情觉得是一个荣耀,他甚至把能帮助到老兵看作是他的一种荣幸。我们现在在微博上发很多活动,比如"1+1爱老兵",我们一对一地帮助老兵,还有帮助老兵实现一个心愿,很多朋友认为能认领到一个心愿,能帮助老兵他会感到很自豪,我真的能替老兵做一些事情。现在的这些老兵是幸运的,为什么是幸运的呢？他们能得到我们公众对他们的关爱。从另一个角度来讲，其实我们是幸运的，还有一些老兵让我们可以对他们表示我们的这种救赎或者这样一种心态。正因为这些老兵在，我们才是幸运的，我们幸运的是我们还有机会。如果这些老兵真的都不在了，我们就没有机会了，这是我们的幸运。

主持人：没错，正是因为有这样一批幸存的老兵在，我们才有机会去接近英雄，这些都是幸存的英雄们。

主持人：这里是每天七点半AM603《北京故事》广播为您带来的《人物空间》，我是刘慧，欢迎您和我继续对话《老兵回家》公益活动的发起人孙春龙。就在2011年9月17日的深夜，已经患有食道癌晚期的中国远征军老兵杨建达躺在床上又唱起了《松花江上》。女儿玲玲问他，爸，你是作梦了吗？杨建达说，不，明天是九·一八。不到一个月，这位唱着《松花江上》入缅作战并把这首歌永远放在心头的中国远征军老兵于缅甸去世。时间就是这样残酷无情，它带去老人的同时也让像孙春龙这样的志愿者更加焦急，而在今年，孙春龙更是做了人生中一个重大决定，辞去体面而收入颇丰的公职全勤投入。那把大部分时间和精力都献给"老兵回家"活动的孙春龙会得到家人，尤其是妻子的理解吗？我们来听听他自己怎么说。

孙春龙：我做这个事情呢，包括我的家人很多都不支持，但是我觉得，一个人做事情，可能必须要付出一些东西，包括我自己的孩子有时候都觉得对他非常歉疚，和他接触非常少，他现在只是一个4岁多的男孩，胆子特别小，我觉得可能是我平时和他接触少的原因。但是我想努力去把它做好。

主持人：嗯，但现在给家庭的时间少了一点，给到孩子的时间少了一点。

孙春龙：所以现在我争取每个月最起码回去陪他一段时间。

主持人：这样一种远离家的日子，以及不断的返回家的日子中，我不知道在这个飞行的过程里面，你自己对于做这件事情的价值，或者说做"老兵回家"这个活动还要再做多久，有没有过这样的一些想法？

孙春龙：有，好多人也提到这个项目的可持续性。我做"老兵回家"这个事情呢，真是从现实的角度考虑呢，可能没有几年时间，三五年之后这些老兵都不在了。我这边有些调整，一个是这个项目不是简单一个老兵回家，它有很多事情要做，从生命力上来说，我们有一个更长久的打算，我们更多传播的是一种理念。我们以后可能不做老兵了，不管做什么事情，这个理念一定要从始至终贯穿，我们对生命、对个体的尊重，不管做什么事情都要在这样一个理念之下。我们以前没做好，但是从现在开始我们要做好，比如我们第一时间可能会把所有的遗物都整理好，把所有人的名单都能公布出来，真的转变观念，我们可能会避免很多社会问题。如果真的做到这一点，包括很多的社会问题都会解决。

主持人：你们想通过诸如"老兵回家"这样的一些活动深入人心，让更多的人了解，让更多的人参与进来。

孙春龙：别人可能觉得我们像唐吉珂德一样，自不量力，但是我们一直在想，我们必须要有这样的一个心态，理想的东西我们不能泯灭。如果我们每一个人都是行动者的话，而且每一个人都身体力行把自己的本职工作做好，然后我们每一个人都能成为行动者去真的帮助别人，大家都一块来，我想我们都会享受非常美好的生活。

主持人：当个体的力量都集合起来的时候，你会发现他的力量是惊人的。

孙春龙:是这样,我们就希望能达成这样一个效果。

主持人:有目标就会有动力,孙春龙的理念就是尊重生命、关注个体,特别是对那些曾经为祖国奉献一切的人。相信在他不懈的努力下会影响更多的人,让我们都行动起来,对每个人只有一次的生命给予更多尊重和关怀。那对这个远大和宏伟的目标,他又是如何设定和具体实施的呢?

主持人:你希望这个事情,能够达到一个什么样你满意的状态呢?我觉得这个目标可能会是非常的高远,有没有这样一个远景的期待?

孙春龙:很多人都没有这么去做。但是,你再反过来看一下,如果我们不这样去做的话,最后害的其实是我们自己。你会发现为什么很多国家我们去时会拒签,都是一个诚信的原因造成的。如果对个体这样不尊重,最终伤害的都是我们自己。其实我觉得,现在最难的就是一种意识,就是我们每个人能不能打开一个心结,能不能去和人这样真诚地沟通,我们能不能慢慢地影响更多的人,我希望有这样一个社会,我们每个人都能得到它应有的尊重,这才是一个理想的状态。

主持人:想对自己说什么吗?

孙春龙:35岁是人生的一个坎,好多人都说35岁以后就找不到工作了,35岁是我自己的一个转型,我自己辞职了然后转型做这个事情。有一点我觉得给自己,其实也是给更多的人包括我们听众说的一句话,一个人任何时候都不要放弃自己的理想。

主持人:也许在当下不少朋友已然忘却了"投入"二字,总在计较,总在索求,但从孙春龙这里,我们看到了不计名利、不图回报的,并且显然注入了一种非同寻常的情愫。而立之年的他,并非是中国远征军那段历史的亲历者,只是以一个70后晚辈的身份沿着历史之河上溯70年,与今天的国家和同胞一起抚慰一段远去的历史。告诉那些曾经为民族浴血奋战,又在历史夹缝中饱受委屈的老兵。祖国和人民从来没有忘记和抛弃他们。因此,我们说"老兵回家"的价值不仅仅在于对人性的尊重,更在于对历史的尊重。谢谢春龙带这些老兵回家,谢谢春龙让我们感到了祖国的温暖、人性的温暖,懂得了光荣来自于梦想和对良知的坚守。我是刘慧,感谢各位收听《人物空间》,让我们一起听别人的故事,评自己的人生。明天见。

[《松花江上》歌曲响起⋯⋯]

(刘慧,北京人民广播电台2011年12月12日)

评析

讲述人性的关怀
——评析《请跟我回家》

《请跟我回家》是获得第23届中国新闻奖一等奖的广播节目。2011年是中国远征军出国作战70周年,专访"老兵回家"活动发起人孙春龙源于这一重要新闻事件,是一次很有新闻价值与时代特色的访谈。节目从远征军老兵杨建达的珍贵录音切入,真实再现身在异国他乡的远征军老兵的痛楚。在激起听众收听兴趣点之后,开始展现那些不为人知的老兵生活境况和心愿,孙春龙以其平实不乏感人的讲述再现了他作为"老兵回家"发起者和亲历者的心路历程。

首先,节目以小见大,以点概面。从87岁老兵杨建达的个案入手,生动、具体地反映了"老兵回家"这一活动对每个老兵个体的意义,对于老兵杨建达来说,家乡就是那首《松花江上》;对于老兵李溪泉来说,写着家乡的地图册总也翻不够;对于活动中的每个老兵来说,让老兵回家不仅仅是回家,而是一种迟来的认可、夙愿的完成。有的老人,把对他们的新闻采访看作是国家的认可,并且非常看重。而后通过个案指出,"关爱老兵"应当成为整个社会的责任,正如孙春龙说,我们不是在帮助他们,而是在还债。不仅如此,整个节目意在通过孙春龙这个人物的讲述道出"请跟我回家"出于对人性的尊重、对历史的尊重,使听者在感受到人性温暖一面的同时,也试图通过孙春龙这个人物和今天的人们共同抚慰那段远去的历史。节目进行到这里,已经从单一的活动情况介绍,逐渐升华到了尊重历史与个体的宏大主题,已经具备了一定的思想深度。但是,这期节目最难能可贵的是紧接着这个宏大的主题,通过对孙春龙辞掉工作全职投入参加"老兵回家"公益活动的心路历程,再次反观当下社会中的每个个体,道出了:在社会中,我们每个人都能得到应有的尊重,才是一个理想的状态。通过追溯历史,反观现在,充满了对人性的关怀,赋予了整个节目以时代意义。

其次,丰富细节是节目打动人的关键所在。作为一个访谈类的电台节目,《请跟我回家》却具有很强的画面感,反观原因,丰富的细节是关键。送老兵回家,对于我们现在的都市人尤其是年轻人而言年代久远,也很难在脑海中形成概念。如何让听众了解"老兵回家"活动的意义?如何让听众明白这个活动对于每个老兵意味着什么?节目用丰富的细节解决了这些问题。87岁老兵杨建达唱的《松花江上》,保留了同期声,并穿插在节目的首尾。用一首熟悉的老歌,拉近了听众与老兵的距离;云南老兵在看完央视新闻对他的采访后离去,可以看到老兵这一特殊群体对于被认可的渴求,也让听众感受到,相比较英雄对国家的贡献,我们对老兵的关心还远远不够;还有老兵李溪泉翻烂的地图册,老兵王执平吃下家乡的黄土,这两处细节极具画面感,听众仿佛已经看到那位老兵、仿佛已经触碰到那本地图册。节目通过一个个生动的细节,将老兵这一群体,展现在了现代听众的面前,拉近了现在与历史的距离。可以说,细节的运用,是整个节目打动人的关键。

最后,主持人的娓娓道来把握了整体舒缓而有力的节奏。节目中的主持人,主持风格严肃而不失亲和、缓慢而不失力度,将整个节目的风格与节奏把握得恰到好处。在这个节目中,主持人主要有两方面的作用。第一是采访部分。在采访部分,主持人以倾听者的身份,逐渐引出对话内容。第二是旁白部分。除了对张春龙采访的提问,节目中还穿插旁白,起到了起承转合、调整节奏、补充信息的作用。同时,两部分的结合,还使得整个节目在叙述视角上更加客观。并不是一味地询问和认可,还有客观的历史事实与描述。这对于一个涉及历史事实的节目来说,客观的视角是非常重要的。另外,在主持风格上,女生温柔舒缓,充满慈爱,感染力强,与节目内容相呼应。

可以说,节目《请跟我回家》叙述真实生动、主题以小见大,细节丰富感人,同期声、旁白、音响都运用恰到好处,使得整个节目充满了对人性的关怀,极富感染力。

下编
电视新闻作品评析

第6章　电视新闻消息类作品评析

评析指要：电视新闻消息

电视新闻消息就是指那种对新近发生的有价值的事实作简明扼要、迅速、及时报道的体裁。它是目前电视新闻报道中最主要的形式。

特点：快速、简短、广泛、鲜活。

分类：按照时间长短分为长消息和短消息；按照报道形式可分为口播新闻、图片新闻、字幕新闻、影像新闻、现场报道、访谈新闻；按报道方式可分为单条消息、连续报道、系列报道。

电视新闻消息由于篇幅短小，需要具有高度的概括性，要遵循事物的脉络提供信息，解释背景，揭示主题还要考虑声画对位和逻辑关系，要写得精彩、生动、鲜活，实非易事，需要从标题、导语、主体、背景、结尾写作各个方面下工夫。而评析电视新闻消息也可以从以下方面入手：

1. 评析电视新闻消息的标题

标题如同消息的"眼睛"，是观众记忆新闻最重要的环节，它在屏幕上停留的时间一般只有几秒或十几秒，稍纵即逝。这就需要它先声夺人，引人注意，要一下子抓住观众，激发"想看"的欲望。点睛传神的标题是对整条新闻的高度概括，拟定标题的基本原则是简洁、通俗、生动、确切。标题写作要紧贴主题，起到引导视听、浓缩信息、说明内容的作用，要让观众一看就知道消息的大体内容，用词要言简意赅、通俗易懂。标题要力求用富有感染力的语言组成，要具有一定的内涵和美观的外在形式，这就要求语言简练形象、对仗整齐，绝不可使用生僻的字词。消息《个人消费信贷红红火火》的标题就一目了然地交代了消息的主要内容，一是介绍个人消费信贷的政策，二是个人消费信贷引起了广大老百姓的关注和追捧。看到这个题目，观众会觉得这是与个人生活经济利益息息相关的事，立刻引起观众的兴趣。

2. 评析电视新闻消息的导语

导语如同消息的"脸面"，是新闻的开头，代表着内容的精神和灵魂，也就是古语所说的"立片言以居要，乃一篇之警策"。导语是一种提示、摘要、高潮，一种包在小包裹里的要点或者是新闻预告的总和。写导语最重要的原则是把观众最感兴趣的东西和记者最需要告诉观众的东西写在导语中,也可以把最重要、最新鲜、最富有吸引力的材料放在开篇。要抓住特点,写出个性导语,要寻找新意,立意新颖别致,要用简练的文字准确概括消息的中心思想,要善于从内容中筛选出精华,做到"开篇之初,当奇句夺目,使之一见而惊,不忍弃去"。

3. 评析电视新闻消息的主体

主体如同消息的"躯干",是新闻的主要部分,它阐述新闻的详细内容,是对导语的注释、补充、丰富和深化,而不是简单、乏味的重复。主体部分的质量直接关系到整条新闻的质量,主体写作至关重要。主体写作要围绕着消息的主题进行,应圆满说明或回答导语所提出的问题,运用的材料要具体、充实,具有典型意义。同时主体部分还必须精练紧凑,要以事实说话,不宜空泛议论。主体写作是多样化的,它往往是服从于解说词的总体布局和结构,目前最常用的主体部分的结构主要有3种类型。

(1)"倒金字塔"结构。"倒金字塔"结构是按照各个新闻信息的重要程度依次排列,即把最重要、最新鲜的事实放在最前面,这是新闻写作最常用的结构。这种写法在视听上符合观众的思维接受顺序,观众可以知晓新闻最重要的内容,也可以了解到次要事实,便于消化和吸收。在《个人消费信贷红红火火》中,开头先交代了上海南汇县的邱连伯向工商银行贷了35万元,在惠南镇买下了一间百平方米的小店铺的新闻事实,是新闻最吸引人的部分。在这一部分之后,个人消费信贷的发展、现今的政策,以及市民可以享受的福利等才慢慢地浮出水面。该消息开头勾起了观众的好奇心,观众先知晓最重要的内容,再慢慢接受消息的内容就容易得多。

(2)逻辑顺序结构。逻辑顺序结构是按照事实本身的逻辑去展开。围绕着主题思想,根据事物间的内在联系,自然妥善地安排材料。材料安排有的是点面关系,有的是并列关系,还有的是总分关系、因果关系、主次关系等。写作时可以并列出几个问题,一个一个加以阐述,也可以先揭示结论性的事实,再交代产生这一事实的原因,如同剥笋,层层深入。《南浦南原两村党支部不同结果不同》就是一篇按照因果逻辑关系写作的消息。开头先描述了两村党支部的不同境遇,随着不断的采访调查,慢慢摸清了造成这一问题背后的原因:坚持党的领导,村庄就会日益繁荣;放弃党的领导,村庄将日趋衰败。这样的逻辑顺序结构能带给观众思考,加大主题揭示的力度。

(3)时间顺序结构。时间顺序结构是按照事件发展的先后次序来安排新闻事实,适用于反映某一新闻事件的每个事实和细节都比较重要的新闻,许多现场报道都是按这种结构处理的。比如1992年12月9日中央电视台播放的消息《香港特技大王柯受良驾驶摩托车飞跃长城》,就是典型的时间顺序结构。

"各位观众,这里是距北京150多公里的河北金山岭长城,现在的时间是1992年11月15日上午11点整,再过一会儿,香港特技明星柯受良将在这里驾驶摩托车飞跃长城……柯受良启动了摩托车……冲上斜坡,起飞……他成功了。"单车飞跃长城,举世瞩目,这一时间顺序结构的现场报道,准确描绘了柯受良飞跃长城的惊人壮举。

4. 评析电视新闻消息的结尾

结尾是消息的收尾部分。一般的消息只对主要事实作概要性介绍,可以不要结尾。对于那些既要传播信息,也要引导舆论的新闻,可以考虑增加结尾。精彩的结尾如同空谷响鞭,余音回荡,可以深化主题,给人以启迪,引导观众思考。结尾的写作有多种形式,主要有总结式、照应式、展望式、议论式、呼吁式等。采用何种结尾并无统一的规定,要按照内容的要求来确定。无需结尾的消息,大可不必硬性拼凑,画蛇添足。总之,评析电视新闻消息也不强求遵循某一模式。要根据不同题材,评价写得如何。最基本的要求:好的电视新闻消息应言简意赅、生动鲜活。

电视新闻消息是电视媒体使用最频繁、影响力最大的新闻体裁。掌握电视新闻消息的采访、写作和拍摄技巧,是评析电视新闻消息报道的基础。

5. 评析电视新闻消息的总体要点

(1) 看作品是否体现独到的新闻敏感与新闻价值。

电视新闻消息是以快速、简短、鲜活、新意等特点见长的,正因为如此,电视新闻消息最需要作者有独到的新闻敏感来发现其新闻价值。也可以说,作者的新闻敏感与作品新闻价值是检验作品质量的首要标准。如本章所选的电视消息《国庆节,中英街国旗高悬》与《农机下乡了》都在这方面有独到之处。在《国庆节,中英街国旗高悬》,记者的新闻敏感是通过"国旗的转换"来达到的。香港回归是大陆和香港人民共同的心愿,也是祖国繁荣富强的表现。在香港回归前的最后一个国庆节,表现类似主题的新闻很多,容易流于一般的程式报道,而这篇新闻的作者却别出心裁,精选角度,以中英街两边都挂上中华人民共和国国旗,反映了香港回归人心所向的重大主题,体现了很高的新闻价值。作品"以小见大"不落俗套。在《农机下乡了》这一电视消息中,记者十分敏感地从农机下乡的"巡游"中发现了问题:农机下乡只是某些单位和领导打的幌子,在他们的心目中,不但根本没有把农民放在心上,而且还以为农民办实事为由,捞取政治资本。甚至,为了达到这一目的,还在农机下乡的活动中,制造假象(安排所谓的农民来买农机)。在新闻职业道德和良心的驱使下,记者把这篇电视消息做成了入木三分的批评报道,发人深省。其新闻价值自然也得到了彰显。

(2) 看作品是否恰当运用电视消息报道的形式。

在电视新闻消息佳作中,除了在新闻敏感方面体现出的作者良好的新闻素质与作品新闻价值外,还表现在电视消息形式运用上的合适与恰当。在本章所选电视新闻作品中,无论是动态电视消息,还是综合电视消息;无论是事件性电视消息,还是非事件性电视消息,都显示出电视新闻工作者的专业水平和深厚功力。如在动态消息方面,《国庆节,中英街国旗高悬》等作品不只是对最近发生的新闻事实进行的单一报道,而是首先注重在电视消息有限的篇幅中注入更大的信息量,并注重信息质量,反映事物发展的变化与动态。在事件性消息方面,记者们不但对新闻事件过程或面貌进行描述性报道,而且充分运用了事件性消息报道的其他形式。在入选的电视消息作品中既有对新闻事件的面貌或场景作横断面式的报道,如《巴格达遭空袭纪实》;也有对事件的发生和发展过程作纵向式的报道,如《韩国:"韩流"出处有"汉潮"》。在非事件性消息方面,记者在报道新闻事实的同时,注重对事件发生的背景、原因、结果和影响进行解释和评说,或就实论虚,或就虚论实。

(3) 看作品是否张扬电视现场纪实、视听兼备的语言优势。

电视新闻消息与其他媒体报道形式相比的最大优势就在于电视消息报道"声画并茂"的纪实性。是否能最大限度地利用电视报道各种手段满足受众的信息接受的需求,这也是衡量电视新闻信息质量高低的又一尺度。"《巴格达遭空袭纪实》这则电视新闻摒弃了传统的依靠解说词进行叙述的方式,记者通过镜头和主持人现场同期声让观众得到最大的视听'享受':摄影师拍摄到了横着飞来飞去的巡航导弹,镜头上展现出防空火炮喷吐火焰的场景。摄像记者长镜头的运用十分巧妙,再加上极为真实的炸弹爆炸的战场声响,确实给人以身临其境之感。尤为难能可贵的是,当时中央电视台的记者水均益现场解说的地点附近就是总统府、总理府、国防部、外交部等空袭重点打击目标,最近的炸点距离摄制组仅800米,他们的生命随时会遇到危险,然而摄制组临危不惧,处乱不惊,出色地进行了现场报道。"[①]本章入选的《遭遇县里说情人》、《南浦南原两村党支部不同结果不同》等电视新闻信息,也能很好地展示电视的视听语言,充分调动电视造型手段,准确、全面、生动、形象地报道新闻信息,达到了较好的传播效果。

文本

国庆节,中英街国旗高悬

[导语]

今天,以一街两制闻名全国的深圳沙头角镇中英街,第一次在街两旁国旗高悬,给这条具有百年历史的老街增添了新的景观。

---

① 孟建,祁林.广播电视新闻范文评析[M].北京:新华出版社,2001:139-140.

请看报道。

[解说词]

今天,中英街港方一侧的店铺家家都不约而同地挂起了中华人民共和国国旗,和深圳一侧的国旗交相辉映,给这条饱经沧桑的小街增添了节日的喜庆气氛。

[采访武警中队指导员梁求新、游客]

当问起街道另一侧的香港同胞今年为什么挂国旗时,他们纷纷表达着自己的心愿。

[采访香港同胞]

中英街当中的这块界碑和这株大榕树是百年历史的见证,一位江西来的游客向他的孩子讲述着中英街及这些界碑的由来。

[同期声]

深视记者报道。

(韩建勇、李燮,深圳电视台1996年10月1日播出)

评析

选准角度,挖掘深度
——评析《国庆节,中英街国旗高悬》

1996年10月1日这条新闻在深圳电视台播出,短短200多字,十几秒的时间,却揭示了香港回归这一重大的主题,获得了第七届中国新闻奖一等奖。

香港回归是大陆和香港人民共同的心愿,也是祖国繁荣富强的表现。在香港回归前的最后一个国庆节,表现类似主题的新闻很多,容易流于一般的程式报道,而这篇新闻的作者却别出心裁,精选角度,不落俗套,引起受众的关注,这充分反映了一个记者的新闻敏感、把握全局的能力和善于发现问题的能力。

闻名中外的中英街是一个特殊的地方,尽管它长不足500米,宽不足7米,但它有着特殊的地理位置,深港交界,一街两制;它有着特殊的历史背景,是中华民族百年历史的见证。特殊的历史背景在香港回归祖国前的最后一个国庆节掩映着沉重而又生机盎然的新闻题材。记者起初是到中英街采访港商对祖国的认识及香港回归祖国的感想,到了采访地点却发现几乎每家港商店铺外都悬挂了国旗,这看似偶然的新闻发现,背后是记者长期累积的新闻敏感,给人耳目一新之感。

这条消息短小精悍,但却能管中窥豹,以小见大,这得益于记者对电视新闻表现手段的充分运用。在这条新闻中,记者选取了典型镜头表现主题,文字仅是画面内容的补充和一定的背景介绍,其间穿插了对于不同人的采访,既采访了每天在中英街巡逻的我武警中队指导员,也采访了游客、港商,并且还进行了一定的背景介绍,运用了同期声。消息虽短,容量却大,且多是用画面和当事人的语言说话,尽显电视媒体的特征与优势。

文本

检查团来了！走了！

画　面	解　说　词
清理街道	全国城市卫生检查团从9月13日起，对哈尔滨城市卫生情况进行全面检查，检查团到来前夕，哈尔滨市紧急行动起来。 清理街道，消除闲杂人员，关闭有碍观瞻的小饭店，查封卫生不合格单位等
检查团到达各处	9月13日，哈尔滨市美丽清洁的城市风貌迎来了检查团。记者到省京剧院工地、人和食品摊区、河沟市场、司徒街垃圾站、宣化街广场、儿童公园西门，拍下了一组镜头。 全国城市卫生检查团进行了为期5天的检查后，对哈尔滨城市卫生状况给予充分肯定，昨天离开哈尔滨市
检查团检查过的地方	今天，当记者再次来到检查团曾经驻足查看过、记者拍下镜头的地方时，这里已是"新貌"换"旧颜"。 这里的一组镜头，同样拍摄于省京剧院工地、人和食品摊区、河沟市场、司徒街垃圾站、宣化街广场、儿童公园西门

（张承东、李耀东、姚庆学等，黑龙江电视台1995年播出）

评析

事实说话，对比效果
——评《检查团来了！走了！》

黑龙江电视台拍摄的这条新闻曾获得1995年度中国电视新闻奖短消息一等奖。这是一篇典型的针砭时弊、以小见大的优秀批评报道。

这条新闻全篇只有270多个字，只用了3个画面，一是检查团来前哈尔滨市紧张地进行清理街道的画面，二是检查团到达各处开展卫生检查并对该市卫生状况给予充分肯定的画面，三是检查团走后记者在其曾检查过的地方所拍摄到的重又"新貌"换"旧颜"的画面，在展现各个画面时，作者只是客观地介绍了画面的内容而未作任何评论，但作者却将自己的观点阐述得淋漓尽致，很好地做到了用事实说话，于平淡中见神奇，于无声处听惊雷。

这条电视新闻充分调动镜头语言，以同一地点检查前后卫生状况的"强烈反差"构成全篇，采用了对比剪辑的手法，将卫生检查团到来前夕紧急行动打扫卫生的一组画面,检查期间"干净整洁"的一组画面,检查团走后"新貌换旧颜"的一组画面有机结合起来(以上3组画面的地点相同),并通过画面上整洁与脏乱的强烈对比,让观众确实体会到这种卫生检查纯粹是搞"形式主义",突出了检查前的"高度负责"和检查后的"放任自流",使新闻主题更加鲜明、深刻,起到很好的宣传效果,受到好评。

当然,这条新闻的成功之处还表现在记者从采访策划阶段就表现出来的对新闻画面的构思能力上,正是因为记者有强烈的新闻敏感和优秀的蒙太奇思维能力,才能在检查团到来之前就有预见性地在一些重要地点进行了拍摄,为后期拍摄和剪辑打下了坚实的基础。正是这种良好的预判能力才能使得后面的采访拍摄编辑一气呵成、简洁明快却不失深刻,这反映了电视记者的深厚功力。

文本

巴格达遭空袭纪实

导语:巴格达当地时间19日凌晨1点30分,伊拉克首都巴格达遭到美英第三轮大规模的巡航导弹袭击,巨大的爆炸声震撼了整个城市。这是3天以来美英对伊拉克最为猛烈的一轮导弹袭击。请看本台驻巴格达记者发回的报道。

同期声:观众朋友,我现在是在巴格达市中心的新闻中心二楼的平台上,现在是伊拉克时间12月19日凌晨的4点多,也就是北京时间12月19日上午的9点多,我们听到整个巴格达市区爆炸声响彻夜空,爆炸声音在我们身边不断响起,有很多防空火炮和高射机枪在对空射击,爆炸声在我们附近响得激烈,我们周围各个方向都有爆炸的声音,而且可以看到熊熊的火光,在我们的正前方刚才已经有3颗炸弹落了下来,巨大的火光把天空整个都染红了,在我们楼顶上,可以看到有一个高射机枪不断地对空射击,在我的右侧就是伊拉克的国防部,大家可以看到远处又红了一片,我们马上可以听到爆炸声,根据声音的反馈应该有将近七八公里的样子,我们可以看到一枚巡航导弹横着飞过去,这个地方可以说是巴格达比较具有战略意义的一个地方,因为在我的右前方这个位置就是萨达姆总统的总统府,在总统府的旁边一点就是总理府,总理府再这边一点就是国防部,在我的后面是它的外交部,这次空袭一共持续了45分钟,到目前为止空袭的警报还没有解除,而与此同时,巴格达清真寺的祷告声已经传出了,这就标志着一年一度的穆斯林斋月从今天正式开始了。

这是中央台记者从伊拉克首都巴格达报道的。

(裘惠彦、董志敏、水均益,中央电视台1998年12月19日播出)

评析

形象生动的现场纪录
——评析《巴格达遭空袭纪实》

　　《巴格达遭空袭纪实》是一则优秀的电视新闻现场报道。1998年底,美英对伊拉克发动了空中打击,中央电视台首次在国际军事冲突中派出自己的记者。摄制组发回的新闻在社会上引起了强烈反响,同时采访记者本身也受到了国内新闻界的极大关注,这是我国在世界新闻战中又迈出的一大步。

　　这则电视新闻报道的成功,首先要得力于记者深入现场,和新闻事件零距离接触。水均益解说的地点就是总统府等空袭重点打击目标的附近。在炮火纷飞的第一线,摄制组冒着生命危险拍摄了最珍贵的镜头。全篇完全摒弃了传统的依靠解说词叙述的方式,全部采用记者现场出镜的方式,这也就对记者语言表达能力和镜头调度能力提出了更高的要求。可以看到摄像师的现场反应能力相当迅速准确,随着水均益的报道,摄像师极快地捕捉到巡航导弹、防空火炮和机枪射击的场景,这在现场拍摄中是极不容易的,也正是由于两人配合默契,画面同现场解说才能合而为一,再加之真实的爆炸声不断响起,使观众充分感受到了战场的紧张气氛。紧接着水均益对现场地点战略意义进行的介绍又进一步说明了此处交火激烈的原因。最后用清晰的祷告声作为结尾语,让和平的祈祷和猛烈的炮火形成鲜明对比,意味深长,这也足见水均益的功底。平时的磨炼、前期的准备和现场的反应都在这则报道里集中体现出来。这则报道也因此给观众留下了深刻的印象,摄制组得到新闻界的关注,可以说是实至名归。

文本

个人消费信贷红红火火

　　上海南汇县的邱连伯今天幸运地成为了上海开办个人商业用房按揭贷款后的首位借款人,他向工商银行借了35万元,在惠南镇买下了一间百来平方米的小店铺。邱老伯计划在这里开一家小礼品店,以便让待业在家的儿子能有份事做。看着自己的小店开业在即,邱老伯总算了却了一桩心事。

　　采访:上海首批个人商业用房按揭贷款市民邱连伯

　　如果没有这笔贷款,我自己的钱买这间房肯定不够,房子买不起,儿子还是一个社会青年,还要待业。银行现在推出(这项贷款)业务,我就活了。

其实,从1992年起,上海人就可以通过银行借款买房。为推进住房制度改革,上海率先在全国推出了个人住房公积金贷款和商业贷款。多少年来,许多上海人迫切盼望着改善住房条件,就是苦于手头钱不够,个人住房贷款的推出,终于让他们得以梦想成真。"要住房,找银行"成为了沪上的一句流行语。上海个人住房贷款额呈现逐年猛增势头,1992～1996年,个人住房贷款4年总共只有30亿元,到了今年上半年,银行就已经发放了近100亿元贷款,结果还是供不应求,不得已又从房改基金借调了20亿元救急。住房信贷推动了上海出现一波又一波的买房热;买了新房,又离不开装修和添置居家用品,最终联锁引发了建材、家电、家具的旺销,拉动了整个市场消费。

　　住房消费信贷的火爆,对国有银行传统经营理念形成了巨大冲击,把贷款重心从企业生产领域转向个人消费领域,成为国有银行真正走向市场化、商业化的一个标志。

　　采访:中国农业银行上海市分行副行长宋鉴明

　　通过消费信贷形式,增加社会消费总量,这不仅是国家经济发展的需要,也是商业银行自身改革、商业银行提高自身效益的需要。如果在目前形势下,我们还不从事消费信贷(业务),还是按照原来的老框架,还是(局限于)生产领域,肯定会窒息我们的发展。

　　这几年,上海的各大国有商业银行频频出击,推出了一系列信贷新业务。这批信贷业务的服务对象无一例外地都是普通百姓,经营触角也无一例外地对准了社会消费热点。

　　[字幕]

- 1998年7月推出个人使用权房消费贷款
- 1998年10月推出桑塔纳轿车消费贷款
- 1998年11月推出外地人士住房消费贷款
- 1999年2月推出大件耐用消费品贷款
- 1999年6月推出个人留学贷款
- 1999年6月推出别克轿车消费贷款
- 1999年7月推出旅游消费贷款
- 1999年8月推出商业用房贷款

　　如今,在上海,个人消费信贷走进了人们日常生活的方方面面。

　　采访:申请旅游贷款市民

　　(如果)跑远(的地方),特别是境外,由于经济原因,有点困难。现在银行推出(旅游消费贷款)业务,对喜爱旅游的市民是个非常好的措施。

　　采访:申请别克轿车消费贷款私营业主

　　我想通过工商银行分期付款方式买别克轿车,这样可以减轻许多资金压力,(能)腾出一部分资金去做其他生意。

　　消费信贷,不仅改变了人们的生活质量,也彻底改变了人们的生活观念:过去是将今天的钱留在明天用,现在则是用明天的钱来实现今天的愿望。

(虞晓、张永新,上海电视台1999年8月15日播出)

> 评析

把握政策,引导消费
——评析《个人消费信贷红红火火》

这条新闻于1999年获中国广播电视新闻奖长消息一等奖。当时党和政府提出"扩大内需、拉动消费"的重要政策,为此上海银行开展了消费信贷的新业务,这种新事物的出现,不仅反映了社会的进步,也反映了人民观念的更新:过去是将今天的钱留到明天用,现在则是用明天的钱来实现今天的愿望。这条新闻不仅具有巨大的新闻价值,也具有引导消费的积极意义。

这是一条典型的非事件性新闻,时效性不是很强,要弥补这一不足,可以用以"新"带"旧"的方法,即找一个最有新意、时间最近的切入点,寻找一个好的新闻由头,以一个较小的切口进入,然后拓展开来。本片的导语是上海南汇县的邱连伯今天幸运地成了上海开办个人商业用房按揭贷款后的首位借款人。一下子通过"今天"和"首位"就把新闻的两个"新"都体现出来了,使得这条非事件性新闻有了新闻性。然后讲住房贷款对邱连伯的好处,接着讲住房贷款在上海的情况,再拓展到整个消费信贷对社会的意义,用字幕的形式推出了上海市实行的9项消费信贷的政策,最后还采访了正在申请旅游信贷和轿车消费的市民,使报道既有新意又有深度,层层递进地表达了主题。

片中选取了4个不同类型的采访对象:上海首位个人商业用房按揭贷款人邱连伯、中国农业银行上海市分行副行长宋鉴明、申请旅游消费的人、申请轿车贷款的人,他们从各自的立场肯定了个人消费信贷的积极作用,实例典型、有说服力。

记者对电视符号的把握也很娴熟,画面、解说词、同期声和字幕的运用得当,互相补充。对于经济新闻来说,记者把艰涩难懂、专业性强的内容转化为容易被观众理解和核收的东西,取得了很好的传播效果。

> 文本

遭遇县里说情人

导语:(画面)

今天上午,记者对明水县永兴镇爱国粮库违反国家粮食收购政策给卖粮农民打白条一事进行调查,然而,采访刚刚开始,一张说情网就罩了过来。

字幕:9:40 永兴镇爱国粮库

现场同期声:(BP机响,特写:我是明水县宣传部范树林,关于今天采访的事,请回电话……)

画外:为了避免不必要的干扰,尽管传呼机响个不停,记者还是没有回话。

字幕:明水县永兴镇镇长宋喜学

记者:出现了这样(打白条)的情况,您怎么解释这件事呢?

采访:那确实有责任……

画外:继续采访只进行了5分钟,明水县有关部门的电话竟然就追到了这里。

字幕:10:30 永兴镇镇长办公室

字幕:明水县广播局局长张作新

电话同期声:……咱们再商量,但我得见见你,你现在在明水县地界,可是我找不着你,哈哈……

字幕:11:35 采访车离开永兴镇

画外:采访结束记者急急忙忙驱车返回,传呼机再次响起,编辑部的同事告诉我们已经有一路说情人找到了部里。就在这时,一辆小轿车竟然不顾破损路面的颠簸以非常快的速度追上来。(车上的人招手示意停车。)

现场同期声:(记者)快走,快走,别停,是追咱们的……

字幕:12:05 明水县——哈尔滨市公路

画外:刚刚摆脱后面的追车,我们又被前面明水县宣传部的小轿车堵在了路中间,并被热情地请进了一家豪华酒店。

现场同期声:走吧,走吧,吃顿饭这不算什么腐败……

字幕:明水县宣传部长范树林

现场同期声:现在就像我们这个角色的,就是得对上负责,有的时候说白了,就是当官的想的和老百姓需要的不一样,哈哈……

画外:就在此时,永兴镇众多卖完粮的农民手里无一例外地揣着一张或几张永兴镇粮库给打的白条子。农民告诉我们,他们明年种地就指着这些钱呢。

本台报道。

(韩海钢、赵国辉、陈晓峰,黑龙江电视台1999年12月26日播出)

评析

运用声像语言立此存照
——评析《遭遇县里说情人》

《遭遇县里说情人》是运用声像语言反映当下不正之风的电视佳作。作者在篇幅不长的作品里,娴熟地运用电视声像语言,充分调度解说词和同期声画这两个极有感染力的电视元素,为观众描绘了一幅反映不良风气的有声有色的速写。有力地起到了批评和监督的作用。

作品一开始就将事情与矛盾突现在观众眼前。记者首先以解说为事件的起因作了交代,而后5段同期声和5段解说有序排列,逐步递进记录了官员对记者围追堵截、步步紧随的整个过程,从BP机的干扰到电视阻拦,一直到记者摆脱追车又被堵进酒店,事态的发展紧张刺激,扣人心弦。同期声与解说词互为补充,极好地显示了矛盾冲突的激烈程度。结尾处记者用平实、沉重的叙述表现了农民急切的盼望,与前一段同期声中宣传部长所说"当官的想的和老百姓需要的不一样"形成强烈对比。记者就在此处作结束,形成了一种无声的愤慨和谴责。

其次,片中字幕的运用也很巧妙。它突出了事件的时间进行时态,增强了片子的节奏感,同时避免了解说的重复介绍,使画面、解说同期声结合得更为紧密。这也使电视语言表达多样灵活,也更加明晰、犀利,很好地突出了主题的现实意义。

文本

南浦南原两村党支部不同结果不同

[背景声]灵石县南浦村云青化工炭黑厂竣工典礼现在开始:第一项,鸣炮奏乐!

记者:(现场报道)观众朋友,这里是灵石县静升镇。今天上午,这个镇一条山沟两个相邻的山村同时发生了两个事件:一个是晋中首富南浦村投资800万元的炭黑生产线投产了,一个是穷得叮当响的南原村变卖集体的最后一点儿家当——村党支部的办公窑洞。

这两件事情联系在一起,记者在它们背后发现了这样一个事实:南浦村几十年始终不渝坚持党的领导,村庄日益繁荣兴旺;南原村长期放弃党的领导,村庄日趋衰败。

南浦、南原相距不到1公里,解放初期本为同一村庄。两村天时地利基本相同,但是30年过后,南原村依然是一派凄惨景象。

记者:南原村多少年没有发展党员了?

南原村老支书:23年。

记者:村里支部有没有活动?

南原村老支书:没什么活动。

南原村村民:党的领导是空架子,实际上不存在了。

因为没有一个强有力的领导核心,南原村多年来一盘散沙,经济不但没有发展,反而有所倒退,村党支部、村委、村办小学以至整个村庄都残破不堪,集体经济荡然无存,村民年均收入尚不足100元。

记者:这个村同南浦村相比怎么样?

南原村村民:相比天和地,人家是富的第一,南原是穷的第一,相差十万八千里。

南浦村党支部几十年如一日带领村民艰苦奋斗,多年来团结得像铁板一块。走进村庄,无论是村党支部、村委、村办中学、小学还是村民家户以至整个村庄都是一派欣欣向荣的景象。

记者：这些年来，你们村发展了多少党员？

南浦村支书：前后加起来一共38个。

记者：你觉得村里党支部怎么样？

南浦村村民：提起我们村党支部老百姓没有一个不佩服的，他们从早到黑，就是给我们老百姓办实事、办好事哩。

改革开放以来，南浦村人人入股，村里经济突飞猛进，光是村办企业就有十几个。今年，南浦村人均收入可望超过3000元，这个数字相当于南原村的30几倍。

南浦村村民：我们村为什么能这样翻天覆地地变化，为什么富了呢？就是有个好的支部，就是有个好的书记。

记者（现场报道）：南浦、南原两个自然条件基本相当的山村，坚持与放弃党的领导出现了两个极端，在市场经济形势下，党在农村基层组织的建设亟待加强，还是任其失控，结论是不言而喻的。

（段荣鑫、王建勇、秦少林、赵立亭，山西电视台1993年播出）

评析

运用对比语言，彰显新闻价值
——评析《南浦南原两村党支部不同结果不同》

这些年，关于农村基层党组织建设的报道很多，但大多都落于俗套，如某某村党支部重视组织建设，建立了多少制度，发展了多少新党员，如何带领群众发展经济，过去人均收入好多，现在增加了好多。但是，在这类题材报道中，也不乏有上乘之作，如山西电视台记者采访的《南浦南原两村党支部不同结果不同》，记者的原意是要反映南浦村重视党支部建设，但它没有老调重弹，而是采用了从比较中找亮点的办法。

在同一个山沟里，有两个相距不到1千米里的山村，一个叫南浦，另一个叫南原，两个村天时地利基本相同，却是两种截然不同的情景：一边是繁荣兴旺，另一边是衰败不堪。片中通过反复对比，揭示了深刻的主题：坚持党的领导，村庄就会日益繁荣；放弃党的领导，村庄将日趋衰败。

例如，南浦村青云化工炭黑厂竣工典礼场面和南原村变卖村党支部的办公窑洞的场面对比；南原村残破景象——村党支部烂窑洞、烂窑洞露天大窟窿、烂桌凳、合作社牌子；南浦村欣欣向荣景象——果园、党支部办公楼、小学、闭路电视的对比。党支部建设对比：南原村23年没发展党员，没有党员活动，党的领导是空架子；南浦村发展党员38名，党支部为村民办实事，带领村民艰苦奋斗。有比较就有鉴别，如果说前面的对比让谁穷谁富一目了然，那后面的对比就深刻地说明了为什么穷、为什么富,由表及里,层层递进,有说服力。

这是一篇典型的非事件性新闻,时效性不强,怎样增强它的时效性呢?寻找新闻由头是一个好方法,新闻从南浦炭黑厂竣工典礼现场和南原拍卖党支部办公窑洞开始,增加了新闻的现场感和时效性。结尾,作者表明了观点——在市场经济条件下,抓好基层党支部的建设、抓好党组织的战斗堡垒作用、抓好党员的模范带头作用,经济建设就能搞上去,就能脱贫致富,水到渠成,深化了主题。

文本

韩国:"韩流"出处有"汉潮"

主持人:在韩国,出租车、旅游点等许多地方都有中文服务,而这种现象的出现不仅因为世界杯。近年来,中国的迅速发展、中韩两国交往的扩大,使得中文在韩国热了起来。我们看一下本台记者的有关报道。

记者:在国内,许多人把韩国的流行文化、流行音乐叫做韩流。实际上,现在在韩国也出现了一种"汉潮"。也就是许多韩国人对中国文化、中国语言感兴趣,已形成了一种热潮。目前,就在韩国最热闹的一条大街市厅一带新盖起一个很独特的语言学院,叫做"123 中国文化苑"。

记者:在韩国,学汉语的人迅速增加,据了解,全国 4700 万人口中有 30 万人在学汉语。正是在这种趋势下,这所设备先进、教学独特的汉语学苑出现了。

记者:一进门就可以看到两座兵马俑,它酿造出了浓厚的中国气息,而一排电脑是为了学生查询中文网站的。房间中间玻璃隔断上数台电视机终日播放的是中国中央电视台国际频道的节目。学苑刚刚成立一个多月,就有 600 多名学生报名,年龄从 13 岁的中学生到年近七旬的老人都有。

同期声:女教师:我上大学的时候本来是学习外语的,所以当时就决定学汉语了。

同期声:记者:你现在觉得你这个选择对不对呢?

同期声:女教师:很对,呵呵呵呵!

记者:这位年轻的总经理表示今后他还将建立几所分院,以满足人们越来越多的学习汉语的需求。

记者:中央台驻东京记者汉城报道。

(孙宝印、杨少波,中央电视台 2002 年)

评析

独具慧眼,以小见大
——评析《韩国:"韩流"出处有"汉潮"》

2002 年中国广播电视新闻奖短消息类一等奖获奖作品——《韩国:"韩流"

出处有"汉潮"》是中央电视台记者孙宝印、杨少波在采访韩国世界杯期间无意中发掘的一篇稿件。当时记者从韩国的街头巷尾、人生万象中敏感地发现了在韩国出现的"汉潮",于是抓住主体,深入采访,透过社会现象,把握社会本质,"汉潮"的出现,不仅是由于世界杯,近年来中国的迅速发展,中韩两国交流的迅速扩大,使得中文在韩国热了起来。由表及里,由远及近,体现了作者敏锐的新闻触角和独特的报道视角。

小素材表现了大主题,曾经的中国,大江南北充斥着滚滚"韩流",而如今,在"韩流"的出处竟流行着"汉潮",汉语热的兴起有一个过程,随着改革开放的不断深入,我国的综合国力不断增强,国际地位显著提升,世界范围的汉语热达到了新一轮高潮。有资料显示,2004年初,来华学习汉语的外国留学生已达8.5万人。这些都反映了韩国人民和世界人民对中国文化的趋向和认同,更说明了中国的强大和变化。

本篇短新闻仅为时1分28秒,但是信息容量却很大,这主要是记者充分把握了电视艺术的特点,声画并茂。《韩国:"韩流"出处有"汉潮"》的背景资料是记者介绍的,在画面的选择上,记者独具匠心,开篇记者在"中国文化苑"大门外作报道,记者背后的墙上几幅中国风景图案,后面镜头摇进中国文化苑内,门口立着两座兵马俑,一排电脑摆放在大厅,为学生查询中文网站,这些富有中国特色的画面,既典型又深刻,让观众感受到这里浓浓的中国氛围,真实、可信。此外,本片中采用了两处同期声,一处是教室中一位中文教师教学生朗读,他领读,学生跟读,给人极强的现场感;另一处是对一位韩国中文女教师的采访,她告诉记者,她在大学时选择学习汉语,这个决定"很对",虽然她的表述不太准确,但从她幸福的表情和爽朗的笑声中,观众都能体会到,汉语在韩国确实已经形成了一股势不可挡的汹涌潮流。

第7章 电视新闻评论作品评析

评析指要：电视新闻评论

电视新闻评论节目是就当前具有较高新闻价值的重大问题和新闻事件发表看法、进行解释分析的电视节目形式，是电视反映和引导社会舆论，实行舆论监督，指导生活和工作的重要途径。它集新闻、评论、专题于一体，以社会关心的话题为主，是追踪社会热点、展开新闻背景、阐释事件因果的深度报道。节目多采取现场采访、现场录音、现场报道、追踪报道和纪实拍摄等方式，配以同期声和画外音，加上新闻背景分析和权威人士的相关评论，实现正确的舆论引导。评析电视新闻评论应了解以下常识，并能很好地把握其评析要点。

1. 电视新闻评论节目的主要类型

（1）调查评论式新闻评论节目。

调查评论式电视新闻节目是通过对新闻事实的深入调查采访，认真分析论证，在摆事实、讲道理中，由出镜记者或节目主持人代表传播媒介旗帜鲜明地表达对所报道的新闻事件或社会热难疑点问题的看法和认识观点，是电视新闻的延伸和升华。由于这类新闻评论影响重大，能展现和代表电视媒介的实力，我国许多电视台都办起了这类节目。但是诸如选题重复、取材猎奇、观点不清、导向不明等问题也随之暴露出来。

（2）深度报道式新闻评论节目。

深度报道是一种系统反映重大新闻事件和社会问题，阐明事件因果关系，揭示实质，追踪探索时间发展趋势的报道方式。运用解释、分析、预测等方法，从历史渊源、因果关系、矛盾演变、影响作用和发展趋势等方面报道新闻的形式。它突破了一人一地一事的报道模式。一面剖析事实内部，一面展示事实宏观背景，把握真实性。要着重揭示原因（WHY）和怎么样（HOW）两个新闻要素。具有新闻性强、内容深刻、多维思考、目标主流等特点。深度报道是比评论更大的概念，它不是一种体裁，而是一种报道方法，电视评论很多时候使用的就是这种方法。

（3）谈话式新闻评论节目。

谈话节目本身是一种节目形态，在国外一般指"Talk Show"。一般来说，谈话类节目是以谈话的形式,阐述对于某个问题、某一新闻事件的立场和看法。电视谈话式新闻评论节目,可以给观众以现场感,主持人或者谈话中通过屏幕直接面对观众,以形、声、情、态等表现手段,引导观众从中接受信息并作出判断,有很强的感染力和说服力。

2. 电视新闻评论的基本特征

(1) 以真实人与事为依据。

真实是新闻的生命,电视评论节目当然也不例外。评论的首要任务就是还原事件真相,如果真实性无法保证,评论的意义也将不复存在。因此,真实性是极为重要的。电视评论通过有音响的画面来传递信息,新闻评论的记者可以抵达新闻事件发生的现场,跟踪拍摄事件发生的整个过程,将现场发生的情况通过画面传递给观众,让发生新闻事件的场景实况、人物的语言神态都活灵活现地展现在观众眼前,观众在收看节目时可以直观地、立体地观察、接受新闻事件。现场性越强,真实性就越强,就越容易打动观众。黑龙江电视台《今日话题》一期名为《干部图政绩 普九变儿戏》的节目中,小学生没有背出他所顶替的中学生的基本信息而被校长批评。这一幕比任何的文字说明都更加真实、可信。

(2) 视听互补、声像兼备。

电视新闻评论与广播评论相比较,最显著的特点就是视听互补、声像兼备。电视新闻评论是综合运用画面、实况音响、字幕和论说语言的评论,它结合了声的抽象性和像的具象性。俗话说眼见为实,图像带给观众的是身临其境的现场感,它能客观、形象、真实地记录下事件发生的经过。声音的抽象性是相对于图像而言的,意义具有模糊性。电视新闻评论节目中的声音包括同期声、音响、旁白、主持人评论,必要时还包括音乐。这些声音通过听觉作用于大脑,给观众以想象的空间。尤其是在新闻评论类节目中,评论性的语言能帮助观众从对图像的感性认识上升为理性思考阶段。符号的多义性,决定了电视新闻评论不同于报纸、广播,只有把听觉上的声和视觉上流动的画面有机结合起来才能充分发挥出电视评论的独特优势。在《焦点访谈》节目《管林还是毁林》中,多人说法不一,真假难辨,在云南省马关县林业局长杜礼坤的口中,古林菁没有大树,有的只有杂木棵子,但记者拍摄到的画面中,砍伐现场中直径45公分的大树根比比皆是。正是节目将拍摄到的画面和林业局局长等人的说辞进行比对,才还原了事实的真相。

(3) 夹叙夹议、议评为主。

电视新闻评论既要摆事实,又要讲道理。事实来源于生活,反映生活。电视新闻评论首先要把新闻事实讲清楚,不能无的放矢,让观众一头雾水。然后要找出真相揭露本质,对事实加以分析,阐明其中的道理,提出警示。马克思主义哲学的认识论告诉我们,认识具有反复性和重复性,完成对事物的认识不是一蹴而就的。电视新闻评论形式,并不是一成不变的先述后评的流程。叙述渐入评论,而后评论推动叙述,新闻评论是一个不断互动流通的过程。叙述的目的是为评论服务的,对事件的叙述不可过于冗长但要具说服力。而从节目本质上来说,评论又重于叙述,新闻评论的重点不在于述而在于评。在评论中往往又会趋向更进一步去调查真相。叙述渐入评论,而后评论推动叙述,两者的有机结合,体现了从个别到一般,由感性到理性的认识规律。在《沙尘暴的警告》中,作品不仅向我们展示了沙尘暴的画面,还探讨了沙尘暴对植被的破坏,沙尘暴的生成机理,分析了它的发展趋势、成因以及对人类生存的危害等,并探究了以甘肃河西走廊为代表的中国北方荒漠、半荒漠化地区生态环境保护的出路。这些都促使观众对沙尘暴这一环境现象上升到了理性认识。

(4) 注重节目的个性表达。

电视新闻评论节目不同于一般的新闻报道,怎样报道事件、怎样评论、编导们都有很大的创作空间。节目的个性表达主要有两个方面:一是独家的新闻,即敏锐地发现新事件和选择编辑材料的过程;二是独家的点评,在察觉到事件的新闻价值之后,选择新颖、有效的角度编排节目顺序,发表思辨性强、影响力大的评论,以此表达节目的个性。这是电视新闻评论在"抢新闻"之外又一个竞争领域。在这样的竞争下,越来越多的优秀电视新闻评论节目涌现出来。如央视的《焦点访谈》《新闻调查》《新闻1+1》等;省级卫视电视评论有《东方直播室》《南京零距离》,有凤凰卫视的《锵锵三人行》《一虎一席谈》,以及近些年涌现的"说新闻"等节目。《焦点访谈》采用演播室主持和现场采访相结合的结构方式,使报道有着落、评论有依据,述与评相互支持、相得益彰。《新闻调查》节目以记者的调查行为为表现手段、以探寻事实真相为基本内容、以做真正的调查性报道为追求目标,崇尚理性、平衡和深入的精神气质。《东方直播室》是一档将电视手段、网络媒体、短信直播有机结合的新闻专题节目。总之,它们关注当下热点新闻事件以及引起广泛关注的话题,评述值得讨论的社会现象,论说转型中的中国与外国事件等。越来越多的电视新闻评论节目开始注重新闻的热度、内容的深度,更是在形式上进行着大胆的创新。

3. 评析电视新闻评论的要点

电视新闻评论类节目是对新闻事实的深加工,即进行评述论析。面对层出不穷的新闻事实,首先是要选择事实,其选题是要解决对什么样的新闻加以评说;接着是立论,并进入表达论点、选择论据和组织论证等内容环节,这其中还包括安排结构、运用语言等形式要素。根据这些环节与基本要素,我们在评析电视评论作品时,也需要从这几方面入手。但就内容而言,我们认为以下几点是最为重要的。下面我们择其要点来简略论述。

(1) 看电视评论选题是否具有思想性与现实意义。

一篇优秀的电视评论,选题应该顺应时代潮流,从当时的实际出发,对当时当地的新闻事件或者重大事件进行评论。电视评论作品对选题的具体要求,是在选择评论对象和论述范围时,选择当前具有迫切意义的、有较强思想性的问题。这就要求我们在评析作品时,要考虑选题是否能够与社会现实生活、与现实生活中的人们紧密相联,或揭示真相或给人启迪或纠正错误看法等。如《违法收缴违民心》报道了河南清丰县高堡乡一些干部,以"严打"为名,强行向农民催缴不合理费用的问题,引起强烈的社会反响,具有很大的现实意义。本章所选的电视评论《雷书记的"雷人"视频》《发票"期待"透明》等作品也都具有很强的思想性与现实意义。

(2) 看电视评论立论是否具有准确性与针对性。

立论是一篇电视评论所形成并提出的主要论断或结论,是作者对所提出的论题的主要见解,是选择论据和分析事物的指导思想,是整篇文章纲领性的内容。立论统摄全文所有观点和材料,是对论题的深化和升华。通常都是选题在前,立论在后,选题为立论提供基础,立论赋予选题鲜明的思想观点,二者相辅相成,缺一不可。

立论和选题往往决定了言论作品的质量优劣。立论成功,方能将作品所包含的思想内容和知识凸显出来。立论前提要准确,如果违背了准确性,立论就不会为人们所信服,同时也失去了表达的意义。立论对特定的问题必须要有鲜明的针对性。针对性决定了电视评论作品不能无的放矢,而必须能够针砭时弊,激浊扬清。一篇好评论应当不只局限在揭露问题上面,还应该指出问题实质,提出有益的建议,这样的评论才显示出价值。《干部图政绩普九变儿戏》针对的是巴彦县松花江乡为迎接省里的普九检查,竟采用造假手段,用小学生顶替初三学生。这是一起由中学校长、乡党委书记、县教育局局长共同策划的骗局,他们这样做就是为了掩盖这个地方的高辍学率。在节目的最后,一针见血地指出了弄虚作假骗局的本质:巴彦县松花江乡不但没有想办法去控制辍学率,反而弄虚作假,应付上级检查,他们把这种行为称为对领导负责,那么谁来为那些辍学孩子的明天负责,谁来为国家的未来负责呢?结尾处指出了问题的关键所在,也敲响了一记警钟。

(3) 看电视评论论据是否真实、典型而充分。

电视新闻评论的论据,从表达的角度讲,是用来证明或说明论点的理由和事实的总称。在学术论文中,论据主要用于证明论点的正确性,而在电视新闻评论作品里论据还要承担启迪读者、交流思想和传承知识的任务,这就使得论据要兼具证明论点、支撑论点的功能。因此,论据在作品中必须做到真实而准确、典型而充分;同时论据和论点之间要有内在的逻辑联系。本章入选的《管林？毁林!》中的论据是真实而准确的,事实性论据多为记者亲自通过采访或暗访得来的,有的书面证据是当事人提供,并经过核实的。《发票"期待"透明》中的证据论点还来自相关文件。其次,作者选择的论据具有典型性,而且较为充分。如《发票"期待"透明》中记者调查了麦克龙、家乐福等多家超市。

(4) 看电视评论论证是否有思辨性与逻辑性。

论证从表达角度讲,是连接论点与论据的中介。论证过程是把材料和观点统一起来,组成一个完整而严密的说理体系的过程。从逻辑角度讲,论证是运用、组织论据去说明和证实论点的过程和方法。如果说把论点比作灵魂,那么论据比作血肉,论证就可比作骨骼。对电视新闻作品论证的评析,基本点要看论证是否具有思辨性与逻辑性。也就是说,论证能否做到准确阐明论点和论据之间的内在联系,能够将观点和材料有机地统一起来,使评论具有逻辑性。

电视新闻评论的思辨性,集中体现于思想的穿透力,逻辑性集中体现于分析方法论和推理的关系,论点和论据之间的内在逻辑联系。选文《沙尘暴的警告》用对比论证和列举数字论证等多种论证方法进行分析,使作品以其令人信服的思辨色彩与逻辑性,顺理成章地再次向部分愚顽的人们提出了这样的发问:人类在寻求自身生存和发展、寻找快乐与幸福时,如果不停地向大自然进行索取和无情的破坏,我们目的和理想何时曾真正地实现过? 这思辨性很强的拷问促人警醒。

文本

沙尘暴的警告

主持人:各位观众晚上好,欢迎收看《焦点评说》,今年的5月29～30日,我省著名的旅游城市敦煌市遭受到一场罕见的沙尘暴的袭击,给当地的工农业生产和人民生活造成了严重的损失,也给敦煌旅游蒙上了一层阴影,这是我省自1993年5月5日金昌沙尘暴以来,遭受的又一次特大沙尘暴袭击。

解说:这场特大的沙尘暴是从5月29日傍晚19:35开始刮起的,沙尘暴到来之际,《焦点评说》节目组的记者正在敦煌市采访,从记者发现沙尘暴前兆到沙尘暴到来的短短两分钟时间里,黑风暴就遮住了夕阳的余晖和晴朗的天空,等我们拿起摄像机时整个敦煌市已经天昏地暗,能见度小于10米,汽车和骑自行车的人无法行走。

[同期声]

记者:你是上自习回来?

敦煌市学生:对。

记者:以前你见过比这更厉害的沙尘暴天气吗?

学生:没有。

[同期声]

敦煌市民:风沙来了,我就过来接人来了。

记者:风沙来了,你知道是沙尘暴天气吗?

市民:不知道,光看到西面的一片云。

记者:你开车有多快速度?

市民:也就是个5码左右吧。

记者:5码左右?

市民:慢慢的。

[同期声]

敦煌市民:感觉又是迷眼睛,又是呼吸困难,呛人。

[同期声]

记者:以前你见过这种沙暴天气吗?

敦煌市民:一般五六年一次,也就是黄风,不会黑。

记者:今年跟往年相比哪次更严重一些?

市民:当然今年严重,一刮就是有半个小时,持续半个小时或一个小时。

[同期声]

旅游者:作为一个旅游者看来这是一个很壮观的景象,但是作为一个人,觉得沙尘暴对人的侵害是非常大的,我估计饭店和各家各户针对这个沙暴要做几天的善后工作,也说明我们国家这个绿化啊、生态啊,环境保护的工作还要进一步加强。你看我的头发,在街上呆了十几分钟就这个样子的,你看见了吗?

解说:据气象部门提供的资料,这次沙尘暴最大风力十级,平均风力八级,沙尘暴天气持续7小时40分钟,大风天气持续11小时。沙尘暴过后出现了降水、降温天气。沙尘暴还使邻近的甘肃肃北县、安西县、玉门市、金塔县不同程度的受灾。从5月30日到6月2日,河西走廊大部分地区出现了浮尘天气,民航和公路运输受到严重影响。

棉花种植是敦煌市近10万农民的主要经济来源,1995年,全市农民人均纯收入2000多元,跨上了小康的台阶,其中1700元收入来自棉花,沙尘暴使正在生长旺季的棉田受灾最为严重,全市棉花受灾9成以上的近17800亩,受灾5~7成有17900多亩,还有1000多亩小麦、一批塑料大棚、农电线路、树木、渠道受到损坏。沙尘暴还使800多只羊畜丢失,黄渠乡的5名小学生在放学回家的途中被风沙卷入正在流水的渠道中淹死。灾害造成的损失达2273万元。

[同期声]

记者:大爷,像昨天这么大的沙暴天气以前您见过吗?

敦煌市农民:没见过,以前从来没见过。

记者:像昨天的天气给你家造成的要买塑料薄膜这些经济上的损失有多大呢?

农民:可能要3000元以上呢!

记者:就这两亩大棚造成的损失就有3000元左右?

农民:3000元多了。

解说:5月30日上午,沙尘暴过后,敦煌市负责同志立即奔赴各乡镇了解灾情,并组织人力、物力投入了紧张的救治工作。我们在采访中看到,在大部分棉田遭受了灭顶之灾的同时,被农田林网和大片防护林带包围起来的棉田没有受到任何损失。

[同期声]

谢崇斌(敦煌市吕家堡乡副乡长):在这个地方的棉花没有受到什么危害,主要是防护林带起了相当重要的保护作用。据我们现在的情况来看,防护林带范围内的棉花都没有受到自然灾害的冲击,没有什么影响,主要是边缘没有防风林带的区域受到了严重的、可以说是绝收的损失。

记者:那这些树都是什么时候种的呢?

谢崇斌:这些树都是在70年代初大搞农田建设的时候种的,在80年代就开始受益了,这些防护林带都按照当时的条田建设,按照林带和条田的走向搞的。

[同期声]

赵兴明(敦煌市委副书记):这些年,咱们全市坚持植树造林,像防风林带比较好的地方受灾程度相对轻一些,边缘村队受灾很严重,像棉花绝收的部分,大概占到30%~40%。

[同期声]

记者:您好曾局长,请您介绍一下昨天敦煌的沙暴天气气象部门掌握的数据和资料。

曾万寿(敦煌市气象局局长):

昨天下午7点35分,敦煌市出现了强的大风天气和沙暴过程,这个在历史上来看也是属于比较大的一个过程,从历史角度看,60年代到1995年,总共出现大约23秒/米的天气过程是24次,大约26秒/米的过程是4次。从持续时间来看,最长的大风持续的时间是16.2小时,从大风的强度看,最大的风力也是十级,但是是29秒/米。

[同期声]

董光荣(中科院兰州沙漠所教授):沙尘暴形成有两个条件。第一个条件就是要有地面含沙尘量很丰富的地面物质。第二个条件就是必须要有大风,我国西北沙漠地区沙物质是非常丰富的,包括敦煌这次沙尘暴在内,我国西北地区是沙尘暴的频发地区。

记者:从历史上来看,沙尘暴的发展趋势是怎样的?

董光荣:总的来说沙尘暴爆发的次数是越来越频繁,也就是频率越来越大,而且规模一次比一次要大一些。

记者:这种越来越频繁的趋势的原因是什么呢?

董光荣:根据我们现在的初步研究,有两方面,一方面可能跟最近一段时期以来气候的暖干化有关,另一方面也与人类破坏有关,就是说,我们大概统计了一下,从公元前1世纪到现在人口增长是惊人的,就是在中国西部地区,公元前大概300来万人,到解放初是2000多万人,那么到现在已经上升到6000多万人了,在绿色边缘大量开垦放牧,滥削滥采,使地表造成很大的破坏,这种破坏使得风对地表的作用加剧了。

记者:怎样来防御这种自然灾害呢?

董光荣:应该加强或者进一步完善沙漠绿洲地区的生态环境建设,要保护植被,特别是要加强绿洲内部和外围防风林带的建设,我们现在可以很明显地看到,如果有防护带的地方特别是有林网的地方,风就比较小,风吹起来的沙尘暴量也是比较小的,所以对农田、房屋、工厂所造成的危害自然也就小了,加强对冷锋过境的预报,我们就可以知道可能要产生沙尘暴天气,事先就可以采取防范措施,加强对沙尘暴防护的知识,当沙尘暴来的时候不要惊慌,马上就地趴下,这样至少不会被风刮走,越刮越远,最后落到水渠里去。

主持人:作为这场特大沙尘暴的现场目击者,在狂风怒吼沙尘蔽日的那一时刻,我深深感觉到人类是多么的渺小,一份调查资料显示:在20世纪初,敦煌市的绿洲外围,有天然沙生植被354万亩,它们构成了保护敦煌农区的天然绿色屏障,随着人类活动的频繁,这些绿色屏障惨遭破坏,到1979年时,敦煌市天然林面积仅残存9万亩。从80年代以来,经过三北防护林建设这20年的努力,虽然敦煌市新增人工造林面积5万亩,风沙育林61万亩,但是这区区的60余万亩与20世纪初的354万亩相比较,再加上越来越频繁的沙尘暴灾害,我们就会对人类自身的行为感到惭愧。人类要生存要发展就不可避免地要破坏大自然,但因此而付出的代价是昂贵的,在晴空万里的时候,我们可别忘了沙尘暴的警告。

感谢收看《焦点评说》,再见!

(杨德灵、刘舜发、许嘉陵等,甘肃电视台1996年6月8日)

评析

形象说理与思辨相结合
——评析《沙尘暴的警告》

自20世纪90年代中期以来,中国北方沙尘暴频发。《沙尘暴的警告》短小精悍、内容丰富,兼顾了形象说理和思辨。在有限的篇幅里,容纳了关于沙尘暴的多种知识。这篇新闻稿件成为关于沙尘暴报道的开山之作,被广为转载播发,作品先后获得甘肃省优秀电视节目一等奖、中国广播电视新闻奖二等奖和中国新闻奖二等奖,并成为多所院校的电视评论教材。该作品的播发还引起了社会各界对沙尘暴的广泛而深刻的关注。

1996年5月29日,甘肃电视台记者在敦煌采访,恰逢历史上最强烈沙尘暴,在水电交通中断一周的情况下,记者克服困难,做了大量深入细致的采访。拍到了大量沙尘暴的现场画面:天昏地暗、黄沙漫天、遮天蔽日的黑风暴和马路上无法前行的车辆与行人……这些画面的准确捕捉,不仅显示出事实的确凿无疑,而且深化了叙事的内涵,激起人们感情上的波澜,帮助人们理解节目的主题,领悟评论的观点。此外,节目中还采访到了学生、司机、市民、游客、农民等颇具代表性的人群,分别以各自的角度,讲述了这次沙尘暴给他们的生活带来的困难。直面沙尘暴对交通和农业带来的影响。真实的画面给了观众以震撼的观感,而街头采访则让观众真切感受到了沙尘暴的危害,用事实说话、用画面说话,突破了时空的界限,恐怕比空洞的说教更能让人警醒、印象深刻。

在一开头,节目就用沙尘暴的画面吸引了观众的注意力,但这个节目追求的目标并不止于此。电视作为以视听语言为主要表现手段的媒介,用画面吸引观众是它与生俱来的本领,一段真实的沙尘暴的录像,远比"沙尘暴"这几个字要真实动人。但过于强调画面的震撼力而忽视了理性的力量,难免落入内容浅显、缺乏深度的怪圈当中。正因为如此,单纯的直观感受和感性认识是不够的,必须把感性认识上升到理性的高度,去解读、去分析,让观众对沙尘暴有更全面、更彻底的了解,才更能凸显新闻的价值。这期节目在细致描述沙尘暴骇人场景的同时,还探讨了沙尘暴对植被的破坏,沙尘暴的生成机理,分析了它的发展趋势、成因以及对人类生存的危害,探究了以甘肃河西走廊为代表的中国北方荒漠半荒漠地区生态环境保护的出路。这些问题的讨论,都超越了人们之前对沙尘暴画面的直观感受,而上升到理性的认识。在对沙尘暴危害的论证上,采用了对比和列数据的论证方法,逻辑性强,具有思辨性。这些内容都扩充了节目的信息量,增强了节目的可信性,使节目更有深度。

　　反观现在,这篇报道对现在的电视新闻来说仍然具有很强的借鉴意义。电视新闻是形象化的新闻,与报纸、广播新闻相比,其最主要的优势在于能够综合运用画面、音响、解说与论述性语言等多种传播手段,对一个新闻事件进行全方位多角度的展现。《沙尘暴的警告》以形象化的语言和思辨性的说理,提出了一个关于我们该如何应对沙尘暴的全球生态问题。作品电视手段丰富、文字叙述以及画面组接逻辑性强、新闻事件重大、主题深刻,采编播都由记者本人完成。从这一新闻作品中也可看到,国内媒体对于电视的各项因素的运用日趋成熟。从最早的电视播音员单一播报评论,到现在的现场采录画面、同期声、数据对比等多种元素的综合运用,使电视新闻的表现力日趋丰富。由此可见,如何将电视新闻中众多的内容元素有机地结合起来,让新闻在真实的基础上,具有理性与思辨性,是每个电视新闻人需要考虑的重要课题。

(张立,唐黎)

文本

发票期待"透明"

　　主持人:晚上好! 观众朋友,欢迎收看《今晚10分》。提起发票,人们应该不会感到陌生。通常情况下,商家不会轻易为怎样开发票和开多少金额的事而宁愿失去到手的钱,毕竟商家永远追逐的是利润。而令人费解的是,最近德国商贸集团麦德龙入川两个月,就因为开发票的问题,而连续遭遇退货,损失销售收入上百万元,这究竟是为什么?

　　解说词:麦德龙成都市青羊商场老总们怎么也没有想到,进入四川两个月,在销售旺季竟然遇到大批量退货。而造成卖单损失的始作俑者,竟然是作为公司特色之一的透明发票。

　　[同期声]记者:我现在手里拿的就是麦德龙的专制发票,我们发现这种发票的确很特殊,它的大小规格相当于一张A4的打印纸,所有的内容都由电脑填写,一张单子可以详细罗

列几十余种商品,每一种商品的单价、数量及总额,都会在上面如实反映。正因为这种发票的形式和内容都十分严格而清晰,所以有人也把它称为"透明"发票。

解说词:商店的经理朱军告诉记者,这种发票是麦德龙沿袭国际惯例,经国家税务总局批准之后,进入中国商品流通市场的。

[同期声]朱军(麦德龙成都青羊商场 经理):这个发票,它的特点就是真实地记录了每一笔采购,就是说某家单位的采购员来我们这里采购东西,它没有一点儿变通的余地。因为我们不可能给他提供手写发票,使用这种清单式的正规发票,是由我们目标客户群决定的。我们客户是专业采购,而不是个人采购。

[同期声]杜达夫(麦德龙督导):首先我们在这里提供的发票,跟在欧洲的完全一致,一模一样。另外关于增值税的问题,凭这个发票,它能(体现出)增值税,(有关部门)对增值税能有所了解,一目了然。麦德龙针对的是专业客户,这是专业客户的基本需求,(像)这样的清单式发票是他们的基本要求。

解说词:然而这种符合国际商业流通惯例的透明发票,正是因为太清晰、太严格,让一些人望而却步。据商场初步调查,随着麦德龙入川,透明发票投入销售以来,从市场的反映来看,总的来说,两种态度泾渭分明。

[同期声]戴更生(麦德龙成都青羊商场客户部咨询部):根据客户的反映意见,基本上归纳为两种:第一种就是对我们这种发票非常支持,这种公司一般集中在一些大的企业,还有一些外资企业当中,他们就对我们这种清单式发票表示能够接受,而且非常拥护。但另一种就是截然不同的一种观念,认为我们这种发票可能对他们来说不太适应。

解说词:不管怎样,透明的发票确实让麦德龙损失了不少收入,麦德龙的做法在时下的成都商界,显得有点特立独行。那么其他商家是怎么给顾客开发票的呢?记者伪装成消费者,前往好又多、人民商场、家乐福等商场进行了暗访。

[同期声]记者:开几千块的东西啊。

营业员(成都人民商场黄河商业城):你补税,你要开几千嘛?

记者:开个7000多,不到8000元。

营业员(成都人民商场黄河商业城):你开多划不来,实在要多开,要补税,还要登记,要登记你的身份证号码。哦,登记的身份证号码,也就是说,不出事就算了,出了事要负法律责任。

记者:你给我写成办公用品,单位我自己来填。

营业员(成都人民商场黄河商业城):先生,你买几万块钱或者几十万块钱,也是一样的,给你写成办公用品了。

解说词:在家乐福一个出租柜台的售货员向我们坦言,发票上开什么品名都行,至于金额开多少都是可以商量的。

[同期声](成都家乐福商场 营业员):我跟你说嘛,我们的商品样样都可以开发票。

记者:你还不如撕张白的发票给我。

营业员(成都家乐福商场):那我就要请示我们公司。

解说词:就这样,这些商品一下就变成了办公用品,而魔术师就是市面流行的与麦德龙透明发票截然相反的模糊发票。正是这种模糊发票成为某些人以公肥私的遮羞布,商家则可以半遮半掩地将其作为一种促销手段。那么,成都的商家对两种发票是怎么看的呢?

[同期声]曹世如(成都红旗连锁有限公司董事长):作为麦德龙使用"透明发票"目前来看,可能在开展经营活动中还有一定的难度。但是作为我们依法经商的商家来说,我们是赞同麦德龙使用这种发票的做法。因为加入世贸,我们都会按照国际的惯例来运行。

[同期声]记者:不知是何缘故,除了红旗连锁以外,几乎所有的商家都对发票的问题讳莫如深,有的甚至拒绝我们的采访。看来发票在经营者心中,确实是一个敏感的问题,大家都心领神会,而都不愿触及它。在采访中我们却发现,有一些消费者却表示它们更乐意接受的是"透明发票"。

解说词:方志庆是一家私人餐馆的老板,他得知麦德龙使用透明发票之后,便要求店里的人只能到麦德龙采购原料。

[同期声]餐馆老板方志庆:它清楚地把每一项物品的重量、价格都反映在上面,很清楚。我们觉得非常适合我们的管理。原来在其他超市,都是一些很小的发票,名称很不详细,蔬菜类你就分不清楚哪个是哪个,我回去做账,半天都想不起来。现在它就很清楚地表现出来,我觉得这是麦德龙对客户的一种关心。

解说词:这位老太太更是把发票和道德联系起来。

[同期声]成都市民:大家造假,结果每个人在伤害别人的同时,都在被别人所害,形成了一种很不好的风气。所以我觉得麦德龙发票的透明度,恰恰针对社会上这些不良习惯是一种挑战。

解说词:对于"透明"发票和"模糊"发票专家是这样评论的:

[同期声]陈苑红(西南财大会计学院教授):国外的发票是这样,它普遍都是非常清楚,不管你买的品种、数量还是单价和总价,甚至包括你的价格所含的税收,都很清楚地打印在你的发票上。这个对国家、对企业、对个人都有好处。从国家来讲,它当然从税收的征管上很清楚。从企业来讲它也是很透明的,也有利于存货的管理和税收的缴纳。那么从个人来讲,有这样的发票,对消费者的权益是一种保障。开发票的方式,我想从长远来看,应该也逐步要走向和国际接轨的形式。

[同期声]黄友(四川省注册会计师协会秘书长):会计人员不是全才,如果说要去审计原始凭证是不是真实、合法,记载的内容是不是完整,应该是很艰难的过程。所以应该说是从源头上,要解决开具的发票,它必须是真实、完整、合法的。

解说词:在采访中我们还了解到,手写式发票往往容易造成税款的流失。对此,国税部门表示要加强惩治力度,严格发票印刷、销售及使用管理,同时希望商家、消费者对发票要有一个全新的认识,让发票更快地透明起来。而作为世界第三大销售商的麦德龙,把发票透明到底,则是它们不可动摇的原则。

[同期声]记者:来自德国的麦德龙作为在中国开设的第14家分店,仍然要坚持他们的做法。按照国际惯例开展经营活动,甚至不惜牺牲一些眼前的经济利益,与其说麦德龙的发票在成都受到了冷遇,还不如说我们在商业经营活动中,有一些行为及其准则,还应该尽快与国际惯例接轨。

主持人:麦德龙通过发票,把国际商品流通领域的一些惯例带到了四川。短期看来,真有点水土不服,然而从长远来看,让发票透明起来,让一些买少开多、损公肥私的人,无投机的空子可钻,将是必然的趋势。从这个意义上讲,麦德龙给我们带来的不仅仅是一张小小的发票,而是一种全新的经营理念和能够与国际商业惯例并行不悖的诚信原则。

好,感谢您收看《今晚10分》,明晚再见。

(凌中,四川电视台2001年11月10日)

评析

抓住时机,点评到位
——评析《发票期待"透明"》

《发票期待"透明"》于2001年11月10日在四川电视台《今晚10分》栏目中播出。节目播出后,社会反响强烈,获得了2001年中国广播电视新闻奖评论类一等奖。

这期节目的成功,原因很多:抓住时机、采访深入、论述有力、点评到位,现场感强、富有冲击力。

2001年11月4日,栏目的制片人和记者敏感地从当地的几家平面媒体对"麦德龙在成都遭遇退货"这样的新闻中发现了新闻线索,就此确定了新闻选题,并展开调查和深入采访,并最终选择在中国成功加入世贸组织这天播出,具有强烈的时效性。

"退货"现象的背后有一个关键的因素,就是来自德国的麦德龙不愿苟合我们普遍使用的手写式发票;而用像A4打印纸般大小的电脑出单发票,对采购的品种、数量都十分刻板地体现出来,让不少团购的经办人员望而却步。通常情况下,商家不会轻易为怎样开发票和开多少金额的事而宁愿失去到手的钱,毕竟商家永远追逐的是利润。而令人费解的是,最近德国商贸集团麦德龙入川两个月,就因为开发票的问题,而连续遭遇退货,损失销售收入上百万元,这究竟是为什么?

在采访方式上,本片采用公开采访和隐性采访相结合的形式。公开采访,让观众了解了麦德龙超市的做法、主管的看法、顾客的态度和专家的评说。也就是说,评论主体部分的关于什么是透明发票,为什么要使用透明发票等信息都是通过公开采访获取的。但同时记者联系的几家成都本地商场都拒绝了采访,对发票的管理都讳莫如深,因此栏目组决定采用伪装成消费者在人民商场等地暗访,获取了部分商家开具手写发票、模糊发票的做法。展现在镜头面前的是,手写式发票如同魔术师一样,把记者采购的剃须刀、色拉油等物品变成了可以报销的"办公用品",更让人费解的是,营业员狐疑地东瞅西看之后告诉记者,只要按7%的税额交给商场,可以开几千元的"办公用品费"发票。

由此,记者隐性采访的事实和公开采访的麦德龙超市的做法无疑形成了鲜明的对比,使得麦德龙的做法更显突出和特别。正是通过隐性采访,才将比如"发票上开什么品名都行,至于金额开多少都是可以商量的"这样的场景鲜活生动地展示给了观众,这些真实的镜头,让观众不得不在受到震撼之余产生许多深思:手写式发票,这种国人普遍接受的东西,其背后带来的可能是,国家税源的流失,社会诚信的泯灭!在本片的拍摄中,隐性采访成为了公开采访的有益补充,两者相辅相成、相得益彰。

同时,记者也注意对画面语言的运用,将抽象的论述性语言转化为形象化的画面语言。比如画面上直观展示了麦德龙超市的透明发票,"(记者)我现在手里拿的就是麦德龙的专制发票,我们发现这种发票的确很特殊,它的大小规格相当于一张 A4 的打印纸,所有的内容都由电脑填写,一张单子可以详细罗列几十多种商品,每一种商品的单价、数量及总额,都会在上面进行如实反映。"

此外,记者对市民、消费者、超市负责人、专家等的大量采访采用了同期声的方式,全面、真实、可信,增加了论据的吸引力和说服力,避免主持人单一的点评,带给观众开放的视角和广阔的思维空间。显示了在与国际大市场接轨的大背景下,从一张发票上反映出来的企业运行规则、社会诚信等较深层面的问题,从而折射出中国入世之后,商家将面临的与国际商业流通惯例接轨的问题。

文本

违法收缴违民心

[演播室]

主持人:大家好,欢迎收看《焦点访谈》。目前全国的"严打"整治斗争,已经全面深入地展开。这次"严打"斗争的重点是打击严重暴力犯罪、打击侵财犯罪和经济犯罪等。但是,最近我们的记者在河南省濮阳市清丰县的高堡乡却看到,这里虽然也在开展声势浩大的"严打"斗争,不过"严打"的对象不是犯罪分子。

解说:5月11日,凌晨4点刚过,鸡还没有叫,高堡乡政府就热闹起来了。先到的人匆忙地吃着早饭,陆陆续续不断有人赶来。凌晨5点整,乡政府里的人上了挂着"重拳出击搞严打"这些标语的车出发了。

[同期声:宣传喇叭]

本次"严打"整治斗争的重点是严厉打击那些危害一方的村霸、街霸,要看清他们的动机和目的,要明白他们是否有扰乱一方、搞坏一片、浑水摸鱼的行径。

解说:一路上,喇叭声响彻了凌晨的天空,它宣告着正在进行的是一次"严打"行动。喇叭反复在强调,本次"严打"是为了维护法律,打击的是危害一方的村霸、街霸。车子开进了高堡乡彭家村,此时村里的喇叭也开始广播了,还没有苏醒的彭家村,突然间喧闹起来。

[同期声]高堡乡干部:现在工作队已经入户,今天7点以前,要抓尾欠,清理尾欠户,你

抓紧上交。

解说：与此同时，这辆"严打"的宣传车在树里面转来转去，明确指出这次"严打"的重点。

[同期声：宣传喇叭]

按照县委的要求，我乡将在公、检、法、司等部门的大力支持和帮助下，开展一场声势浩大的"严打"整治斗争。这次集中活动，将以清收各种乡统筹、村提留和"两费"尾欠为突破口，从严、从重、从快，狠狠打击。

解说：原来这么一大早，这么多的车，这么多的人来到彭家村，要打击的所谓村霸、街霸竟然是拖欠税费的农民。按说全国开展"严打"是为了打黑除恶，打击的对象是犯有严重暴力罪的犯罪分子，而高堡乡居然把这样的"严打"对准了广大农民。那么，喇叭所说的农民拖欠税费是怎么回事呢？

[同期声]高堡乡村民：他不上交"公粮"，你不会找找原因，看看为啥老百姓不上缴，原因在哪儿，看看原因是出在群众身上，还是出在干部身上。

解说：300多人组成的"严打"队伍，浩浩荡荡，每人手里还拿着一份催款通知，农民所欠的税费就写在了上面。催款通知上表明，农民要交纳两种款项：一项是河工款，另一项是公粮款。记者首先对河工款进行调查。河工款是当地修河道、清淤泥等所需款项。高堡乡政府在收取这一费用时，仅是把它写在了这样的白条上，并没有登记在农民负担卡上，这显然是违反国家规定的。其实农民该不该交河工款，这事在2000年就已经有了定论。那会儿，村民马庆山代表农民为了讨个说法，把高堡乡政府告上了法庭。

[同期声]马庆山：比如河工款、引黄贷款，其他乱七八糟的，农民不明白，后来农民群众都很气愤这件事，集资让我跟乡政府打这个官司。

解说：经清丰县人民法院和濮阳市中级人民法院一审、二审判决，认定高堡乡政府这种收费行为违反了《中华人民共和国农业法》和国务院发布的《农民承担费用和劳务管理条例》的有关规定，收取河工款属不当，应予撤销。通知单上另一个收费款项是公粮款，公粮款包括农民应缴的乡统筹、村提留和农业税。

[同期声]高堡乡村民：这个农业税不能少，不能扛人家的。这个是国家政策，这个不能扛，这个一两粮食也不能扛人家的。

记者：农业税你们肯定交。

高堡乡村民：对，肯定交，一两不能短国家的。

记者：其他的什么乡统筹、村提留、农业税你都交吗？

高堡乡村民：交。

记者：你不同意交的是哪几种钱？你告诉我。

高堡乡村民：这个水费、开黄贷、引黄贷，其他回收（资金），不合理。

解说：农民们反映，除了乡统筹、村提留、农业税这些该交的款项外，公粮款里面还混杂着名目繁多的不合理收费。那么，这些收费项目是不是合理呢？按规定，向农民征收这些费用是要经省级以上收费管理部门批准的。

[同期声]记者：你们有省里的批准吗？或者是国家的？

高堡乡乡长杨亚莉：这是个问题，我很想跟你讲讲这个问题。这个虽然国家没有明文规定让你收这个款，但这是底下的实际情况。

记者:按政策合不合理呢?

高堡乡乡长杨亚莉:按政策可能不合理,但是我们说有的地方,合情不合理,合情不合法。

解说:由于高堡乡政府收取的河工款和公粮款中有许多不合理因素,农民们为了维护自身的合法利益,拒绝交那些所谓"合情不合理,合情不合法"的费用,于是高堡乡政府抓住全国开展"严打"这一时机来强行收取这些不合法的费用,因而出现了这样一幕与众不同的"从严、从重、从快"的"严打"。

[同期声]高堡乡干部:我跟你说,长锁,只要你有本事,你今天可以不交"公粮"。

解说:这位乡干部还真不是吓唬人,高堡乡政府有足够的手段让农民交钱交粮。这户村民没有按要求交钱,在他家没人的时候,"严打"队伍撬开了他家的门,抢走了农用三轮车等物品。

[同期声]高堡乡干部:这样穿进去的,这儿挂了一个锁,把门鼻弄没有了,他们把锁砸了。

解说:一些被认为顽固的村民,被乡政府抓起来了。

[同期声]记者:你们那里抓了两个人。

"严打"工作人员:抓了好几个,抓的都是二队的。二队抓了……3个男的1个女的吧,中午就抓了1个。

[同期声]宣传喇叭:大伙儿也知道,昨天,咱乡治安队,已经强制执行了10多户,有些户,丢了人又把款交了,你图个啥?所以说,希望这些户,抓紧交清,抓紧交清。

解说:一些农民经受不住这种高压,开始排队交钱,但想不到就在排队交钱的时候,家里的锁还是被撬了。

[同期声]高堡乡村民一:你再怎么也要讲理,要人家不发急,说人家态度不好,你们态度就好吗?你们态度要是好了,人家也绝对不会发急。这边算着账交了钱,那边你再跑到人家家里,蹦俺家门,你们这算什么行为?你们讲法律,讲的什么法律?你们知法犯法。

高堡乡村民二:这就犯多大错误,抄人家家。

高堡乡村民三:还有法儿过吗?抄人家家。

高堡乡村民四:为啥不交"公粮"?要这个态度,这样弄人家。

高堡乡村民五:群众不是犯罪分子,对群众也得讲理。

解说:在这次"严打"中,遭殃的不仅仅是农民,就连上学的孩子们也受到了牵连。记者发现在应该上课的时间,高堡乡所有小学的大门都是紧闭的。

[同期声]学生:该你了,钓主(打牌)。

学生:从一年级到五年级,都不让上学。

记者:什么时候跟你们说的?

学生:星期一说的。

记者:什么时候可以上课?

学生:不知道,老师让听通知。

记者:老师都干什么去了?

学生:收"公粮"去了。

解说:原来进村入户的许多"严打"人员竟是老师。高堡乡政府强迫为人师表、教书育人的老师,来向农民收取这些不合理的钱,并规定收的钱与老师的工资挂钩。

[同期声]高堡乡教师:你不参加,工资不发给你。

高堡乡教育组长列章忍:县里的书记也批准了。咱也不愿意让他们这么弄,耽误了学生,咱也没办法。老师按乡政府的对待,不到罚20块钱,迟到了罚5块钱。

解说:老师们每天凌晨到高堡乡政府集合,到了村里后就被分配到农户家中,跟着农民,让农民交不该交的钱。懂政策、懂法律的老师们不愿意来,却又不敢不来,只好用这样的方式,来参加这样的"严打"。而农民们瞅瞅老师,看看孩子,越发地感到无奈。

[同期声]学生家长一:跟学生无关,跟老师无关。学生本来是小孩,农村小学,他家欠"公粮"不欠"公粮"他也管不着,他也不管,学生就不让上学,这个叫啥道理。

学生家长二:在停课期间,我小孩回到家以后就哭。他对我说,爸爸咱把"公粮"交了吧,又打咱们,把咱们的麦子给烧了,把咱家的柴火给点了,还把咱们棉花给割了,你让我上学吧。

解说:农民们对老师拉不下面子,同时为了孩子早日上学,也为了人不被抓,家不被抄,只能交钱交粮。记者在现场做了初步统计,高堡乡为了这次"严打",每天出动车近10辆,动用老师200多人,还动用了许多乡政府和治安执法部门的工作人员,这样的"严打"已经进行了近10天。由于用这样的方式进行收费有了明显的成效,这项"严打"工作,还在高堡乡的各个村继续进行。

[演播室]

主持人:高堡乡乡政府,不仅打着"严打"的旗号,同时还强迫教师停课,学生放假,用这些违法的手段向农民施压。更令人气愤的是,强迫农民交的那些费用,又都是一些不合理的费用,这严重侵害了农民群众的合法权益。国家开展"严打"的专项斗争,就是为了让社会更加安宁,让老百姓过得更安全、更幸福,可是高堡乡却荒唐地把"严打"对准了父老乡亲,弄得鸡犬不宁、人心惶惶。一项好的政策,居然让高堡乡歪曲和利用成这个样子,的确令人深思。好,感谢各位收看今天的节目,再见。

(黄洁、张林刚,中央电视台2001年5月14日)

评析

精心策划,精选角度
—— 评析《违法收缴违民心》

电视新闻评论《违法收缴违民心》荣获2001年度中国广播电视新闻奖电视新闻评论类的一等奖,该节目是中央电视台《焦点访谈》栏目在2001年5月14日播出的。这期节目报道了河南清丰县高堡乡一些干部,以"严打"为名,强行向农民催缴不合理费用的问题,引起强烈社会反响。精心策划、精选角度是这篇报道取得成功的主要原因。

《违法收缴违民心》的精心策划体现在两方面:一是选题上,二是采访上。选题是电视新闻成功与否的重要决定因素,在选题上,中央电视台《焦点访谈》栏目提出了取舍选题"三原则":政府重视,群众关心,普遍存在。这期节目选择在2001年人大、政协"两会"召开期间播出,不仅符合了"三原则",而且反映的问题也引起了政府的高度重视,使得问题迅速得到解决,受到了社会的广泛好评。正是这样的精心策划,才使得《违法收缴违民心》报道时机把握准确、反映问题及时,具有重要的现实意义,彰显了舆论监督栏目对构建和谐社会起到的重要作用。在采访上,片中采用了常规采访与隐性采访相结合的方式,既反映了问题,又没有侵犯个人隐私。

节目反映的是"引人深思"的大问题,但是却选取了一个吸引人的角度,从主持人开场就开始设置悬念,引人入胜,"目前全国的'严打'整治斗争,已经全面深入地展开,这次'严打'的重点是打击严重暴力犯罪……这里虽然也在开展声势浩大的'严打'斗争,不过'严打'的对象不是犯罪分子。"那么,对象是谁呢?主持人并未给出答案,而是让观众在接下来的节目中去思考、去评论。

在节目的表现方式上,记者成功地运用了电视新闻语言的各种要素,做到了"用事实说话"。节目综合运用了画面、字幕、同期声等多种传播符号,增强了节目的说服力和感染力,一组组现场画面、一处处出自乡政府宣传车和村广播喇叭的同期声、一声声来自农民的同期声、一句句补充画面的解说词,都构成了一个个强有力的证据,相互印证、相互交融,反映了当地政府举措之荒唐,老百姓民怨之沸腾。既有力度,又有极强的现场感,同时也增强了节目的客观性和说服力,孰是孰非,让观众自己去看,自己去得出结论。

(张立,唐黎)

文本

干部图政绩普九变儿戏

主持人:观众朋友,欢迎收看《今日话题》。昨天,我们接到巴彦县松花江乡观众打来的电话,他们说,几天前,这个乡的教育办下达了一个奇怪的通知,要求从10月9日开始,松花江乡3所小学的部分三、四、五年级小学生搬到乡里的朝阳中学去,和初三的学生在一起插班上课。据学生家长反映,这几天来,在朝阳中学,他们的孩子也没有正常的学习。那么,松花江乡为什么要求小学生到中学去插班上课,他们在那里要学些什么呢?

画外音:早上8点正是学生上课的时间,松花江乡的公正小学、朝阳小学、合发小学三、四、五年级的教室却空空荡荡,只剩下几排桌椅。据看门的老大爷讲,这些学生一大早就到乡里的朝阳中学去上课了,这已经是第三天了。合发小学的领导告诉我们,眼下各个学校正在为迎接即将到来的省教育厅普九检查团做着各种准备。

画外音:在通往松花江乡朝阳中学的路上,各种崭新的宣传普及九年义务教育的标语口号挂满了乡间的公路。

[画面]

这里就是松花江乡唯一的一所初级中学——朝阳中学,共有14间教室,每一间教室里面都是座无虚席。几十名中学生和小学生模样的学生混在一起,个头明显参差不齐。原本是上课时间,但这里的学习气氛却有些异样,教室里都没有任课老师。在初三一班的教室里,全班同学正在班级干部的带领下,一遍一遍背诵着自己父母的名字和家庭情况。也许是几天来县乡各级领导多次到学校检查普九工作,所以我们的到来并没有引起任何人的注意。

[同期声],

余佳(学生1,班干部):到,我叫余佳,1987年5月8日生,年龄15岁,我的父亲叫余国辉,我家住在民胜(村)。

彭葳(学生2,班干部):到,我叫彭葳,1987年3月15日出生,今年15岁,我家住在永常村,我父亲叫彭忠。

杜春雷.(学生3,班干部):到,……

画外音:据班级干部讲,这么做是学校领导布置的,说是为了迎接即将到来的"普九教育"检查团。按常理来讲,为迎接检查,学生进行必要的课程准备是正常的,但是朝阳中学却让学生背熟自己父母的名字和家庭住址,这种准备方式真是奇怪。这时,一位学校领导模样的人走进教室,检查学生的背诵情况。

[同期声]

魏春武(巴彦县松花江乡朝阳中学校长):你叫啥名?

学生:我叫王德龙。

班干部:他叫王月伟。

魏春武:这不露了吗?你看,突然一问你就查露了,就糟了。我问你的意思是你就不是合发(小学)的了,怎么说都是现在顶替的学生。变个角度你就忘了,说我是合发(小学)的叫王德龙了,这不糟了吗。

画外音:按这位校长话中的意思来分析,难道这些小学生都是用来冒名顶替,迎接上级检查团的吗?

[同期声]

记者:你们都是顶替的吗?谁是顶替的举手。你顶替谁?

学生:我顶替丁晓燕。

记者:你是几年级学生?

学生:我是五年级的。顶替(初中)三年级一班的。

记者:这边还有谁是顶替的?你顶替谁?

学生:我顶替王中龙。我顶替杨晓明。我顶替徐英亮……我顶替马东岩。

记者:能背下来吗?

学生:能。我叫马东岩,男,今年16岁,1986年12月23日出生,家住在永常(村),父亲的名字叫马义军。

记者:你实际叫什么名字?

学生:刘松杨,家住合发(村),我父亲叫刘伟。

记者:你实际年龄多大?替十几的?

学生:今年12岁,替16的。

画外音:童言无忌,孩子们的回答暴露了真相。为了应付上级的普九检查,朝阳中学竟然用年仅12岁的小学生来代替16岁的初三学生,可谓别出心裁。

[同期声]

记者:你们准备得怎么样了?

校长:还行吧,前几天教委主任王志民来过,其实大家心里都明白,有些事就得作假,不作假就达不到上级的要求。

画外音:那么,松花江乡朝阳中学究竟在哪些事上造了假,假又是怎样造出来的呢?李军——朝阳中学初三年级学年主任,他告诉我们,再过几天,省教育厅将对巴彦县的普九教育工作进行一次检查,松花江乡朝阳中学成为这次检查的必检单位,而事实上,这所中学的辍学现象十分严重。据李军老师介绍,朝阳中学1999年入学的初一学生有163人,而能够坚持读到初三的只剩下62人,辍学率高达62%。如何把居高不下的辍学率降到普九标准——3%以内,朝阳中学的校领导着实动了一番脑筋。他们首先把几年来流失学生的名字找出来,重新添在各班的点名册上。

[同期声]李军(巴彦县松花江乡朝阳中学教师):我们所有表册都没有,全部从头做。

画外音:李军老师告诉我们,在这份初三一班的点名册上,排在前17位的名字都是后添上去的。通过这种办法,朝阳中学凭空新增加了97名学生,初三在校生总数摇身一变达到159人,辍学率也由62%降到3%以内,符合国家普九教育的标准。然而,光有名字没有学生也会在检查中露馅,于是,松花江乡教育办就下达了一个通知,要求乡里朝阳小学、合发小学、公正小学部分三四五年级的小学生马上挪到朝阳中学去上课,等到检查团走了以后再回原学校。

[同期声]

陈建国(巴彦县松花江乡朝阳中学教师):学校制作了一些小纸条分发给顶替的学生,让他们背熟,上面写着被顶替学生的姓名、住址等自然情况。

画外音:朝阳中学的领导深知,让这些冒名顶替的学生背熟小纸条上的内容是蒙混检查的关键,所以学校利用上课时间,多次组织学生加紧排练,这就是我们在前面看到的场面。由于小学生与初三学生在个头上有明显差距。为了把这出戏演得更逼真,于是在淘汰了一些个头明显不符的小学生后,朝阳中学的领导决定花钱从社会上雇人,来充当在校生。通过花钱雇佣的办法,朝阳中学一共招募到20多人,每人每天的"出场费"10元到20元不等。

[同期声]

村民:我叫王鹏,他们让我替顶杨小明,说好一天给15块钱。我都去两天了,一分钱还没给我呢。

画外音:由于朝阳中学没有按当初说好的条件付钱,这位村民没有得到经济效益,就决定不再去了。朝阳中学的领导在做好校内的各种准备之后,又制作了一些宣传普及九年义务教育的标语,悬挂在上级检查团到来的必经之路上,同时粉刷了围墙,整修了校舍,经过这么一番精心准备,朝阳中学的领导终于把悬着的心放回到肚子里。

画外音:让我们回过头来再看一看朝阳中学的准备过程。第一步:无中生有,伪造在校学生名册,在数字上达到国家普九标准。第二步:冒名顶替,选取小学生来顶替初三学生。第三步:招兵买马,花钱雇佣社会人员滥竽充数。看来,为了掩盖高辍学率,顺利通过省教育厅的普九检查,朝阳中学的这个"三步走"方案可谓下足了本钱。

画外音:晚上,得知记者前来采访,巴彦县松花江乡党委书记和巴彦县教育局局长等人先后找到记者,对记者做了一番耐人寻味的思想工作,请求记者不要报道这件事。

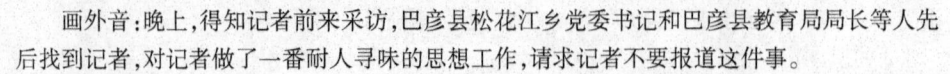

[同期声]

史春(巴彦县松花江乡党委书记):你们都是兄弟,应该理解我们的苦衷。

[同期声]

王志民(巴彦县教育局局长):这不是我个人的事,如果是我自己的错,我给你们磕头作揖,怎么处分都认了。

画外音:听起来,这位县教育局局长似乎很有全局观念,话语中处处体现出维护全县,乃至全省教育工作形象的大局意识。然而,在这份《巴彦县政府关于控制中小学生辍学的规定》中,却写着这样的内容:"对当年未完成'控辍'工作目标责任状的各乡镇主管乡镇长、教育办主任予以通报批评,对两年未完成目标责任状的予以行政处分。普九工作达不到省教育厅要求,在县领导班子考核中,将对主管副县长实行一票否决。"

[同期声]

王志民:我快退休了,你们报道以后,对我肯定会有影响,关键是我们主管县长还年轻,我这也是对县委县政府负责。

画外音:巴彦县教育局局长的这番话终于说出了他们之所以如此兴师动众,弄虚作假的真实目的。为保住自己头上的乌纱帽,在短短的几天之内,朝阳中学、松花江乡和巴彦县有关领导共同编导了一出蒙骗上级、混过检查的闹剧。我国全面普及九年义务教育,并制定了相应的法律,就是为了保障适龄儿童、少年接受义务教育的权利,就是为了解决各地教育发展不平衡、经济发展不平衡的问题。巴彦县松花江乡不但没有想办法去控制辍学率,反而弄虚作假,应付上级检查,他们把这种行为称为对领导负责,那么谁来为那些辍学孩子的明天负责,谁来为国家的未来负责呢?

画外音:就在松花江乡全乡上下为即将到来的检查忙得不亦乐乎的同时,在这个乡的各个村屯却随处可以见到辍学的孩子。

(王滨生、王英泽,黑龙江电视台2001年10月13日)

评 析

关注民生,针砭时弊
——评析《干部图政绩普九变儿戏》

《干部图政绩普九变儿戏》是获得第12届中国新闻奖一等奖的新闻评论类节目。其对民生的关注、对重大题材的挖掘、对事件真相的层层揭露,使得这期节目引起了社会各界的广泛关注。2001年10月12日,记者接到巴彦县松花江乡观众打来的电话,反映当地政府为迎接省里的普九检查,竟采用造假手段,用小学生顶替初三学生。记者赶到松花江乡,用摄像机准确、及时地记录了造假的全过程。随着调查的深入,记者发现,这是一起由中学校长、乡党委书记、县教育局局长共同策划的骗局,他们这样做就是为了掩盖这个地方的高辍学率,保住自己头上的乌纱帽。此片播出后引起了社会各界的广泛关注。

首先,反映主题重大。这期节目通过巴彦县松花江乡的个案,涉及普及九年制义务教育这一基本国策。可谓是主题重大。教育部1999年1月颁发的《面向21世纪教育振兴行动计划》提出:到2000年,全国基本普及九年义务教育,基本扫除青壮年文盲;到2010年,在全国实现"两基"目标的基础上,城市和经济发达地区有步骤地普及高中阶段教育。在这样一种宏观背景下,节目的选材体现了时代意义,更容易引起关注。

第二,节目抽丝剥茧,论据充分,层层深入事件真相。该片的新闻线索取自巴彦县松花江乡观众打来的电话。来电反映当地教育部门为迎接省教育厅的普九检查,竟采用造假手段,用小学生顶替初三学生以期蒙混过关。电视台接到电话后,迅速组织记者赶赴现场进行采访,用摄像机生动、准确地记录下了造假的全过程。在节目的一开头,并没有直指巴彦县松花江乡存在的问题,而是首先抛出了一个问题:为什么松花江乡要求小学生到中学去插班上课?通过调查,记者发现这些小学生并没有上课,而是在背诵人名信息。随后记者接着提出问题:这些小学生顶替谁?为什么顶替?怎么顶替?获益者是谁?为回答这些问题,片中也不乏有力证据。例如,校长魏春武抽查学生背诵虚假信息情况的画面颇具喜剧色彩,小学生的童言无忌、班主任提供的准确数据都为记者的采访提供了事实依据。最后,在《巴彦县政府关于控制中小学生辍学的规定》这份文件中,记者揭开了真相:他们之所以如此兴师动众,弄虚作假的真实目的是为保住自己头上的乌纱帽。

第三,对新闻时效性的注重保证了及时、准确的社会反馈。该片记者从收到群众的举报电话到节目的采访制作和播出只用了一天左右时间。记者闻风而动"抢新闻",编辑争分夺秒编辑新闻,正是节目的及时播出,引起的社会反响才达到最大化。此片播出后引起社会各界的广泛关注,很多观众给编辑部打来电话,对记者的报道给予充分肯定。有关部门针对此事迅速查处,并且重新布置了全省的普九检查工作,加大了检查的力度。这个节目在追求内容真实和新闻时效性之间,做了很好的平衡,显示出主创人员优秀的专业素养和成熟的新闻理念。

第四,旁白风格犀利,一针见血。用"别出心裁"、"精心准备"等词语来形容这场闹剧,使整个节目形成了一种带有主观色彩的讽刺意味。在结尾处,节目又概括了巴彦县松花江乡干部为迎接普九检查"三步走"造假全过程,再次强化了关键信息。弥补了电视画面瞬间即逝而给观众带来的记忆困难和认知的不足。在整个节目的最后,一针见血地指出了朝阳中学、松花江乡、巴彦县有关部门领导共同编导蒙骗上级、混检过关的闹剧本质,也在结尾处敲响了一记警钟:巴彦县松花江乡不但没有想办法去控制辍学率,反而弄虚作假,应付上级检查,他们把这种行为称为对领导负责,那么谁来为那些辍学孩子的明天负责,谁来为国家的未来负责呢?指出了问题的关键所在,发人深省。《干部图政绩普九变儿戏》关注民生,针砭时弊,真正起到了大众传播媒介的耳目喉舌之效。

文本

管林?毁林!

[演播室]

主持人:你好,观众朋友,欢迎您收看《焦点访谈》。我们的记者前不久来到云南省的马关县,这里是个林业大县,县里分布着众多的天然林和人工经济林,其中天然林属于长江上游天然林保护工程,这里的森林资源有多重要不言而喻。身处林区的当地人本该是护林人,本应具有很强的呵护植被、涵养水源、保护环境的意识。但是偏偏就在这里,记者却看到了一幕幕令人触目惊心的景象。

解说:今年年初记者来到云南省马关县一个叫茅草寨的杉木林,林间响彻着电锯声,在伐林现场大大小小的树木被一剃而光。

记者:你这个伐林是不分青红皂白的小的都伐光吗?

伐木工人:嗯,基本没有小的了。

主持人:这还大吗?

记者:你不砍这风吹就断了。

解说:我们在画面上看到的是人工经济林,经济林经过申请可以砍伐,但是砍伐是有规定的。有选择地伐大留小,在林业上叫做择伐,不分大小全部砍光叫皆伐,我国的林业法规定,皆伐要严格控制,然而马关县的林业砍伐大多数是采取剃光砍尽的皆伐方式。

记者:皆伐批了多少?占比例有多少?

云南省马关县林业局林政科科长:我们皆伐占到全县的60%多一点。

解说:记者在马关县采访时,沿途的山道上伐木的行为随处可见。

记者:有采伐证吗?

村民:有。

记者:在哪儿呢?

村民:具体的你打个电话给我们老板就知道了。

[记者电话通话]

记者:你的砍伐证是多少号啊?几月份办的?哪里办的?

老板:今年的嘛。

记者采访了解到这片林地2013年的砍伐证根本没有办下来。

云南省马关县林业局林政科科长:2013年我们没有发采伐证。

记者:我们问了那个老板了,他说他拿到了2013年的指标。

云南省马关县林业局林政科科长:肯定他是说假话了。

解说:违法砍伐无人制止,自然导致毁林不断。在马关县,不仅经济林木被违规采伐,小规模的砍树更是比比皆是。就连天然林也难逃厄运。位于云南省马关县的深山有一条沟叫古林菁,古林菁从字面上的理解就是长着古树的大山沟。

记者:这山上原来是林子吗?

村民:是森林。

记者:长的都是什么树种?

村民:长的都是各种杂树,你看现在还有剩下的树,像下面那样的林子。

记者:原来林子就像下面那样?那很茂密啊,都是森林。

村民:以前属于森林。

记者:这个大箐的树保持多少年了?

村民:我将近有70岁了,我懂事的时候就是森林了。

就在两三年前,这里不仅林密,野生动物也时有出没。

记者:这个林子里过去的野生动物多不多?

村民:多。有野鸡、竹鸡、蟒蛇、还有蜂猴,原来我们都看见过。

解说:然而到了2012年,这里的林木被一伐而光,云南文山州的天然林属于长江上游天然林保护工程,这里的天然林禁止砍伐,那么为什么要砍伐这片林子呢?记者首先来到了马关县林业局了解情况,据林业局介绍,砍伐古林菁森林是林业局的决定。

记者:这个情况你知道不知道?

云南省马关县林业局局长:我知道。当时2010年的时候,我们县计划到2020年,完成75万亩的低效林改造。

解说:天然林不能改造,马关县林业局为何把这片林区列为低效林改造呢?

云南省马关县林业局局长:这个地方是这样的,那些小树统一叫做杂木棵子,就是那个树是没用的泡桐杆,很小很小。

记者:有大树吗?

云南省马关县林业局局长:没有。

解说:村民印象中的森林,在马关村林业局嘴里却成了杂木棵子,这古林菁到底是什么情况?

就在马关县林业局的林区分布图上可以看到古林菁在林业地图上的状况,地图上的绿色部分属于林业,而古林菁所在的位置,恰恰就是一片绿色。

记者:现在这个是一种什么状况?

云南省马关县林业局林调队调查员:属于有林地。

看来古林菁原来的确是一片林地,林地就不能被砍伐,也不存在什么低效林改造。

解说:马关县林业局出具了一份古林菁的采伐申请表,申请表称古林菁是速生丰产林所谓速生丰产林就是人工种植的林木,适宜砍伐改造。

云南省马关县林业局林政科科长:我们每砍一片树,都有专门的有资质的部门来进行调查,我们就按他调查的这个来进行采伐。

解说:据马关县林业局介绍,他们把古林菁的林地认证为人工经济林,并且申请采伐,依据的是古林菁的林业资源调查报告,而调查报告来自局里的专业林业调查队。专业林业调查队怎么和村民的说法大相径庭了呢?记者在砍伐申请表上看到有两个调查员的签字,这意味

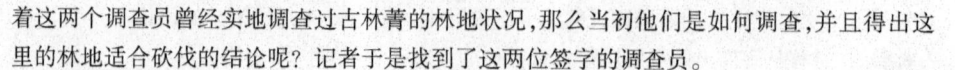

着这两个调查员曾经实地调查过古林菁的林地状况,那么当初他们是如何调查,并且得出这里的林地适合砍伐的结论呢?记者于是找到了这两位签字的调查员。

记者:是你们俩去的吗?

调查员:不是不是,这不是我们的笔迹。

记者:不是你们签的字?那就好奇怪了。

调查员:好像我们也没有去过这个地方。

解说:原来,所谓的调查是子虚乌有,那么申请表的真实性也就可想而知了。可是,马关县林业局却凭着这样莫须有的奇妙的调查把古林菁列入林地改造项目,并且开具了采伐证,在2012年砍伐一空。对于这个情况,马关县林业局局长坚持说,自己也去过现场,看到过古林菁当时的情况。

记者:你去过吗?

云南省马关县林业局局长:我去过。

记者:最大的树有多大?

云南省马关县林业局局长:最大的就是四五厘米,三四厘米,就是没有用的树。

解说:不过马关县林业局局长仍然声称,古林菁并不是什么天然林,在砍伐之前沟里面已经没有什么大树了,所以列入低产林改造项目,并且申请砍伐。这样的说法符合事实吗?就在被砍过的山坡上,原来林木的树桩还存在着,而且从茬口上看上去砍伐并不是很久。

记者:在砍伐现场我们看到,这样的大树根比比皆是,巨大的树桩说明被砍伐的树木已经至少生长了几十年。

虽然古林菁被砍伐的大树桩到处都是。但去过古林菁的局长却似乎视而不见。

记者:我们前天也去了,被砍掉的树桩直径有这么大(用手比画)。

云南省马关县林业局局长:没有这么大的树,那些地方怎么有这么大的树。

就这样,古林菁变成了现在的模样。

[演播室]

主持人:这样的砍伐真是让人心疼。不论大树小树,不管是天然林还是经济林,一个字,砍!不怕违反法规,不惜弄虚作假,一个字,干!这让人不得不问,这么大胆的事是谁干的?这么大的干劲是哪来的?如此砍树,究竟是为了什么呢?

解说:在砍伐过的山坡上,还能看到不少身影在忙碌。杉树是一种速生经济林木,这几年由于市场需求量较大,云南的不少地方都在荒山上种植,树木成材后是一笔不小的收入,据种树的农民反映,种杉树的是一些个体老板。村民们介绍,在这里种树和砍树的都是一伙人。马关县林业局先是以低产林改造的名义把天然林伐去已经是蹊跷的事情,种植经济林木又是个人在承包收益,那么是什么人能够指示林业管理部门为自己服务呢?记者在马关县林业局的砍伐证登记表上看到有杨琨二字,巧合的是在林业局的布告栏里,也有个叫杨琨的局领导,难道这两个杨琨是一个人吗?

记者:这个杨琨是什么意思?是你们局里的杨琨?

办事员:是。王成荣是他的朋友,这个人当时没有过来,但是办证时间要到了,杨琨就代他领的。

记者:是不是杨书记在造林?

办事员:没有没有,不是。

解说:如果是这样,林业局就把砍伐开给了自己的领导,对此林业局的干部却吞吞吐吐。这事恐怕只有杨琨才能说得清楚了,然而采访期间杨琨却怎么也不肯出现。在马关县林业局记者了解到,古林菁所在的林地林权证属于附近的村民,记者决定去林地所属的村庄了解事实。在干沟村村民给记者出示了林地转包合同,他们的林业刚刚转包给了别人,新的承包者里面杨琨的名字赫然在目。

云南省马关县干沟村村民组长:我们包给林业局。

记者:林业局谁?

云南省马关县干沟村村民组长:杨琨。

记者:这钱已经给你们了吗?

云南省马关县干沟村村民组长:给了。

记者:谁给的?

云南省马关县干沟村村民组长:杨琨。

解说:看来林业局的局领导杨琨果然是砍林和承包的人,在承包合同上还有被涂黑的3个字,这3个字是林业局局长杜礼坤,他也是其中的参与人。不仅如此,记者在现场还了解到,参与承包林地的还有不少林业局的干部。林业局是森林的管理者和保护者,现在,马关县林业局从局长到股长,都参与了自己管理领域里的经济活动,之前,古林菁由天然林被说成是人工经济林,并且被砍伐一空的奇怪情况,也就不难理解了。面对这样的事实马关县林业局长承认,林业局里的干部们长期以来一直是这样做的,也并不是什么新鲜事。

记者:你们去租地?

云南省马关县林业局局长:跟老百姓租地种树,我都租了一大片。

记者:国家有规定,国家公务人员不能利用自己的职权,进行这种经济行为吧?

云南省马关县林业局局长:这我不懂。我的意思是说,如果说在双方受益的情况下,老百姓如果闲置这块地,哪一位去租,我们都不会干涉他的。

解说:局长所说的双方受益的事实果真如此吗? 现在,天然林被砍光后,林业局的领导们拿到了20年的承包合同,1000多亩的林地转包出去20年,村民们得到的转包费总共有8万元。干沟村的村民每户平均拿到了6000元。而马关县林业局的干部承包20年,除了砍伐天然林树木的收入,造林还能够得到国家每亩200元的补贴,1000多亩的林地,只是补贴就达20万元。杉木成熟后的经济效益就更加可观,1000亩的杉木成材后,按照现在的市场价格就能卖到数千万元,平均每亩收入有几万元。看来如此承包收益方只能是马关县林业局的领导们,这样的林地承包方式长期存在,使马关县林地的承包者受益匪浅。

记者:那个别墅是你的房子吧?

云南省马关县林业局局长:是我的。

记者:那时候您的工资多高啊?

云南省马关县林业局局长:不高,1000多块钱。

工资并不高的林业局干部,他们的住房在马关县条件相当好,林业局长的临街的豪华别墅可以说是县里最好的,不仅如此,他还拥有县里黄金地段的数百平米的铺面房。

记者:总共加起来建筑面积多少?

云南省马关县林业局局长:差不多事400多平米吧。

解说:在马关县,经济林不按规矩砍伐,天然林被说成是人工林被砍伐一空。林业的监管部门成为林地的破坏者,林业管理者自己这样做,民间出现对林木的偷伐滥伐也就不足为奇了。在马关县,砍伐天然林的后果已经显现出来。

记者:现在砍光以后还能看到动物吗?

村民:没有了。

解说:马关县的林地大多数是位于坡度较陡的山区,这样的乱砍乱伐损害的恐怕不仅仅是动植物的生存。

记者:这片山坡树木刚刚被伐完,而就在山坡下面,是一个住人的村庄。如果林木完好的话它起到一个保护作用,而现在一旦天降大雨,泥石流就有可能会顺着山坡冲刷下去,直接危害到老百姓的生命安全。

[演播室]

主持人:森林被滥砍乱伐,失去的是自然的和谐和环境的安全;而党纪国法被随意触犯,影响的将会是社会的和谐和民心的向背。破坏了自然法则大自然终有一天会报复我们,而违背了国家法律又该受到怎样的惩罚呢?好,感谢您收看今天的焦点访谈,再见。

(中央电视台2013年3月25日)

评析

视听结合,还原真相
——评析《管林?毁林!》

2013年3月,《焦点访谈》节目《管林?毁林!》报道了云南省马关县林业局一些人监守自盗、乱砍滥伐天然林,为自己谋取私利的问题。节目播出以后,云南省林业厅立即进行了查处。节目中充分运用了视听元素,对事件涉及的多人的说法进行证实,真正做到了用事实说话。

首先,节目充分发挥了电视新闻视听结合的优势。节目中,多人说法不一,真假难辨,正是节目将拍摄到的画面和林业局局长等人的说辞进行比对,才还原了事实的真相。古林菁究竟是天然林还是速生丰产林?天然林古林菁为什么会遭到大规模砍伐?节目围绕着这两个核心问题展开。在记者调查过程中,关于古林菁是不是天然林,专业调查队和村民的说法大相径庭。根据调查队出具的结论,古林菁是速生丰产林,但在村民看来,古林菁已存在70年,被砍伐前是一片茂密的森林。为了证实这一说法,记者找到了早期的林区分布图,用画面证实古林菁是林地的事实。另外,在云南省马关县林业局长杜礼坤的口中,古林菁没有大树,有的只有杂木棵子,但记者拍摄到的画面中,砍伐现场中直径四五十厘米的大树根比比皆是,并将砍伐现场的画面与马关县林业局长接受采访的画面拼接在一起。面对砍伐现场一片狼藉的景象,在事实面前,真假一目了然。视觉与听觉相结合的特点,也使电视区别于传统纸媒,电视新闻也有了不同的侧重点。在《管林？毁林!》中,正是用这样的真实画面去印证听觉材料,才使真相逐渐浮出水面,展现在观众面前。

其次,记者全程参与增加了观众的参与感,使新闻更加真实、可信。记者全程参与,也是这期节目的一大特点。潜在地告诉了观众:当这个新闻事件发生时,我在场。片中记者"带领式"的出镜方式,消除了观众对现场的部分疑虑,增强了新闻报道的可信度。比如画面中,记者直接用手机对话砍伐场老板,询问是否有砍伐证。在这一段落中,记者以一种类似"观众代理人"的身份出现,代替观众去到现场进一步探究事件真相。另外,记者以出镜的方式强调了沟通,实现了电视传播中人本化的传播方式。在采访村民的画面中,记者出镜强调了沟通。记者问:"这个大箐的树保持多少年了?"村民回答:"我将近有70岁了,我懂事的时候就是森林了。"这样通过沟通而得到的朴实的回答,远比简单的一句"60年"要来得亲切自然,也更加真实可信。可以说,记者与被采访者的良性沟通,为这个片子的成功提供了重要保障。

再次,记者提问犀利,结论深刻,为节目画上了点睛之笔。记者采访现场勘探队员时,得知勘探结论并非勘探员本人所写时,脱口而出一句:"那就好奇怪了",道出了观众心中同样的疑问。在对话林业局局长时,更是直接提问:"国家有规定,国家公务人员不能利用自己的职权,进行这种经济行为吧?"问题命中要害,力图解开所有疑惑。记者在保持理性的同时,也敢于向被采访者发起更尖锐的问题。在节目的最后,记者更是给马关县的人们敲响了警钟,在马关县,生态被破坏的后果已经显露出来,乱砍滥伐危害的不仅仅是动植物的生存,今后一旦天降大雨,被砍伐完的山坡没有植被保护。泥石流就有可能直接危害到山坡下村民的生命安全。这一结论的出现,使得林木砍伐这一现象与每个人的根本利益紧紧挂钩。及时地敲响了警钟,让世人警醒。违法行为最终会受到法律制裁,而破坏了生态,人类面临的将有可能是大自然的报复。

文本

雷书记的"雷人"视频

主持人:晚上好,欢迎收看正在直播的新闻1+1,一起爆料被证实,它的主角是一位官员被拍摄到一段不雅视频。具体怎么回事,我们先了解一下。

配音:11月20日,疑似重庆市北碚区区委书记雷政富不雅视频截图在微博发布,21日,有关部门表示注意到此事并开始核实,22日,有关部门确认有关视频并非PS,继续核实当事人身份;23日,重庆市市委确认不雅视频主角为雷政富本人,宣布免去其区委书记职务并立案调查。有网友称,63个小时,一个正厅级干部被微博秒杀,舆论一片哗然。

11月20日,一篇题为"重庆市北碚区委书记雷政富性爱视频"的文章在网络上流传开来,文中附有多张视频截图,图片中男女全身赤裸,男子面部清晰,文章称这是重庆市北碚区区委书记雷政富在宾馆与其长期包养的18岁二奶淫乱的视频截图。

事件的报料人之一纪许光,其微博认证为资深调查记者,从1月20日到今天,关于此事他总共发了30几条微博。他举报称,在2007年农历大年初一、初三,时任北碚区区委副书记、区长的被举报人,在重庆一宾馆,与18岁的二奶进行性淫乱。这些文章照片和视频经过转发,男主角雷政富立即走红网络,媒体记者纷纷试图联系当事人。11月21日,有媒体记者电话采访了雷政富本人,而他的回答是,那些是造假的不要信。就在同一天,重庆市人民政府新闻办的官方微博发布一条消息称对于此事已注意到相关内容,正在了解核实;23日,重庆市人民政府新闻办发布微博称,经重庆市纪委调查核实,近日互联网流传有关不雅视频中的男性确为北碚区区委书记雷政富。经重庆市委研究决定,免去雷政富同志北碚区区委书记职务,并对其立案调查。

主持人:我们不妨来看一下63个小时里到底发生了什么。

11月20日,疑似重庆市北碚区区委书记雷政富不雅视频截图在微博发布。

11月21日,重庆市纪委回应网传称注意到此事并开始核实。

11月21日,雷政富接受媒体采访时称那些不雅视频是造假的。

11月22日,重庆市官方确认不雅视频并非PS,继续核实当事人身份。

11月23日,重庆市政府新闻办公室官方微博称,确认不雅视频主角为雷政富本人,宣布免去其区委书记职务并立案调查。

有网友说63小时的时间是秒杀,那接下来我们就连线北京大学的王锡锌教授。王教授,如果我们回顾一下在过去几年发生的类似被网友盯上并抓出来的这些人,比如说从周久根开始,当时我们还做过这样的节目,当时历时有几个月时间大概半年,后来就到了今年的表叔还有房叔,大概历时一个月上下,那么到现在63小时,还不到3天时间,您怎么看待这种网络上的反腐的提速?

王教授:我觉得这个提速主要是网络各种线索的提供与制度的回应和对接这种速度应该说在迅速提高。这种提高既有个案的原因也有我们现在对网络反腐特别是利用微博提供的线索进行对遏制腐败的高度重视。所谓个案的原因,在这次重庆不雅视频的个案中,视频提供的非常清晰的比较容易调查的事实,这种事实确认起来相对速度会更快些。但我觉得更重要的原因,就是随着反腐越来越成为我们这个社会还有政党和政府高度关注的热点问题,在反腐这种热度不断加大的时候,我们对于反腐的速度自然有了提升。比如说民间重视它,而政府也高度重视它,在两个重视下,我们可以看到这个案子处理速度是比较惊人的。

主持人:那王教授您看,63个小时的处理结果就是免去他的书记职务,您更把它看作一个结果还是一个开始?

王教授:应该说这只是一个阶段的结束另一个阶段的开始。因为我们看到今天重庆市委的决定是免去雷政富同志的职务。

主持人:您怎么看待仍然称为同志这个称呼?

王教授:他这里称为同志,我们可以看到,免职既不是行政追究更不是制裁。只是一旦不雅视频主人身份核实以后,按照相关纪律他不能再担任这么重要的领导岗位职务。也许我们可以关注的是后面整个立案调查怎么进行,也许是非常关键的,因为它不是一个网络娱乐事件,而是一起有民众参与提供线索实名举报制度回应的网络与反腐制度联合行动,所以后续调查到底引出什么结果,比如说官员有没有向这些可能存在的人滥用权力等行为,我想民众对这些后续问题应该是高度期待的。

主持人:王教授您的意思就是说在63个小时出来一个结果表现出了一种速度,那接下来民众会更关注重庆方面会怎样在这件事情上表现出来速度之后的力度。

王教授:对,这个力度应该说是大家更期待的。

主持人:好,那这起不雅视频曝光事件严格说当事人应该是双方,一个是雷政富,另一个就是微博爆料者纪许光。今天下午,纪许光应重庆市纪委邀请,到重庆去协助调查。

配音:重庆,老纪来了。这是今天下午报料人纪许光发布的一条微博。应重庆市纪委邀请,纪许光今天下午飞赴重庆协助调查。从3天前在微博上爆出雷政富不雅视频至今,纪许光在微博上不断更新着事件的最新进展。当事人雷政富成为焦点人物的同时,人们也对纪许光产生了关注。

在微博认证中,纪许光身份是资深调查记者,他曾供职于南方都市报,2010年因报道记者通缉门事件而备受关注。纪许光又以报道徐武事件和独家报道河南性奴案而轰动全国。

今天傍晚,当纪许光乘坐的航班抵达重庆机场,本台记者第一时间进行了采访。

纪许光:在不违背我的新闻记者操守以及新闻伦理观念的情况下,提供一些力所能及的帮助。

新浪微博在今天傍晚对纪许光进行了微博访谈,很多网友们都表达了对纪许光的支持和对他人身安全的担忧。对此重庆市纪委一位官员也表示,只要涉及重庆市官员的举报,不管举报者身份和举报方式,重庆市纪委都会依照程序认真严肃调查核实。

纪许光:这个视频怎么来的,材料怎么来的,很抱歉我们答应过最原始的举报人替他保密。这个确实暂时还不是透露的时候。

记者:那视频资料是几年前的吗?

纪许光:是有一定的时间跨度的。

记者:你拿到资料是什么时候?

纪许光:我们最早获得是在本月初。

记者:是一个视频资料吗?

纪许光:有视频资料,有纸质资料,有录音资料,是一个非常综合性的证据文本。

配音:在微博中,纪许光还透露自己采访了当事人雷政富,而两人又有着怎样的接触呢?

纪许光:雷先生表现得非常着急,那个时候还是在矢口否认的,这个都在我们的意料之中,没有关系。他有权对这个东西提出自己的不同意见。

配音:在回答网友提问时,纪许光说自己无意于将谁放倒,自己只是竭力报道新闻,至于雷政富先生是不是贪官,不是我说了算的,这个结论应该由国家权力机关做出,我只对做新闻感兴趣。

主持人:很有意思的一个现象,纪许光前往重庆市委协助调查,但是很多网友对他的安全提出了担忧。包括纪许光本人也发出了这样的微博,他自己说:重庆市纪委就不雅视频事件对本人发出协助邀请之后,很多网友劝我不要前往,担心我的安全!我想这种现象的背后,恰恰说明了我们这个社会信任的缺失。在争取了我的第一报料人朱瑞峰意见未果(他仍有很大顾虑)后,老纪决定,单刀赴会,希望安好。请注意他用了一个词——单刀赴会,所以接下来我们要继续连线王教授。

王教授,很多人都认为重庆市纪委这次邀请爆料者前去协助调查是一个开明的举动。那为什么这个开明的举动会让爆料者产生单刀赴会的感受?

王教授:我觉得纪许光这种担心可能是有理由的,他在微博里说是信任的缺失,但我想他可能更想说社会中许多个体恐惧的蔓延。这种恐惧也许有经验意义上的支持,比如说过去看到有一些报道,当事人可能在微博或者网络上爆料了一些涉及当地官员的信息,后续的情形包括所谓跨省追捕还有被劳教的情形,所以通过这样一些过去发生的本来规则不允许的个案,使得一些爆料者像纪许光感觉到空气中弥漫着恐惧。但是我觉得纪许光也相信,在这个个案中,他的恐惧被克服了,因为他到了重庆,而且我们可以看到他神态还是非常自信和轻松的。所以我觉得这种实名爆料者内心的恐惧需要有制度和态度来消除。制度最重要的是对这种实名举报者应该要有非常有效的法律制度来保障他们的安全、消除他们的恐惧。

主持人:那我们说到纪许光这方面,我们再来看重庆市纪委,他们这次能邀请网络爆料者前去重庆协助调查这件事情,您怎么看待重庆市的这种做法?

王教授:我觉得这个邀请非常值得我们去记住,因为这次的邀请可以说是反腐的制度与网络一次非常好的互动和合作。所以互动不像以前,就是制度会发出一个邀请,这是一个非常有效的互动。另外,我们可以看到这种互动其实是为了合作。目标就是一个,要查清真相。这种互动非常积极,首先它显示了非常负责任的姿态;其次从行动意义来说,只有邀请纪许光来参与,相关更为充分的材料、信息才能进入调查程序的视野,有助于调查结果。

主持人:王教授刚才您也说了,这是值得被记住的一个制度化的开启,但我们也看到,为什么作为旁观者的网友他们也看到了重庆市方面的善意和开明以及制度化的建设。为什么他们作为第三方观察者仍要感到担心?

王教授:我刚才已经说了,这种担心有很多是基于对过去的观察的让我们有理由担心的个案。比如许多线索提供者,线索可能移植到了被举报的当事人,或者在后续会有一些很难解释的事故等。这些故去的时间会在民众心里播下某些恐惧的种子。

主持人:嗯,我们看一下张天蔚的一段评论,他说重庆市相关部门的反应还是及时和有章法的:

承诺调查、确认不是PS、确认系雷政富本人并免职调查。每天有进展、终于有结果。虽然事件性质恶劣,但这种主动、公开的处理方式,使政府没有被拖下水,比那些遮遮掩掩,最后把屎盆子主动招到自己脑袋上的好多了。

虽然我们目前不能说不雅视频主角雷政富就有贪腐行为,但从以往发生的个案来看,我们的确能发现规律,就是贪腐行为首先都是从一些不雅视频或者不雅照片中被揭露出来的。

配音:又是微博爆料被关注,又是不正当男女关系被查实,又是一位政府官员被免职。2012年,江苏省溧阳市卫生局局长谢志强因不熟悉网络知识,误将微博当作私密聊天工具,与一女子大肆调情,该聊天记录随后被网友截图并发到网络,引起无数围观。溧阳市委随后召开紧急会议,谢志强被停职检查,并取消其党代会代表资格。

2011年7月,一条名为"捡到U盘,一昆明发改委官员艳照视频"的帖子在微博上引发网友关注,最后,昆明市发改委确认,陷入多人性爱丑闻的当事人,正是昆明市发改委副处长程建军。2011年8月,昆明市纪委对程建军立案调查。

2011年8月,一条微博让河南省汝阳县一位官员陷入"艳照门",而发帖者正是"艳照门"的女主角。随后调查组查实网帖中的当事人为河南省汝阳县人大常委会党组成员田汉文(音),随后田汉文被停职。

2011年年底,检察日报在题为"微博反腐已成最新反腐方式之一"的文章中说,微博反腐可谓风生水起,格外耀眼,在众多的反腐案件中均可以看到微博的身影,个人微博轰轰烈烈,微博反腐形式五花八门。

2011年7月,署名夕阳下的秋叶的网友连续发布微博,称其丈夫某国土局贪官包养情妇,并为其购房,而购房款项为贪欲赃款所得。这一微博起初并未引起网友太多的注意,然而时至2011年8月2日,当夕阳下的秋叶爆料其丈夫的真实身份——浙江省开化县国土局局长朱小红后,这一微博开始被广泛转发,并迅速引起媒体关注。

随即浙江省衢州市纪委责令衢州市国土资源局纪委和开化县纪委组成联合调查组展开调查,最终朱小红被认定涉嫌违纪,并被免职,进行立案调查。

主持人:有一个细节,不知道大家注意到没有,雷政富的这段不雅视频是被拍摄在5年以前,那就有一个问题出来了,这5年的时间里,到底有没有人通过正规的渠道,向纪委去反映过这件事情,如果说没有的话,那为什么没有人去采取这种正规的渠道,而最终采取的是在微博上爆料的这种方式?如果有的话,为什么过去5年就没有出现一个什么样的结果?接下来我们继续连线王教授。

王教授,您怎么看刚才我提的这个问题?

王教授:这个问题其实就是我们过去在讨论现有的反腐制度和越来越风生水起的这种网络反腐制度,这两者之间的差别,其实如果从您刚才提到的问题来看,5年以来的这个时间,既然有人已经有了这么有力的重磅炸弹,也有这种非常容易进入的纪委、司法机关,这样一些处理腐败的渠道,为什么没有去呢?没有去把这样一种有力的证据提交给他们,我想一个很重要的原因,可能这里就是刚才这个微博爆料者纪许光在他微博中说的"信任的缺失",因为许多时候,也许爆料者担心,如果我把这些信息提交给这些部门,或许老百姓会想,是不是存在石沉大海的情形,甚至会出现所谓官官相护的情形。那么在这种情况下,这样一种担忧,也许阻止了一些人去直接到这种制度性的一些机构,直接去扣开制度的扳机。如果说这道大门,本来是大门,被他人人为地关上了,很多时候他们只能求助于其他的形式,而这个时候网络提供了一种有效的工具,一种平台,网络反腐我觉得最重要的机制其实就是公开,而且这种公开是不可逆的,一旦这种信息放在网络上,很快地扩散开来,任何的遮掩可能都会使问题更加严重化,所以在这种时候,另外一种便捷的这种公开的机制,其实就慢慢地获得了一种信任。

未来如果要从更有效来说,当然我们说微博的反腐已经越来越重要,但是微博的反腐在最后还是要通过这种制度的启动,才能真正按照程序展开,所以要鼓励微博反腐,但更重要的是要真正地激活我们已经存在的各种各样的反腐的制度。

主持人:其实您的意思是说,从点到点之间,本来是直线最短,但是通过这件事情还有以前发生的一些事情,我们就会看到,有的人就通过一种绕弯路的方式绕过了这个最短的直线,而是走了一个圈子,我觉得这其中可能会牵涉的人更多。

王教授:没错,而且用了更多的时间,比如说如果说在很早以前,这个资料就能交到纪委的话,而纪委能很快地做出反应,也许我们根本不需要绕这样一个大圈子,这一个圈子既是一个空间,同时也是一个时间,它有5年的跨度。

主持人:最后一个问题您可以用简短的话跟我们说一下,您怎么看情妇去暴露贪腐官员的一些问题?

王教授:这个问题其实我们以前讨论过很多次,比如说这一次我们看到的又是一个所谓的这种情妇反腐,另外还有各种各样的这种喜剧性的情形,我觉得这实际上都表明,我们反腐一个是制度要更加有力,另外一个各种各样的信息的源头,一定要广开信息的源头,而这种广开信息的源头,可以说它能够使得各种各样的信息,真正的都能够汇集到我们的制度之中。当然我们前面讲到了热度,反腐现在已经是有热度的话题,我们也看到这次的力度,也看到了这种我们关注的强度,但所有这一切我们需要制度,这种制度就是日常化如何有效地进行,这种制度就是如何让民众都能够相信它,能够把信息提供到这种制度之中,这样的话,反腐就能够真正地在制度这种保障下更有力度、更有效果。

主持人:好,非常感谢王教授,王教授的意思就是说在速度和力度,大家都看到了之后,其实人们最应当期待的还是制度。

(中央电视台新闻1+1,2013年5月播出)

评析

聚焦网络事件,评说反腐得力
——评析《雷书记的"雷人"视频》

2009年7月,央视进行改版,落实"新闻立台"的理念。本次改版重点推出的新闻评论栏目《新闻1+1》便是提升新闻锐度的集中体现。

《新闻1+1》的新闻选题主要包括3类:时事政策、公共话题和突发事件。

这一期的选题既属于公共话题,也属于时事政策。节目从这些大型选题中选取当天最新、最热、最快的新闻话题展开评论和分析;打破传统的新闻播报方式,采用"1+1"即一位主持人和一位新闻观察员的双人谈话的模式,主要由白岩松和董倩联袂担纲主持;采取演播室直播的方式,第一时间跟进时事,深入解析《新闻1+1》播报和评论并重的演播现场新闻幕后错综复杂的背景脉络,以对新闻事件进行深入阐释,重在观点的呈现和表达。

《新闻1+1》不是以新闻的时效性作为第一落点,而是以对新闻的阐释作为第一落点,阐释即提供观点,其实质是对话语权的争夺。

从过去的情况来看:在快速反应、新闻时效方面,电视不如广播;在公共议程设置方面,电视不如网络;在深度报道和意见表达方面,电视不如报纸。在信息高速膨胀的当今时代,仅停留于信息的简单收集和播报,没有多大意义;在社会日益开放、民众高度参与新闻的当今时代,争夺独家新闻殊非易事,电视通过观点的提炼占据话语的制高点,锻造媒介公信力是必由之途,这正是《新闻1+1》作为电视新闻评论节目的示范性意义。

  为了提升评论的锐度,栏目采取主持人和观察员论辩的方式,二者之间形成立体交互的评说模式,针对具体新闻事件,在新闻的阐释和意见表达上相互补充,营造一个开放的话语场。但主持人和观察员的互动,目的不是呈现出两种不同的意见,而是通过"辩证"的方式表达出理性的观点,二者都站在媒体和公众的立场上,通过理性的探讨,试图得出客观、深入、权威的意见,以引领社会舆论。毫无疑问,这种评论是精英话语的表达。这样的表达如果掌握不好的话,很可能流于艰涩,为了避免这一点,《新闻1+1》充分发挥电视视听兼备的传播优势,大量运用同期声、电话连线、现场采访、影像资料等多元手段,提供详尽的事实论据,使得节目充满质感。

  这期节目中,节目真正想表达的中心内容是网络反腐及其代表——微博反腐的意义及发展情况。雷政富事件只是一个引子,是为了引出主持人与专家的对话,引出接下来的其他案例,从而环绕在中心内容周围,让网络反腐这个话题不那么空洞,让新闻评论节目不再是假大空,让新闻评论节目也有了可观看性。

  网络反腐是互联网时代的一种群众监督新形式,借互联网人多力量大的特点,携力便快捷、低成本、低风险的技术优势,更容易形成舆论热点,成为行政监督和司法监督的有力补充。作为互联网在反腐败中的作用得到中国执政者认可的一个重要标志,中央党校出版社2009年出版发行的《中共党建辞典》收录了"网络反腐"的词义。

  在网络日益受到反腐机构青睐的同时,由于网络公开和透明的特性,又无意中开辟了一个反腐新战场——民间网络反腐。

  与官方网络举报不事张扬相异,民间网络反腐带给人一种锣鼓喧天的感觉。一些腐败分子正是先在网络上被炒得沸沸扬扬之后,再被反腐机构锁定,最后落马的。

  这实质上就是一种公开举报,是在传统举报方式存在效率低、查处缺乏监督等弊端下的一种无奈之举。有媒体评论,这是公民不甘于被动地参与反腐,不甘于自己举报后被动地等着更高权力去反腐,而是想寻求一种制度平台掌握反腐的主动权,以民意压力促使官方作为。

  可以说,公开是民间网络反腐的唯一利器,但这同时是柄双刃剑,这种方式蕴涵着巨大的风险——一旦被证明举报失实,举报者可能会导致犯有诽谤罪的后果。

  因此,民间网络反腐尚缺乏法律的支撑,也未被官方认可。

而"中国民间第一职业举报人"姜焕文则说,正是一些官方举报网站接到举报信后不能及时答复,许多举报石沉大海,才会导致一些人利用极端的方式炒作造势。

有学者撰文指出,应该为民间反腐提供制度化出口,使民间反腐与现有的反腐机制良性互动,不至于走向盲目;同时也使现有反腐机制在民间资源配合下,更有效地清除腐败。韩国为了应对腐败日益严重的趋势,成立了颇具特色的民间反腐败组织,与市民、企业、政府和透明国际已经开始形成一个反腐败网络,取得了显著成效。这或许值得我们借鉴。

《新闻1+1》对意见的提炼和表达是建立在平衡多种"声音"基础上的,这是成就其深度和锐度的主要原因。尽管与新闻相关的各利益方没有来到节目的现场,但在讨论的过程中节目会以新闻资料的方式对他们的声音予以呈现。例如,在这期《雷书记的"雷人"视频》节目中,讨论了雷政富不雅视频的事件,在讲述该事件的时候,主持人与专家组成1+1组合,通过图文的方式讲述了事件背景,采访了报料人纪许光,通过网络搜集了其他的网络反腐案件。多种声音与事例的呈现使主持人和观察员的表达建立在事实的基础上,建立在平衡与理性的基础上,同时也使节目本身充满了张力,有对话,有思想深度,有视角宽度,有思维广度,也有"好看"性。

第8章 电视新闻专题作品评析

评析指要：电视新闻专题

1. 电视新闻专题的含义

电视新闻专题节目是指有特定的新闻取向，以深度报道为主，综合运用各种电视表现手法，按周期、按专栏播出的新闻节目类型。电视新闻专题节目最常见是采用专稿和专题报道的形式，可分为新闻调查型、新闻评论型、新闻评述型等，受众、内容、形式相对稳定，每一期只对一个内容进行专题报道，对事实进行深度挖掘和分析。电视新闻专题节目大都在后期制作上尽力做到充分完整，调用多种体裁、表现手段来表现细节和情节，使故事性和艺术性完美结合。而利用现代剪辑技术的不断创新，打造精品节目成为可能，这在某种程度上弥补了新闻专题节目实效性、现场感的相对弱势。

2. 电视新闻专题节目的分类

近10余年，电视新闻专题节目在新闻理念、制作和传播上，与之前比较都产生了很大的变化。电视新闻专题节目将音、画、文字等视听手段融为一体，通过声音、影像、画面、字幕和特技等多种表现手法，生动地再现了新闻事件，使信息更广泛地传播给受众。不过，电视专题作品还是以真实性为基础的新闻报道形态，是能容纳多种表现手法和风格特点的专题。其节目形态大体分为以下几类：

（1）评论型。这一类型的新闻专题节目，以揭示事物本质、提供看法、引导观众的判断和认知为特点，节目不断变换新闻评论的方式和视角，包括同期声评论、解说词评论、主持人评论、现场点评、采访评论等，评论的展开以主持人的思辨逻辑为核心，使信息的采集和选择具有很大的开放性。由于这些评论是在翔实的事实基础上阐发，具有极大的说服力和影响力。

（2）调查型。这一类型的新闻专题节目，通过对观众关注的新闻事件、社会现象进行深入调查，把记者的调查经过和事件的扑朔迷离以悬念形式展开。通过叙事和调查，充分调动观众的关注热情，然后水到渠成地对事件进行分析或解决。调查型的新闻专题节目，往往在叙事中隐含观点的倾向性和引导力，通过对所追踪事件的内容、角度和重点的选择，对叙事结构、叙事材料的编排，使整个的调查即为一个分析、探讨的节目过程。

（3）评述型。这一类型的新闻专题节目，是目前具体操作最丰富的节目类型。多样的新闻评论被适时运用在新闻事件的叙述过程中，力求深度化，并与叙事互补形成统一整体，有效地避免了形式单一所造成的节目冗长感。

（4）纪实型。这一类型新闻专题节目，以社会生活中的真人真事为表现对象，从现实生活中选取典型，提炼主题，是一种直接反映生活的电视新闻专题。

3. 电视新闻专题的特点

（1）专门性与专业性。电视新闻专题与电视新闻消息报道的区别，不仅体现在电视新闻专题的时间长、容量大的表面上，而更重要体现在它实质的"专"上。电视新闻专题的"专"。一方面是指"专门"，另一方面是指"专业"。"专门"反映在电视新闻专题中，是指用电视拍摄的形式，就某一新闻事件、社会问题、社会现象进行较为充分、深入地反映、探讨。"专业"反映在电视新闻专题中，是指用电视拍摄的形式对某一新闻事件、社会问题、社会现象进行专业眼光的分析、研究。"①《谁给私盐开绿灯》就是一篇典型的电视新闻专题。此前关于曝光河北黄骅地区私盐泛滥的报道也有过，当地有关部门说经过专项治理，有了根本的转变，已基本没有制贩私盐情况了。实情到底如何？央视记者扮成买盐客户，专门对私盐加工窝点进行了隐性采访，得来的信息却与从当地盐务局得来的信息恰恰相反。从报道中可以看出，记者对新闻事件挖掘深入，采访技法高超，"暗访"很好地把握了"度"。其采访事实内容互相映衬，突出矛盾，明确是非。尤其是报道结构安排巧妙，剪辑流畅，后期更是运用大量的对比剪辑对给私盐开绿灯的盐政部门进行了绝妙的讽刺。充分发挥了电视新闻的优势，也很好地体现记者的专业精神。在这方面给我们许多启示。

（2）主题的深刻性。电视新闻专题的"深"反映在电视新闻专题中，集中到一点就是指作品主题的深刻性。作品对某一新闻事件、社会问题、社会现象进行较其他电视新闻报道形式更为深入、深刻的分析，主题深刻表现在探讨并揭示新闻事件、社会问题、社会现象的本质。入选作品《你，准备好了吗？——2009招工找工难的思索》就是一个很好的例子。中国社会正在变革，未来之路到底走向何方，我们没有人能够说得清楚，但是，通过一些典型的社会现象，我们仍然可以看出一些端倪。该报道关注的是人们普遍关心、急需解决的农民工问题。并且它不仅揭示了"找工、招工难"的深层原因，同时也提出了一些令人深思的观点，具有一定指导意义。

（3）报道的倾向性。一般的新闻报道要求客观、公正，报道要"零感情"不带任何倾向。但对于电视新闻专题来讲，内容多、开掘深、容量大，报道有

---

① 孟建，祁林. 广播电视新闻范文评析[M]. 北京：新华出版社，2001.

时需要有一定的倾向性,特别是事关大是大非的问题,报道要有鲜明的倾向,而不能含糊其辞。如《让鲜血不再流淌》是水均益亲赴巴以冲突一线战场的采访而制成的新闻专题报道,这期节目题材宏大,同时具有鲜明的倾向性,是一篇充满了人文主义精神的新闻报道。作品中巴以人民对和平的渴求以及对和平绝望后的无奈,令观众为之动容。中东需要和平,鲜明的立场再三呼唤和平的早日到来。

(4) 表现手段的多样性。电视新闻专题要有恰当的电视表现手段和丰富的电视表现力。正是电视新闻具有专题内容多、容量大等特点,才要求我们用充分的电视表现手段来完成电视新闻专题的拍摄,以达到电视传播的效果。在《亲历盗墓》这篇报道中,记者为了获取第一手材料,不顾个人安危冒险地使用假身份,与文物贩子接触,并亲入古墓、亲历文物黑市交易过程。虽然记者的做法是否妥当有待商榷,但记者的勇气与胆量,以及他揭露盗墓行为的极具吸引力的内容,是起到积极作用的。记者的探索和冒险精神还是值得人们钦佩的。这篇专题报道的表现手段也是多样性的体现。

4. 评析电视新闻专题的角度

评析电视新闻专题可以从新闻价值、新闻立意、新闻结构和表现手法等角度入手。我们在分析一部电视新闻专题作品的时候,并不需要面面俱到,只要抓住作品最突出的、最具创新性的地方来深入剖析即可。

(1) 分析电视新闻专题的新闻价值。"新闻价值是指事实所包含的足以构成新闻的种种特殊素质的总和。"[①]新闻价值是衡量事实能否构成新闻的客观标准,它决定着哪些新闻事实值得报道,哪些事实不值得报道;哪些事实应重点报道或只需作一般报道。所以,电视新闻价值是我们分析电视新闻专题作品的一个基本角度。构成电视新闻价值的最关键因素是时新性、重要性与趣味性。时新性是新闻的首要追求,重要性指的是新闻题材意义和影响是否重大,而趣味性是指新闻事实所具有的令人喜闻乐见的特质。抓住新闻价值评析也就抓住了电视新闻专题评析的最重要点。

(2) 分析电视新闻专题的立意。新闻专题的立意指的是新闻专题主题,也就是记者在报道中提炼出来的主要问题和解决问题的中心思想。它是一部新闻专题作品的生命和灵魂,新闻主题新不新、好不好,直接决定了新闻专题作品的成败。如何分析新闻专题立意?首先看新闻作品反映的问题是否具有价值和意义;是否是政治上重要的,人民群众关心的问题。其次,我们在分析新闻主题时还要看它选取的观点是否新颖、独特。新闻主题的雷同不可避免,因此很多新闻会给人千人一面的感觉。为了给观众新意,不给观众雷同的感觉,新闻观点的选

---

① 何梓华. 新闻理论教程[M]. 北京:高等教育出版社,1999.

择是关键所在。尤其是新闻专题不同于短消息,时效性不及短新闻的新闻专题就需要挖掘其新观点或者更深的角度,才能达到立意新颖与高远。

(3) 分析电视新闻专题的结构。新闻结构是指新闻材料的安排方式。它是记者对新闻事实某种内在秩序的认识以及所采取的表达形式。一部优秀的新闻专题作品在结构上应该做到层次清楚、逻辑严密、过渡流畅、匀称和谐,只有这样才能实现良好的传播效果。评析电视新闻专题结构,首先看结构是否简要;其次看其结构是否灵活多样,具有创新性;最后看结构是否围绕主题、紧扣主题。

(4) 分析电视新闻专题的表现手法。电视新闻专题的表现手法核心是画面感,画面感的基本要求是:画面信息量大、形象,具有说服力;画面坚持客观性、真实性和纪实性;画面的现场性;是否做到声画并茂等。电视新闻专题的表现手法还需要灵活多样。因而,评析电视新闻专题的表现手法还要看,是否运用了现场报道、同期声、特技、图表等多种表现元素,是否充分发挥电视媒介直观、形象的优势。

文本

亲历盗墓

语　言	画　面
主持人:	演播室
"要想富,挖古墓,一夜成为万元户。"这是流传在陕西咸阳的一句顺口溜。由于咸阳集中了西汉11代君主的墓地,盗墓就成了一些人眼中发财最快的行当。然而这些盗墓者究竟是怎么样盗墓的呢?	
我们的记者隐瞒身份打入盗墓者内部,历险7天7夜,为您记录了盗墓的全过程。	
(画外音)	西安街道,车流人流。
记者来到素有十三朝古都之称的西安市进行暗访。	西安古玩市场。
由于其周边地区咸阳等地集中了数以百计的古代君主墓葬,文物贩子比较集中,在当地有名的文物集散地西安古玩市场,记者假扮文物贩子,打探行情。然而记者转了一上午,却没有发现几件真货。	在地摊前打量古玩。 进入一古玩店摩挲一件小型陶俑。 看一件裹在报纸里的古玩。

(续)

语　言	画　面
正当记者准备离开时,这位戴眼镜的人却主动凑上来问记者:"要真货吗?"看他也像一位业内人士,记者于是将计就计。 　　记者:"这里有真货吗?" 　　"眼镜":"真货不多,都是仿制的。" 　　记者:"都是仿制的? 在哪里能弄到真货?" 　　"眼镜":"到挖墓的那个地方。" 　　记者:"你能弄到吗?" 　　"眼镜":"到那儿看看,这只能碰,这东西又不是自家生产的。" (画外音) 　　经过一阵攀谈,这位戴眼镜的人看记者真像一位要货的主,便决定带记者到当地有名的盗墓村鸭沟走一趟。为彻底摸清这些文物走私贩子的底细,记者决定一路同行。 　　路上,这位"眼镜"告诉记者:"靠山吃山,靠水吃水,由于鸭沟紧靠咸阳,当地男子大都以盗墓为主。" 　　由于这几年上面对盗墓打得特别厉害,这里的大多数男人跑的跑,抓的抓。只剩下老婆孩子,所以当地人又把它叫做寡妇村。看到村里又有新的买主到来,盗墓分子又闻风而动。 　　为了套近乎,记者决定请他们吃一顿丰盛的晚餐。同时,为了防止引起盗墓分子的怀疑,在他们的要求下,记者不得不交出所有的通信工具。记者与外界的联系也就由此中断。 　　黑哥:你们这次来想弄点啥? 　　"眼镜":来来,喝酒,干杯! 黑哥,这是我北京来的两个朋友,在北京开了个古玩店,想来这儿办点货。 　　记者:有没有? 　　黑哥:咱这一片没事干,咱一年都弄几十件! 　　记者:鲜货有吗? 　　黑哥:有! (画外音) 　　讲话的这位大家叫他黑哥,是当地黑道上有名的人物。记者感到意外的是,他所说的鲜货竟然是指那些在墓土中尚未出土的文物。然而想弄到这些鲜货的办法只有一个,那就是挖古墓。 　　黑哥:我才探了一个,探了一个墓。 　　记者:你这样? 　　黑哥:把点弄好了,踩点放炮,炮一放,东西就是你的。 (画外音)	一个戴宽边眼镜的人凑上来攀谈。 记者与"眼镜"在走向"邮票、钱币、磁卡"交易大厅的路上。边走边谈。 去鸭沟的车上。 天在下雨,刮雨器在挡风玻璃上来回摆着。 鸭沟村。 进入装修较豪华的黑哥家。 进入酒店,圆桌边围坐6人。 黑哥家的一间房屋里。地上、墙上、桌上都是文物。一男子在看地上的文物。

(续)

语　言	画　面
酒桌上黑哥向记者吹嘘,他干盗墓这一行已有七八年了,是个老江湖,可以说经他踩过的点个个都是八九不离十。这个点,如果我们不要,他就要寻找其他买主。这墓看来已经是在劫难逃,为使国家文物不被流失,记者在与外界失去联系的情况下,随即决定,跟踪偷拍他们盗墓的全过程,以便记录罪证并伺机保护文物。 主持人: 　　盗墓是非法的,在这一点盗墓者心里也非常清楚。由于公安机关对盗墓分子的严厉打击,盗墓者的警惕性也相当高。外面来的人要想取得他们的信任,其难度之大,可想而知,而要跟着他们去盗墓则是难上加难。那么面对这么多疑的盗墓者,我们的记者是怎样取得他们信任的呢? 　　盗墓者一般有自己的圈子,而且很严密,外人一般很难进入。记者虽然隐瞒了身份,但毕竟不是本地人,要想取得他们的信任,真是费了一番周折。听到记者要和他们一起去盗墓,黑哥开始死活不答应。要记者在家里只管接货就行了。记者于是软硬兼施,一面与黑哥套近乎,一面又威胁他们说,如果不亲眼看见出货,那么记者宁肯不要,因为害怕掉包。刚开始黑哥还有点犹豫,看到记者的态度十分坚决,他们才终于答应下来。 　　黑哥:你放心,你放心。其他的不要顾虑,这两个关系绝铁。 (画外音) 　　为了方便晚上盗墓,第二天上午,黑哥决定带记者前去他们已经踩好的点,进一步熟悉环境。在去那里的路上,黑哥对记者讲,踩点是一件很麻烦的事情,干他们这一行的人一般都选择麦田或玉米长起来的夏季和秋季来盗墓,这样周围有遮掩物隐藏,安全性好。而现在踩点就比平时困难一点,因为麦子绿的时候,如果用水浇地,有墓穴的麦田就会塌陷下去,容易让人发现。但现在麦子已经到了不用浇水的收获季节,踩点就只能凭经验和麦田里的裂缝来判断。由于有小麦遮挡。经过一上午的寻找,黑哥他们才重新找到原来已经踩好的点。 　　"眼镜":就这儿,对! 　　黑哥:那晚上就在这儿干吧! 　　"眼镜":行,没问题。 (画外音)	黑哥在宴会上讲话。 黑哥等在麦田里踩点。 演播室。 主持人出像。 黑哥为踩好的点做记号。 黑哥走到众人站立的高处。 记者和黑哥互相敬烟。 记者为黑哥和眼镜对上火。 踩点路上。黑哥带领记者等在麦田里行走。

(续)

语　　言	画　　面
踩好的点在咸阳塬上。咸阳塬在陕西省西安市西北,南北跨越10千米,东西跨越80千米。地势东高西低,是历代王陵墓的集中之地。西汉的11代君主有9代君主的陵墓坐落在此。传闻刘邦墓就坐落在9座陵墓的最北端,而黑哥踩好的这个点正属于刘邦墓的范围。	西汉陵墓分布图。
为了尽快出货,盗墓者在当天下午秘密商议了一番,定好了晚上去几个人,谁负责放风,谁负责打炮眼,包干到人,责任明确。 　　记者:都弄好了? 　　黑哥:等把药一炒。 　　记者:晚上几个人去? 　　黑哥:咱就够了。	房间里,黑哥、记者围坐一圈,商量分配任务。
(画外音) 　　一切布置停当,接下来的工序是准备探墓专用的洛阳铲和用来炸墓的炸药。在准备过程中,记者了解到现在已经成为国家文物挖掘专用的洛阳铲,刚开始竟是盗墓分子为盗墓专门设计的。而用来炸墓的炸药则更为简单,以至于当地的小孩都知道它是用硝氨化肥、锯末和柴油熬制而成的。 　　"眼镜":差不多就行了,这就行了。 　　黑哥:行了。 　　"眼镜":再炒一锅。 　　记者:那炸药够了? 　　黑哥:够了。	眼镜从床下拿出洛阳铲和炒药之物。眼镜和黑哥到灶房炒炸药。 黑哥翻炒炸药。黑哥眼镜等人整理夜间盗墓工具。
(画外音) 　　短短的一天时间,黑哥和他们终于把该准备的都准备好了,只等晚上的统一行动。在这个准备过程中,黑哥告诉记者目前干他们这一行的一般只选择亲戚朋友。因为以前有的盗墓者为了独占刚出的文物,将还在墓室中的人活活打死,所以为了减少同行火并的危险和便于分赃,现在他们盗墓一般只有两三个人,而且大多数是亲戚朋友,这样也可以避免人多眼杂。	继续整理盗墓物资。
大约晚上11点钟,记者和黑哥他们借着微弱的月光,沿着高低不平的土路摸黑上路了。两边是四五米深的陡峭深沟,偶尔还有布谷鸟的叫声,的确有些吓人。这样大约走了一个多钟头,终于到了白天踩点的那个地方。	昏黑的夜色。 微弱的手电光。 在田间潜行的人影。 手电光圈里,一个洛阳

(续)

语　　言	画　　面
"眼镜":这净是夯土,有夯土,土一层一层的。 黑哥:深一点,还是深一点。 黑哥:给我抓好。 "眼镜":还得深一点。 (画外音) 　　炸开表层的土后,盗墓者经过两个晚上的挖掘,很快挖了8米多深。黑哥讲按照以往的经验到了该出货的时候了。为了抢拍到出货的镜头,记者决定与盗墓者一起下到八九米深的墓穴里。由于洞口太小,只能容纳一个人通过,记者下去的时候撞得两边的泥土哗哗直掉。好不容易到了下面,意想不到的事情又发生了——黑哥突然对记者的手提包产生了怀疑。 黑哥:你拿那个包干什么? 记者:检测文物的。 (画外音) 　　由于紧张,记者的回答不免有些心惊和打结。现在回想起来,假如当时黑哥他们发现了记者的真实身份,结果只能是被他们埋在这个刚刚挖出的墓穴里,活活闷死。 黑哥:上,慢点。 黑哥:慢慢吊。 黑哥。你赶快把袋子放下来。 (画外音) 　　在黑哥他们整个盗墓过程中,由于下面空气流动不畅。墓穴里氧气不足,记者和黑哥的反应一直都比较厉害,有一种窒息的感觉。加之墓穴地上不停降落的沙土,使整个墓穴里显得更加阴森可怕,记者身上也是冷汗直冒。因为就在两天前,有两个盗墓者被塌方的泥土活活闷死。 记者:这么深啊,黑哥! 黑哥:嗯! 没出货呢! (画外音) 　　正在黑哥抱怨的时候,他的手突然碰到了一个硬东西——出货了! 黑哥:光剩个盏盖了,玉还没上去呢! 有东西! 记者:这是啥东西? 黑哥:没办法,撒上去。 记者:哎,哎,上土,上土! (画外音)	铲在掘土。 黑哥往洞里填炸药。 一支装土的袋子被吊起。 记者和黑哥在墓穴中对话。 一只拿着电筒的手。 一只用铲挖土的手。 装土的袋子继续被绳子吊起。 黑哥和记者继续在墓穴里挖土。 黑哥手里拿着一块裹满土的东西。 记者打着手电筒。 黑哥在土里挖着了一个东西。

(续)

语　　言	画　　面
紧接着,又有一件文物出土了。 黑哥:是鸭子,粉彩的! 记者:这个值钱吗? (画外音) 　　这次盗墓,黑哥他们一共挖出了13件西汉文物,这是西汉的猫头鹰动物陶俑;这是西汉的将军钢印;这是西汉的棉袍俑;这是西汉的陶鸭;这是西汉的屯粮仓;这是西汉的盛水罐等,距今都有两千多年的历史了。经过4个多小时的挖掘,黑哥他们已经是气喘吁吁。 记者:啊! 天快亮了。 黑哥:天快亮了。土也满的了,人也没办法清了。俺的意思是再干一下,不行就算了。 记者:什么? 黑哥:我的意思是把这个角子让我再清一下。 记者:明晚再干吧! 黑哥:啊,你的意思明晚再干? 我晚上害怕出事。 记者:我难受,没有空气吧,缺氧吧? 黑哥:缺氧肯定是缺氧,墓得太深。 记者:上吧? 黑哥:你先上,我等会儿。 黑哥:(绑绳)弄在胯上不勒,弄腰上勒很。 主持人: 　　来到地面上已经是凌晨三点半,黑哥他们连盗墓洞都来不及填埋,就匆匆回到黑哥家里。望着这刚刚盗得的13件西汉文物,黑哥他们都很兴奋。为了不让这批文物流失,记者决定先买下它们再说。看到记者真是有意要买,黑哥他们十分高兴,开始情不自禁地和记者谈起了价格。 黑哥:一件,两件,三件……这个送你。嗯,一万…… 记者:一万二吧! 黑哥:一万四! 记者:一万二得了! 黑哥:本身挣钱就不多,还有胖子,胖子也干了。 主持人:	微弱的手电光下,黑哥双手托着被土裹住的"粉鸭子"。 黑哥端详"粉鸭子",黑哥:嗯! 在手电的昏黄光圈里,黑哥双手托着一个形似猫头鹰的陶器。 手电筒放在墓穴里土上,黑哥双手提铲挖土。 黑哥继续挖土。 记者望袋子里装土。 黑哥帮助记者系绳子。 打算把记者先送上去。 黑哥一人背着装满文物的袋子回到黑哥家里。 4个人蹲成一圈,文物摆放在圈里。"眼镜"在看手里的将军铜印。 黑哥点查文物件数。 黑哥轻轻剥掉陶罐上的泥土。

语　言	画　面
到了凌晨四点多的时候,黑哥他们就和记者谈好了价钱,13件文物总共才一万五千元钱。但是由于记者随身没有带这么多的钱,只好与黑哥他们商量能否改日再来取货。到时,一手交钱,一手交货。	黑哥将文物往袋子里装。
为了能尽快将这些文物出手,盗墓分子满口答应!但提出的条件是他们必须派人跟踪记者,以防记者报案。在盗墓者跟踪下,记者好不容易在西安凑够了一万五千元钱,然而当记者来到黑哥家里要一手交钱,一手交货时,事情却发生了变化。两天后,记者带着钱再次来到盗墓者所在的鸭沟村,去找黑哥买货。在路上,一个负责监督记者的"眼镜"再次交代记者不要走漏消息,因为最近风声比较紧,以免文物公安前来追捕。另外,黑哥也不是一个好惹的主,他要是知道谁出卖了他,黑哥会让他全家没有好日子过。	"眼镜"跟踪记者。一起坐在出租车上。 "眼镜"在说话。
记者:有机会去拿炸药炸。 　　"眼镜":炸不炸是另一回事。有时害你,你都不知道是谁害的。十年、八年谁知道,当时不害你是真的!	
主持人: 　　当晚6点多,记者再次到黑哥家里,然而让记者感到意外的是,黑哥这次有点翻脸不认人,怎么也不按原来说好的价格卖。 　　记者:黑哥,咱还是按原来那个价格,行吗? 　　黑哥:不行,按原来那个价格不行!我跟别人另说了一个价。 　　记者:别人给多少钱? 　　黑哥:我给他说两万。 (画外音) 　　而此时此刻,我们的后方记者正在宾馆里焦急等待,由于联系不上害怕买货的记者出危险。而在黑哥的家里,买货的记者由于怕黑哥把文物卖给他人也在焦急地做黑哥的工作。 　　记者:咱们那个一万四,行吧? 　　黑哥:哎呀,不是…… 　　记者:黑哥,咱们第一次吧,你看你,以后咱们还有的是机会,一回生两回熟嘛! (画外音) 　　费了好大的一番周折,黑哥的工作做通了,最后他们以一万四千元的价格将文物卖给了记者,并且他们还对记者说:	大门。门里的平房。酒桌上,黑哥、"眼镜"叼着烟卷,和记者谈价。后方记者在宾馆里。坐卧不安,焦急地看表。 黑哥和记者打开塑料袋,查看里面的文物。

(续)

语　言	画　面
黑哥：我是守信用的。我不守信用这批货早就走了。 主持人： 　　从黑哥家里出来，记者第二天便到了陕西省文物局报案。其间经专家鉴定，这些文物确实是西汉时的文物，距今已有两千多年的历史了。陕西省公安厅刑警总队闻讯立即进行了抓捕，然而由于黑哥等人已经听到了风声，只抓到两个参与盗墓的犯罪嫌疑人，其他3人目前陕西省公安厅正在追捕中。 　　记者：你当初为什么要挖那个墓呢？ 　　犯罪嫌疑人：当时挖墓的时候，我还在做生意。本身生意就不好干，闲着没事，就挖墓，还是这个来钱快，于是就干了。 主持人： 　　采访中记者了解到，像这样的盗墓案在陕西咸阳比比皆是。在有的地方，一夜之间，会同时出现七八个不同的盗墓坑。由此可见，陕西盗墓现象的猖獗。面对这些文物被盗的现实，陕西省咸阳文物局汉阳陵的考古研究所的王队长十分痛心。 　　王队长：他下去主要要的不是艺术品，要的是金银财宝之类，目的是为了卖，卖了赚钱。 主持人： 　　为了保护国家文物，让他们适得其所，最后记者按照我们《经济半小时》节目组的指示，将这批文物捐给了陕西省文物局。面对我们记者的这种行动，郭局长代表陕西省文物局坚决表示：现在呢，大面积盗墓现象已经得到遏制，但是零星的田野墓文物被盗仍然发生。在有的地方还仍然猖獗。针对这种情况，我们一是要加大对文物保护方面的投入力度。二是我们要进一步落实田野文物的责任制，加强对重点地区的检查，对有的地方经常出问题，反复出问题，进行追究。最后文物部门，作为文物主管部门要密切配合公安机关，严厉打击田野文物犯罪活动，狠杀这股歪风。 主持人： 　　有人说陕西遍地都是宝。作为文物大省，陕西的盗墓现象猖獗，有的地方已经到了疯狂的地步。这几年，公安机关的打击力度日益加大，但盗墓现象始终没有平息，有的地方甚至越演越烈。这到底是为什么呢？稍后是对国家文物局局长张文斌的采访。 　　在我国的山沟田野间，散落着大量古墓。这些古墓，大都风吹雨淋，缺乏完善的保护。而盗墓者的猖獗更是让我们感到	记者走向文物局。 文物局专家检验文物。 公安人员逮捕3名犯罪嫌疑人。 记者采访犯罪嫌疑人。 各种被追回的被盗文物。 郭局长接受捐赠。 郭局长讲话。 主持人。

(续)

语　　言	画　　面
心惊。而记者冒着生命危险偷拍回来的资料看,由于盗墓者大都采取的是野蛮操作加爆破的手法,盗取的是那些值钱易拿的文物,而根本不注意对文物的保护。这些经历了几百年甚至几千年的古代墓葬所遭破坏几乎是毁灭性的。古代墓葬散落在乡村田野,要做到每个墓葬都有人员巡查,是不大可能的。难道对这些墓葬就没有很好的保护办法吗?	
我们的记者独家专访了国家文物局局长张文斌。张局长正好在青岛开会,本栏目的记者赶往青岛,和张局长一起看了节目录像带。	
张局长:我还是第一次看这样完整的过程,必须提高警觉,加大执法力度,加大打击力度来保护文物遗产。	记者采访张局长。张局长讲话。
记者:这些西汉文物,如果不是我们栏目花钱把它买下来,最后它的流向您估计怎样?	
张局长:最终流向海外。现在的文物盗窃不同于过去的那种个人的、零星的、手工操作的方式,已经变成集团化、国际化和现代化的手段,以这种方式来进行的。有的不法分子同国外的一些文物商勾结起来盗窃重要文物,有些国际文物商扬言他们需要什么样的文物就能搞到什么样的文物。	
(画外音)	
张局长说,仅去年一年,全国已知被盗卖的重要文物达100多件。但去年用于田野文物保护的经费只有一百多万元,只抵一件文物的卖价,全国从事田野文物保护的只有两三百人。	
主持人:	
对付一些盗墓分子,一些部门往往是罚款了事。但是你罚得厉害,我盗得更厉害,如此恶性循环,盗墓现象愈演愈烈。因此对盗墓者不能一罚了之,而应该采取严厉的措施,对非法购买、倒卖文物者给予严惩,让他们的风险和代价远远高于受益。	演播室。主持人。
(画外音)	
一位观众来信说,在《亲历盗墓》这期节目快结束的时候我发现记者不仅需要气魄、胆识,更需要机智。	观众来信画面
观众声音	
记者:面对面去与黑势力……	
主持人:	
8月17日本节目播出后,引起了陕西省的高度重视,省长程安东专门为此做出批示,并在全省开展一系列专以打击盗墓	

(续)

语　　言	画　面
和走私文物为主的专项治理活动。据了解,国家文物局也在全国范围内整顿文物市场,在一些文物密集的地方公安局正在增设派出所,以更好地监控、打击盗卖文物现象。	

(李明刚等,主持人:赵赫,中央电视台《经济半小时》2001年8月25日)

评析

如此"暗访"的是与非
——评析《亲历盗墓》

　　《亲历盗墓》是中央电视台《经济半小时》栏目精心制作的新闻专题节目,该专题主要选用的是中央台记者一次亲历盗墓的暗访(隐性采访)。为了让观众了解盗墓者究竟是怎样盗墓的,揭露盗墓者的恶行,央视记者乔装打扮成"文物贩子",以暗访的方式摄录了盗墓者的一次盗墓过程,节目于2001年8月17日播出。同时央视网站也用《生死7日7夜记者深入虎穴亲历盗墓》为题作了报道。节目播出后,曾引起了政府有关部门的高度关注。陕西省省长程安东专门为此做出批示,并在全省开展一系列专以打击盗墓和走私文物为主的专项治理;国家文物局也布置在全国范围内整顿文物市场,加大打击倒卖文物行为的力度。节目播出后,也激起了强烈的社会反响,有许多观众来信来电给中央电视台,对节目给予肯定,对记者冒着生命危险的行为给予赞许,当然也有持不同意见的。对节目争议的焦点,主要集中在如何看待记者"亲历盗墓"的暗访(隐性采访)行为上。

　　《新闻记者》杂志为此专门辟出专栏发表署名文章展开讨论。其中有两篇文章:一篇是季为民的《质疑"亲历盗墓"》(载《新闻记者》2002年4期),一篇是谭榷的《以法论事的自由空间——谈〈质疑"亲历盗墓"〉》(载《新闻记者》2002年第6期)。这两篇文章分别代表了两种截然不同的观点。

　　季为民文章认为:从整个"暗访"偷拍过程看,记者"打入盗墓者内部"公安机关事前并不知晓,因而和侦破案件没有直接关系;"取出"13件西汉文物,未经国家文物主管部门批准,肯定不是考古发掘,因而当属私自开挖、掘取古墓,主观故意明确。……从法律角度分析,央视记者的行为已经构成了盗墓的共犯,故而构成了盗掘古墓罪。

　　还有支持季为民文章的人这样认为:新闻记者的采访行为要符合中国新闻

工作者的职业规范。《中国新闻工作者职业道德准则》中明确规定,要"遵守宪法、法律和纪律","要通过合法和正当的手段获取新闻",要"全心全意为人民服务",要"坚持正确的舆论导向",要"维护新闻的真实性"等。显然,"亲历盗墓"在这几方面都难圆其说。在守法方面已毋庸赘言。播放盗墓全程似有教唆之嫌,导向能说是正确的吗?新闻是"新近发生的事实的报道","采写和发表新闻要客观公正",报道事实绝不是"导演"事件,尤其不是"导演犯罪"。旁观和参与犯罪,难道就是"维护新闻的真实性"吗?如果说盗掘古墓能和"全心全意为人民服务"联系到一起,那我们还有什么不能大胆去做的呢?退一步说,就算电视台的编导和记者的初衷是为了警示国人,更好地保护文物,那么就可以不惜以犯罪为手段吗?显然,这种目的和手段在道德层面上是站不住脚的。

谭榷的文章认为:季为民的看法虽有其一定的道理,然而其问题在于抹杀了盗墓者的盗墓行为与记者暗访的客观区别,也就是说,没有将两者的动机、行为方式及事后情况具体仔细地区分开来,而仅仅根据一起参与的表面现象、简单地照搬法律条文,认为是"盗墓的共犯",都构成了"盗掘古墓罪"。这种看法不符合实际,也不是实事求是的。暗访是一种深入其中的目睹旁观式的查访。它以放任犯罪行为的持续而获得证据为基本特点。这样,一方面被访对象因自己的触犯法律的行为,丧失了某种个人的合法权利;另一方面媒体的记者又以一时放弃道德的代价换取了向社会成功揭露罪恶的条件,从而实现社会大众的知情权,有效地维护公共利益。这里,媒体遵循的是"两利相权取其重,两害相权取其轻"的通变原则,这也是现代社会传媒在进行新闻监督方面的伦理观。

记者的暗访(隐性采访)问题,近几年来新闻界和理论界都有相当广泛深入的讨论。大多论者认为偷拍偷录的暗访行为不能简单禁止,但实施这一采访手段应有严格的限制条件。它不能侵犯他人合法的个人权利,不能触犯法律规定的禁止性的条文,它是以采访对象有犯罪嫌疑行为为前提的。大众传媒为了维护国家利益和社会的公共利益,在显性采访难以采集到真实情况的特定条件下可以采用隐性采访。在采访中,记者隐去真实身份,但不能冒充执法者、政府官员以及有违国家法纪的其他身份,只能是旁观者、记录者、见证人的角色。在不违法的情况下,也可以参与者的身份,参与到事件中去,亲身感受和了解事件的真相,给予如实的报道。

关于暗访的法律界定尚待进一步研究明确,理论探索也有待继续。但是,有一点是肯定的,就是我们的新闻工作者在使用媒体权利进行暗访时,一定要慎之又慎,把握好"度"。而绝不能"滥用权力"或"过度介入";否则就可能事与愿违,收到的却是不好的效果。

文本

谁给私盐开绿灯

主持人:观众朋友,你们好,欢迎收看《焦点访谈》,我们大家都知道食用盐是我们每个人都离不开的生活必需品,所以我国对这种直接关系到人民生活健康的特殊商品采取的是国家专营的办法,并且制定了一整套的法律规定,换句话说就是除了国家以外,不允许任何私人进行食盐的生产、经营,可是有些地方私盐生产和贩运不仅得不到有效的控制,反而出现了泛滥的情况。

解说:自古以来食盐都是定点专营的,可在著名的食盐产地渤海湾旁边的河北省黄骅市,我们看到在这里的公路边、村庄里散布着许多私盐加工点,别看这里的私盐加工点加工条件大都简陋不堪,但食盐的加工能力可都不低。

私盐贩子甲:我的盐都是大车送,今天都送了40来车了。

记者:您这一天能出多少?

私盐贩子乙:我这儿反正五六十吨能保证,就那么说吧,实在不行,我再给你组织也行,按照这个价格把这些盐给你组织起来,比如一天一车皮都能给你发。

私盐贩子丙:现在这活就是多。

记者:你这一天能出多少?

私盐贩子丁:我一天想出多少就出多少,只要有车装,一天装300吨也装得了,装400吨也装得了。

解说:这些都是私盐加工点,春节前火爆的私盐加工生意忙得这些加工的人连上厕所的时间都省了,远处画面中提着裤子的那个人直接守着盐堆就方便起来,私盐的卫生状况可见一斑。

记者:来点儿盐。

私盐贩子:什么盐?就马路边上那个。

记者:有没有白的、精一点的,就这么黑不溜秋的这个?

私盐贩子:那盐还黑?那盐不黑。

记者:这是什么?

私盐贩子:这是粉石。

记者:干啥的?

私盐贩子:掺盐的。

记者:搞得挺脏的。

私盐贩子:盐的质量是没有问题的,我们干的虽然是黑道,但我们也讲信誉,质量是没有问题的。

解说:这些直接入口的私盐混合着泥水、土块和乱七八糟的杂物,经过磨碎加工就直接出售了。我们现在看到的是国家的定点食盐加工企业,在这里我们了解到食盐加工是根据用盐地区的用碘含量不同要加碘才能出售的,可私盐点根本不管这些,在当地我们发现,搞私盐的不仅是黑道上的私盐贩子,就连一些正式的企业也在搞私盐。

某企业的负责人:我们基本上就是借的什么光呢,借的是沧州盐务局的一个下属单位,干这个有情可原,就是睁一只眼,闭一只眼发出去得了,就这个意思。

出字幕:谁给私盐开绿灯

解说:我国对食用盐的生产、销售、运输实行的是定点专营的方法,这就是老百姓俗称的官盐制度,目的就是为了保证食盐的安全、可靠、卫生,可是有关部门对河北省及周边的省份市场调查发现,居然有一半的食盐是私盐,由此可见私盐泛滥也已经形成了非法的产供销一条龙。

私盐贩子甲:要弄商标,你就得弄纸袋,纸袋用封口机给封上。

记者:那是什么样的?是小袋呀?

私盐贩子甲:一百斤一袋。

记者:那是什么商标?

私盐贩子甲:"那个商标是聚丙聚乙烯的、树脂的、奶粉什么的专用袋。

记者:那你说的就是隐蔽一下。

私盐贩子甲:隐蔽一下。

记者:如果你直接印上盐呢?

私盐贩子甲:直接印上盐,那得个人做袋。

记者:个人做袋,什么样的都能做?

私盐贩子甲:嗯,做嘛样的商标,拿样子来就行。

私盐贩子乙:你要嘛样的商标,我就做嘛样的商标,国务院的商称我也能给你出。

记者:你说带字的就是这种字。

私盐贩子乙:嗯,要嘛字,我就给你印嘛字都行。

解说:这些装盐的袋子,有的伪装成玉米面粉或其他商品的包装,现在我们看到的就是私盐贩子假冒正规厂家的私盐。按照规定,只有国家正规调拨的食盐才能上路运输,那么私盐又是走的什么道,通过什么途径出去的呢?让我们先去看看公路运输。

记者:你们一般往哪儿送?

私盐贩子:天津。

记者:每天送?

私盐贩子:对。

记者:你都用这个车跑?

私盐贩子:都是这个车,我要给你送你就别管了,也不是你的货,扣了也不算你的,你在乎什么?我是常年跑,五六个车一天一趟。

解说:私盐贩子当地的大量私盐向周边的山东、河南、天津等地贩运,不仅公路可以运,铁路也可以运,黄骅所处的沧州市铁路就四通八达。

某企业负责人:沧州范围内我们可以负责,保证你的盐不被没收,这边你看我们给你保到沧州以后,到了国家铁路就基本没事了,只要给你编上组就没事了,告诉你出事就是在沧州地方铁路这段,沧州地方铁路这段我们已经给你保了,其他都没有问题了。

解说:盐业运输原本是国家控制私盐泛滥的重要手段,可私盐贩子们居然在没有食盐准运手续的情况下公路铁路路路通,难道他们就不担心被查扣吗？因为在各地都设有盐业管理的盐业机构,都有盐政稽查人员,这些人员的主要职责就是查处贩私盐行为,盐贩子又是凭什么来保证顺利贩运私盐呢?

记者:盐政不会来查吗?

私盐贩子:不来查,他来了咱们请他喝酒嘛,他要是来,咱们欢迎,黄骅这儿没问题。

记者:盐政上面怎么样?

私盐贩子:黄骅这儿没问题,在黄骅出了问题我给你包了,黄骅盐政你不用管,我只要是在这儿干这个,这个事就没问题,反正说呢,也有来查的,查不都是来要钱嘛,给个千儿八百就走了,但是这跟你们没关系,你们在这儿装车,比如正装着,他来了,那个你放心,我们负责任,你不用管,那个你放心。

解说:在黄骅市的主要公路上,我们花一天多时间对这些贩运私盐的车辆进行观察,结果发现不论白天黑夜,在沧州境内这些车从装盐到运走畅通无阻,根本无人查问。

记者:喂,你好,是黄骅市盐务局吗? 我是中央台《焦点访谈》的记者……

解说:为了揭开当地私盐泛滥的黑幕,记者将情况向当地专门打击私盐活动的黄骅市盐务局用手机通报了情况,随后我们注意到一个怪现象,有一辆小车在我们与黄骅市盐务局打过招呼要来采访之后,就一直在各个私盐点之间转来转去,我们发现公路上一辆接一辆的当地私盐车此后就全没了踪影,就连一直大张旗鼓的私盐加工厂场面也全都见不到了。

记者:都收了,今天?

私盐贩子:嗯,盐务局不让干了,咋整。

解说:昨天还热乎推销私盐的私盐贩子们,一夜之间仿佛都改邪归正了。

私盐贩子:刚才盐政的来了,叫盖一盖,说《焦点访谈》要从这儿过。

记者:是吗?

私盐贩子:嗯,有些事呀真是没意思。

记者:刚才说的?

私盐贩子:嗯。盐政没事儿,黄骅这块你就放心吧,在这地绝对保你送来送去。

记者:他说是哪儿的?

私盐贩子:他说《焦点访谈》的要从这儿过,惦记着怕看见盐什么的,你来拉盐给我来个电话,后天,后天来、晚上来。

记者:为什么?

私盐贩子:晚上来不就完了嘛,白天也行,没问题。

解说:盐贩子并没有因为有人通风报信而完全停止生产,黄骅盐务局告诉记者,经去年底河北省布置专项打击私盐工作,黄骅市已经验收合格,私盐点早就查抄没了。

于金光(河北省黄骅市盐务局盐政科科长):通过省政府关于严厉打击"三非"的文件以后,我们几个有关部门积极配合,对黄骅区域境内的非法生产、非法销售、非法加工的私盐窝点进行了取缔,到目前为止没有复发,得到领导的肯定,直到现在为止,没有发现一起非法生产、非法加工、非法销售私盐的行为。

解说:沧州市盐务局是黄骅市盐务局的上属单位,那么他们对当地的私盐情况又是怎样看的呢?

王广存(河北省沧州市盐业行业管理科科长):到目前为止,应该说全盐区的运销环境有了进一步改善,目前私盐滥运的现象基本上得到了遏制,尤其是黄骅市盐务局在黄骅市政府的领导下,这是一个重点区域,他们这次在严打过程中,效果是非常好的,黄骅境内打击非法加工、非法销售的问题力度是相当大的,并且得到了有关部门的配合,像公安、工商都给予了有力的配合,所以这次效果相当好。

解说:记者采访时发现,当地许多私盐点一家挨着一家,公开设在公路边上加工运输,私盐根本不是什么秘密的事,作为盐业主管部门,黄骅市盐务局应不难发现当地私盐泛滥的情况,而那辆通风报信的小白车显然对各个私盐点更是轻车熟路。

主持人:河北省黄骅市私盐泛滥的情况令人吃惊,盐政管理本来是要严格地执行国家盐务各项政策法规,确保人民食盐安全,可是我们在节目中看到这些盐政人员对当地的私盐泛滥情况熟视无睹,以至于我们走访了七八家私盐点,都说管理只是为了多收几个钱,甚至敢拍着胸脯说贩私盐没事。这里不禁要问,这些盐务人员是在管理,还是在给私盐贩子大开绿灯?到底是在执行政策法规,还是充当私盐保护伞?

感谢收看今天的节目,明天见。

(关海鹰、叶小林等,中央电视台《焦点访谈》2001年播出)

评析

刨根问底,辛辣讽刺
——评析《谁给私盐开绿灯》

《谁给私盐开绿灯》揭露的是河北省黄骅市盐政人员与私盐贩子内外勾结,导致私盐泛滥的情况。节目播出后,引起了社会的普遍关注,也引发了全国盐业系统大规模的围剿清查私盐行动。这期节目对私盐加工窝点进行了隐性采访,得来的信息却与从当地盐务局得来的信息不一致,内容互相映衬,突出矛盾,明确是非,后期更是运用大量的对比剪辑对给私盐开绿灯的盐政部门进行了绝妙的讽刺,成功地揭露了当地官商勾结的丑恶嘴脸。

首先,新闻主题贴近民生。食盐,关系到千家万户,关系到每餐饭菜,并不贵重但十分重要。私盐即通常所说的粗盐,其特点是含碘量大大低于国家规定的标准,且有害杂质多。如果经常食用私盐可能导致地方性甲状腺肿大,母亲缺碘,可致婴儿智力低下,生长缓慢。国家对食盐的生产、批发和零售均有严格规定。除了国家以外,不允许私人对食盐进行生产和经营。然而经常有一些不法分子为牟取暴利,置人们健康与生命于不顾,私自贩卖未经加工的劣质盐,使消费者深受其害。我国严厉打击这种危害人民生命健康的违法活动,根据《最高人民检察院关于办理非法经营食盐刑事案件具体应用法律若干问题的解释》中规定,非法经营食盐数量在20吨以上的就应当依法追究刑事责任。私盐,这个从我国古代西汉就存在现象,在今天,必然要受到法律的惩罚。正是在这样一种宏观背景下,发生在河北省黄骅市的贩卖私盐事件,就有了其被充分关照的价值空间。

其次,隐性采访提供事实证据。报道前半部分用隐形采访的形式,给观众展现了河北黄骅市私盐泛滥的严重情况。隐性采访作为采访手段中特殊的一种,也是舆论监督的一把利剑,已被我国新闻实务界所广泛运用在社会新闻采写等领域,在《焦点访谈》节目中运用较多。这里的私盐加工明目张胆,热火朝天,不仅有黑道上的私盐贩子进行非法加工,更有一些正规企业参与其中,而且已经形成了非法的产供销一条龙。河北省黄骅市的私盐泛滥,每天成百上千吨的私盐大量地流入到河北、山东、天津、北京等地,以至于这些地方的私盐最高的销售量居然达到食盐总量的50%。据采访记者描述,干私盐的基本上都是在当地很有些势力的黑道人物,如何能够揭露这些人的嘴脸,能否偷拍成功就成了节目的关键。在节目里,有许多隐蔽拍摄的镜头都令人触目惊心:随意堆放的私盐,脏乱的生产窝点,盐贩子嚣张的态度,隐蔽拍摄的优势也在此显现出来,镜头真实地记录了事情的发生、发展和过程,使观众产生直接的参与感,鲜活生动,真实可信,发挥了电视的优势。另外,隐蔽拍摄还可以将对手掌握在股掌之中,易于节目出彩。例如,节目中出现了盐贩子"国务院的商标也能给你出"、"刚才盐政的来了,叫盖一盖"、"盐政要是来了就跟他见天喝酒嘛"等豪言壮语。隐蔽拍摄的出色运用,使得盐贩子在无拘无束、不知情的情况下,尽情地、放松地进行各种本能的"表演","表演"得越多,结果就越真实。隐蔽拍摄的画面也从一定程度上满足了观众的窥视心里,大大提高了节目收视率。

最后,结构安排巧妙,讽刺辛辣。节目中最具讽刺意味的,无疑是黄骅市盐务局盐政科科长和沧州市盐业行业管理科科长的采访。他们口中说的"没有发现一起非法生产非法加工非法销售的私盐行为,而记者在制作现场看到,私盐加工工厂混乱无序、卫生条件差,无论白天黑夜运送私盐的车辆路上都无人盘查。盐政局领导的话语与记者暗访到的画面相距甚远,巨大的反差立马凸显了这一事件的新闻价值。更巧妙的是,记者用镜头的剪辑对盐政部门进行辛辣的讽刺,其充当私盐保护伞的形象被刻画得入木三分,让观众忍俊不禁,拍案叫绝。而最重要的是,盐贩子声称"盐政局来了就一块喝酒吃饭"、"他们管不到"。另一个颇具反讽意味的是,盐贩子告诉记者,《焦点访谈》的记者要从这过,孰不知眼前的这位顾客正是焦点访谈的记者。这些对比都让观众触目惊心、哭笑不得。任何事物的个性特征往往在对比中最容易显露出来。这篇报道将两个差别显著、极不相同的东西放在一起来吸引人们的注意力,达到吸引观众的目的。同时,两者对比鲜明强烈,巨大的反差迸发出强烈的感染力,使得整篇报道呈现讽刺辛辣的特点。

从报道中可以看出，记者对新闻事件挖掘深入，采访技法高超，"隐性采访"很好地把握了"度"。其采访事实内容互相映衬，突出矛盾，明确是非。尤其是报道结构安排巧妙，剪辑流畅，后期更是运用大量的对比剪辑对给私盐开绿灯的盐政部门进行了绝妙的讽刺，充分发挥了电视新闻的优势。

文本

让鲜血不再流淌

主持人：观众朋友们大家好，欢迎收看我们今天的这一期《焦点访谈》节目，我现在是在约旦河西岸城市拉马拉。

水均益：9月28日，巴以之间发生大规模的暴力冲突以后，拉马拉的这个地点，可以说每天都是冲突的热点地区。我们可以在周围环境当中随处看到冲突的痕迹。

比如说在我的眼前，这东西大家可以看一看，这就是以色列军警用于驱散巴勒斯坦示威群众的催泪弹，这已经用过了。还有在我的身后，大家可以看到，每天巴勒斯坦的示威群众都会在中午时分聚集到这里，要求以色列军警退出他们现在所在的这个占领的位置。

Can I have a look at this？观众朋友们大家看，这个就是在这次冲突中阿拉伯这个巴勒斯坦的示威群众所用的，在我们中国很常见的弹弓，弹弓里面放的是什么东西呢？这东西是以色列军警用于袭击巴勒斯坦群众的橡皮子弹。巴勒斯坦群众把打过来的橡皮子弹捡起来以后再放回这个弹弓里，再给他们打回去。可以说这种方式是最近这一个多月的巴以冲突里经常进行的一种方式。

［射击爆炸镜头］

水均益：你不害怕吗 因为他们在打枪。

巴勒斯坦民众1：不害怕，以色列人拿的是枪，而你知道巴勒斯坦人的武器只是石块。

水均益：你是被催泪瓦斯呛着了吗？

巴勒斯坦民众2：是的，从眼睛到鼻子到嘴、到肺。

［抬担架镜头］

［葬礼和游行镜头］

水均益：又一个巴勒斯坦人被打死，又一个令人悲伤而又愤怒的葬礼在举行，这就是目前发生在约旦河西岸和加沙的现状。在这次暴力冲突当中受到破坏的不仅仅是和平进程，更重要的是巴以双方人民之间相互存在的信任、互相了解以及对和平真正的信心。

从表面上看，巴以此番冲突的起因在于9月28日以色列右翼领导人沙龙对伊斯兰圣地阿克萨清真寺的访问，然而实际上根本的原因却在与巴勒斯坦人对巴以和谈迟迟不见效果所产生的一种普遍不满和怨恨的情绪。

［景物人空镜头］

巴勒斯坦民众3：媒体上宣传的和平有什么意义呀，在我们的实际生活中它并不存在。有些人只是在向全世界宣称我们有了和平而实际上我们并没有看到。

巴勒斯坦民众4：我认为我和以色列人并没有什么问题，我全心全意的热爱和平，但是我感觉以色列政府并不想真心跟我们进行和平谈判。

水均益：那么今后你准备怎么办？

巴勒斯坦民众4：今后人民最关心的是要看到实实在在的和平成果。

主持人：的确，经过了7年的和平谈判，巴勒斯坦人最迫切想得到的是实实在在的和平成果，一个能够属于他们自己的独立的家园。对此，10年前就参加了巴以和谈的史泰伊德先生深有感触。

史泰伊德：一个重要的问题是过去10年来，我们一直在和以色列进行和平谈判。

早在1991年10月30日，巴以和平进程就已经在马德里启动了，我是第一个到达马德里的巴勒斯坦代表。我当时担任巴勒斯坦谈判代表团先遣组组长，我们的任务是为谈判做准备，这些我都记得很清楚。而现在总结起来，10年当中，我们不仅没有达到一半的路程，相反我们还在原地踏步，这一点认识正是巴勒斯坦人感到困惑和受到挫伤的地方，而人们要用某种方式把这种感受表达出来，也许我们是世界上最后一个殖民地。

巴勒斯坦人民有一个传统，就是抵抗的精神。我们准备好要给和平一个机会，如果和平不能来到我们身边，那么人们就要用他们的方式表达他们的不满。这就是这次巴勒斯坦"起义"的真正原因。

主持人：曾经在中国工作过的马哈夫先生是以色列政府负责耶路撒冷问题的谈判专家，他也承认巴以冲突事出有因。

马哈夫（以色列政府谈判代表）：当然最近几周发生的冲突是由于和平进程受阻所致，但和平进程终究是不可阻挡的，我们生活在这样一个地区，打个比方就是把北京和天津两个城市合在一起，这么大，面积大约为两万平方公里。这是个很小的地方，一直就这么大，也无法扩展，而且我们还必须对它进行分治，许多年前就有了将巴勒斯坦西部地区分治的政治决议，对于这一点巴以双方的政治领导人也是一致的。我们现在看到的是这样的分治给双方带来了磨难、骚乱和烦恼。这当然需要一定的时间加以消化，但我们已别无退路。

哈桑塞伊（伯利恒大学副校长）：我对最近的"起义"并不感到吃惊，戴维营以来出现的僵局使得双方退回到了起步的地方，这就意味着双方进入了一条死胡同。自从奥斯陆协议以来，和平谈判没有给巴勒斯坦人看得见摸得着的具体成果，尽管以色列军队做了部分撤军，但是经济和政治的总体情况是越来越糟了。这在巴勒斯坦人民当中，直接导致了一种绝望的情绪。

主持人：7年前，奥斯陆协议向巴勒斯坦人展示了一个他们可以接受的前景，这就是巴以双方在土地换和平的原则下，最终和睦相处。但是7年过去了，巴勒斯坦在应该属于自己的土地上依然是屈辱的被占领者，到处是以色列全副武装的军警，到处是检查站。不懂事的孩子们或许已对周围的武器司空见惯，但是在耶路撒冷大街上，老城中清真寺外被拦住检查证件，强行驱赶的经历，在这些成年人的心中留下的只能是难以抹去的屈辱。巴勒斯坦人什么时候才能有自己独立的国家呢？土地换和平什么时候才能成为这块土地上的现实呢？

埃伦（以色列政府谈判代表）：我认为只要我们能够停止冲突，停止紧张局势，为重新恢复和谈创造良好的氛围，我们就可以继续谈判。我同意对于双方来讲，在现在的形势下，很难立即回到原先的立场，甚至做出某些让步。但是重要的是，我们必须为达成和平协议做进一步的努力。因为没有别的路，我们无法用武力来解决冲突，对话和谈判是唯一的途径，这也是我们的目标。

伊塞克（耶路撒冷应用研究所教授）：在巴以冲突问题上，应该掌握的原则是国际公正，像其他所有的国家一样，我们要有自己的国家，我们要有自由、独立，我们希望成为以色列的好邻居，以色列也应该把我们当成良好的邻邦。

水均益：您认为巴以在今后的谈判中，还能回到以前的立场和原则吗？

佩雷斯（以色列前总理、现任地区合作部部长）：我觉得仍然有很好的机会，与许多以色列人的看法相反，我相信阿拉法特主席是希望与以色列达成全面和平的。同样，以色列也希望与巴方达成全面的和平。我对巴方说，从以色列的角度看，一个好的巴勒斯坦国意味着我们会有一个好的邻居，我们很愿意看到巴勒斯坦人民在政治、经济、社会等各个方面取得成功。

水均益：目前巴方希望国际社会参与巴以和平进程，您如何看待这个问题？

佩雷斯：这不属于原先的议事日程项目。根据最初达成的原则，巴以双方最好的办法和方式是双方直接谈判并达成协议。

阿布·马赞（巴解执委会总书记）：我们对未来的和平是乐观的，这种乐观不仅仅存在于我们内部，而更多的在于周边的地区和国家，但是要保持乐观的情绪，前提是我们要能得到我们所要的东西。我们并不想要得到所有的东西，我们只要求要回曾经属于巴勒斯坦的土地的22%。要知道最早这块土地的95%是属于巴勒斯坦的，这是事实，没有人能忽视。但是现在为了大家的和平，我们接受了联合国安理会242号和338号决议，只要求22%的土地。

水均益：巴以冲突以一种相当极端的方式提醒人们，和平进程一旦启动，任何的停滞和倒退都会是灾难性的。要解决一系列悬而未决的问题，和平谈判是唯一的途径，和平谈判也为双方的相互信任、相互理解创造了良好的氛围。只有这样，阿拉伯和犹太两个民族的和睦相处才能够成为现实。因此真正地实现土地换和平的原则，早日恢复和平谈判，是彻底避免流血冲突的根本出路。

字幕：2000年11月4日以色列特拉维夫纪念以色列前总理拉宾遇刺身亡5周年和平集会

解说：半个多世纪以来，人们盼望巴以之间的永久和平，盼望这种和平能够停止流血，并给整个中东带来稳定和发展。应该说，这是巴以双方人民的共同愿望。11月4日，记者在以色列城市特拉维夫的拉丁广场目睹了人们对和平的真切盼望。

以色列群众1：我们在这里就是为了表达我们对和平的渴望。

以色列群众2：我们必须和平相处，我们需要找到一条出路，互相残杀不是办法。

（水均益、徐欢、孟和，2000年11月14日中央电视台《焦点访谈》）

> 评析

直击事发现场，评述全面有力
——评《让鲜血不再流淌》

2000年11月，央视记者水均益随摄制组赴耶路撒冷采访报道巴以冲突，并在冲突现场报道主持了"焦点访谈"节目——《让鲜血不再流淌》，这期节目获得了2000年度国务院新闻办公室颁发的中国国际新闻奖一等奖。节目中巴以人民对和平的渴求以及对和平绝望后的无奈，令观众为之动容。节目题材宏大、现场感强，内容翔实、立场明确，是一篇充满了人文主义精神的新闻报道。

首先，节目题材宏大。现场感强。记者亲历冲突热点地区，具有很强的现场感。对事实的报道，需要让受众感受到事实现场状况，确保新闻的真实性、可信性，这便是需要增强新闻现场感的重要前提。在这期节目的一开头，没有了以往演播室的介绍，镜头中立马呈现了巴基斯坦的中东建筑。一开始观众立刻被带到约旦河西岸城市拉马拉，随着记者的介绍，观众知道了自己将要看到9月28日巴以之间发生大规模暴力冲突以后，拉马拉的现状。记者的直接"出镜"，把新闻事件发生的时间、地点、人物、环境声音、细节、结果等通过屏幕向观众叙述，以强烈的视觉和听觉效果，给观众造成一种强烈的现场感，把观众直接带到新闻事件的现场。节目声音的运用非常出彩，同期声的运用加强了画面的现场感。开头两个镜头画面保留了素材的同期声，人潮混乱的叫喊声，频繁的枪声都伴随着主持人的解说。甚至在记者解说的同时，背后还有熊熊燃烧的汽车，观众仿佛身临其境，画面现场感极强。救护车的声音、葬礼队伍的歌声，都做了延长且渐弱的处理。保证了画面的连贯性，也拉近了两个画面的空间距离，增强了现场的紧张感。此外，记者出镜采访平民，像是在与平民聊天。有的被访者刚刚受到催泪弹的侵袭，也大大增加了节目的现场感。

其次，节目内容翔实、立场明确。大到谈判代表、执委会书记的采访，小到平民们用的武器。从大的和平理念到小的细节，在片子中都有所涉及。无助的巴勒斯坦民众捡起以色列军警用来袭击巴勒斯坦平民的橡皮子弹，只能用弹弓还击，巴勒斯坦人在被占领的地区被以色列军警无限的搜查，巴以群众的怨恨情绪毫无保留地显露了出来。而冲突的原因节目分析得很明确，那就是巴勒斯坦人对巴以和谈迟迟不见效果所产生的一种普遍不满和怨恨的情绪。而在对众多专家的采访中，双方都希望停止紧张局势，并表示了对日后谈判需要保持乐观的态度和不留退路的决心。虽然双方都将诉诸暴力的责任推给对方，但目前的局面，是双方共同的责任，以色列、哈马斯都一次又一次自我破坏了国际社会的调停成果。如果说此时此刻无法确认自己该支持谁、反对谁，那么只有一种立场是绝对正确的：支持和平，反对武力。在节目的结尾，记者再次明确了立场：和平进程一旦启动，任何的停滞和倒退都会是灾难性的。要解决一系列悬而未决的问题，和平谈判是唯一的途径。

第三，节目充满了人文关怀。节目始于对和平的渴望，终于对和平的期待。人文关怀，在新闻传播中有着极其重要的现实意义，它通过确立人的主体性，从而确立一种赋予人生以意义和价值的人生价值关怀。在《让鲜血不再流淌》中，全片紧扣"和平"二字,一开始,表达了民众绝望、愤怒的情绪。记者首先关注到了以色列军警用来驱散巴勒斯坦民众的催泪弹,而巴勒斯坦民众只能靠捡地上的子弹,用弹弓还击;以色列军警粗暴地检查巴勒斯坦民众的东西;此外,片中还有很多青少年、儿童参与攻击的镜头,在他们中间,弥漫着绝望、愤怒的情绪。镜头虽然也是在客观地记录,却在记录中强调人的价值、人的尊严,关注人的生存状态和社会权益。之后通过对两国政府官员的一系列采访,双方都承认民众愤怒情绪对整个和平进程起到的消极作用,对民众的绝望有了一定的回应。最后在纪念以色列前总理拉宾遇刺身亡 5 周年和平集会中,让我们再次看到了民众对和平的真切期盼。整期节目并没有仅满足于对战况的客观报道,而是加入了对生命的关怀,对和平的期待。受众的精神世界得到了慰藉,内心得到了尊重,人文关怀精神是从人出发并回归到人的价值体现。

《让鲜血不再流淌》节目题材宏大、现场感强、内容翔实、立场明确,是一篇充满了人文主义精神的新闻报道。中东需要和平,我们呼唤让鲜血不再流淌。节目中巴以人民对和平的渴求以及对和平绝望后的无奈,令观众为之动容。强烈的现场感拉近了观众与巴以人民之间的距离;鲜明的立场再三呼唤和平的早日到来。真实的力量往往震撼人心,感谢这篇报道给我们带来的精神洗礼。

文本

你,准备好了吗?——2009 招工找工难的思索

如果说城市化是每个国家经济发展的趋势,那么,我们是否可以说,农民进城则是城市化的必然规律?按"十一五"规划,2050 年我国将达到中等发达国家的水平,那时候,农村人口将低于全部人口的 20%。也就是说,未来的 40 多年,每年农村将向城镇转移 1400 万人口,可是我们的农民准备好了吗?我们的企业准备好了吗?我们的城市准备好了吗?我们的社会准备好了吗?……

口播:

12 月 5~7 日,一年一度的中央经济工作会议在北京召开。12 月 10 日,记者专门就会议提出的推进经济发展的重点,关于就业、社会保障措施等,这个目前全社会关注的热点问题,来到福建泉州——东南沿海农村进城务工人员最集中的地区调查、采访……

[同期声]

人物一:你肯定是要先把员工的心定下来。

解说:杨柳,泉州市滨海大酒店常务副总经理,32 岁四川人,17 岁起就任酒店服务员,如今被聘为酒店管理者,身兼打工者与管理者双重身份。

人物二:员工忽然就流失近 200 个,就怕这样情况发生,这样情况发生企业就没办法去面对了。

解说:王力,三斯达福建鞋业有限公司行政副总经理35岁安徽人,19岁起辗转广东、浙江、福建东南沿海大小鞋厂务工,如今被聘为企业管理者,身兼打工者与管理者双重身份。

人物三:如果你有技术,应该不是找工难,应该说是找到一个适合自己的工作难。

解说:郑舟,乔丹(中国)有限公司鞋业部,30岁,20岁成为鞋厂普通针车工,经过10年努力,如今成为产品打样设计员。

解说:不论是出来打工的郑舟,还是已经成为企业管理人员的杨柳和王力,2009年对于他们来说,都是个不同寻常的年份。经济大环境的低迷对他们所处的企业、以及他们的企业所在地区的经济,不能说完全没有影响。

[同期声]

王力三斯达福建鞋业有限公司行政副总:有的小工厂,百八十个人的,倒掉很多,没办法生产。

解说:那么,我们是不是可以这么推断,这附近的大小企业应该就不缺工了吗?这只是一个普通的工作日,王力所在的工厂门口一如既往地挂着招工信息。其实,这样的招工信息牌在这个号称中国运动休闲鞋基地的一条街上随处可见。

[现场同期声](记者与王力)我们从前用这样的牌子,现在都是用电子信息牌了。

解说:让王力犯愁的并不是这种零散缺工的情况,明年公司计划扩大鞋的产量和产值,准备再上3条流水线。

[采访同期声]王力:准备再上3条流水线,增加3条流水线就意味着,在原有的工人基础上要增加1000多人,这1000多人有的时候招的好的时候,一批招几十个人。(记者)那1000个人得招多少批,那就是不断在招。

解说:看来,从广东等地的劳动力市场引进,或是从西部地区的劳动保障部门、技术学校推荐的劳动力对于解决企业发展过程中的需求还是远远不够的。况且一样的招聘,也和过去不大一样了。

[采访同期声]王力:有没有洗手间?空调?有没有夫妻房?有没有IC电话?公司里面有没有娱乐室?每个节假日有没有主办文艺晚会?有没有员工一般该享受的保险等,他在问我们答,原来是我们问他们答。

[采访同期]泉州90后农民工:工资最少要1300元。

泉州80后农民工:公司为我们考虑我们就能安心在这里上班。

泉州80后农民工:要让人很充实。

解说:现在王力还不敢想象,万一真要招不来工人,公司将要面临怎样的压力。

[采访同期]王力:比方说我们要1000人,就招来500人,还有500人的缺口要怎么办,我们这个流水线是不是要闲置,我们这个生产量订单要缩小。

解说:2009年下半年开始,泉州——这个福建乃至全国工业发展最快、最具活力的地区之一,都被缺工问题困扰。不仅是工厂,连酒店服务行业也面临着相似的问题。

[现场同期声]

(杨柳与应聘保安的员工进行谈话)简历没有体现出来说哪一年退伍的?2003年。在哪里退伍的?在邵武几年那时候是,两年。

[采访同期]

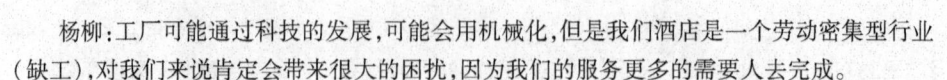

杨柳：工厂可能通过科技的发展，可能会用机械化，但是我们酒店是一个劳动密集型行业（缺工），对我们来说肯定会带来很大的困扰，因为我们的服务更多的需要人去完成。

解说：劳动力稀缺让杨柳所在的酒店悄然酝酿着对待员工理念的转变。

[采访同期]

杨柳：我们在管理条例上明确规定，要求领导要主动和员工打招呼，（记者）真的是这样子？是，我自己每天整个酒店至少巡视3次，在任何岗位看到他们，都要主动和他们打招呼，或者是简单的询问。

解说：酒店招工之所以不太容易，杨柳认为，这和当下社会热议的"80后"与"90后"一代也有一定的关系。

[采访同期]

杨柳：比如以我自己来说，我们70年代那个时候的家庭家里的小孩比较多，还有我们一般毕业以后很快就走上工作岗位，现在的八九十年代的这些孩子，可能对他们来说并不是非常急需要一份工作。

解说：从杨柳还有之前王力的经历我们可以看出，以泉州为例，当下许多企业还是缺工的。如果说，企业在这场招工战役中打得相当费劲，那么这场战役中的另外一个重要角色——农民工兄弟，他们又处在怎样的境况之下？

[工作场景同期声]（记者与郑舟）这个就是把设计图稿转换成一个纸板，然后分解这个版块下来再进行样品的制作。

解说：从车间到办公室，郑舟用了10年的努力来实现了这样一个跨越，如今拥有一门技术的他并不害怕自己有一天会因为企业的原因而丢掉饭碗。

[采访同期]

郑舟：现在找工作是好找，那可能是要花点时间。比如说离家要近一点的、收入要差不多一点的、能够照顾到家里的、这样的工作那么好找吗？

解说：为什么还有那么多同乡或者和郑舟一样，希望通过自己的努力真正迈进城市门槛的人们，还是找不到一个安稳的落脚点？

[采访同期]

郑舟：人家感觉这个行业很辛苦，愿意过一种比较轻松一点的生活。

解说：当然，另外有些人不愿意出来打工，也是因为与过去相比沿海地区要落后许多的老家，如今发展得越来越好了，同样提供了就业机会和创业空间。这也在一定程度上分流了部分劳动力向经济发达地区转移。

[采访同期]

郑舟：听说收入还很不错的，（记者）会比这里低？肯定会低一点，但是有的人觉得能够在家里，能够照顾到小孩、老人，如果那边能达到1000来块就愿意回去了。

口播：

我们调查了许多农民工，从中挑出这3位。可是，就这3位籍贯不同，经历迥异的农民工，各自不同的故事，却让我们发现："招工难，找工也难"，如今，似乎已经在东南沿海的工业发达地区形成了周而复始的怪圈。一边企业急等开工，一边农民迫切找工作！客观地说，如果我们走不出这个怪圈，那么工业发展乃至城市化进程都将是一句空话。可是又是什么原因,让这个怪圈长期以来,几乎总是在困扰着我们的企业和民工呢!?

［电话采访同期］因为这是经济发展的一般逻辑。

人物介绍:都阳,中国社会科学院劳动与人力资源研究中心主任、中国人口与劳动经济学专家。

［电话采访同期］

都阳:首先在经济发展初期的时候,我们需要解决就业岗位,这个时候劳动密集型企业,当然是最好的一个就业部门,一旦这部门扩张到一定程度以后,它就必然会产生(劳动力)数量短缺,和工资上涨的情况,那么劳动密集型企业的规模在缩小,工人工资在上涨,这当然是好现象,关键是如果有了这种变化后,无论是企业还是劳动者,是不是有相应的调整。

解说:进城务工的农民工,对城市充满了未知的恐惧,如何才能消除他们的陌生感,让他们真正地走进企业,融入城市生活?他们最需要的到底是什么呢?

［采访同期］

郑舟:赚到的钱能够领到手,这个是很关键的问题。

还有一个要尊重他们,比如说户口问题,有的人出来打工几十年,回家都不适应了。

社会肯定要考虑解决这些问题,他们到底能不能在这边安家落户,总不能一直是外来工,一直是农民工,还有一个医疗方面的问题,也是很关键的,还有就是子女上学的问题,基本上就是这些问题。

解说:其实,郑舟这位出生于70年代末的普通工人的想法,极其真实。改革开放以来,大量的农村劳动力涌入城市,务工、经商,形成独特的农民工群体,据不完全统计,目前其总量已经达到2亿人左右。这些农民工为我国的经济、为我国的城市、为我国的企业,都做出了极大的贡献。可是我们的城市、我们的企业尽管也在口头上说"一视同仁"啊,各地也出于种种考虑,出台了形形色色的优惠,甚至三申五令要以"新某地人"的尊称来取代"农民工"、"外来工"这些略带贬义的称呼。但是这种种努力,在"城乡二元化"这些固有的、根深蒂固的差异面前,却显得那么的苍白、无力!那么,我们对于郑舟这位普通农民工,这样的真实,却在某种意义上兼顾了六七十年代,尤其是八九十年代农民工的普遍性想法,又应该怎样来读解?

［电话采访］

贺铿(全国人大财经委副主任):我对很多城市的政府,你是一个原来城市的政府,扩大了的城市,农民工进来以后,你没有起到政府的作用。这个是政府要转变执政理念的一个方面,应该一视同仁,这次经济工作会议,从户籍方面,当然是让农民工在行政方面,走向平等的一个途径,但更重要的是我们自身理念,要真正一视同仁。

文稿:是啊,是到了打破"城乡二元化"、改变公共政策、福利来源一视同仁化的时候了!如果说社会、城市公共政策上的一视同仁能带给进城打工的人们一种公平的切身感受,那么,我们正在招工的企业是否考虑过,在这些年这场城市化洪流中应当怎样扮演自己的角色?

［采访同期］

杨柳:首先作为企业要诚信,这份工资不仅仅是他自己要的,他后面还有一大家子人。

［现场同期］这个电话都是可以拨打外线的,长途的,都是免费的,宿舍里面一共有两台,随便让他们挂吗?随便挂。

解说：在我们走访的几家企业，与过去相比，企业为工人做出的改变显而易见。

[现场同期]（记者与带孩子上厂办幼儿园的工友）3岁，在这里出生在老家出生的，在这里出生的，办了这个幼儿园是不是感觉放心多了？厂里面有当然是好了。

（记者与校车司机）安全把你放到学校，再把你接回来，父母就放心点，不怕下雨刮风，什么都不怕。

[电话采访同期]一个企业的管理最根本是以人为本的管理。

人物介绍：福建省人民政府发展研究中心原副主任研究员王开明，我省经济及各项工作政策制定的参与者。

[采访同期]

王开明：从社会保障、从教育、包括技术的培训，要舍得投入，而且要看到你对农民工好，他会回报你。

解说：当然，走出招工找工怪圈，同样需要进城务工人员改变观念，从自身方面做好准备。我们的农民工们不仅需要改变自身的、原来适应于农村的观念，尽快树立适应城市的、企业的观念，更需要做好自身的准备，尤其是从业基本技能方面的准备。

[采访同期]

王开明：政府现在搞免费培训，要积极参加，从长远来看，整个进城的农民工，将来特别是年轻一代的，回去种田的可能性是很小的，所以也确实要有一个融入城市的思想准备，而且要有一个公民意识，这个城市将来有可能是我的，我要爱护这个城市。

解说：国庆60年阅兵式上，由2323人组成的农民工方阵首次出现在游行队伍中。宁夏"打工仔"郭昊东代表2.4亿农民工登上国庆彩车。

[电话采访]

贺铿：对城里人我常说，你看看他的爸爸是哪里人，再看看他的爷爷是哪里来的，总归可以找到他的祖宗是乡下人。

[采访同期]

王开明：当今时代，谁是最可爱的人，应该说是农民工。

[采访同期]

杨柳：作为外来工来说，不仅仅是企业的认同，当他走入社会以后，社会的认同，他们还要在这个社会里生活，包括他们子女教育问题，包括未来的福利，这个都是影响着未来企业用工的一个问题。

王力：人都是有感情的，员工也是这样，你对他好，什么都为他考虑，人不都是有感情的，他就是觉得在你这里做的舒服，什么事都像在家里一样，有个商量的余地。

郑舟：进城可能是很多年轻人的向往，这里还是不错，今后在这里还是继续做。

口播：

采访过程中，记者不断地思索着片头提出的问题：我们的农民、企业、城市、社会准备好了吗？应该说，我们的社会、城市已经着手在准备逐步解决城乡二元化问题！我们的企业、我们的农民工也已经在着手准备！我们相信，只要有这几方面共同的准备和真正地实施，我国经济将真正可持续发展……

（刘凌汉、吴佳敏、郑丽彬，福建电视台《公共事线》栏目 2009年12月31日）

> 评析

观点敏锐，视角前瞻
——评析《你，准备好了吗？——2009招工找工难的思索》

这是一部思想敏锐、观点超前的电视佳作。2010年中央一号文件和2010年两会的重要会议精神强调了招工难问题，更让我们对作者前瞻性的目光感到震惊。

记者持续关注上层动态，以十一五规划与当年的中央经济会议为背景，并通过长期对农民工问题的观察，发现了2008年底农民工集体返乡、2009年下半年又出现用工单位招工难的种种现象……针对这样的怪圈，记者深入泉州地区进行采访调查，采访了当地许多农民工，又专程请教了北京、福州的专家学者，结合了农民工兄弟的生动遭遇与专家学者的深刻剖析，于是有了这篇具有针对性的专题报道。

报道首先采访了几家用工单位的管理层人员，说出了当前缺人的状况，但并不仅仅停留在这个层面，而是进一步尝试着找出缺人的深层次原因。

找到第一个原因——用人单位对待员工的态度问题后，作者采访探究了用人单位对待员工理念的变化，以此表现出了用人单位寻求改变的积极态度，告诉大家招工难没有那么可怕，只要用人单位与农民工互相体谅，多多磨合，就一定可以找到解决之道。并继续深入采访了这些管理层人员，挖掘出招工难的另一个深层次原因。

随着改革开放，经济发展，与过去相比沿海地区要落后许多的中西部地区，如今同样提供了不少就业机会和创业空间，在一定程度上分流了部分劳动力向经济发达地区转移。而且很多人的家乡工资有所上涨，沿海发达地区原本的高工资不再拥有强大的吸引力，这也是导致招工难的一个重要原因。

说完用人单位的招工难，作者并没有就此止住，而是纵揽大局，开始关注招工找工新闻事件的另一个主体——农民工群体，从他们的角度，向大家展示了找工难的问题。

首先，社科院劳动与人力资源研究中心主任讲述了这种招工找工难现象的经济学原因，是经济发展的一种必然现象。关键是出现这种现象后，企业或者劳动者，是不是有相应的调整。

农民工为我国的经济、为我国的城市、为我国的企业，都做出了极大的贡献。可是我们的城市、政府，无论是政策上，还是真正的从理念上都没有很平等地对待农民工群体。

公共政策上的一视同仁能带给进城打工的人们以公平,那么,招工的企业也要在招工的时候尽到应尽的职责。

谁是利益主体,就最应该采访谁。就这个问题作者采访了一些农民工,事无巨细地询问了数个问题,如员工宿舍免费的长途电话、员工子女就近读幼儿园。不用太多的描写,因为这种身边的小事例足以让观众感受到用人单位对员工负责的态度。

另外,由于时代的发展,当代企业对用人的要求也在逐渐提高,因此希望农民工群体要努力提升自己的技能水平,增强竞争力。

最后的结尾,作者系统地总结到,解决这个问题,需要我们的社会、城市开始解决城乡二元化问题,也需要我们的企业、我们的农民工着手准备,三方缺一不可,一起努力之下,一定可以解决问题。

该新闻报道于2009年12月播出。全片通过对福建沿海地区3个农民工情况的调查,通过国内专家、学者的采访,对找工、招工难题进行了深刻剖析,提出了改变城乡二元化、转变经济增长方式、调整产业结构、破解找工和招工难题等一系列在2010年,乃至今后相当长一段时期都十分新锐的观点。

该报道具有很强的针对性,关注的是人们普遍关心、急需解决的农民工问题,也是一篇客观真实的报道,每个观点、每段内容都有理有据,以事论理。

该片播出后,引起了强烈的社会反响,许多农民工纷纷反映说该片说出了他们的心声,相关部门的专家也对本片表示了认可,认为这个专题具有较强的典型性,不仅揭示了"找工招工难"的深层原因,同时也提出了一些令人深思的观点,有一定指导意义。

文本

大漠胡杨

解说:胡杨,以千年不死、千年不倒、千年不朽的顽强生命力和战斗精神,被人们称为"沙漠英雄树"。

[同期声]

王辉(新疆军区某团参谋长):下面,我们组织13公里武装奔袭,希望同志们继续发扬筱龙精神,不畏困难,勇往直前,永争第一。同志们有没有信心?

战士:有!

解说:这就是胡筱龙生前所在的部队。他的英雄事迹深深地印刻在每一位战士的心中。2005年10月30日,兰州军区、新疆军区对胡筱龙所在团进行作战能力动态评估考核。按照要求,部队须沿着塔克拉玛干大沙漠,快速向作战地域集结,并展开各种战斗动作。让考核组没有想到的是,担任总指挥的胡筱龙,此时,正在与病魔做着顽强的斗争。

[同期声]

李振(新疆军区某团医生):当时团长流鼻血、发烧很严重,我们坚持让他上医院去,可团长却说算了,等考核完后再说,实在是没有办法,我们就只好在指挥车里,让他一边指挥部队,一边输着液。

解说:战斗打响了,胡筱龙忍着病痛,始终冲在队伍的最前面,与战斗分队一起徒步奔袭13公里,按时到达指定地域,展开战斗。

[同期声]

陈健(师作训科长):当最后一颗炮弹出去的时候,他就倒在了演习场。

解说:2005年11月12日,胡筱龙被确诊为十二指肠乳头癌晚期。此时的胡筱龙,身体极度虚弱,体重从74公斤骤减到40公斤。这些画面是胡筱龙战友拍摄的画面,在众多的素材中,我们几乎找不到一个胡筱龙的正面镜头,他的战友告诉我们,胡团长的眼神里一直流露着对生命的渴望,对重新回到军营的渴望,那种神态让他们无法面对、无法承受和拍摄。然而,癌魔并没有让胡筱龙屈服,手术后的第7天,他便挂着引流袋,回到了魂牵梦绕的训练场。

[同期声]

胡筱龙(新疆军区某团原团长):出院的第3天,我就到部队来看看,看看新兵的训练,感觉到不看看新兵吧心里空落落的,缺点什么东西。

[同期声]

冷小彬:(新疆军区某团驾驶员)他在房子里面待不住,在房子里面就看那个《亮剑》,看那个电视,看了三四遍。没事又到训练场去,就这一截子路,才3公里多一点吧,他要走半个多小时,因为颠着他疼嘛,他(还)带着(引流的)袋子。

解说:在团部的值班记录上,我们看到了这样一组数据,胡筱龙第一次做完手术后的一个多月内,12次来到训练场,3次来到训练器材革新小组,到20多个建制单位看望战士。

[同期声]

新疆军区某团原团长胡筱龙:你们班实弹射击成绩怎么样?新战士全部合格了。胡筱龙都合格了,好。

解说:1987年9月,高中毕业的胡筱龙胸怀报国之志,以优异成绩考取了西安陆军学院。毕业后,他选择了边关,来到塔克拉玛干大沙漠北缘。在这里,胡筱龙第一次看到了扎根沙漠、顽强生长的英雄树——胡杨。

[同期声]

胡筱龙:胡杨为什么要钻天,为什么要向上,人必须有一种精神,要有一种锐不可当的气势。作为一个战士,必须得无畏,无所畏惧,他才有那种精神。作为一个部队,或者单个军人来说,存在的价值在哪里?存在的价值是为了明天的战争做准备。

解说:为了这份准备,胡筱龙像胡杨那样,把根深深地扎在了浩瀚的大漠之中,像海绵吸水一样汲取着知识的营养。1996年,他省吃俭用攒了一万多块钱买了一台电脑,一头扎了进去。

[同期声]

胡筱龙:每天晚上学到两三点,最后我老婆都生气了,"你干脆一天抱着电脑睡觉去算了"。

解说:就这样,当别人开始学电脑时,胡筱龙已经在开发训练管理软件了。这30多万字的读书笔记,38篇学术论文,见证了一个善于总结、勇于创新、不断开拓的军事干部成长的轨迹。1994年7月,在一次军事演习期间,刚刚当上作训科参谋的胡筱龙,就对副科长谢增刚确定的反击战法提出不同意见。

[同期声]

谢增刚(新疆军区某部参谋长):他建议采用"空地一体打击、联合火力致瘫、全域立体攻歼"的大胆、超前的战法,尽管我们争得面红耳赤,最后还是否定了筱龙的建议。

解说:在向指挥部领导汇报时,胡筱龙再一次提出了自己的意见,以大量翔实而又准确的数据资料,让领导信服并最终采纳了他的意见。

[同期声]

谢增刚:事后,他专门找到我,非常诚恳地说,副科长,不是我要跟你叫板,我只是想让这次演习更加符合我们战区特色,更具有时代感和前瞻性。

解说:2004年6月,年仅35岁的胡筱龙,走上了应急机动作战部队的团长岗位。在这支诞生在井冈山、成长在南泥湾、南征又北战、扎根在天山,被朱德总司令称为"模范青年团"的光荣部队里,胡筱龙庄严地举起了右拳。

[同期声]

胡筱龙宣誓:要始终牢记,党的利益高于一切,部队建设的利益高于一切,要始终牢记,一个党员,就是一面旗帜。

解说:胡筱龙是这么说的,也是这么做的。在工作中,他以更高的标准、更严的要求、更硬的形象,带领全团从严从难从实战出发,为军事斗争做好准备,狠抓军事训练。他把训练的标准牢牢定位在过得硬、打得赢上。在一次部队组织实爆作业时,突然下起大雨。有人说,下雨路太滑,战士们负重十几公斤,行动也不方便,如果摔一跤,可能会出事故,为了安全,建议不要冒险组织训练。胡筱龙当即否决了这个建议。

[同期声]

胡筱龙:我们不能渴望跟未来敌人实施作战的时候,天不要下雨。"仗怎么打,兵就怎么练"。什么叫战斗精神?无所畏惧,排除万难,争取胜利。我经常对我们团的同志讲两句话,一是迎接挑战,二是战胜敌人,就这两句。

解说:2004年7月,按照上级命令,全团整建制穿越"死亡之海"塔克拉玛干大沙漠。行进途中,一场特大的沙尘暴铺天盖地而来。是坚持还是放弃?突如其来的变故考验着胡筱龙的意志。

[同期声]

王国义(新疆军区某部副师长):当时,能见度很抵,只有10米。我心里确实犯嘀咕,我说筱龙啊!能见度这么低,咱们走行不行?筱龙说,副师长,我们部队就是这样训练的,不怕。

解说:就这样,在胡筱龙的率领下,全团以顽强的战斗意志,突破沙尘区,首创了步兵团整建制日行军532公里的全军纪录。演习中,面对总部领导和全军各大院校前来观摩的100多名军事专家,胡筱龙指挥若定,情况判断准确,处置方法灵活,受到了参演领导的高度赞扬。

[同期声]

曹益民(新疆军区某部队长):一位中将曾经这样评价他,别看这个团长个子小,他脑子里装着大智慧。这个小个子不得了。胡筱龙所在的这个团曾被朱德总司令亲笔题名为"模范青年团",它的前身是386旅,新一团,也就是《亮剑》那部电视剧反映的那个团,就是它的前身。所以,在胡筱龙的身上有一种敢于"亮剑"的精神,他从不言败啊。

解说:为熟悉未来战场环境和掌握作战方法,胡筱龙曾带领部队3次奔赴喀喇昆仑,在海拔4500米以上的"生命禁区"进行适应性训练,收集了300多组高原作战数据,研究探索出20多种反击作战战法。这张照片,是胡筱龙在雪域高原留下的。当时,他看着这张照片,豪情满怀地写下了这首诗:仗剑昆仑成功业,献身大漠生死超;踏破铁鞋国防固,马革裹尸仰天笑。

解说:这是他忠诚使命献身国防的内心独白和真实写照。2006年2月26日,胡筱龙病情恶化,前往乌鲁木齐进行第二次手术。临行前,胡筱龙来到营区与战友们告别,他摇下车窗,让驾驶员驱车在营区绕了一圈又一圈,他舍不得朝夕相处的战友,舍不得这片寄托着自己志向和抱负的练兵场。在胡筱龙病重期间,全团2000多名官兵自发地为胡筱龙叠下了近万只纸鹤,写下了5800多封寄托深情的信。一颗颗滚烫火热的心,一封封情感真挚的信,都表达着官兵们同样的心愿:团长,你什么时候回来啊!我们等着你!在官兵的眼中,胡筱龙是团长,但更像他们的兄长。2004年10月,团里组织野外驻训,工兵连刚搭设好帐篷,就接到紧急出动的任务。出发时,指导员安排战士李三强一人留下来看管帐篷。

[同期声]

李三强(新疆军区某团战士):晚上,戈壁滩上狼成群结队,太多了,吓得我都缩成一团。没想到这时团长来了,他一看见我就说:"跟我走。"当时我差点眼泪都流出来了。

[同期声]

王福忠(新疆军区某团指导员):当团长把李三强交给我的时候,那火发得非常大,指着我的鼻子说,是战士的生命重要,还是帐篷重要?如果要在战场,敌人打过来怎么办?这是无谓的牺牲。虽然当时团长在批评我,但我心里非常高兴,我知道,团长他是真正地爱兵。

解说:修理所四期士官谢正军,是团里革新器材小组的骨干,也是深受胡团长喜爱的人才。至今,他也没有忘记胡团长交给他的一项特殊任务。2005年,部队野外驻训,谢正军正在一个高地制作射击靶牌,团长胡筱龙突然出现在他的面前。

[同期声]

谢正军(新疆军区某团士官):他是骗我要去完成一项任务,我当时也不知道。车行驶到50公里的时候,他让我下车,我第一眼看到我的妻子和女儿的时候,我的泪水一下子就涌出来了!

解说:谢正军这才知道,这项特殊的任务,就是让他前往师里组织的野外驻训地的军嫂夏令营,和临时来队的妻子女儿团聚。

[同期声]

谢正军:现在想起团长对兵(的爱)这个滋味,我感觉没法用什么语言来表达。如果是真的有一天,能用我的生命去换取他的(生命的)话,我愿意。

解说:胡筱龙的爱是大写的爱。他爱祖国、爱边关、爱战士,也深深地爱着生他养他的故乡和亲人。病重期间,他每个礼拜还坚持给家乡的老母亲打一个电话。

[同期声]

胡筱龙的大哥胡筱岩：最后一次打电话前些天，他的嗓子已经说不出话了，我母亲问到底咋回事，声音不对劲，他说这边有沙尘暴，嗓子迷住了。

解说：在生命的最后时刻，胡筱龙用这甜蜜的谎言，表达着心中对母亲那一份最深、最美的爱。

[同期声]

胡筱岩：我为有这样一个弟弟感到很骄傲，他把他的一切精力，都贡献给了……贡献给了党的事业，贡献给了人民军队……

解说："一生有你，相伴无间，此心千古，日月可鉴。天地有情，欢忆无边，拥此明月，爱延万年。"这是胡筱龙写给妻子缑丽虹的一首诗。这对心心相印的夫妻，谁也没有向对方说出病情的真相，他们在无语的注视中，进行着人间最真诚的"欺骗"。爱，让他们坚强地期待着生命的奇迹。2006年4月25日，与病魔顽强抗争的胡筱龙突然清醒过来，他向身边的家人和医护人员说，我做了一个梦，梦见我带领全团官兵，打了十分艰苦的一仗，最后我们打赢了。那个打赢的梦，是他留下的遗言。

[字幕]2006年4月26日凌晨，胡筱龙因病逝世，年仅37岁。

解说：胡筱龙轻轻地走了，告别了他魂牵梦绕的训练场，带着"梦里拔刀亮剑，醒来脚踏昆仑"的豪情，带着"当兵生来为打仗，军人价值在打赢"的壮志，轻轻地走了。在他去世后的一个多月时间里，每天都有1000多名网民留言。一位大学生留言说，胡筱龙是军队的英雄，也是人民的英雄。

[字幕]2006年5月2日，新疆军区作出向胡筱龙同志学习的决定。就在这一天，遵照胡筱龙的遗愿，妻子把他的骨灰带回了军营。

[同期画面]

胡筱龙：我就是个职业军人。职业军人就是这一生之中，始终把军队（军人）作为自己的职业，作为自己追求的目标，或者说是研究的方向。我想，即使哪一天我脱下军装，我不当军人了，但是我还会去关注战争，还会去研究这些问题。

（潘智云、张林熙、莫争名等，新疆电视台2007年8月4日）

评析

深入采写，塑造英雄立体形象
——评析《大漠胡杨》

英雄总是会被赞颂，《大漠胡杨》就是一篇为英雄喝彩的佳作。本片通过深入细致的采访，精选素材、细节，运用大量同期声、解说等电视语言，立体、生动地展现了一位当代军人的英雄形象。

这篇专题报道，通过对胡筱龙这位深受广大官兵爱戴的步兵团长生前事迹的追述，揭示出这位年轻团长的精神境界——"沙漠英雄树"胡杨的性格：顽强的生命力和战斗精神。如果是文艺创作，描写气吞山河的英雄容易。而要用记实的镜头展现有血有肉、有情有义、忠孝两全的活生生的"这一个人"难。因为实有其人的人,是不完美的人,是有个性的人,是有人气的"真英雄"。《大漠胡杨》做到了,并非作者的一段段溢美之辞,而是通过受访者口中说出的话。一字一句尽是真情流露,从一个个不同的角度刻画了英雄的形象。作品中英雄的生平、事迹,充满张力的性格,对家人、对国家炽热的爱都面面俱到,饱满的内容让人印象深刻。

我们的生活中不能没有军人,因为天下还不太平。胡筱龙是天生的军人,他有着强悍的军人气质;有着当代军人所应有的胆识和睿智。胡筱龙是一名出色的指挥官,把国家的荣誉当作自己的职责。他的格言是"当兵生来为打仗,军人价值在打赢"。他坚定、顽强、浩气凛然。在他的身上有一种"一心谋打赢,从不言败"的亮剑精神。在胡筱龙的带领下,全团穿越了被称为"死亡之海"的塔克拉玛干沙漠,并以此首创了步兵团整团成建制日行军532公里的全军纪录。作为当代军人的楷模和典范,在祖国的西北边陲,他用自己短暂的一生,诠释了一位和平年代职业军人的价值和追求。他忠于职守,殚精竭虑,毕其一生。他是戍边将士的威武象征。

作为专题片如何写英雄?该如何将这名优秀军人和其他军人区分开,让观众铭记于心?为了解决这个问题,《大漠胡杨》在短短的20多分钟时间里,采用了多达21段同期声,并运用大量解说词的叙事与抒情手法,既谱写英雄事迹,又同观众交流。收到了很好的传播效果。观众对胡筱龙这个人的认识也会是立体而又全面的,"任是顽石也会落泪,被形象感动"。这是本文一个重要特点。

字也有情,句也有情,字字饱含真情是这篇报道的又一特点。通篇皆是爱军情、爱兵情、爱民情、爱老情、爱家情和男儿情。作品中选用了许多细节来加以表现。例如,胡筱龙抱病带兵进行高强度训练,胡筱龙带李三强离开有狼群的帐篷,亲自送士官谢正军与临时来队的妻子女儿团聚,胡筱龙病情恶化,在去医院第二次手术临行前,恋恋不舍地在营区绕了一圈又一圈,与战友告别,他给妻子写诗鼓励,他用善意的谎言安慰年迈的母亲……这也是《大漠胡杨》感人的重要亮色。一言以蔽之,胡筱龙的爱兵、爱才、爱母、爱妻的感人故事,把中国军人的阴柔之心和阳刚之气淋漓尽致地展现在大众面前,这就是军人,这就是军队,这就是永远站立在大漠中的又一棵胡杨树。

还有一点,我们认为本文之所以能这么感人,固然与作者的采写能力有关,更重要的是与作者深入细致的采访有关。

2006年4月,作者作为感动新疆节目组的记者,负责拍摄制作感动新疆十大人物候选人之一——胡筱龙的事迹,当时,他已经病重住院治疗,不能接受任何采访。为了将胡筱龙的事迹真实而全面地反映出来,他们前往胡筱龙所在的部队新疆军区某师十二团,并制订了详细的采访提纲。事无巨细地采访了每个和英雄有关的人，积累了大量的素材。在军营里采访了很多胡筱龙的领导和战友，在他们的深情讲述中，原本对胡筱龙平面而单一的印象，变得丰富而饱满起来，对英雄模式化的理解变得感性而亲切。在采访中，作者深刻地感受到胡筱龙不是一个用简单、刻板的方式带领部队的干部，而是一个用智慧、用情感、用人性化的管理方式带兵的当代军人。通过采访深入地了解了英雄事迹，真挚的感情发自心底，诉诸于笔头，才能实现感人而不造作的效果。

　　作者带着一种对英雄的崇敬，在返回乌鲁木齐的途中，听说胡筱龙突然离世，他们立刻赶往殡仪馆，用镜头记录下了新疆军区首长和战友送别胡筱龙的悲壮场面，也为这部作品写上了一个圆满的句号。节目播出后，在社会各界引起强烈反响，各大媒体都纷纷对胡筱龙的英雄事迹从各个不同的角度进行了报道，在感动新疆十大人物的评选活动中，胡筱龙以56万张选票荣膺为感动新疆的十大人物，新疆各族群众掀起了向英雄学习的高潮。新疆军区作出了向胡筱龙同志学习的决定。

第 9 章　电视深度报道作品评析

评析指要：电视深度报道作品

电视节目中的深度报道是通过电视手段以视听符号对新闻事实所作的包括背景介绍、调查研究、分析解释、归纳预测的深层次传播，是新闻 5 个 W(What,Who,When,Where,Why)和一个 H(How)进一步深入的报道方式。深度报道不满足于向受众提供简单的新闻事实，而是使新闻要素作进一步的深化，要求一方面剖析新闻事实内部，另一方面展示新闻事实的宏观背景等。从总体联系上把握其真实性、深刻性。

电视深度报道最早产生于美国，其前身是爱德华·默罗在二战时主持的节目《现在请听》。后来，深度报道被带进了 CBS(哥伦比亚广播公司)的电视新闻节目，名为《现在请看》。1968 年，CBS 推出《60 分钟》。此外，还有美国广播公司的《20/20》、全国广播公司的《日界线》等。此后，电视深度报道在美国越来越多见，并逐渐为各国电视媒体所效仿。深度报道也是媒介竞争的产物。广播和电视发展起来之后，对报纸形成了咄咄逼人的挑战。新闻传播的快速、及时被广播和电视垄断，报纸开始被迫往深度发展，深度报道一直被视为报纸的支柱，所占版面的比例越来越大。但是，深度报道毕竟不是报纸独有的，很快拥有画面和声音的电视也开始了自己的深度报道。可以说，深度报道是媒介竞争的产物。我国的第一个电视深度栏目是 1984 年上海电视台的《新闻透视》。此后深度报道在我国电视界得到蓬勃发展，其中，中央电视台的《焦点访谈》、《东方时空·焦点时刻》、《新闻调查》的崛起最为引人注目。电视深度报道可以简单分为以下几类：解释性报道、调查性报道、预测性报道、连续性报道、系列深度报道等。

1. 电视深度报道的特点

(1) 选题以焦点、热点、难点为取向。

深度报道一般会选择重大的新闻事件和社会现象来作为选题，所谓焦点，就是指那些一定时期内被社会各界共同关注的问题或事件。所谓热点，是指一个时期的社会问题或现象占据社会舆论的中心。所谓难点，是指那些因为各种利益纠葛错综复杂而长期得不到解决的问题和事件。这些事件或者问题的性质本身既可能是正面的,也可能是负面的,只要是有利于公众利益和社会进步的,都可以纳入选题范围。凤凰卫视《时事特区》的深度报道《潲水油黑链条揭秘》所选的选题就既是焦点又是难点,记者关注了深圳及至波及全国的"潲水油",深入黑作坊第一线,调查地沟油源头管控的种种真相,引起了很大的社会反响。

(2) 事实直观再现、背景深入挖掘。

直观再现是电视媒体的主要特点和根本优势,是记者以受众的身份,代替受众进入事件或采访现场。现场真相一目了然,对于观众来说,摄像机拍到的画面和采集到的声音就是真实的。当然光有真实的画面是不够的,电视深度报道还要对新闻事件背景加以挖掘,对事物深层次的问题予以关注,对新闻事件或任务是全方位、多侧面的立体式反映,以揭示事物的本质以及事物之间的内在联系。深度报道诉求的不是"是什么"而是"为什么"和"怎么样"。不仅是对现象的介绍,还有对背景的展现等,以满足观众的"欲知"愿望。

(3) 对内容深刻与深度追求。

深度报道以深刻为追求目标,深度作为它的最重要的特质。选择重大题材——社会重大问题和新闻事件,自然会为新闻报道奠定深度的基础,创造报道深度的良好条件,但是并不是非重大题材的报道就不能成为深度报道。"事实上,深度报道的报道深度关键在于'重要情况让人民知道,重大问题经人民讨论',这种人民的知道和讨论就是一种最深刻的东西。"[①]另外,深度报道根本的深度还在于事实,在于是否反映了广大人民群众的心声,是否具有说真话的基本品格。《焦点访谈》的片头语——时事追踪报道、新闻背景分析、社会热点透视、大众话题评说,24字既准确地道出了该栏目的主旨,也概括了电视新闻深度报道类节目的选题范围和对内容深刻性的追求。

深度报道对内容深刻性追求,其实质是对新闻报道理念的拓展和延伸,是报道者对新闻事件的事实判断和价值判断。报道者依据其主体对新闻客观事件认识的深入程度,由此及彼、由事及理,深入新闻事实内层,揭示其实质含义;不仅要报道"是什么"和"怎么样",还要分析、阐释"为什么",既要深入探讨事实的来龙去脉、前因后果,又要揭示新闻事实的实质、意义和影响,预测事物发展变化的趋势及规律,从而给读者以启发性的认识。深度报道要事件新、信息全、思想深。在作品中往往带有"全息摄影"的特征,给受众以全方位的信息。

(4) 主持人和记者起关键作用。

主持人和记者是深度报道中不可或缺的要素。他们的素质、风格是深度报道节目的重要组成部分。新闻媒体要配备具有独特风格和鲜明个性的主持人和记者,用他们的魅力和智慧来吸引观众。记者不仅要有组织编排材料的能力,还

---

① 时统宇.深度报道范文评析.北京:新华出版社,2001.

要有一定的智慧和胆识,在采访或暗访中提出关键性的问题。新闻记者在报道中必须将客观和主观有机地结合起来,既不能因为追求新闻的客观性盲目纪实,就事论事,也不能用主观意识来代替客观事实。电视台要鼓励他们用自己的见解和语言来发表评述,允许他们在遵守法律法规的前提下展现独特的分析、表达能力,用主持人和记者的个人评述来增强整个报道的积极性。

2. 电视深度报道的写作要求

(1) 以思想和见识统摄全局。

深度报道的核心是新闻的 5 个 W 中的"Why"和"How",即"为什么"和"怎么样"。整篇新闻其实就是对一个新闻事实来龙去脉的梳理,对未来情景的预测性展示,即挖掘新闻背后的新闻。这就需要记者有统筹全局、独辟蹊径的能力。深度报道《追沙溯源北行记》的成功,就与记者自身高度的社会责任感以及驾驭重大题材的能力有很大的关系。主持人直接出面,即兴采访,不是就沙尘暴谈沙尘暴,就环保谈环保,而是"追沙溯源"。在对林业局领导和地方官员的采访中,他们单刀直入地告诉记者"乱砍滥伐,过度放牧,破坏植被,这是这个浑善达克荒漠化的主要原因"。在对林业专家的采访中,他们的同期声更是细致科学地讲述了内蒙大草原日趋严重的退化进程和不断扩大的沙化面积。使观众认识到沙尘暴向北京推进的速度及其严重危害。在对普通牧民的采访中,面对土地沙漠化的严峻形势,牧民们讲出自己深受其害却又无可奈何的境遇,使大家认识到当地环境治理的必要性和紧迫感。正是来自现场的不同层次的采访,上下衔接,环环相扣,层层递进,使得整个报道层次清晰,逻辑严密,观点鲜明,引人深思。

(2) 科学地运用背景材料。

深入报道就是为了告诉人们"是什么"背后的"为什么"和"怎么样",强调把新闻事件置于一定意义的脉络之中,因此,科学地运用背景材料成为了必不可少的工具和手段。背景材料在深度报道中起着非常重要的作用。很多新闻事实孤立起来看意义不明显,而放到特定的背景中一对比,就立刻显出不平常来。《大官村里选村官》记录了吉林省镇赉县大官村有史以来第一次的民主选举村长,为了凸显此次选举的跨时代意义,记者还询问了老村长上一届的选举办法:老村长刘晓波是由上级领导提名,当上了村长,而并非由村民投票当选。两届的选举方式一对比,立即显出了这次民主选举的不同和跨时代的意义。

(3) 多方求证,慎用主观议论。

深度报道是通过对所报道的事实和现象的深入调查或解释,使人们对事件或现象本身的实际情况和来龙去脉有更为详尽和深入的了解。深度报道中的是非评价,往往并不是单纯由语言直接说出来,画面的表现、画面的剪接和解说词的补充叙述,其蕴含的褒贬意蕴往往能够自然显现。深度报道《聚焦医患第三

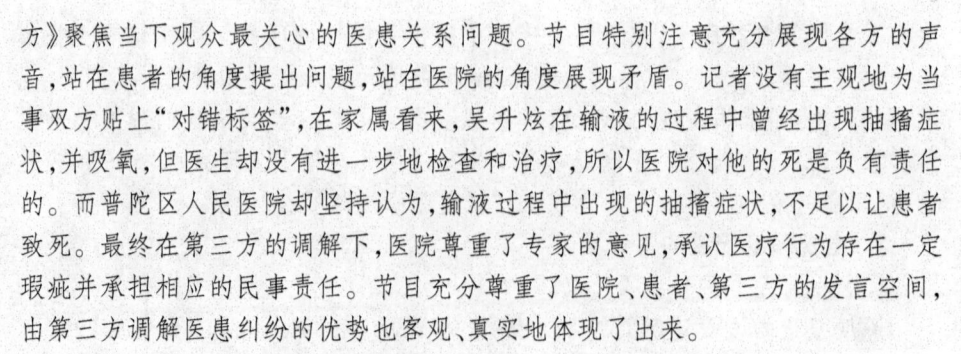

方》聚焦当下观众最关心的医患关系问题。节目特别注意充分展现各方的声音，站在患者的角度提出问题，站在医院的角度展现矛盾。记者没有主观地为当事双方贴上"对错标签"，在家属看来，吴升炫在输液的过程中曾经出现抽搐症状，并吸氧，但医生却没有进一步地检查和治疗，所以医院对他的死是负有责任的。而普陀区人民医院却坚持认为，输液过程中出现的抽搐症状，不足以让患者致死。最终在第三方的调解下，医院尊重了专家的意见，承认医疗行为存在一定瑕疵并承担相应的民事责任。节目充分尊重了医院、患者、第三方的发言空间，由第三方调解医患纠纷的优势也客观、真实地体现了出来。

(4) 宏观分析，逻辑与数据论证。

宏观分析要求记者开阔视野，站在一定的高度鸟瞰新闻事实，而不是就事论事。逻辑论证要求对事实因果关系进行把握。从这个意义上说，深度报道一定要具有说理的意味，并且要有严密的推理逻辑。凤凰卫视《潲水油黑链条揭秘》就整合了大量宏观资料并多方论证，逻辑性强。节目不仅关注了潲水油这一现象，更是将正规收油厂正常运营的举步维艰和偷油者无法抗拒高利润的偷油行业进行相互论证，就像是两块拼图，严丝合缝地匹配在了一起。学者根据内地食用油的使用量和产量、进口量得出了300万吨潲水油回流餐桌的结论；政府规划2015年建成6座餐饮垃圾处理厂，仅存的唯一一家，投产6年，不仅有7000万的高额成本没有收回，而且以每年五六十万的速度亏损。偷油者相比于以前捡垃圾一天只能收入几十块，而捡垃圾一天就是两三百元钱。种种数据放在一起，证明了一个事实，那就是潲水油席卷餐桌的背后，隐藏着一个巨大的利益链条。记者通过全面、严密的调查，用数据说话，将事件全面地展露出来。运用现代科学技术和社会研究方法(如数理统计、民意测验等)进行调查研究，对数据加以综合、归纳、比较、分析，协同逻辑论证，突出事物量的变化，从而增强人们认识的准确度和科学性。

3. 评析电视深度报道的基本要点

电视深度报道有丰硕的成果，为我们接受和评析深度报道提供了多种多样的感性认识材料。当然，我们要评析深度报道只有感性认识是不够的。要很好地评析深度报道，我们理性的认知并掌握一定的方法。首先应了解深度报道的含义、特点、写作要求和表达形式等，在此基础上按其报道内容与方式进行具体评析。下面我们将分别介绍最常见的两种：解释性深度报道和调查性深度报道作品的评析方法与要点。

(1) 解释性深度报道作品的评析方法与要点。

① 分析需要解释的内容和报道对象的选择。

解释性报道首要是对于报道对象的选择。一般来说，以下报道内容比较适宜作为解释性报道：一是党和国家新出台的方针、政策、措施。它们往往事关全局,规范性强,又文字简洁。要让广大读者了解,就需要解释。比如,2000年11月,国家药品监督管理局紧急通知,全国范围内停售含有PPA(苯丙醇胺)成分的感冒药。那国家为什么要禁售含PPA的感冒药?这种药对人有哪些副作用?为什么以前没有禁售而现时开始禁售?为广大读者解疑去惑。二是重大的科研成果或科研发展。比如,关于转基因食品的报道。三是较为重大的突发政治、军事事件报道等。如关于"SARS"的报道;中央电视台关于伊拉克战争的报道等。四是经济领域和其他社会生活中出现的比较重大的新情况、新问题。比如,2006年全国油价和粮价上涨等,这些都需要更详尽的解释。

② 分析是否将原因作为报道的重点并加以解读。

解释性报道的根本目的是报道新闻事实发生的原因和将要怎样,因此原因就成为解释性报道的核心、重点。一篇解释性报道写得是否合格,是否好,关键就看对于新闻事实的解释是否合理,是否有根据,是否有新意,是否有说服力。例如,《荆州市奶农"倒奶事件"解读》这一深度报道中解释既准确、全面,又主次分明,分寸得当。

③ 分析是否科学地使用背景材料。

在深度报道中利用背景材料,往往可以把很多错综复杂的事情解释清楚。解释性报道经常用于报道战争与冲突、国际关系的改善与恶化、国内局势的演变和政府的方针政策的变化等重大社会问题与国际问题。这些事件的发生都有一定的社会、政治、经济和历史背景,抓住这一类背景,就易于抓住事件的成因,展开解释与报道。

运用背景材料还要讲究科学性,必须依照报道主题与新闻事实的特点进行。调查时,材料多多益善;鉴别、选择时,要严加甄别;运用背景材料要根据与新闻事实成因关系的密切程度来决定背景材料的去留与多少。比如,《非法移民缘何涌向英国》一文分析报道2001年时大量的非法移民涌向英国的诸多原因。在讲到对移民而言"英国是欧洲最容易生存的国家"时,报道将英国现状与法国、德国等欧洲大陆国家的背景相比较,这样就较好地说明了非法移民涌向英国的原因。

④ 分析在报道方式上是否丰富多彩。

解释性报道在表达方式上,叙述与议论之间在比例上可以灵活掌握。解释性报道可以夹叙夹议,份量相当。如《出租车为何自降起步价》主观色彩比较浓郁,夹叙夹议,议论较多。也可以叙多于议,只在一些关键处议论。如《如何看待"小灵通"现象》,而《一个工程师出走的反思》则显得比较冷静、含蓄,客观色彩较充分。在文体类型上,解释性报道也可以多种多样,既可以写成新闻分析,也可以采用专访的形式。

(2) 调查性深度报道作品的评析方法与要点。

① 分析报道内容是否是揭露被遮蔽的事实，报道对象是否受关注度高。

调查性报道重在揭露社会问题、鞭挞社会黑暗。因而报道的内容常常处于潜在、保密的状态，事实真相通常被遮掩。我们在评析时要注意报道内容是否是揭露了被遮蔽的事实真相。《足协工作人员导演假球案》、《"毒奶粉"流出的背后》、《天价住院费》等报道，由于被报道的事实不光彩，才被事件的某些利益相关者所掩盖，记者需凭借能力、耐力和勇气才能掌握事实并予以披露。

报道对象是否受关注度高，指的是报道的事实、新闻现象与我们的工作、生活联系是否紧密，作用是否较重大，为广大读者所关注，社会影响较强。从报道对象和题材看，容易引起广大受众关注的事件报道内容是涉及面广的重大事件、关系国计民生的问题、突发性事件等，如揭露假医假药致人死亡的，重大腐败案、渎职案、黑恶势力横行霸道的，重大交通和生产事故等的报道。

② 分析报道中调查情况的清晰度，分寸把握是否得当。

评析调查性报道时，应分析报道对象的有关情况调查的清晰度。需要调查报道清楚的具体事项有：一是对事实本身包括与事实关联不可或缺的细节、各个事实要素、环节之间的关系等；二是事实来源清楚，没有含混之处；三是对不同当事人的不同说法、依据，报道者要调查准确、清楚；四是政策、司法依据清楚，就是说，报道人必须对所报道的事实所关涉的党和国家的有关规定有所把握。这是报道者判断事实的重要依据。

调查性报道还必须实事求是，分寸恰当。报道是否准确，非同小可，不可等闲视之。一些调查性报道，在正误之间结论不明，还会影响到有关当事人的荣辱得失甚至于性命。报道人必须本着对他人也对自己负责的精神写作，严格尊重事实，不先入为主，不以个人的好恶去改动、夸大或缩小事实。报道者遇到对有关事实或问题拿不准时，可请专家、律师同自己一道把关；遇到重大新闻或拿不准的事实时，要请党组织、政府机构或报社把关。在进行有关负面事实信息的判断性的表述时，记者应注意通过权威渠道核实事实。确保分寸把握得当。

③ 分析报道是否交代调查材料的出处，事实呈现是否客观公正。

为了调查材料的真实可靠，报道中一般要交代调查材料的出处，有时还要简明地交代报道人的调查研究方法、过程等。有的材料出自相关当事人、知情人，可以采用"某某对记者说"一类的表述。有的材料出自记者在新闻现场的亲历亲为，报道同样要交代事实出处，可以采用"记者见到"、"展现在记者面前"一类的表述。如《艾滋病少年》一文报道的是发生在山西省临汾市第二人民医院违规输血导致病人感染艾滋病病毒的重大医疗事故。对此，女记者寿蓓蓓在报道中比较具体地介绍了自己所掌握的各类事实的依据及其来龙去脉。

对相互矛盾的事实或有分歧的事实，报道者一定要交代事实出处的各方。

实行平衡原则,对各方有出入的陈述均不可省去介绍。事实呈现力求客观公正。

④ 分析报道的结构线索、段落处理技巧和语言艺术。

调查性报道与一般只重视结果的客观性报道不同,它既重视结果,也注重过程。因而,调查性报道的结构线索非常重要,其报道结果正是在展示调查过程的叙述中自然地显现出来。展示调查过程通常有两种结构线索:一是把记者调查采访的详细过程写入报道,以此为主线串联新闻素材;二是运用调查得来的大量引语和背景材料来反映调查过程,不断把调查引向深入。

调查性报道的语言要准确、简洁、朴素而冷静,与调查性报道的重要性、严肃性、科学性相一致。要多介绍事实,少议论,避免出现替代司法机构功能的"媒体审判"越位现象。当然,在事实清楚、证据确凿、是非善恶分明的情况下报道适当使用人性化的语言处理也是允许的。报道者可以巧借被报道人物之口或自己站在新闻现场夹叙夹议,在报道中融入情感,增强报道的感染力。

文本

大官村里选村官

中国农民政治上最大的愿望是有一个好官。现在,他们获得了直接选举村长的权利,他们能否真正实现自己的愿望呢?请看一份来自边远村庄的报道。

选举来个"大海捞针"

也许你很难想象,一个边远村庄农民们按照现代程序进行了一次操作规范的民主选举。这个山村在吉林省镇赉县,村名叫大官村。这里的农民有史以来第一次直接选举村长。从提名候选人到秘密投票,从差额选举、竞选演说到最后决出新任村长,7天之内,一波三折。故事发生在1998年3月。选干部是村里的大事,因为在这个1000多人口的村子里,村长是这里最高的行政首脑。这次是换届选举,3年一次。

这次选举,提名与以往有很大不同,当地人把它叫做"海选"。什么是"海选",镇赉县大屯镇镇长周建伟介绍说:"海选"就是说要大海捞针,就是村民委员会主任和委员候选人的提名权全部交给咱们村民。上级不给画框框、定调子,村民可以任意提出自己满意的候选人,选出他们称心的村委会主任,也就是我们所说的村长。

为了让村民对整个选举过程放心,保证这次民主选举的客观公正,选举的第一步是在每10户村民中推选一名村民代表负责监督整个选举过程。推选村民代表的做法是民政部总结一些地方开展村民自治经验后提出的,它的目的是保障民主选举、民主决策、民主监督。当选的村民代表不仅在这次换届选举中起监督作用,而且和新一届村委会一样,代表任期3年,村民们把他们叫做小"人大"。

村民代表产生后,"海选"就开始了。谁能被选上呢?

43岁的刘晓波是大官村的前任村长,眼下任届已满,刚从村长的位置上退下来,成为一名普通的村民。刘晓波曾是镇上的电影放映员,后来电影队解散了,镇上的领导看他老实、本分,就安排他回村里。两年前,镇政府把他当作唯一候选人,选举为村长,新一届村委会选举的方式和以往有根本的不同,刘晓波还能在村长的位置上继续做下去吗?他告诉记者他自我表现感觉干得还不错,没用公款吃喝,为人朴实,只是感到自己魄力不够,办事不果断,缺乏开拓精神,尽管这样,刘晓波认为村民还会选举他做村长的。

但是由于是"海选",刘晓波也预计到会有一些竞争对手。大官村由3个自然屯组成。刘晓波预测的竞争对手中有几位就是这些自然屯的小组长。

刘晓波预测的竞争对手还有副村长孙敬海。孙敬海则认为这届村委会主任是跨世纪的,如果被选上,意义不同寻常。

大官村的能人们看准了"海选"带来的机会,盯上了村长的位置。

"海选"拉大网谁是"网中人"

1998年3月29日,二社、三社、四社、五社的社主任和村民代表,到村政府来取选票,实行"海选"。

为了让全村1000多选民能够方便顺利地投票,并且使"海选"的结果能够在当天公布出来,清晨6点为"海选"设置的6个移动票箱就开始上路了。每个流动票箱由几位村民代表和一名乡里来的干部负责监督。按照选举要求,供选举用的票箱,在给村民看过之后,要用红纸封上。选票发给选民之后,一律背靠背独自填写。

5个多小时后,到了中午,分散在全村的流动票箱开始陆续回到村部。先回来的村民在这里等候着。下午1点左右,6个流动票箱全部到齐后,票箱统一集中到大官村的小学校中进行唱票统计。所有流动票箱的选票首先被混在一起,进行清点。

各社选票统计后,结果是发出选票1164张,收回1162张,整个选举有效。

接着就是唱票,一个又一个名字被唱票人叫出,选票统计到一半的时候,老村长刘晓波的名字暂时排列在首位。在票数比较多的其他人中,除了有我们熟悉的名字之外,排在第二名的是一个陌生的名字——王臣。

谁是王臣?

王臣以前没有当过干部,只是村抽水站的抽水员。

此时记者问王臣:琢磨过当村长的事吗?

王臣回答:原先没想过,年轻时候也没想干。他认为自己之所以得票多,是因为自已办事公正。

唱票到了关键阶段,王臣的得票直线上升,紧紧咬住刘晓波。最后结果是刘晓波是204票,王臣是187票,杜波是107票,其他获得村委会主任提名的有57人,委员则多达237人。刘晓波和王臣都以不到总数1/5的选票成为村长的正式候选人。

记者分别采访刘晓波和王臣。

记者:"海选"前的时候,你料到最后是谁跟你来竞争,是原来的村长还是别人?

王臣:料到了,就是村长。

记者:村长你呢?

刘晓波:我没料到,我没以为他能有这么多票。

记者:这次机会来了,在选举前你有没有做一些工作?

王臣:你要想干了,你就必须得跟一部分群众说我想要竞选,你们看怎么样?如果行,那你就投我一票,投不投呢,取决于人家自己。

记者:再过3天,你们两个就要发表演讲,然后正式选举,讲演稿谁写?

王臣:我不用别人写,用群众大实话讲呗。

刘晓波:我没啥准备的,如果选上之后,我写得尽量简单点儿,我引用社员一句话:百灵鸟再能叫唤,也是供人听、欣赏,猫头鹰虽然叫唤不好听,但它能抓耗子,是益鸟。

村民究竟把票投给了谁

大官村所在的镇赉县地处东北的松嫩平原,农业、畜牧业资源都非常丰富。但是,今天的镇赉县仍然属于国家级的贫困县,村民们急切地希望能够选出一位带头人领着大伙儿尽早脱贫致富。

经过"海选",前任村长刘晓波和村民王臣成为大官村新任村长的正式候选人。按照新的选举办法,两天之后,他俩儿将在正式选举前召开的村民大会上做竞选演讲。

竞选之前,记者在大官村的3个屯子了解王臣这位出乎大伙儿意料冒出来的候选人,有趣的是村民对他的看法相差很大。有的村民说他挺正义的,有的说他在当大有岗子屯的分地委员时,乱搅和,净得罪人。还有的说他当分地委员时,立了不少功。这位从来没当过村干部的王臣属于村上一位颇有争议的人物。

至于刘晓波,有的村民认为他挺正直,忠厚老实,不吃不贪,有的村民则认为他没有魄力,不得罪人,是一个老好人,不太能干;有的村民认为他有正义感。

刘晓波和王臣作为竞争对手,又是如何看待对方的呢?

刘晓波说:王臣拉票当中,净许一些没影儿的愿,如果当上村长,让谁在村上干什么干什么,干好活儿人家当然非常乐意,再加上我因为工作得罪一些人,他在这里再做一些反面工作,说我要上去,把刘村长怎么怎么的,当然这些人得王臣的情,干工作能不得罪人吗?我得罪人,相对就给他增加不少票。

王臣说:村长,实力能比我大一些,接触人又多,干两年了。不过我是信心挺大的。没信心,咱们也不能参加竞选村长。

按这次选举的要求,正式候选人要在村民大会上公布自己在任职期间的治村方案,村民当场提问,候选人做面对面的解答。

竞选这天,王臣穿了件平常穿的衣服和女儿搭别的村民的拖拉机去几里外的村部所在地大官村参加选举。他告诉记者,这两天睡觉感觉挺好。

刘晓波换了件洗干净的衣裳,衣袋里揣了事先准备好的演讲稿,开着摩托车上路了。他告诉记者他好几天没有睡好觉。

两位候选人都说有足够的把握能当选村长。

对于村民来说,如果两位候选人都不是他们心中理想的村长,他们还有机会选其他人,因为尽管原任村长刘晓波和村民王臣分别以204票和187票两个最高得票数成为正式候选人,但是,如果从整个大官村1100多选民这个总数来看,他们两个人的得票都没有超过总数的1/5。

正式选举开始了,按照姓氏笔画,王臣先做竞选演讲,刘晓波回避。王臣走向讲台,没有讲稿,上来就说今年我49岁了,有人问我这么大岁数为什么还想参加竞选,因为有些事情,看了我不服气,大伙选上我,我就想干干,把这些事情往回扭换扭换。如果我能选举上,上任的第一件事,就是把账目公开,管住吃喝,不来重要的客人,或者不办重要的事,我一顿饭不吃。有的说了,你那么说谁相信,有村民委员会,吃喝费,由村民代表签字,合理就报,不合理我个人拿钱。稻田的路好好修修,把钱节省下来,为旱田打几眼机井。

刘晓波按照事先准备的稿子说:我当村长,不是为了自己和亲属朋友占便宜、谋私利,我要脚踏实地、任劳任怨地工作。如果在3年期间,不能想着大家,做对不起大家的事,我将自动辞职。群众选我是公民的权利,当不上村长,我要当一个好村民。最后,我祝全村全体村民,生活美满,家庭幸福,年年有余,谢谢大家。

两位候选人发表完竞选演讲,村民们开始对他们进行现场提问。

一村民:我请问王臣,古话说:"新官上任三把火",如果你这次被选为村长,你这三把火咋给群众烧?

王臣:这个问题我解答一下,我上来第一件事就是把原来的摩托车作价拍卖,再骑摩托车,骑个人的,烧油烧个人的。

一村民:我请问刘晓波同志,在这次竞选中,如果你能连任,你认为哪方面值得肯定?哪些地方有不足之处?怎样把它改过来?

刘晓波:我干的这两年工作,大伙对我的印象,不大吃,不大喝,脚踏实地地工作,我认为我有两个毛病,一是工作没魄力,二是没有开拓心。

一村民:关键是能不能说的和做的完全一样?

一村民:能不能真正为老百姓办点儿实事。

一女村民:是不是仗势欺人,是不是专为三亲六故服务。

王臣:你放心,我王臣干,就是为主持公正才想干的。

刘晓波:我上任,决不仗势欺人,平常我的为人,大伙知道。

演讲完以后,开始正式选举。选举采用秘密画票的方式,学校的几间教室被当作临时的秘密画票间。设立秘密画票间是为了使选民在无任何干扰的情况下自由地表达个人的意愿。

投票完毕,进行唱票。

选票统计过半的时候。王臣282票,刘晓波231票。

2/3的选票统计完后,王臣365票,刘晓波368票。

最后的选举结果,大家多少有些失望。

结果是由村党支部书记徐维信宣布:第四届村民委员会换届选举,主任候选人刘晓波,得票数443张。王臣,得票数441张;杜波,得票数194张。

根据吉林省实施《村民委员会组织法(试行)》的有关规定,即候选人获得本村全体选民半数以上票适得当选的规定,我村共有选民1168人,应超过584票适得当选,按计票结果,村委会主任需要进行第二次投票选举。

大官村用"海选"的方式选举村长第一轮没有成功。于是话题集中在是不是应该拉选票,拉选票会不会影响选举的公正上。

一村民:满街走去拉票,是不是合乎情理?

一村民:要有正义感,他拉票,给我一万块钱,也不投他票,我就认为他不行。他拉票是拉票,反正是无记名投票,又是秘密投票室。我答应归答应,投票时人家不会摁着你的手写吧,要有正义感,你别管拉啥,你心里得有谱,你这个脑袋是干啥用的?

——村民:农民的素质,不像咱们想象的那么高。

竞选第二天,大官村用流动票箱投票的方式进行了第二次投票选举。依照村委会组织法,第二次选举中,候选人得票超过1/3者即可当选。

第二轮投票结果:刘晓波591票,王臣536票。

最终刘晓波当选为大官村第四届村委会主任。

(胡劲草、朱波、栗严等,中央电视台1998年4月24日《新闻调查》)

评析

选题重大,立意深远
——评析《大官村里选村官》

电视深度报道《大官村里选村官》是《新闻调查》早年岁月中为数不多的真正体现其栏目理念:"正在发生的历史,新闻背后的新闻"的片子。该片播出后,好评如潮,很多人在承认其可看性的同时,还禁不住质疑起真实性来。除了深受国内观众关注外,该片在1999年第39届摩纳哥蒙特卡洛电视节纪录片类大赛评比中获"女神"银质奖,成为该届国际电视节纪录片中唯一获奖的亚洲节目。

1. 选题的重大性与前瞻性

党的十六大把发展社会主义民主政治、建设社会主义政治文明列为我国社会主义现代化建设的重要目标。近年来,也有不少学者认为,中国农村村民委员会的直选、中国法律体系的构建以及中国各级人民代表大会制度的完善,构成了中国民主政治实质性进展。《大官村里选村官》一片即涉及了这一重大问题。该片的前期策划从1998年3月中旬开始,编导胡劲草得到选题:"东方民主之花——村民选举"之时,正是辽、吉两省农村基层政权换届选举如火如荼之际。同大多数观众一样,编导起初对这一选题也充满了狐疑,但当走访了时任民政部救灾司司长王震耀先生之后,王司长的一番话终于打动了胡劲草,于是她决定去亲自寻访一下这朵"东方民主之花",不仅为破除墙内开花墙外香的怪现象,更为展示中国民主化进程的实情。尽管该评论从报选题到决定正式制作中有一段时间差,但是《新闻调查》栏目能最终确立该选题,言中国传媒同行所未言,做到独家采访调查,正是因为有了前期的策划之功。

好的选题是成功的一半,那么另一半的成功又当如何去取得呢?出乎编导和策划者意料的是,他们采访组一行人准备进行采访时,辽、吉两省大多数农村的换届选举已经基本结束,且其中可能不乏一些成熟、优秀的典型。经过对吉林全省拉网式的搜索之后,终于发现了位于吉林省西北部偏远地方的镇赉县,由于纬度高,气候寒冷,这里的工作相比其他地方也就慢了半拍,所以被采访摄制组逮个正着。选举几天后开始,但要从全县143个村子中确定一个作为拍摄对象,这似乎成了摆在摄制组面前的一个难题。正如编导胡劲草所言:"选举一开始,就刹不住车,一锤子买卖。过程过于平淡的话,想换都来不及。"就在编导与策划为此而焦急奔走之时,踏破铁鞋无觅处,得来全不费工夫——"大官营子"的名字终于出现了。像是特地为做这期节目预备好的一样,"大官村里选村官"的节目名立刻在记者的脑海中浮现出来。这个特别的村名给这则严肃的新闻节目以极强的故事性。不仅如此,由于大官村所在的镇赉县仍然属于国家级的贫困县,村民们急切地希望能够选出一位带头人领着大伙儿尽早脱贫致富。因而从另一个角度赋予了这次选举以非同寻常的意义。《大官村里选村官》的节目名也因此而显得颇有意味:一则点明了新闻事件的要素;二则给人以回环往复的修辞美感。尽管可能错过了民主选举的典型村屯,但大官村的出现可以说从一定程度上弥补了这一遗憾。大官村这一拍摄对象的确立,可以说是本片成功策划的表现之二。

2. 情节的曲折与立意的深远

"海选"之后,并未如编导和记者所预料的那样:有一个在外面闯荡过,拥着一家小资产的代表新潮流、新时尚的人物冒出来与老村长分庭抗礼。却冒出来一个从未做过干部,也未在外面闯荡过的普通村民王臣。然而正是这个出人意料的王臣给本片带来了编导和策划始料未及的精彩故事情节和极其深刻的主题。这场情节精彩、意义深刻的民主选举大戏的突出的看点有以下几处:

第一处:竞选之前记者走访村民们对这两位候选人的看法。半道上杀出来的王臣成了一位在众人口中颇有争议的特殊人物,而对老村长刘晓波的评价则比较一致。谈到双方候选人的相互看法时,老村长流露出对王臣的不屑一顾之情,对自己当选村长自信满满。王臣虽意识到自己与老村长之间存在差距,但也还是相当自信。正式选举之前,两人在民众中的名誉、信度调查与候选人本人的摩拳擦掌之势,预示着一场充满悬念的民主选举即将开始。

第二处:选举中的竞选演讲以及回答现场提问。选举当天,两位候选人以不同的姿态上场了:王臣虽然看起来和平常没什么两样,却说他自己是踌躇满志;老村长郑重其事地换上了新洗的衣裳,怀揣着事先预备好的讲稿,忐忑不安。演讲过程中,王臣的宏图规划与老村长的实事求是虽然同样精彩和牵动人心,但是最终都以没能过半的票数而导致了接下来的第二轮选举。鹿死谁手,谁能成为新一任村长?观众的期待心理再一次被激起。

第三处:就拉选票问题对村民的采访。村民说:"要有正义感,你别管他拉啥,你心里得有谱。""这毕竟是有生以来第一次,再过3年,就好了。"虽然选举的结果有点让人失望,但是村民们自己却无意中帮编导、记者把主题升华上去了:民主是需要训练的,村民将珍惜法律赋予的选举权利,用好自己的神圣权利,履行好法定的义务，本着对自己负责、对全村村民负责、对本村的长远利益负责的态度，一次比一次熟练地行使赋予他们的民主权利，选好自己的带头人。

在新闻报道以质取胜的今天，没有新闻策划就好比在打一场无准备的仗。正如原《解放日报》总编辑秦绍德所言："在新闻竞争日趋激烈的今天，哪个媒介要不在策划上下点工夫，没有自己的一手，就势必在竞争中失败。"尽管策划重在先期的智谋投入，而未来情况是动态的，尽管策划与事实难免有偏差之处，但只要我们掌握了报道策划的灵活性，随机应变，就一定会拍摄到立意深远的好新闻。

文本

聚焦医患"第三方"

画面上的这个人叫吴升炫，28岁，2011年8月6日，因为胸闷发烧被送到上海一家二甲医院治疗，在吊了4瓶盐水后的6小时不到，突然死亡，家属和医院的谈判陷入了胶着状态。就在这时，医疗纠纷第三方介入，这就是人民调解委员会的调解，他们介入死者家属和医院之间，反复调停。那么这个调解委员会究竟是个怎样的机构，它到底在维护谁的利益？最后结果的公正，又怎样保证呢？

[字幕：2011年1月 上海松江区中心医院 患者家属在医院设置灵堂]

[字幕：2011年8月 上海儿科医院 患者家属封堵医院大门]

[字幕：2011年9月 普陀区人民医院 患者家属用汽车封堵医院]

解说：最近几年，医疗纠纷引发的暴力事件频频发生。医患矛盾已经成为最突出的社会矛盾之一。能否解决好医疗纠纷，直接关系到医患双方的合法权利，甚至是社会的稳定。那么这个社会难题应该如何破解呢？

[黑转]

[哭 实况少许]

解说：28岁的吴升炫已经去世两个多月了，他的家人内心依然难以平复。

[采访]

吴升炫的妈妈：一下子没了我们怎么过日子，我们也不知道，我们怎么活下去？

解说：今年8月6日下午，吴升炫突然感觉胸闷并伴有发烧，到上海普陀区人民医院就诊，被诊断为上呼吸道感染，在医院输了抗生素之后，半夜12点回到家里。没想到第二天早上6点多，他突然感到呼吸困难，很快离开了人世。

[采访]

吴升炫的妻子戴菲玲：他流了一滴眼泪，流了最后一滴眼泪，我知道他那滴眼泪包含了很多意思，他很不舍得所有的一切。

[实况]妻子与孩子玩。

解说：吴升炫今年28岁，是一名美发师，经过4年的打拼，已经在上海拥有了3家连锁店,事业有成,娶妻生女生活安定。妻子戴菲玲原本以为这是一场意外,但是丈夫手机里的两张照片让他意识到,也许吴升炫的死并不那么简单。因为照片显示,在当天的输液过程中,吴升炫曾经因为发生抽搐而吸氧。

[实况]我觉得可能是心脏有问题,你觉得不仅仅是发烧这么简单,绝对不会。

解说:戴菲玲认为,很可能是医院在对丈夫的处置过程中存在疏忽和误诊,但医院并不承认治疗有过失,只愿意从人道主义角度出发,给3万元钱的赔偿。

[采访]

戴菲玲:一条命3万块钱,你觉得作为家属能接受吗?

记者现场:吴升炫的家人曾经4次找到医院讨说法,但每次都是不欢而散。他们也曾找医院的上级主管部门投诉,但是却得到了和医院同样的回答。就在医患双方僵持不下的时候,一个民间的组织,普陀区医患纠纷人民调解委员会开始介入这场纠纷的调查和调解中。那么,这个民间组织的介入,能够解决双方的纠纷吗?

[实况]先生,我是普陀区医患纠纷人民调解委员会。你好,你们坐坐,你坐吧!

解说:吴升炫去世一个月后,普陀区医患纠纷人民调解委员会的工作人员上门来调解。成立于2006年4月的普陀区医患纠纷人民调解委员会,是全国第一家医患纠纷调解委员会,普陀区政府通过购买服务的方式,委托医调委员以第三方身份调解医患纠纷。这天,是医调委第一次到吴升炫家里上门调解,而为了这次见面,之前医调委已经和死者家属进行了20多次的电话沟通。

任有余(普陀区医患纠纷人民调解委员会主任):患方认为我们是帮医院的,你政府购买服务,肯定帮政府有关部门,他是这样理解的。

戴菲玲:说实话不太相信,因为觉得第三方并不了解我们现在的情况,我当时的感觉医院是把责任推给第三方的。

戴玲艳(吴升炫的亲戚):因为我怕他又像卫生局一样的。

像卫生局一样,是戴菲玲和家人最大的担心,因为在她们看来,医调委如果是和卫生局一样的机构,那等于是自家人管自家人,这让她们担心藕断丝连的关系会影响鉴定的公正性。

[实况]我们也不知道他是不是跟医院有关系,多多少少专家他毕竟也是个医生,会不会站在百姓的角度看问题。

患者家属坦言,这样的不信任是来自于与医院交涉的心力憔悴,因为在和医院的交涉中,双方的分歧很大。在家属看来,吴升炫在输液的过程中曾经出现抽搐症状,并吸氧,但医生却没有进一步地进行检查和治疗,所以医院对他的死是负有责任的。

[采访]

戴菲玲:为什么不给他做心脏检查,做个心电图,这是很正常的检查,为什么没有建议他检查?

[采访]

戴玲艳:中间在治疗的过程中不是一个小时不是十分钟,是几个小时,三四个小时都在你们医院打这个点滴,中间有这么多的症状你医生在干吗?

解说:但普陀区人民医院却坚持认为,输液过程中出现的抽搐症状,不足以让患者致死。

[采访]黄德魁(普陀区人民医院副院长):家属认为病人在医院是有抽搐的症状,但是我

们3个高年资的医生都没有在病程记录上,记录有抽筋的现象我们判断家属说的抽筋和医学上的抽筋是不一样的 我们感觉根据当时病人的情况,不至于会致死。

解说:因为双方各执一词,这场纠纷的解决一度陷入僵局,一个多月下来,双方都耗费了大量的精力却不能说服对方。吴升炫的家人原本打算,只要医院适当提高点赔偿额,他们也就息事宁人,但是,医调委工作人员的一句话,却有些出乎他们意料。

戴玲艳:如果说看医院,钱少一点我们能解决就算了,但是医调委主任跟我们讲你这样不划算,他说我会帮你争取最大的利益。

正是这句话让吴升炫的家人开始相信,也许医调委可以为他们主持公道。而院方也认为也许医调委的第三方身份,能够有利于纠纷的解决。

黄德魁:他能改善什么? 至少说调解的场所不在医院里,到第三方去矛盾的激烈程度和对医院正常秩序的影响肯定都有好处。

最终,在征得家属和医院双方的同意后,普陀区医调委决定启动专家咨询程序,邀请其他医院的专家对普陀区人民医院的治疗行为进行独立的第三方鉴定。

[采访]

任有余:处理纠纷难,难点在什么,就在责任程度上,过错含糊的医院都承认自己有过错,但你错到什么程度,是完全责任、主要责任还是次要责任抑或是轻微责任,即使认定了患方不一定信服,这样就由第三方来鉴定,他不代表甲方也不代表乙方,客观做出判断。

[实况]长征医院和同济医院的两位教授对患者死亡的具体原因进行研判。

解说:9月27日,专家咨询会正式举行,两名第三方鉴定者分别来自长征医院和同济医院,他们是从上海市医调委的专家库中随机抽取的。在对吴升炫的病史进行仔细分析后,两位专家判断,普陀区人民医院在治疗过程中存在一定的瑕疵。

[采访]

吴先正(同济医院急诊科主任、医疗调解委员会聘请专家):如果出现呼吸的问题,是发烧的问题还是别的问题,当然现在是事后说,从规范性来说量个血压,做些检查。

[采访]

任雨笙(长征医院心血管内科主任、医疗调解委员会聘请专家):医疗文书还是过于简单,告知制度不够,告诉患者没有,他离开的时候这个告知非常重要,如果你觉得还是有点不放心,作为医院,可能需要一个继续留观。

解说:两名第三方专家同时也强调,吴升炫从回家到死亡的几个小时里,出现过胸闷的症状,这应该引起家属更多的注意。

[采访]

任雨笙:因为这5个小时一定应该有他的病理生理变化,应该有某些征兆,是不是病人不舒服,应该去就诊而没有就诊,5个小时可能对生命来说非常宝贵。

解说:根据各自的专业判断,两位专家当场出具了咨询意见书,这份意见书将成为这场医患纠纷调解的关键依据。

解说(出动画图示):在医疗纠纷人民调解制度出现前,医患纠纷的解决一般有3种途径,自行协商、行政调解和走司法途径,也就是俗称的医患双方直接谈判、医疗事故仲裁和打官司。但是这3种途径都有各自的局限性。

［采访］

李建军（普陀区医患纠纷人民调解工作办公室主任）：患者认为我是弱势因为我不懂医，所以和医院协商是很难的。要行政调解，和卫生部门申请行政调解，他也不相信，毕竟卫生局和医院是什么关系呀，他不信任的，打官司费时费力，像这些情况，怎么来解决问题让他有个说话的地方，有和医院对话的平台。

解说：如果缺少这个对话平台，让患者直接面对医院和卫生局，那么双方很容易扩大对立的情绪，在一些极端情况下，还会发生医闹等暴力事件。

解说：今年8月8日，儿科医院发生一起医闹事件，外地一名重病的儿童转院至上海儿科医院，抢救无效死亡。由于无法和医院达成赔偿协议，患者家属40多人到医院讨说法，整个事件从早上一直持续到下午。

［采访］

黄国英（上海儿科医院院长）：我们医院一天有6000的门诊量，你算它千分之一的发生率，算高吗？不高，很低，纠纷1000个里面只有一个对你有意见，那么一天6000个门诊量，它就有6起，6起就能把医院搞瘫痪掉。

解说（其他医闹画面）：事实上，近年来医患纠纷不仅数量上升，还时常引发暴力冲突，这不仅让患者心力憔悴，也让许多医院感到难以应对。

［采访］

马昕（华山医院院长助理、医务处处长）：按照你们一年的工作量来说有多少是用在处理医疗纠纷上的？在我们医务处有60%～70%，在医疗纠纷上这是一个正常的量吗？我们不希望这样。

解说：目前，每年上海三甲医院医患纠纷的发生量在50件到近百件，这些案件解决难度大，需要周期也长，关键原因就是医患双方缺乏信任，特别是遇到患者死亡的状况，哪怕诊疗过程没有过失，院方的解释也很难获得家属的信任。

［实况］

李和平：医院再解释患者不接受，因为它可能有专业知识不对等的，可能还有一种合理怀疑，他认为医院手臂往里拐。

解说：李和平，上海市司法局副局长，市医调委副主任，他告诉记者，为了保证第三方调解的公正性，各级医患纠纷人民调解委员会的属性为社会团体，所有调解员的工资，办案经费都是政府财政出资，调解工作属于政府购买然后向公众免费提供的服务。而人民调解的首要原则是双方自愿，需患者家属和医院双方申请才能介入，调解结果也是双方同意才能生效。司法局只对医调委进行组织管理，不参与具体的调解。

［采访］

李和平：它本身是自愿平等的原则，它不带任何强制性的，首先在医患双方要自愿，经过人民调解形成的调解协议也要双方自愿接受，一般不需要行政审批或者任何审批程序，只要双方接受，就可以生效。

解说：今年6月，上海市开始全面推广医患纠纷人民调解工作，目前，市、区(县)两级医患纠纷人民调解工作办都已成立，此外还组建了由医学、法学、心理咨询等3方面专业人员组成的900多人的专家咨询委员会，在调解纠纷的同时也对患者家属提供心理疏导和法律咨询等公共服务。而且,医调委实行医院属地化管理,无论医院是什么级别,一旦发生医患纠纷,只要赔偿金额超过 3 万元,患方都可以到医院所在区县的医调委申请调解。

[采访]

李和平:应该讲社会组织有一种中立的特点和公正的特点。可以保持这样一种公正性、中立性。

[实况]

专家为我们调解做出了咨询,大家都很认可,现在我们写了个协议,双方看一看,认同的话在后面签字。

解说:10 月 14 日,经过一个多月的调解协商,吴升炫的家人和普陀区人民医院最终都在调解协议上签了字。医院尊重专家的意见,承认医疗行为存在一定瑕疵,承担相应的民事责任,一次赔偿吴升炫家属死亡赔偿金、丧葬费、被抚养人生活费等共 16 万元。吴升炫的案件在医调委的介入下,终于有了一个双方认可的结果。

[采访]

戴菲玲:当我在去医院的时候,我就感觉我本身是要讨一个公道的,但是我觉得我很无力,当认识了调解委我感觉到他们是公正的,确确实实在了解一些事情,去解决一些事情。

[采访]

李和平:我们人民调解更讲究的"情、理、法"3 个字,讲情讲理讲法,当然法是应该放在第一位的。先在法的前提下讲理再讲情,但是我在操作过程中可能更多是情理法。

解说:上海自 2006 年开始试点医患纠纷人民调解,截至 2010 年底,共受理医患纠纷 2129 件,调解成功 1627 件,涉及赔偿金额 4600 万元。

[记者出镜]

在采访中,患者家属告诉记者,医患纠纷人民调解让他们体会最深的是沟通方式的不同,和医院谈往往是直奔主题,目的就是分清对错,但是当医调委介入后,往往首先是互相倾听,纾解情绪,消除误会,看似多了一道程序,其实是以柔化刚,以退为进,让矛盾双方回归理性,让调解得以继续。我们不能说第三方的出现就能马上治好医患纠纷中的种种顽症,但至少它提供了一个沟通的新渠道,一个重建信任的新平台,一个社会管理的新角度。

(集体创作,上海广播电视台新闻综合频道《1/7》2011 年 10 月 23 日)

评析

全程实录,视角独家
——评析《聚焦医患"第三方"》

医患纠纷可以说是上海社会管理乃至全国的一个老问题了,而第三方调解则是一个新尝试,2011 年 8 月 24 日,上海各个区县医患纠纷人民调解机构正式挂牌成立,记者敏锐地观察到,这是上海进行社会管理创新,缓解社会矛盾的新举措,随后,记者进行了一个多月的前期调查和拍摄,在拍摄的 3 起案例中,选取了最典型的案例,完整地记录了一起医疗纠纷的调解过程,充分采访了医患双方和医调委等机构,对上海医患纠纷调解的新模式进行深入的报道。节目视角新颖、全程拍摄记录,客观、真实而又全面地体现出上海经验的特点,是本片最大的亮点。

在以往的民众与组织的矛盾纠纷中,民众往往处于各种矛盾的不利地位,这样双方的问题就很难得到解决,一部分被逼无奈的民众只好采取极端做法,如报复医生、报复医院等。为了解决这种因不平等导致的沟通障碍,上海经验的这套做法是很值得推广的。这期节目报道并推广了上海经验,表现出了很强的媒体责任感与为民众说话的意识。

1. 全程记录真实案例,以小见大

作为上海电视媒体,摄制组第一次完整记录了一起医患纠纷的调解全过程,结构完整,很有说服力。医患关系的日益紧张,加大了医生和患者之间的矛盾,长此以往,不但严重阻碍医院的日常运转,更有可能演变为更为广泛的社会矛盾,和谐的医患关系是确保国家医疗体制改革顺利进行的重要方面,但如何处理好医患关系,却又是全社会的难题。在这样一个大背景下,上海第三方调解的出现或许是一个新的尝试,记者以其敏锐的洞察力捕捉到了这一点,并以一个案例来说明调解的第三方具体的工作方法和作用,引人入胜,生动形象。更为难得的是,充分采访了医院、患者家属对立的双方,以客观报道有力地阐明观点。

2. 独家视角,不回避矛盾

在采访中,被访者畅所欲言。吴升炫的妻子在采访时说:我当时的感觉医院是把责任推给第三方。吴升炫的亲戚也表达了同样的困惑:我们也不知道他是不是跟医院有关系,多多少少专家他毕竟也是个医生,会不会站在百姓的角度看问题。节目并不回避家属对调解第三方的不信任。同时,在全片的结构上对专家咨询会的全过程进行了放大,而专家咨询会是第三方调解最关键的程序,这样做的目的一是交代了第三方调解工作中最核心的部分,另一方面,也是带着家属的疑问来找答案并逐步印证。这两方面的相互呼应,使得原本抽象的第三方调解变得立体可信。在介绍完这一处理医患矛盾问题的新方法后,并没有局限在事件本身,而是提出了"医患纠纷的重要原因之一是双方信任的缺失,第三方调解是重建信任的重要平台",视角独到,观点鲜明。点明了第三方调解存在的必要性和现实意义。

3. 本片特别注意充分展现各方的声音

本节目作者能站在患者的角度提出问题,站在医院的角度展现矛盾。节目没有为当事双方贴上"对错标签",而是给了家属和医院足够的阐述时间,也充分表现了评审团的讨论,没有对哪一方的偏袒,你能看到的只有事实。而有时矛盾就是这样,没有黑白分明的对错,只有缺乏理解的沟通。这使得整个新闻的主题得以升华。也点明了第三方调解在上海之所以能成功的根本原因,告诉大家,毫无障碍的沟通是解决问题的最正确的途径。调查由浅入深,客观公正。另外,通过案例分析、数据分析,避免了人为的主观因素,加大了报道的可信度,使报道也力求做到"第三方"客观公正。

节目播出收视率为7.3,取得了很好的收视效果,同时记者的报道也让更多的人了解了医患纠纷人民调解制度。市医调委反映,节目播出后,愿意主动申请第三方调解的患者和医院数量明显增加。可见,节目的真实性确实打消了许多患者和医院的顾虑,也激起了医患双方进行和平沟通的意愿。

节目《聚焦医患第三方》完整地记录了一起医疗纠纷个案中第三方调解的全过程,客观、真实而又全面地体现了上海经验的特点,是一篇观点独到、公正客观、社会影响力大的优秀电视新闻作品。

(孙卉,唐黎)

文本

名不副实的"公考"培训班

播前:

下周,备受瞩目的2011年广西公务员考试将举行公共科目笔试,近14万名考生将争夺6000个岗位。面对被称为"中国第一考"的公务员考试,有一个巨大的市场正在形成,那就是公务员考试辅导培训。然而,记者在南宁市调查发现,公务员考前培训市场真是鱼龙混杂、名实难副。

第一部分

解说:在南宁市一家名为宏章教育的"公考"培训机构,记者看到,可以容纳200人的教室几乎坐满了人,为什么这家"公考"培训班的生意如此"火爆"?

[同期声]

考生:我们是在图书市场里面看到它的广告,上面写有每年的猜题命中率达到90%,然后上线的考生达到多少多少,我们才打电话去联系找这家培训的。

[同期声]

考生:在我们学校打广告的,谁广告响我们就选择谁。(谁的广告响?)宏章教育是打得最响的。它宣传的老师是区党校的老师,人力资源部的老师,我们才选它的。

解说:记者在宏章教育的网页上看到,"豪华师资阵容,成就梦想之路"的宣传广告甚是诱人,而"所有授课老师均为历年公务员考试阅卷专家、广西区考资深专家"这句话则更令人动心。要知道,如果有阅卷老师和区考专家来授课,一定能够吸引大量考生前来报名。真实情况究竟如何呢?

[同期声]

记者:是哪里老师讲课?

宏章教育工作人员:是我们请的北京的历年的阅卷老师,教授。全广西只有我们公司最有保障。

记者:你说有阅卷的老师,有改卷的老师,谁知道是不是阅卷的老师?

解说:就在这时,一个女孩从里面跑出来,故做神秘地说:

[同期声]

宏章教育工作人员:其实是这样的,那些老师我们不公布的一个原因是因为他们本身是阅卷老师,不能够(公开),你应该知道的,他不能够出来这样讲课的。

解说:在记者的一再要求下,这几位工作人员终于把任课老师的名字告诉了我们。

[同期声]

宏章教育工作人员:申论是张舒融老师、行测是朱璋磊老师,他们都是北京市委党校的。

解说:宏章教育真的有这么大本事从北京市委党校请到这么多老师吗?记者就此事进行了电话咨询。

[同期声]北京市委党校人事处

记者:你好,请问是北京市委党校人事处吗?

答:对 你好。

记者:我是广西南宁的。

答:您说。

记者:是这样,我们参加了一个公务员考试培训班,我们班上有几个老师说是从你们北京市委党校过来的,我想把名字告诉你,我想问问你们学校有没有这几个人。一个是叫做朱璋磊。

答:没有、没有这个人。

记者:张舒融呢?

答:没有。

记者:那你们平时有没有往广西这边派老师来讲课呢?

答:没有啊!

解说:原来所有被称做是来自北京市委党校的老师只不过是宏章教育拿来招徕考生的幌子而已。这也难怪被广告吸引进来的考生在上了一段时间的课以后发现受骗上当。

[同期声]

考生:等我们到了上课的地点,发现和它广告上卖的教授都货不对板,都不是那些老师来上课。

[同期声]

考生:自己有一种被欺骗的感觉。找来的老师甚至就是照本宣科,拿着那本资料跟你在那里读。

解说:在宏章教育的网站上,记者发现,他们的上课老师要么是历年申论阅卷专家、要么是公务员面试培训专家,但奇怪的是,这些专家一张照片都没有,连名字都没有写出来。记者好不容易联系到了排在首位的覃老师。

[同期声]

覃韦初:我的名字不值钱,但是我名字后面有一个身份,有一个职务,有一个经历,这个值钱。(他们)就是用我的名字、我的身份去赚钱。

解说:覃老师退休前曾任广西人事厅人事考试中心主任,是广西公务员录用面试考官培训首席专家,也是公务员面试辅导权威考官。但是,覃老师坦言,宏章的宣传并没有征得他本人同意,而且他早已不在宏章教育讲课。

[同期声]

覃韦初:他们用我的名去招生,不仅仅是这个培训机构,还有好几个培训机构都这样写。

记者:但是没有你的照片。

覃韦初:不敢,因为打照片出来,到时候一讲课,我这个老师没有出现,他们很明显就欺骗考生了,学生就会找他们麻烦。

记者:像命题的老师和参加阅卷的老师可以到那些培训机构去当老师辅导吗?

覃韦初:这是不可能的。培训机构和我们的公务员考试管理机关是不可能有任何的关联的。可以想一下,老师在命题的时候是要封闭起来的,封闭期间不可能和外面有任何联系。

解说:覃老师告诉记者,南宁市参加过命题或者评卷的老师屈指可数,而且这些老师是不可能在命题和评卷的前提下还去培训机构讲课,但是他们的名字都被培训机构挂起来卖钱了。

[同期声]

覃韦初:这些老师很多人还一无所知。他们的名字被卖了,去卖钱了,他们一点都不知道,还蒙在鼓里面。

记者:那如果说遭遇这种情况,你觉得应该怎么做呢?

覃韦初:现在比较无奈,他们胆子那么大,就是钻了一个空子,钻了我们管理上的漏洞。

解说:除了在师资上做虚假宣传,我们在图书市场还看到了形形色色的公务员考试培训教材和试卷,这些书籍没有一本不打着"专用"、"通用"、"指定"的字眼。

[同期声]

自治区党校教授李德敏:目前的教材在社会上发行的很多,有二三十种,我都看过了。但是,不可否认也有很多教材,有很大一部分教材,抄袭性比较强,抄人家的。商业性比较浓。

解说:个个都说自己是"专用",有的甚至还搬出了所谓"广西公务员录用考试教材审定委员会"和"考试命题研究中心"之类的机构来为自己贴金。难道真的有这样的机构吗?

[同期声]

覃韦初:没有这种机构。人事厅没有这种机构,人力资源与社会保障厅是专门管公务员考试的,公务员录用管理的,他们自身没有这种机构,他们也不可能去审查这种教材。因为国家规定是不指定教材的。

解说:记者随后向自治区公务员局进行了正式核实。

[同期声]

自治区公务员考录处负责人:(电话采访)我们公务员局没有指定类似的专用教材,也没有教材审定委员会、考试命题研究中心这样的机构。在这里我们自治区公务员局郑重声明,广西公务员录用考试历来(也含今年)不指定考试辅导用书,不举办也不委托任何机构举办考试辅导培训班,目前社会上出现的任何以公务员考试命题组、专门培训机构等名义举办的辅导班、辅导网站或者发行的出版物、上网卡等均与自治区公务员主管部门无关。

第二部分

解说:记者在网上搜索"公务员考试培训",搜索结果竟然高达1430万条!记者发现,南宁市的"公考"培训机构主要有宏章教育、华图教育、新青年文化培训等几家,除了宏章教育,其他的培训机构是否名实相副呢?

[同期声]

记者:办学许可证有吗?

华图教育:办学许可证有的啊!

记者:在哪里啊?

华图教育:没有拿出来,因为没有地方放。我们和工商部门已经签订了协议的,我们到任何一个地方都可以开这个培训的,……已经跟工商部门签过协议了。

记者:工商部啊?

华图教育:对,工商部,北京的那个。

记者:国家工商局啊?

华图教育:对啊!

记者:办学资格应该是教育部门管的吧?

华图教育:都可以,只要签订了那个协议都可以在其他省份办这个培训。

解说:根据我国《民办教育促进法》的规定,要从事教育培训业务,必须要到所在城区的教育局办理社会力量办学许可证,而在工商部门注册的营业执照根本不能从事教育培训,记者对南宁市青秀区内的宏章、西苑、华图、新青年、对外交流协会这5所学校进行了资质查验。

[同期声]

李明强:(南宁市青秀区教育局副局长)根据我们查询档案,新青年文化培训学校在我们这里是备案的,其他的4所学校在我们这里是没有备案的。

记者:您说的没有备案是不是指的就是没有办理办学许可证?

李明强:对。要办学必须要取得教育行政主管部门颁发的办学许可证。

记者:没有办学许可证就开学的话属于什么行为呢?

李明强:这就属于非法办学。按照《民办教育促进法》,这是要(予以)查处的。

解说:原来,把自己吹得天花乱坠的这些公务员培训机构竟然是连办学资格都没有的非法学校。既然是非法办学为什么还能生存壮大、甚至生意红火呢?

[同期声]周涛:(新青年文化培训学校副校长)一个呢这个市场很大,本身这个市场是有这个需求的,另一个呢,可能是相关职能部门监管不到位,包括我们的市场需求者,我们的学员,他们也不明白相关的法律法规,导致有人上课,有人就愿意去交钱,据我们了解,涉及教育、民政、工商、物价等一系列部门,而这些相关的部门去监管这个市场,形成大家都去抓反而都抓不好的现象。

解说:说公务员考试培训一本万利一点儿也不过分,因为它几乎是史上最昂贵的培训,听几天的课至少要1000元,而所谓的"保过班"学费更是高达10000~28000元!在"中国第一考"的滚滚洪流中,在职能部门交叉监管的真空地带,这样的非法培训班有的竟然已经长期生存了7年之久!

[同期声]

周涛:有很多教育咨询服务公司都想在这当中赚取一桶金,源于没有办法取得考生的信任,甚至有的根本资质不齐全,那么就采取了一些歪门邪道,去买卖题目,和考生交易,这个市场非常混乱。

播后:

2010年广西公务员考试泄题事件其实就是培训市场混乱无序、监管缺位所导致的恶果,今年的公务员考试开考在即,我们希望有关部门真正负起责任,净化和规范"公考"培训市场,堵塞权利寻租空间,为国家选拔人才创造一个健康良好的外部环境。好,感谢收看今天的节目,再见!

(陈树胜、钟坚、黄华强,广西电视台《焦点调查》2011年4月17日)

评析

多方求证 揭露骗局
——评析《名不副实的"公考"培训班》

《名不副实的"公考"培训班》是广西电视台《焦点调查》精心制作的一期电视评论节目,也是一篇十分典型、有着较大社会现实意义的深度报道,很好地体现出了媒体的社会责任感与批评监督精神,获得了受众的赞扬。观看全片,觉得作品具有以下几点值得肯定。

1. 选题重大,有着普遍社会教育意义

拥有全国背景的公务员考试,被称为"中国第一考"。每年全国有几十万人参加考试。公务员考试的考前培训机构生意火爆,利润惊人。2010年,广西南宁刚刚发生过严重的公务员考试泄题事件,泄题的源头就是无序竞争的"公考"培训机构。事件刚过不久,很多"公考"培训机构为了招揽考生又不惜铤而走险,采取无证办学、夸大宣传、假借名师和命题老师名义等恶劣手段欺骗考生,以攫取高昂的培训费。在这个背景下,本片选题敢于向名不副实的"公考"培训机构"开炮",揭示这个行业的混乱内幕,戳穿他们的欺骗行为,引以为戒。所以作品选题重大,有着普遍社会教育与警示意义。

2. 调查深入,多方求证,以铁的事实说话

调查深入,多方求证,以事实说话,这是本篇深度报道又一大特点,也很好地展现了《焦点调查》节目的独特个性。电视节目要播出内容力求事实准确,记者不能先入为主,更不能偏听偏信。记者要做到冷静的观察,不能感情用事、主观意识太强。在对有争议的问题采访时,要听取多方的意见,不要轻易下结论。

当时,有两名正在参加南宁市宏章公务员考前培训班的学员打电话到本栏目投诉,称宏章教育机构夸大宣传,授课老师"货不对板",记者以极大的勇气和耐心对南宁市的数所"公考"培训机构进行了长达一个多月的暗访与调查,暗访

中记者发现了一个惊人的内幕,几乎所有"公考"培训班都存在盗用命题老师名义、夸大宣传、名不副实等严重欺骗学生的违法行为,最为严重的是,那些把自己吹得天花乱坠的培训机构竟然都是无证办学的非法机构。通过采访当事人、寻访知情人和向权威职能部门核实等多种调查手段,更进入了公务员考试培训班现场采集现场镜头。记者锲而不舍,最终将那些非法办学机构的谎言一一戳穿,将真相大白于天下。

3. 坚持原则拒说情,揭露问题效果积极、影响广泛

本片播出前,被曝光的宏章教育机构负责人李某多次找到记者,企图"意思意思"与记者"私了",被记者严词拒绝。节目播出后,宏章教育机构等5家无证办学的"公考"培训机构被南宁市教育局查处并责令停止办学。本片对净化当地公务员考试培训市场,维护公务员考试公平公正和严肃性起到了应有的积极作用。

接着,该节目也迅速引起了全国各地媒体的广泛关注。许多外埠媒体也多次予以转发,该节目在网络上的视频也异常火爆,点击率一直居高不下。2012年10月25日,该电视深度报道《名不副实的"公考"培训班》,还获得了第22届中国新闻奖二等奖,产生了更广泛、积极的社会影响。

文本

追沙溯源北行记

[记者主持]现在是4月8日的下午,我所在的地方是首都机场,在前天也就是4月6日的时候,曾经有一场大的沙尘暴袭击过北京,导致了几十架航班被延误。今天我看到秩序还是比较好的,但是天气还是有一点儿昏暗,据中央气象台的预告,在明天,也就是4月9日的时候,还会有一场更大的沙尘暴要袭击北京。其实这些沙尘主要来自内蒙古的一些沙地,其中离北京最近的一块大的沙地叫做浑善达克沙地。再过一会儿,我和我的两个同事就要坐上飞机,我们要到这个沙地去看一看袭击我们的这些风沙到底是怎么产生的。

[配音]我们前往的浑善达克沙地,位于内蒙古自治区的锡林郭勒盟的南部,沙地东西长450公里,南北宽50~300公里,总面积710万公顷。从这幅地图上可以看出,它在北京的正北方,对北京形成了扇形的包围,沙地最南端距离北京只有180公里。因此,每当西北风刮向北京的时候,浑善达克沙地都是风的必经之路。

[记者主持]现在是下午5点钟,我们已经到了内蒙古的锡林浩特机场。在下了飞机以后,第一个感觉就是风特别特别大。一个小时之前我们在北京的时候大概只有三四级,现在有七八级,而且天上有很多沙子,我说话的时候风往嘴里(刮),就吃进了很多沙子。最大的感受就是这块儿特别空旷,真是一望无际,什么建筑物都没有,基本上是草原,一片黄色的草原。我们要到的浑善达克沙地,距这儿大概还有一百多公里,我们待会儿要坐车过去。

[配音]来接我们的是锡林郭勒盟林业局的局长和工作人员,他们说,我们是深入到这块沙地采访风沙问题的第一批记者。

[采访]魏德平(锡林郭勒盟林业局局长):这沙源头就在这里,这个地方沙子扬起来以后,顺着大风飞到北京。

[配音]在路上,局长告诉我们,4月6日袭击北京的沙尘暴就来自这里。当时由于受蒙古冷空气的影响,冷空气进入锡林郭勒盟境内后,在长达1050公里的边境线上开始扬沙,途经浑善达克沙地后,大风输沙量加大转为沙尘暴,沙尘南下直逼北京城。在我们到达的当天,即4月8日,这场风整整刮了一天。据预报,这场风4月9日将到达北京,再次造成沙尘暴天气。然而随着夜幕的降临,这里的风却渐渐小了。

[配音]第二天早晨,映入我们眼帘的不是预想中的狂沙满天,而是一片茫茫雪景。

[记者主持]现在是4月9日早上10点钟,我现在在的这个地方就是浑善达克沙地,今天的天气非常非常冷。昨天夜里下了一夜的雪,本来早晨的时候沙漠上覆盖着一层雪,但是现在由于风一刮,全部刮走了,这样的天气可能不会出现特别大的扬尘,因为上面覆盖着雪。

[配音]与此同时,我们从天气预报中得知,4月9日北京的天气是大风,但没有沙尘。正是由于锡林郭勒盟的这场雪,才使北京幸免了再一次被沙尘暴袭击。在桑根达来镇姚书记的带领下,我们向沙地内部前进。这时,一个孤零存在的土堆吸引了我们的目光,从外表看,它的组成完全不同于周围的沙坑。

[采访]记者:这位就是当地桑根达来镇的姚书记,他是学林业的,对这个比较了解。"我想问一下,这块土堆是怎么回事呢?"

姚东(桑根达来镇党委副书记):历史上这个沙堆在几年前,也就是3~5年前,整个沙坑跟它的地平线是水平的,当年的植被应该在有机质(土层),须根都能到这儿。

记者:它为什么会被风吹成这样呢?

姚东:主要来自两个因素,一个是多年的超载放牧,另一个是掠夺性伐木。当时对自然的索取,人们对自然的认识还不高,再加上致富心切,所以导致原生植被破坏比较严重。

[配音]这个土堆只是浑善达克沙地生态退化的一个缩影,在710万公顷的沙地里,像这样残存下来的土堆已经寥寥无几了。沙地中大部分土地已被沙化,而且沙粒细小,60%以上的沙粒都小于0.25毫米,因此,很容易借助大风迁移。

[采访]姚东:这个沙子特别细,风一刮就形成扬尘。

记者:现在我就感觉到这个风是往咱们这个方向刮来的,这是什么方向啊?

姚东:我们大家可以看出现在是上午10点半,我面对的方向正是太阳,我面对的正是我们伟大祖国的首都,我们这儿的沙子也跟我们祖国人民是一样的,心向北京。

[配音]姚书记看似幽默的一句话却道出了一个惊人的事实。

[记者主持]现在比刚才又过了10分钟的时间,这风是越来越大了,而且能见度也越来越低,真的是白茫茫的一片。这风大是一方面,扬起了沙子,因为这一片,我后面这茫茫的一片没有任何植被来遮挡,这所有一望无际的沙漠全都扬起了沙子,就往这边吹,没有任何遮挡地往北京那边飘过去的。

[配音]经过一天的探访,我们发现正是因为沙细风大,沙地位于北京的正北方,加上北京春天经常刮西北风,便使浑善达克沙地成为京津地区的沙之源头。那么如此猛烈的狂沙,

究竟是怎样产生的？接下来探寻的答案令人吃惊。

[配音]在沙地的顶端，一棵已经枯死的断树出现在我们面前，残风中它默然伫立，有谁知道它曾经经历过什么，又曾经目睹过什么呢？

[记者主持]在这片沙地上，我们几乎随处可以见到像这样的树的残骸，特别是我们发现这个地方，在我身后就是一大片的树根，很多很多的树根，给人一种特别沧桑的感觉，但是这些树根已经枯死了。从它们身上我们可以看到可能在十几年前、二十几年前，这就是一片非常美丽的树林，可能很多树在这儿生长着，但是现在这些树都已经没有了。它们去哪儿了呢？

[采访]李梦友(锡林郭勒盟林业局工程师)：原来这浑善达克沙地，整个都是前面看到的那种大榆树，特别多。还有灌木，像柳林、黄柳、红柳等的灌木也特别多。草的植被一般是30~40厘米，整个的覆盖率是50%~60%，好的地方达到80%，是相当漂亮的。尤其是生长季节，要花有花，要草有草，要水有水，确确实实是美丽的锡林郭勒盟大草原，人们来了以后心情特别高兴。可是由于不合理的利用，乱砍滥伐，比如说树给砍了，像这个，都是原来我们的榆树，牧民砍了以后做围栏，把树就破坏了。乱砍滥伐、过度放牧、破坏植被，这是整个的浑善达克荒漠化的主要成因。风一大，把沙子刮到首都北京去了，所以严重到以后一根草都不长，就像前面那一片，你们看看，一根草都不长。所以我们搞林的，我搞了一辈子生态，对这种破坏林木、植被的情况，看了以后心里特别难受。我们把一棵树、一根草看成小孩一样的，破坏了，我从心里特别的难受。

[配音]近年来，浑善达克沙地的植被破坏严重，仅正蓝旗退化草场面积就达近35万公顷，占全旗可利用草场面积的41%。植被的破坏有气候原因导致，但更多的是人为的破坏。乱砍滥伐、超载放牧、随意开垦这三大因素都直接导致了最终土地的荒漠化。

"天苍苍，野茫茫，风吹草低见牛羊。"生活在这块曾经美丽的草场上的牧民，怎么也不会想到，守着这样一块天赐草场，有一天却要靠买草来养活自己的牲畜。在沙地里，我们就遇到了这样一家人。

[采访]记者：这些都是您家的牛吗？

浑善达克沙地牧民：是。

记者：您家养了多少牛啊？

牧民：20多头。

记者：养了别的东西吗？

牧民：别的东西养不了，草地沙化了。

记者：以前还养过什么？

牧民：养过牛、羊、马、骆驼，都养过。

记者：现在只能养牛了是吗？

牧民：养牛都养活不了了，四五口人只能养活20多头。

记者：为什么呢？

牧民：因为都是买草。

记者：你们守着内蒙草原，为什么还要买草啊？

牧民：这儿沙化得都没草了。

记者:你们家里现在收入怎么样?

牧民:这两年收入不高,可低呢,人均收入每年也就是二三百块钱。

[配音]在浑善达克沙地中,有80%以上的居民以畜牧业为生,他们的生活收入主要来自于畜养牲畜。随着草场的快速退化,牧民的生活普遍受到影响。目前当地政府部门已经开始对过度放牧和随意开垦进行限制,但这并不能挽回植被破坏的现状。植被破坏带来的直接结果就是土地的荒漠化。目前浑善达克沙地沙漠化土地的面积已经达到了43%,还有20%为潜在沙漠化土地,也就是说一半多的面积已经变成了荒漠。

[记者主持]现在我到的这个地方特别有特色,跟刚才就不一样了。刚才地上还有一点儿草啊什么的植被,这块儿一点儿植被都没有。就在我后边,我觉得真是那种茫茫大漠的感觉。我就想起一首歌,叫做"你是风儿我是沙,缠缠绵绵到天涯"。其实当时咱们听着这歌的时候,觉得特别特别的浪漫,但是现在我就觉得还是有点儿沉重,为什么呢?当地的林业学专家跟我们说,这种情况已经是完全沙漠化的表现了,让我们问问这个林业专家。

[采访]记者:这个地貌属于什么样的状况呢?

包海林:(锡林郭勒盟林业局高级工程师):这就是典型的流动沙地。据调查资料,1960年,整个浑善达克沙地310万公顷沙漠化土地上,一共有这种流动的沙地1.7万公顷,但是到目前它已经发展到27万公顷。这种流动沙丘意味着什么呀?意味着向前移动。

记者:破坏得更厉害了,是吗?

包海林:就是呀,就是没有生存的可能了。

[配音]在沙地中,我们的镜头捕捉到了这样一组细节:无数颗细细的沙粒在风中悄悄地移动,无声无息,无休无止。看上去似乎很有趣,但真正的危险就隐藏在其中。就是在这样的移动中,从前的草场变成了今天的荒漠。40年间,浑善达克沙地中流动沙丘的面积增长了17倍,今天,沙漠土地在以每年1万多公顷的速度递增着。

[采访]魏德平(锡林郭勒盟林业局局长):据国家卫星监测,沙漠每年以2%的速度向前推进,也就是每年以1.8公里的速度向北京方向推进。如果再不采取根本性的措施,国家要不高度重视,加以治理,可能若干年以后,这个沙子可能就要推进京城,北京就有被沙漠埋没的危险。

[配音]4月10日是我们到达浑善达克沙地的第三天,我们的心情已经由最初的兴奋变得沉重起来。在前行的路上,车窗外不时掠过一幕幕让人触目惊心的景象,这再次加重了我们的忧虑。

[记者主持]我们在沿途看到不少这样的死亡的牲畜,有牛、马、羊,特别是这段地方隔十几米我们就会看到一只或两只死羊,这样子真是惨不忍睹,让我觉得非常难过。以前从来没有见到过这样的景象,当地人说今年冬天闹了好几场大雪灾,这样呢加上草场退化,牲畜没有草吃,就这么活活饿死或者冻死。实际上,生态的破坏给当地的牧民带来很多危害。

[配音]严重的生态破坏,加重了牧民的生活负担,原本身处草原,靠天然草场来养活家畜的牧民,今天没想到一斤草需要花3角钱去购买。

[采访]牧民:所以买也买不起,太贵。

记者:买草特别贵,是吗?

牧民:特别贵,现在都3角多钱一斤。

记者:现在外面基本上都没有草地了,是吗?

牧民:根本就没有草地,沙漠上草根都被打出来了。

记者:都被吃光了。

牧民:都吃光了。

[配音]牧民闫林国告诉我们,在缺草季节,他家养的牛都不愿站起来,生下的羊羔用一张报纸就可以包住。更出乎我们意料的是,这些并不是个别现象。

[采访]姚东(桑根达来镇党委副书记):牧民收入的主要来源,目前还是依靠畜牧业,80%～90%来自畜牧业。在这种情况下,牲畜没有草吃,没有草场可放,牧民自然就逐步走向贫困,这就不是致富的问题,而是如何解决贫困的问题。为什么说贫困化呢?如果再这样下去,贫困已经成为不可避免的趋势。正因为有这个趋势,我们怎么样遏制住?怎么样摆脱贫困走向富裕?当务之急就是加强生态建设。

[配音]姚书记告诉我们,当地政府采取了许多措施来治理土地沙化问题。但由于这里生态环境十分脆弱,地方经济又不发达,所以尽管锡林郭勒盟每年都要拿出300万元用于防沙、治沙工作,但治理的速度还是远远赶不上破坏的速度。

[采访]李魁(锡林郭勒盟副盟长):现在盟里面正在遏制,但是因为(资金)投入的问题,现在这个效果不太明显。我总觉得照这样下去,这个地方除了经济不能发展,时间长了连子孙后代安身立命之地都没法保证。除了这个地区经济不能发展以外,周边地区像北京,浑善达克沙地正处在北京的北部,是北京风沙源的一个主要源头,如果这个问题不解决,这个地区不治理,那风沙直接威胁北京城啊,北京的生态环境将要进一步恶化。所以从首都的经济发展,首都人民的安居乐业和我们地区经济的发展,从多方面来考虑的话,我们也感觉到治理浑善达克沙地势在必行。

[配音]唇齿相依,唇亡齿寒。即使北京本地植被再好,毕竟作用有限,因此要真正使北京拥有一片蓝天,必须从沙之源头入手,从北京周边地区入手。联合治理,势在必行!

在浑善达克沙地短短的4天采访中,当地人对生态遭破坏后的痛惜,对尽早治理沙地的渴望,在我们脑海中留下了挥之不去的印象。带着他们的这片殷切期望,我们回到了北京。

[记者主持]就在刚才,我们刚刚下了飞机回到北京,虽然是回来了,但是心里总觉得还有什么任务没有完成似的。刚才在飞机上我脑子里一直在想着采访这几天,他们对我们说的那些真诚的话,还有那些期待的目光,其实在他们心里最大的愿望就是希望我们记者能够把当地真实的情况、真实的信息带回北京,真正反馈回来。带着他们的这些嘱托,我们决定尽快赶往国家林业局。

[采访]记者:我们此行到内蒙,发现浑善达克沙地是北京的风沙的一个重要的源头,那咱们中央是不是现在开始对这一块地方重视了呢?

罗斌(国家林业局防治沙漠化中心综合处副处长):浑善达克沙地在我们最近编制的重点地区防沙治沙规划中也是重要内容,也是一个重要的部分,我们也把它作为一个重点的治理对象,作为北京的风沙源区是一个治理重点。

[配音]罗副处长说,连续爆发的沙尘天气,使我们更加认识到,西部的生态环境不仅仅是属于西部的,它的好与坏将对全国和我们的未来产生深刻的影响。

[采访]罗斌:西部开发应该像朱总理所讲的,要以生态建设作为切入点。这是非常正确

的,这是高瞻远瞩,看到了问题的关键。因为西部地区的生态环境是非常脆弱的,一定的开发是必须建立在一定的生态保护基础上的。

[配音]其实沙尘暴带给我们的不仅仅是灾害,更是一副清醒剂。刚刚起步的西部大开发应该以生态保护和建设作为根本点和切入点。大开发不是大开荒,一定要处理好眼前利益和长远利益的关系,立足长远,分步实施。

[采访]记者:据当地对我们反映,他们觉得主要是资金匮乏的问题,这个问题你怎么看?

罗斌:因为国家非常重视这块工作,因此在资金上会考虑的。只要(防沙治沙)规划能够得到批准,能够得到执行,那么资金还是有保障的。

目前,国家已经把防风固沙作为西部大开发的重中之重。我国大规模的防沙治沙工程即将在东北西部、华北北部和西北的沙化严重地带展开,力争用10年左右时间,从总体上遏制沙化土地扩展趋势。国家有关防沙治沙的生态立法正在制定之中。

[记者主持]从国家林业局的大门出来以后,我们终于觉得心里轻松了一些,因为我们毕竟把锡林郭勒盟人民的嘱托带回了北京。然而我们还是觉得身上的担子仍旧很重,因为关于治理西部生态和改善北京环境的话题都还远远没有结束,这些都还需要政策的扶持和全民的关注,只有这样才能使北京拥有更多像今天这样风和日丽的日子。

(陈晔、张婕、杨蔚芪等,北京电视台2000年10月14日首播)

评析

在"新、真、实、要"上下工夫
——评析《追沙溯源北行记》

该片的成功可以说源自记者高度的社会责任感和忧患意识以及驾驭重大题材的能力。

看完《追沙溯源北行记》,每一个有良知的人的心灵都会被强烈地震撼:在闷雷似的风声和弥漫天空的黄沙中,我们都被推到一个重大的主题面前——绝不能让楼兰古城覆灭的命运在21世纪重现。

这篇新闻深度报道的特点归纳起来可以总结为"新、真、实、要"四点。

一是"新"。首先是表现手法新——主持人直接出面,即兴采访,声画并举,同期声大量运用,最大限度地压缩解说词和音乐,尽力隐藏自己的观点,看重的是整个表现过程;其次是切入的内容新——不是就沙尘暴谈沙尘暴,就环保谈环保,而是"追沙溯源",在呼吁环保的同时,也充分展现了当代新闻人的人文关怀和批判精神。

二是"真"。这里的"真"指的是"形象真、声响真、场面真、情感真!"

形象真:人的形象和物的形象真真切切,没有任何矫揉和虚饰——主持人被风吹起的长发,在大风中略显狼狈的步履和面容;荒漠里渴死、冻死的牛羊,死亡的榆林;漫天飞舞的黄沙和向前移动的沙丘,一切的一切都原生态地呈现在观众面前。

声响真：像闷雷一般啸叫的风声贯穿片子的始终，大漠中孤零零的狗吠更增添了一种悲怆和无奈。自然的声响和主持人急切而焦急的语言更加烘托了一种凝重的氛围。

场面真：不管是没了任何生命迹象的大漠，还是重新陷入贫困的牧民，不管是曾经芳草萋萋的小土堆，还是林业专家面对荒漠化而痛心疾首的表述，录音机和摄像机都忠实地做了记录。

记者站在荒漠无垠的大草原尽头，拍下了伫立在残风中的枯死断树和一大片树根。这些断树枯根，都在讲述一个个悲伤的故事。现场画面极富冲击力，给观众心灵以强烈震撼，充分显示出记者现场取材的功力与水平。

情感真：老工程师一句"我们把一棵树、一根草都看成小孩一样的亲切，破坏了，我从心里头特别的难受"令人泪下。整部片子，没有大口号，没有说教，但朴实的话语、真挚的情感都在猛烈地敲打我们的心灵。

特别是记者与当地干部站在大风中，脚踩荒漠的沙地时，基层领导幽默风趣的一段话，"我们大家可以看出现在是早上10点半，我面对的方向正是太阳，我面对的正是我们伟大祖国的首都，我们这儿的沙子也跟我们祖国人民是一样的，心向北京。"这段有点黑色幽默的现场同期声，让观众听之悚然而又难忘，也显示出基层领导干部的深层忧虑。此处的同期声匠心独运，确实达到了较高的艺术水准。

三是"实"。即朴实、扎实、实在。其一，从开篇到结尾，朴实无华，大量运用现场同期声，使观众如临其境，如闻其声。

其二，让专家说话，让画面说话，让生活在荒漠中的牧民说话。没有任何刻意的"升华"，主旨在"边走边说"中一步步显现。

在对林业局领导和地方官员的采访中，他们直截了当地指明北京沙尘暴的根源，就在浑善达克沙地。他们单刀直入地告诉记者"乱砍滥伐，过度放牧，破坏植被，这是这个浑善达克荒漠化的主要原因"。观众也进一步获知沙尘暴向北京推进的速度及其严重危害。在对林业专家的采访中，他们的同期声更是细致科学地讲述了内蒙古大草原日趋严重的退货进程和不断扩大的沙化面积。通过他们道出的真实数据，使大家认识到当地环境治理的必要性和紧迫感。在对普通牧民的采访中，面对土地沙漠化的严峻形势，牧民们讲出自己深受其害却又无可奈何的境遇。他们从自己的切身利益、生存保障中深悟出治沙保土、固沙防风是当务之急的要义。

来自现场的不同层次的采访，上下衔接，环环相扣，层层递进，使得整个报道层次清晰，逻辑严密，观点鲜明，引人深思。

四是"要"。这里的"要"指的是重要、需要，即在选题上，要选取富有价值的专题。前一时期,在经济飞速发展的中国,人们关注的是产值、利润,是鼓囊囊的腰包,是看得见摸得着的利益,而对于可持续发展、环境保护、生态平衡等全局性、长远性的利益,人们往往视而不见,或者是"说起来重要,干起来次要,忙起来不要"。许多新闻媒体也曾对一些污染环境、破坏环境的小化工厂、小造纸厂、小煤窑进行了曝光,但这些就像一颗石子投入了海洋,瞬间就没有了声响。为什么呢?关键是选题过宽,表现形式过旧,不疼不痒,打不中要害。而《追沙溯源北行记》将环保这一重大主题与首都北京联系在一起,一句"沙漠每年以2%的速度向前推进……北京就有被沙漠埋没的危险",就像在一池死水里扔进了一颗重磅炸弹,起到了振聋发聩的作用。

北京电视台记者以特有的新闻敏感,用机敏锐利的目光抓住这一牵动人心的环保焦点做及时报道。他们带着深刻的忧患意识奔赴内蒙,探寻北京沙尘暴的根源,以此来唤起政府和民众对生态环境的深切关注。特别是处在国家开发大西部的特殊背景下,这类报道具有了更强的现实意义和启迪人心的价值。该片选取角度棋高一着,记者不是平面式地报道北京沙尘暴的情况,而是以北方遭受特大沙尘暴袭击为新闻由头,重点在于探寻北京沙尘天气形成的深层原因,这样就显得整个新闻报道高屋建瓴、厚重有力。本专题的新闻价值和宣传价值也因此而找到了一个最完美的结合点。

文本

潲水油黑链条揭秘

记者:大家好,欢迎收看这期的时事特区,我是罗羽鸣。这是深圳一条有名的美食街,川、湘、鲁、粤,各路菜系在这里开门迎客,来自五湖四海的无数民众每天也在这里一饱口福。不过,现在的我们,每天走进餐馆,真的还能安安心心吃顿饭么?一个越来越让我们恶心让我们忧虑的词汇,像蛋糕上的苍蝇一样,让我们挥之不去。

潲水油,没错,就是这个词,让我们害怕碗里的菜是别人上一顿剩下的油。

为什么会有这样肮脏的循环,为什么政府严打之下还是屡禁不止?今天我们为您展开调查,揭示潲水油回归餐桌的黑色链条。

字幕:使用潲水油已是中国食品加工行业公开的秘密

旁白:这是一个普通的晚上,在深圳宝安区一个再普通不过的工业区,数以百计的地下豆腐作坊开始工作了。

豆腐皮就这样烘干,封装食物的桶横七竖八,炸豆腐的房间,火红的锅炉靠烧木板来加热,工人汗流浃背,赤膊工作。简单间隔出的家庭式小作坊,每家三四个工人,不少还是一家老小。标着食用油的大铁桶放在杂物间里,工人们指着一间冒泡的油炸池子说,用的都是好油。

记者:可以用多长时间啊?

工人:一锅吗。

记者:这个油啊?

工人:刚送来的。

记者:用不用得了一个礼拜啊?

工人:没有,最多两三天就送来啦!

记者:什么油啊?

工人:我不知道哦。

旁白:曾经在这个工厂打工多年的老徐偷偷告诉我们说,过去他什么油都用过。

老徐:油,有时候反正就是随便,说句不好听的,那地沟油也用过,以前我真的用过好长时间。

记者:那多久换一次?

老徐:一辈子也不会换的啊!

深圳食品协会豆制品专委会成员:那么他这个油价格很低很便宜,七八角一斤,减少了百分之八十的成本。

旁白:行业内老板透露,深圳市面上7成以上豆制品都来自黑作坊。而他们所租用的厂房,都是由领取了牌照的企业提供,这已经是行业内公开的秘密。

老徐:行业里面的老板们谁都知道,所谓深圳地区拿了牌的豆制品企业,60%都是伪装的,包括超市和市场这一块,都是一样的,质量都一样。

旁白:我们在厂里看到最刺眼的画面,不是油锅里翻滚的豆腐,而是那些发黑发臭的潲水油。所以各位朋友,也许你今天晚上刚刚吃了潲水油制成的大餐,回家又不幸尝了点潲水油制成的小吃。这个黑心链条如果真的是那么环环相扣的话,那么所有消费者都对潲水油的毒害根本无从躲避。

每年,300万吨潲水油回流餐桌,这是学者根据内地食用油的使用量和产量、进口量保守估计后得出的数字。尽管并非官方数据,但也足以反映潲水油使用的规模。那么,什么是潲水油呢?

广义上来说,潲水油是将各种废弃油脂回收后粗加工而成的劣质食用油。这种油颜色较深,行话里叫红油。大量细菌,加上动植物油经过污染后发生酸败等系列化学反应产生致癌物质。潲水油内含有黄曲霉素的毒性更是砒霜的100倍。然而就是这种毒过砒霜百倍的潲水油,收集生产和重返餐桌的链条,已经串联中国内地多个省市,甚至国内还没有检验潲水油的统一标准,连餐饮业内人士也难以辨别。

宾馆、酒楼、食堂等有8000多家餐饮单位遍布深圳,这个汇聚五湖四海的大城市也包容各路菜系。麻辣的川菜和香辣的湘菜很受追捧,也是用油大户,顾客们吃饱喝足后或许没有想过,面前摆着的火锅和碗里剩下的油渣,累积起来会有多少。在深圳,每一天会产生数百吨的潲水油,而这里面有9成都没有被正规公司回收。

记者:根据环保法规的规定,所有餐饮单位都必须要配备这样的隔油池,将油和水进行一定程度的分离,方便污水处理。而在隔油池里的废油都是来自最脏的洗碗水、刷锅水还有食物残渣上面的废油。这些就是我们熟悉的地沟油。地沟油即便经过回收处理也只能用作工业原料。

业内人士:这个是不能食用的,加工后也不行,不能达到食品级的,各种微生物细菌都有,黄曲霉等致癌的那些东西。把它分离出来成本太高。

旁白:在深圳,正规回收公司每天收到的潲水油不足这个城市产量的1%,没有多少人愿意涉足这个不景气的行业。政府规划2015年建成6座餐饮垃圾处理厂,但几年来,3家回收厂,有两家胎死腹中,仅存的唯一一家,投产6年,不仅有7000万的高额成本没有收回,而且还长期亏损。

该公司总工:现在每年亏损五六十万,只要一开机就亏损。

旁白:这个工厂每天可以处理30吨的潲水油,但攒一个月也达不到一天的处理量。总工开玩笑说,机器都快放坏了。

总工:潲水油收回,目前一天只是两三百千克,跟我30吨处理量相差很远。

旁白:为了攒原料……

总工:现在差不多一个月开一次。

旁白:不过工厂必须经营下去,因为这是防止地沟油回流餐桌的唯一正常渠道。……

旁白:深圳每天产出几百吨的潲水油,原本应该原料充足,为什么正规回收公司还会连连亏损?

工作人员:餐饮单位都没有和我们签合同,都是卖给个体户。因为个体户他们可以卖点钱,给我们就没有办法给予经济补偿。

记者:深圳南山区就有3600多家餐饮单位,而跟企业签订了回收协议的只有120多家。其中过半数的还是机关和学校,而且都是由政府促成的。有不少企业表示,如果不花钱,就不会让他们回收走这些潲水油。

旁白:环保法规规定,如果私自售卖潲水油,餐饮企业要被处以2~5万元罚款。但是由于颁发回收许可证的法规没有成型,城管部门至今还没有开过一张罚单。……

旁白:一方面,餐饮企业不愿意给油,另一方面,还有不计其数偷地沟油的散工和公司的收油工人抢捞潲水油。在这个行业工作多年的小陈就常常空手而归。

小陈:现在多啊,多得很,我们到外面,有的地方一勺油都捞不到。

记者:他们运到哪儿去呢?

小陈:他们自己搞个私人作坊,拿个锅几个桶,用火煮开了就粗加工,把那个成品油拉出来就可以了,很简单。

记者:捞油要和偷油者抢,跟餐馆买潲水油要和黑市贩子竞争,更让人无奈的是有些小区捞地沟油的权限都让物业卖给了不明来路的回收厂或者私人,来这种地方,正规回收公司的工人更是无能为力。

旁白:这是一连串暴利的链条,废弃的潲水油有价有市,价高者得。位于深圳南山区这个小社区,有着数十家用油大户,整个小区的潲水油承包给了私人收油者。业务员小陈已经不是第一次来到这里和管理层讨价还价了。

记者:你们的又是怎么样处理?

物业:是有人在收,我们跟别人就是要合作完嘛,也就一两个月了。

记者:那他们是什么公司呢?

物业:是中山的一个公司。

小陈:中山的公司能过来这边营业嘛?不可能啊!

物业:这个,首先政府部门都管不了这儿,我能管吗你说,就是说我们给谁做都一样,主要目的在于给多少钱。

旁白:小陈以前曾经给他们开过8000元钱一年的收油价,现在的公司亏损严重,只能给出三两千。

记者:这个价钱您可以接受么?

物业:一年三两千?你上次说的不是8000?

记者:那要多少钱你才比较满意呢?

物业:这个我们要看你们给多少钱,所谓的买东西卖东西,你先报个价我看价格能不能接受,能接受我就买了。

旁白:一再追问之下,我们得知这个小区潲水油收购价格为每年6000元,而小陈给不出这个价格,只好打出支持环保……

……

旁白:经过大半个小时协商之后,我们失望而归。

记者:这个社区他们为什么不肯给你们收呢?

收油工:因为人家出很高的价钱回收地沟油……

记者:像刚才说6000块钱,我们根本给不起。

收油工:6000我们公司肯定给不起的……

收油工:地沟油很赚的,它现在市场价的话900元钱一桶。收回去简单提炼一下,给粗加工一下,流到市场去卖,利润就翻了两番。

记者:在深圳,90%以上的潲水油成为地下黑市场中的宝贝,餐饮企业拿它来卖钱,更有不少人靠着肮脏的地沟油维持温饱。为了几桶潲水,捞油工人那是起早贪黑,你争我夺。

旁白:在餐厅林立的深圳,每天夜里一辆辆破旧的小面包载着塑料大桶,捞油工拿着长勺穿行于餐馆后巷,一个个满是潲水的沟渠都是生财的宝藏。

捞油工:六七点就开工啦!

记者:在哪些地方呢?

捞油工:……

记者:就是有饭店的地方。

旁白:捞油的都是外来务工者,他们把这叫做杂业。不愿透露名字的捞油工老李说,过去他只管偷油去卖,其他一概不知。

记者:你怎么知道有人需要去买呢?

老李:他们……

记者:他们主动找你?

老李:对对。

记者:收了油之后运到哪里?

老李:运到＊＊公司。

记者:那是什么样的公司?

老李:他说是正规的,我们也不知道。

记者:知道这个东西是违法的么?

老李:不太清楚……就是看人家搞一点我们也搞一点,以前捡垃圾,一天几十块,现在捞油,一天两三百块钱。

旁白:有人使用就有人买卖,打野油也形成了一个行当,人多了,利益开始你争我抢。

记者:有没有发生过什么比较危险的状况?

老李:有,跟别的捞油的抢,抢到手就是钱。

旁白:像老李这样的外地人还有很多,他们都是社会最底层的老百姓,生活最艰难的人,只要能挣口饭吃,什么工作来钱容易就做什么,而如果能找到更好的出路,其实他们也不愿意成为地沟油回流餐桌的帮凶。

……

旁白:听说有正规处理厂之后,老李开始把回收的油给正规公司,自己拿点提成,算是找到了一个正规工作。然而,捞油的散工,仍然不计其数。

餐饮行业蒙阴影,改善现状靠自律

记者:中国人常说一粒老鼠屎坏了一锅粥,不过现在我们担心的是,这锅粥里有一堆的老鼠屎。潲水油大量回流餐桌,不仅消费者受到伤害,整个餐饮行业的信誉也遭到致命打击。

旁白:现在,即便本着良心做餐饮,也再难得到消费者的信任。这家连锁餐馆的老板出于这样的无奈,答应在食品安全的风口浪尖接受我们的采访。

郑经理:我们自己不用,但别的人用的话,消费者他会觉得天下乌鸦一般黑,曾经发生过,很熟的客户找到我说对这些油不放心,我自己拿桶油放你这边,我吃饭时候你就用我这桶油炒菜。

旁白:通胀刚起,成本激增,郑经理说并不是每个餐厅都守得住潲水油价格诱惑。

郑经理:我们是统一采购,一般来说他们都是直接采购。他就说我们有这种油比较便宜问你们公司用不用,他那个油价要比我们正常购买的油便宜1/3~1/2。

……

旁白:对于潲水油的处理,环保部门也的确有明文规定,餐厅必须有正规排油设备把地沟油给公司回收才能拿到牌照。不过按目前的形势,如果餐馆不自律,还有很多空子可以钻。

郑经理:即使查到,也没有证据,因为他们都是地下操作,半夜三更来收……

旁白:购买便宜的食用油,不用费心,有人上门来卖。

深圳食品协会秘书长:我们问了很多小的餐饮店,问油哪里来的,他们都说是送过来的。问哪里送过来,他们就不说了。

旁白:售卖废弃的潲水油,也不用劳神,有人自动上门来给买。

深圳食品协会秘书长:他收完了、炼完了潲水油,有固定的群体、固定的客户去买他的潲水油。他不用再去找下家。

记者:经过种种调查我们不禁会想,为什么普通的物业管理公司甚至任意一个餐馆都可以决定潲水油的去向,而正规的回收公司会出不起钱和黑市竞价购买潲水油而要连连亏损。为什么在政府严打期间还有这么多偷油者散落在大街小巷,而如果能把这些人收编成正规的环卫工人,是不是他们也能成为协助地沟油源头管控的得力助手呢?行业规范的手段是否强而有力?有没有抓住问题的关键,仍然值得深思。

市民1:我都不敢在外面吃饭,宁愿自己做。

市民2:一个人的力量肯定是微薄的。

市民3:心里的抵触很大非常大,一般的小店肯定拒绝了。

深圳食品协会秘书长:食品为什么总是出问题,关键就是处罚力度,你拿我没办法了,我就一口锅,一个破烂车,你能把我怎么样?我们所有的市民都应该动员起来,大家一起举报。

市民1:举报一个窝点给你一万两万,这种人就躲不掉了。

深圳食品协会秘书长:政府应该拿一点钱来补贴,这个潲水油必须由政府指定的部门来收购。

记者:潲水油不是服装玩具,也不是旅游图书,我们对它无从躲避,也无从选择,如此之多的民众,是在长期受着这样的慢性毒害。因此有人说,潲水油拿走了中国人的良心。

不过,在任何一个国家,良心都没有办法和利益抗衡,只有通过制度和监管,才能引导它的流向。过去,日本的潲水油曾经一度流向东南亚,是政府通过价格战才挤压掉了黑市买卖。而在美国,餐厨垃圾的处理完全掌握在政府的手中,如有违规处以重罚。德国政府更是把监管落实到每一桶潲水油,来源去向全部记录在案才杜绝了它回流餐桌。而在中国,这一切才刚刚起步。我们还要吃多长时间的潲水油,政府不能回避,每一个民众的良知也不能回避,这是我们共同的责任、共同的战争。

感谢您收看这一期的时事特区,下一期节目再见。

(罗羽鸣,凤凰卫视《时事特区》2011年11月20日)

评析

深入调查,曝光黑幕
——评析《潲水油黑链条揭秘》

时事特区是凤凰卫视一档实事评论节目,它将一般新闻中的内容进一步延伸扩展,为观众提供更多有关大事发生时现场见证的细节和详情,增加观众对国际问题背景和事件发展的深入了解。

《潲水油黑链条揭秘》是一期电视调查性报道。调查性报道以捍卫公众利益或公民权利为己任,以揭发政治权力与市场权力违法犯罪等种种黑幕为途径,目前越来越为中国新闻界,也包括整个中国社会所认可与肯定。

调查报道可分为3类,包括意在事实真相的调研式调查性报道和对新闻事实的追踪式调查性报道。

这一期报道属于第三类——揭露式调查报道,这类报道重在揭露、批评各种违法违纪、有悖社会道德等的活动与丑闻。

调查性报道的核心特征有三:一是捍卫公众利益或公民权利;二是揭露黑幕;三是记者独立调查。缺少其中的任何一条都不能称之为调查性报道。

另外,调查性报道应该是深刻而全面的报道。一般而言,调查性报道是独立文体的深度报道的一种。既然属于深度报道,必须有深度报道的基本特性。而当下许多深度报道,只能称之为长篇报道,仅仅是将浮在表面的有意思的故事展示给读者,不能说不好看,但许多读者不知道报道中讲了什么,也不明白为什么发生这样的事情,发生这样事件的背景与关联因素有哪些。而调查性报道是所有深度报道中最应该具有"深刻"、"全面"特征的报道样式。

首先,要做好调查性报道,必须坚持不断研究。所有成功的调查性报道工作过程,其实都是专题研究的过程,因为调查性报道不仅仅是侦察、访问、核实,更多的是对于大量已知或未知情况的不断研究与分析工作。

其次,采访必须坚持现场原则,即深入到新闻事件现场求证采访。没有在事件现场的求证过程,一般谈不上是真正的调查性报道。在信息来源方面,即每篇调查报道中,准确信源不能少于6个,即事件中的正方、反方、中立方均应该采访到;其他相关各方应该采访到;事情关联的相关各级机关努力采访到。任何一个人都可能会是有偏见的,所以单一的信源就可能出现偏颇或不准确,即偏听则暗、兼听则明。要全面立体地呈现事实,只有进行众多的采访与核实,才能够尽可能地呈现出一个更加逼近真相的事实。因此,调查性报道成败的关键在采访调查。

在这一点上,这一篇报道完成得很好。潲水油事件在调查报道出炉之前已经有了较大的社会影响,但是记者在采访制作时并没有带上任何不合理的情感色彩。因为情绪没有任何力量,一个严肃的新闻节目是不应该靠情绪去打动观众的,真正有力量的是事实与证据。我们所进行的调查采访与查找文字材料的工作其实都是为了取得证据。调查性报道的真谛就是追问、求证,通过不断地追问、求证,找到最能说明事实真相的证据。

《时事特区——潲水油黑链条揭秘》记录了由凤凰卫视记者罗羽鸣、摄影师李庭深深入黑作坊第一线,调查地沟油源头管控的种种"真相"。这是罗羽鸣做记者以来,第一次尝试"暗访"。羽鸣认为,深入"虎穴"逐一暗访豆制品黑作坊、餐厨垃圾处理厂、收油工人等,才能得到最接近真相的第一手资料。在餐厨垃圾回收厂的暗访中,他们最后险些被发现,她形容当时"下了楼之后,撒开腿一路狂奔"。羽鸣坦言,第一次"暗访"的经历对她冲击很大,"有很多事情真的不能只看到表像"。

在做这期节目之前,关于潲水油的报道已经非常详细,从收油、加工再到回流餐桌的链条都已经被揭示。所以,罗羽鸣选择了"暗访",深入到社会的最底层,探访最鲜为人知的部分,因为她相信,这样才能找出真相。在经历了跟踪拍摄豆制品黑作坊以及跟随收油工人去谈判两次艰难暗访之后,罗羽鸣基本把潲水油的黑链条理清。虽然节目获了奖,但对于这次采访,罗羽鸣心里仍觉有些小遗憾,"暗访不能直接问,只能通过聊天间接了解,靠你自己眼见为实,但是万一哪个部分会不会冤枉他们呢?或者哪个部分侵犯了隐私,因为毕竟是没有经过采访者同意的。"不过,她心里也清楚,不管再怎么真实,也不可能是100%的。在这个报道中,她已经做到尽量针对现象,而不是针对人。罗羽鸣说,这是她第一次做调查性报道,虽说没有找到地沟油的非法炼油厂,但她已经把事情通过可接触到的层面从头理清,知道它的来源去向,知道为什么会产生监管的漏洞,她希望报道不仅仅是让大家看到地沟油多恶心,更重要的是让民众看到整个的流程,让大家知道,其实每一个人都有责任监督和重视它。

这篇报道结构上逻辑清晰,逐步深入,较好地将事件全面展露出来。在电视表现手法使用了字幕与音乐搭配以烘托氛围;通过隐蔽拍摄,凸显真实暗访,增强现场感与带入感;被采访者结合实地拍摄也使得画面丰富、内容充实。

热点的社会事件,加上仔细深入的采访调查,结合精良用心的后期制作,使这篇电视深度报道获得了第48届芝加哥电影节雨果电视奖调查性报道及新闻纪录片类银奖。

第10章 电视新闻谈话类作品评析

评析指要：电视新闻谈话类节目

一、电视新闻谈话节目定义

关于电视谈话节目的界定，影响较大的是美国《电视百科全书》对"电视谈话节目"定义："一种围绕着谈话而组织起来的，须在严格的时间限制内开始和结束，且要保持话题的敏感性，以便能提起广大观众兴趣的表演。"[1]我国也有许多学者下过定义，概括而言：电视新闻谈话节目就是由电视节目主持人、嘉宾和(或)现场观众围绕某一新闻事件或者由某新闻事实引发的"谈话"，以人际传播的方式展开平等交流，并通过电视媒体展示其交流过程的大众传播活动。电视新闻访谈在本质上是人际间私下谈话通过电视技术的放大，因此它仍属大众传播活动，但同时又具有人际传播即兴、双向、平等的交流特点。

电视新闻谈话节目作为一种公众节目样式，最早出现在美国。这种节目样式在国外已经出现了50多年，具有很高的收视率和广泛的影响，然而在中国，真正意义上的电视新闻谈话节目直到20世纪90年代才登上电视荧屏。

1992年，《东方直播室》节目在上海东方电视台播出，这个节目采用现场直播的方式，邀请嘉宾和观众在演播室就某个话题展开讨论。这个节目的诞生意味着中国产生了一种新的节目样式——电视新闻访谈节目。而1996年，《实话实说》在中央电视台开播，引起全国轰动，自此电视新闻谈话节目全国盛行，崔永元也红遍中国。谈什么(话题)和怎么谈(谈话技巧)，被放到了突出的位置。特别是主持人自然、松弛、平民、幽默的风格受到了观众的普遍欢迎。新闻谈话节目开始遍地开花，《新闻会客厅》、《面对面》、《对话》等一大批名牌新闻谈话节目开始出现，并且其风行之势也迅速蔓延到了省级乃至地市的地方电视媒体。

二、电视新闻谈话节目的分类

电视新闻谈话节目依据不同的标准，可以将其分为不同的类型。

---

[1] 转引自曾俊.TALK SHOW 在中国——难以让人喜爱的中国谈话节目[J].中国播音主持网，http://www.byzc.com/zhuanye/YanJiuChuangZuo/2315.html.

1. 根据话题来分类,大致可以划分以下几种:

(1) 以新闻事件为主线的电视新闻谈话节目,如凤凰卫视《时事开讲》、《锵锵三人行》等。

(2) 以新闻当事人或关联人为主线的电视新闻谈话节目,如中央电视台《高端访问》、《面对面》等。

(3) 以新闻的话题为主线的电视新闻谈话节目,如凤凰卫视的《一虎一席谈》、东方卫视的《东方直播室》等。

2. 按照叙事方式来分,可以分为以下几种:

(1) 聊天式的电视新闻谈话节目。适用于讨论受众普遍关注,又无重大分歧,经过深入交流探讨即可达成共识的新闻话题。

(2) 访问式的电视新闻谈话节目。一对一的相对严肃的讨论方式,有一定的格调和内涵。

(3) 辩论式的电视新闻谈话节目。适用于讨论社会上出现的新问题、新现象、新思潮,通常较有争议。

(4) 综合式的电视新闻谈话节目。充分调动电视视听元素,运用丰富的外景、三维、片花等电视节目要素来使新闻谈话节目立体化。适合讨论轻松话题。

3. 按结构方式分,可以分为以下几种:

(1) 群言式的电视新闻谈话节目。有现场观众参与,由主持人、嘉宾、观众组成的三结合式的新闻访谈,如《实话实说》、《对话》等。

(2) 对话式的电视新闻谈话节目。主持人与嘉宾面对面交流的新闻访谈。比如《面对面》、《高端访问》等。

三、电视新闻谈话节目主要制作环节

电视新闻谈话类节目耗资较大,涉及人员较多,节目制作周期较长。要办好电视新闻谈话类节目,以下3个环节是关键。

1. 电视新闻谈话节目策划。

节目策划是电视新闻谈话类节目的灵魂,策划的好坏直接关系到节目的制作水准的高低。在策划环节主要注意以下问题。①凸显主题。电视谈话类节目的策划稿和其他文体一样,在写作过程中都要围绕一个明确的主题来写,不仅要能够从单一的主题中发散开来,也要能够在节目进行中和节目最后多次明确主题。②结构脉络清晰、节奏感强。谈话类节目的文字稿,并不像一般文章那样字字明确,通常都是大纲的形式,但结构脉络一定要清晰,既要围绕主题扩充内容,也要把握节奏,使节目有冲突、有思考、有升华。清晰紧凑的结构,也有助于使主持人现场"再创造"时能更加游刃有余。③深度与互动。电视谈话类节目的策划稿要体现深度,要给观众提供全面而深刻的信息。谈话类节目不能满足于只向受众提供简单的新闻事实,而是要综合地把握和揭示新闻事件的过程及与新

闻事件与社会的联系。在节目中应增强互动性,突出谈话节目"交锋"的特点。策划文稿要营造一种交锋的状态,让场上的发言者自由地发挥,使现场嘉宾与观众形成互动。

2. 电视新闻谈话节目现场。

经过前期大量的策划工作之后,谈话节目就进入了现场录制过程。在此过程中也有不可预知性,一不小心很可能脱离了原来的主题,但也有可能嘉宾的自由发挥带来意想不到的惊喜。所以说,现场录制是在控制与失控之间进行平衡的过程。现场观众是活跃谈话节目氛围、丰富现场谈话层次的重要元素。他们可以有效地营造和烘托活跃的谈话氛围,现场观众的表情、掌声都会使坐在电视机前的观众产生强烈的参与感。此外,现场观众还可以参与现场讨论,与主持人和嘉宾进行交流,表达屏幕之外观众的诉求,同时也丰富了节目的层次。因此,把握现场观众的需求是非常重要的。除了现场观众外,扩大谈话范围还可以延伸到场外介入。为了实现场内外的互动,可将电话连线和网络引入到谈话当中。也有一些节目增加了微博互动、微信互动等新兴的媒体手段。把小小的演播室同整个世界连接在一起,极大地扩大了谈话场所的范围。

3. 电视新闻谈话节目后期制作。

后期剪辑是提高节目质量的一个重要手段。如果谈话类节目采取的是现场直播的方式,就不需要进行后期制作了,但是在中国,由于绝大多数的谈话节目还是采取录制播出的方式,后期制作就变得十分重要。电视谈话类节目的魅力在于把大量的观众带到现场的即兴谈话中,要让节目有现场感,后期剪辑时就要重视和保持"谈话场"的完整。谈话中透露的逻辑性、层次感、现场情绪和氛围的上下起伏,都构成了一个完整的谈话场。如果后期剪辑时编导没有"场"的意识,就会出现对谈话内容断章取义,结构内容随意调整,气脉不顺的毛病。另外,要让节目有现场感,导演在剪辑时还要注意保留一些发言者的口误、用语的重复、谈话中出现的停顿及主持人的行动等,以保持现场的连贯性。无论使用哪种手段,后期剪辑要努力让观众感到谈话就是在节目播出这个时间段中自然进行的,节目只是对这场谈话的再现。

四、评析电视新闻谈话节目要点

评析电视新闻谈话节目可从其构成的要素来着手,主要包括访谈话题、访谈者以及演播室三大要素。

首先,从谈话的话题来评析。选择了一个好的谈话节目话题就意味着节目成功了一半,如何判断一个话题是否是一个好的话题,关键是看它能否引起普遍兴趣,即既能够激发嘉宾的积极性,又能调动观众的兴趣。当然,还要看该话题是否具有意义、是否有思辨性和前瞻性。

其次，从访谈者来评析。访谈者由主持人、嘉宾和观众组成。主持人是节目的核心，话题的提出、讨论、引导、气氛的营造都由主持人完成，因此主持人既是采访者、谈话者，又是组织者、引导者，能否充当好上述角色，是决定电视新闻谈话节目质量的重要因素。如果说主持人是交代和引导话题，那么话题的展开、深入、升华则都是由嘉宾来完成的，因此嘉宾作用发挥得好坏也直接影响电视新闻谈话质量的好坏。对主持人的评析，应重点考量主持人的话题话语掌控能力、谈话技巧、个人的素养及主持风格等。

对嘉宾选择与评析一般应关注3点：一是嘉宾是否有谈资，即对某一新闻话题是否掌握大量资料，深入了解，对该话题是否具有权威性的发言权；二是嘉宾是否有谈品，即在谈话过程中是否有一定的风度，能否顾及主持人和其他嘉宾，而不是一个人喋喋不休，表现自己；三是嘉宾是否有谈技，即是否具有一定的口才和辩才，语言表达是否简练、清晰、有条理、逻辑性强，甚至是否有幽默感。

电视谈话节目的嘉宾有多有少，少则一人多则数人。如《艺术人生·走近金庸》，虽然嘉宾只有一位。但金庸先生独特的气度和魅力使整个演播厅蓬荜生辉。他的人生经历、情感生活，以及他个人对人生的感悟和对生命的态度，在整个访谈过程中流露出来。如果现场嘉宾不止一位，在进行选择与评析时，要注意观点的多样性和代表性，不能都是持相同或相近观点的人，这样才能对新闻话题进行多侧面、多角度的深入分析。如《东方直播室》则是一个多嘉宾多观众参与的节目，每个嘉宾都具有鲜明的性格特点，来自五湖四海观众的发言也使整个节目更加丰满。

访谈者还包括观众，他们不是可有可无的摆设，在新闻谈话节目中，观众一方面可以营造谈话氛围，增强访谈的真实感，另一方面，由于观众也可以提问、表达观点，其参与可以起到拾遗补缺、进行互动的作用。此外，观众的参与还可以调节现场的气氛和节奏。

第三，演播室要素评析。主要看演播室的环境、音乐、大屏幕、道具等。演播室的环境设计要做到与内容协调一致。音乐主要是调节情绪、气氛、节奏，最典型的代表是《实话实说》和《小崔说事》。很多的新闻谈话节目在现场都会设置大屏幕，其功能是在讨论话题时，可以播放与话题相关的影像资料，同时也可以让演播室更加活泼、美观。道具主要包括装饰道具、大小道具、随身道具等。《艺术人生》节目是非常注重音乐与道具运用的，这方面可圈可点之处很多。

文 本

吃 的 学 问

崔永元：各位朋友春节好,咱们今天春节节目谈的是饮食文化,吃的话题。这个消息传出以后,全国各地的美食家都离开了家,到了我们演播室现场。前排就座的这几位,就是在当地非常有名的美食家。咱们就从张先生开始,说他的川菜。

崔永文(崔)：您觉得这些菜系里最好的是不是就是川菜？

嘉宾：且听我分解……

崔：拉开架势是吧！

嘉宾：对,粤字上面是一个仓库,里面藏着的是米,再说鲁,没有米了,但是有个大大的鱼字,我们四川那两个字,外边是一个大框,那就是张大嘴巴,又是一个符号学,是个四方的标记。里面呢,是一个变相的八字。咱们四川是吃遍四面八方。

崔：这是说老庄哲学了啊。您刚说那个四,还有个川,川就是三。

嘉宾：姑言之。

崔：意思就是说,四川的菜啊,4 种里面啊,有 3 种都是辣的,没什么新鲜的。

嘉宾：反驳你,我说一个魏明伦先生,这位鬼才戏剧家,他写了一个"饭店铭",结尾就是这么说的：人类不灭,餐饮不休；川菜万岁,饭店千秋。

崔：您刚才说的这个四川呀,因为我们可能觉得川菜比较弱,所以特意从四川请来两位四川籍人士,邓先生得帮衬帮衬。您觉得川菜好吗？

嘉宾：川菜就是,到炒菜的时候,整个四川盆地里面全是辣味,所以说别人说你们到了四川,喝牛奶都要注意,那个牛奶都是辣的,为什么那个牛奶是辣的？因为牛呼吸了带辣味的空气以后,产的牛奶都是辣的。所以我感到这点我很有意见,虽然我是四川人咱们不护短。

嘉宾：我是吃川菜长大的,但是我感到肚子疼。

崔：您再听听下面人批判。

嘉宾：有一句从北京市民传过来的话,就是"北京人什么都敢说,上海人什么都敢穿,那我们广东人,什么都会吃,懂吃,特别会吃。"

崔：不是这么说的,说什么都瞎吃。（笑）

嘉宾：有些人说我们广东人吃这个猴子,我爷爷说,他做孙子的时候,去云南、四川、贵州吃生的猴子,所以这个是……广东人什么都敢吃,蚂蚱、螳螂、活的猴子都是瞎吹的,我生在广州,长在广州,根本就没有吃过猴子,什么都可以吃,吃些有营养的。

崔：您从来没吃过猴子,只吃过猩猩。（笑）

嘉宾：有一个菜叫做"星星"等一会儿跟你讲。

崔：粤菜的优势在什么地方？

嘉宾：不生不熟,不咸不淡,不多不少,人见人爱。（鼓掌）

崔：好,广东朋友得意得够呛,黄先生谈谈您的淮扬菜,淮扬菜像您的性格——稳稳当当。

嘉宾:这是你说对了,淮扬菜的发展呢从文化来讲它是受中国几千年儒家思想影响,《吕氏春秋·本味篇》里面一段话正好是现在淮扬菜的特点。

故久而不弊,肥而不腻,淡而不薄,酸而不酷,辛而不烈。

崔:千万别沾淮扬菜,脑子都累坏了。太复杂,又繁琐。我们听听鲁菜是不是简单一点儿,山东人性格比较豪爽的。

嘉宾:我呢,性格比较持家,我们山东有个美食家,他呢我想大家可能都听过。

食不厌精,脍不厌细,割不正不食,不时不食,大味必淡……

崔:其实最累的是鲁菜,基本都是古汉语。(笑)

崔:各位朋友你们听我一句忠告吧,以后再出去,千万别跟美食家一块吃饭,累死你。(笑,好汉歌背景伴奏)

崔:我觉得听这几个文人来讲,就好像咱们吃大菜一样,大菜吃多了,我现在给大家点两样小吃尝尝。来自陕西西安的父女俩,用他们当地传统的曲艺形式给咱们说说西安的小吃。

崔:您有没有想过这么小,八岁的孩子记住那么多吃的,会有副作用。

嘉宾(打竹板):

古城西安放光辉,夜市的灯火满天飞;

西安的吃食很独到,最有名是那羊肉泡;

泡馍关键要掰碎,肉汤一煮才入味;

吃的时候不用嚼,一点一点往里刨;

香气直往鼻子扑,越吃身上越热乎;

不是我在这说假话,泡馍的老碗要比娃的脑袋大;

小姑娘咬文又嚼字,夜市上边来挑刺儿;

看到了招牌上写着个"肉夹馍",可她认为这一个名字欠斟酌;

分明是馍里面夹着肉,"肉夹馍"前后颠倒太荒谬;

语法上头讲不通,最好把这个名字来变更;

你今天来把这个夜市逛,不该拿这个名字来抬杠;

白吉馍,两张皮,刀子一犁香喷鼻;

肉又酥,皮又脆,咬在嘴里品品味;

香的你不知说啥好,不由得把它的名字弄颠倒;

美味佳肴随便挑,人人都爱吃元宵;

元宵馅,花样杂,芝麻玫瑰和山楂;

……

这正是高高兴兴逛夜市,到明天,请你也到西安夜市品品味,品品味!

崔:你看我们现场的观众朋友们参与了。小诗也听完了,你们想说自己的饮食经历也可以,想和我们美食家探讨也可以,想讲自己的故事也可以,想发表自己的观点也可以,谁想说就举手示意。

(观众纷纷举手)

崔:非得让您先说,看得出您是比较"节食"的人(观众笑)从什么地方来?

观众1:大连,坐火车来的,飞机不让我上。

崔:您想给大家讲什么?

观众1:刚才讲了各个菜系了,你也说了有人对鲁菜不大赞赏,但是我先表态我投鲁菜一票。

崔:您做过海员是吧。

观众1:我就讲一个事情,我们到德国汉堡的时候,船东请客,10个人一桌。上了一盆盐水虾,跟着一个玻璃大碗,每个人前放了一碗凉水,我们中间一个老兄渴了,就端起这碗水喝。他喝完以后我们就有点坐不住了,我们毕竟还是个涉外场合,这帮弟兄们就觉得不大自在了,但是船东主人就更不自在了,他非常尴尬,他就稍微愣了一下,我不知道大家想想,这个水干什么用的,我可以告诉大家,这是洗手的。船东首先带头,这个德国先生端起碗来,把水喝光了。我们大家马上跟着一饮而尽,酒吧尴尬的气氛给打破了。

解决以后我就在想,吃是一种文化,吃体现了一种合德,中国人提倡和,和为贵。没有和就取不得贵,所以在外交场合、谈判场合也好,朋友交际场合也好,我觉得都要与和联系起来。同时我觉得,吃还得要有个度,吃得恰到好处,36万元钱吃一顿饭,这我就不理解了。

崔:是不是给大家讲讲怎样节食?(观众笑)

崔:今天一来,徐先生就坐在角落里,重要的位置都让给这几位美食家。那您的想法,北京的吃没什么好说的?

嘉宾:不不不,我要对他们4位略加点评,我生在四川,3岁到北京,但是我再去四川时候20多岁,文革时候。到四川我发现,吃四川菜,那个饭馆里景观可特殊了。吃饭的人每人一块白毛巾,饭馆里水池子不是咱们洗手间那么讲究的,就普通水池子,那自来水哗啦哗啦流。这吃热的人满头大汗拿着自个毛巾跑到自来水管那就擦,用毛巾擦了一把人凉快一点了,接着荏再吃。反反复复的,所以我20多岁时候写了顺口溜:

毛巾擦罢口余烟,再度吞吃火一团;

谁似川人争拼命,上边辣完辣下边。(鼓掌)

我离开了四川,那会正是文革期间,我就转到扬州去了。扬州自然风光好,让人想起:

东南歌舞几时休,清风明月数扬州;

三分肥来七分瘦,清汤炖出狮子头。(鼓掌)

这一隔就20多年过去了,后来我还去广东,都很晚很晚了,那时文革都结束了,广州人说,小肉不吃,大肉、人肉不吃,剩下什么都吃。

进京才只20年,豪气敢夺天下先;

不论人肉苍蝇肉,都敢向着饭桌端。

最后说说鲁菜,我们老家在山东,所以呢,前几年我写了一本老字号的书,那是很正经写的,就是说:

独霸京都旧梦长,靠俺山东两个帮;

宴席规格由谁定,全看开头那道汤。

崔:听完徐先生这一番妙论,真印证了开头那段话,北京人什么都敢说。

观众2:四大菜系都有它不可克服的缺点,比如鲁菜,它重形式,重油重色不中吃,没落性很强;第二,川菜属于市井菜,它普及性很强,但是难登大雅;淮扬菜它是没落性同时又越来越重视形式了。

崔:听这位朋友这么一指点,发现米饭、面条是好东西。

观众2:粤菜属于洋浜菜性质,它吸收了很多西菜方式,粤菜最大的特点是吃不饱看不懂,而且粤菜有很多西菜做法,重型不重味。我个人觉得现在来说我们不是要发展菜系,而是要普及大众的饮食文化知识,家常菜无菜系菜是发展方向。我个人认为……

崔:还翻边了(指其提示小纸条),这位朋友非常有意思,他站起来,他说你们不要互相贬低,他贬的比谁都厉害。

我觉得刚才有一点说得好,研究营养的专家,听他讲讲吃饭怎么注意营养,好不好?

营养专家:中国的饮食文化,好就好在杂。什么叫杂,杂就是平衡,随便各大菜系,都要掌握平衡,比如说你四川菜是辣的,但是最好的四川菜是不辣的。

嘉宾:说得好,川菜是百菜百味。

营养专家:就是辣的和不辣的平衡,清淡的跟油腻的平衡,甜的跟咸的,干的跟稀的,酸的跟碱的。日本人搭配得很好,可是他们用眼睛吃饭,全是看;欧洲人全是香料,他们用鼻子吃饭;法国人用心吃饭,什么配红葡萄酒,什么配白葡萄酒,都要想想;美国人用脑子吃饭,想想这个能吃么,这个卫生么?我们中国人用舌头吃饭,甜、酸、苦、辣、咸五味;臭、焦、麻、霉、鲜,10种东西形成了八大菜系。

崔:这个说法非常好,全世界人都算上,就中国人用对了地方。

崔:你好,你们从什么地方来?

观众3:瑞典。

崔:站起来看看瑞典人有多高。哎,真高。你们也每天都吃饭吧?

观众3:那当然。

崔:刚才他们好多人说你们外国人的不好吃,中国人吃的好吃,你们同不同意?

观众4:大部分都同意。

崔:哪部分不同意?

观众4:四川菜有点辣。麻辣火锅那么辣,吃不了。

观众3:他非常喜欢吃皮蛋。

观众4:皮蛋有奇怪的味道,可是味道好吃,好吃可是对鼻子不好,对嘴好。

观众3:我们瑞典菜跟中国菜有的时候一样,我们也吃吃肉、牛肉、羊肉,但是在瑞典我们不吃狗肉,因为狗是瑞典人的朋友。

崔:狗也是中国人的朋友,你想借这个场合告诉大家不要吃狗肉是吧。

观众3:真的,我觉得不行。(鼓掌)

崔:还有什么可以指出来。

观众3:还有有的时候你吃火锅,吃那个鱼,有的时候鱼还没死,不好。(观众笑)

崔:鱼还活着就放进去了,残忍,不要这么吃,那怎么做合适呢?

观众3:那个鱼,死了以后放进火锅里。

崔:美国朋友还有什么指正?

观众4:我对他不同意,我觉得都可以,我很喜欢吃狗肉,也觉得可以把活鱼放在火锅。没问题。

崔:我觉得应该停止采访了,不然可能会出现外交事件。(观众笑)

谢谢啊。

观众5:我是北京第一家个人餐馆的老板,现在已经20年了,我是走在政策前面的。我觉得四川的菜,特别麻特别辣,我根据他的做法,我干脆改,改清淡点。

我又取得广东菜,白叶子菜,绿叶子菜,我就取它漂亮叶子,但它味道我不取,生了吧唧。

崔:我觉得您的观念变得特别快,您是第一家个体餐馆的老板,现在还敢改各种菜,真是开观念之先河。

……

崔:我再利用这个时间告诉大家一个消息,别外传,杨子荣现在已经开饭店了,他今天来了。

童祥苓:这个,我坐了半天,现在不想说了,听了好多好吃的。其实这个吃的,我觉得除了各地方有各地方特点,还有一个习惯。我一朋友到北京来,我请他喝豆汁,豆汁全世界没有,就北京有,我就爱喝。

我那朋友没喝完,喝一口就撂下了,他把服务员叫过来,他是上海的普通话,我这个钱可以给你,但是东西不好卖啊,馊掉了。这服务员有点性格,说:我卖的就这馊味!

他就是不习惯。所以到了四川,我说你炒哪个菜都别搁辣的。但是那个四川菜我没吃过我闻过。我儿子开饭店,旁边是工地,四川人多,他们来吃。我给他们的面加的辣酱,我给他两勺,他直摇头,说不够辣不够辣。后来就熟了,他说明年我带一点回来。然后来年他真带了点回来。麻辣豆腐、鱼香肉丝、炒辣椒全是辣的,就用他的辣椒。油一热,辣椒一放,噗,我就捂着鼻子出去了,整个屋子全是辣味。吃完了,四川人说:这才过瘾啊。我说你过瘾我们差点憋过去。

崔:那您现在也不吃辣椒?

童祥苓:我到现在也吃一点了,因为我闻过了也就吃一点了。

崔:咱们今天说了吃,还没说喝呢,咱们喝一点儿庆功酒。

童祥苓:我唱了一辈子酒,却一口酒都没喝过。但是今天咱们为过节了。

(唱戏)

崔:过节的时候大家还聚集一堂实话实说,听了好多吃的学问,也不知道对电视机前的观众朋友有没有用,您过节请客吃饭时候可以试一试。最后我们还有一个祝愿,祝愿家家户户春节快乐,我借用一句歌词:把幸福和快乐串成串,没有甜,也没有糖。我们一起来听冯晓泉唱的《冰糖葫芦》。

崔:先说两句吧,把自己吃的经历说一说,自己会不会做?

冯晓泉:我自己会做,红烧排骨啊,西红柿炒鸡蛋啊。

崔:都是大盘菜哦,好,冰糖葫芦。

冯晓泉:今天在这里先给大家唱个北京的小吃——冰糖葫芦。(歌唱)

(主持人崔永元,中央电视台《实话实说》栏目播出)

评析

独具特色的平民访谈
——评析《吃的艺术》

中央电视台在 1996 年 3 月 16 日正式开播的《实话实说》栏目,开启了中国电视谈话节目的序幕,也引发了中国电视谈话类节目的热潮,成为在我国影响最大的电视谈话节目之一。《实话实说》以其平民化的视角、勇于说实话的胆识,迅速赢得全国各地观众的喜爱,并且成为我国电视谈话节目的代表。有人评论说,在《实话实说》中崔永元的主持风格能让"实话"像笑话一样动听,能使机智的应对能力让"实说"像聊天一样放松。他独特的主持风格和话语特点更是《实话实说》备受关注、成为经典的根本所在。《吃的艺术》就是其中一期优秀的新闻谈话节目。

1. 选题:贴近百姓贴近生活

对于谈话节目,选题是最为重要的环节之一,它决定"说什么"、"谈哪些"。《实话实说》的选题一直遵循着社会话题的路线,从现实生活中找话说,大多是百姓故事,生活话题。这期《吃的学问》就是关于饮食文化的专题讨论性的话题,是春节系列节目之一。这期节目与观众的生活有着密切关联性。它的选题,符合当时的节日气氛,贴近百姓生活,符合大众的口味。节目通过对吃的问题探讨,一层层深入主题。吃不仅仅为了吃饭而吃,而是具有一种深刻的文化内涵。

2. 谈话节目主持人的魅力

在电视谈话节目中,主持人在节目中起着至关重要的作用。一个高水准的主持人调控着话题,从某种意义上来说,决定着格调的定位,而格调来源于他的气质和风度。崔永元在主持《吃的学问》时充分展现了他独特的气质和风度,表现出他作为优秀电视节目主持人所具备的深厚的文化内涵和高超的语言技巧。

在面对来自全国各地的美食家、学者甚至专家时,他所提的问题都设身处地,使嘉宾或观众能够理解和接受,让观众消除防备心理,进入一个实话实说的境界。为了消除节目现场的崇拜感,达到平等交流和沟通的目的,崔永元特别运用了一些语言技巧,如他在介绍人物身份时,只说美食家某某、老师某某,从来不说著名专家、著名美食家。

在主持现场,他甚至直接坐在台阶上,与嘉宾、观众平起平坐。崔永元的真诚还表现在当他的嘉宾或观众因为文化程度或紧张的原因而不能很好地表达自己时,他能以巧妙的语言化解他们的尴尬,适时地鼓励、控制调侃的分寸,并尽力将专家的理论用通俗的方式解释给老百姓。

这期节目,最让人欣赏的就是现场那种轻松、亲切、平和而真实的谈话氛围,这种氛围促使人们能说真话、说实话,并且又是非常流畅自然地说出来。这也正是崔永元追求的节目主持风格。

3. 主持人高超的语言技巧

语言,始终是主持人与观众交流沟通的最重要的手段,从语言内容到表达方式,以及紧紧伴随着有声语言的体态语言,它们共同构成吸引观众的"语言场",产生立体的屏幕效应。

吃的学问,这一话题本身不具时事性,也不具冲突性。但在节目中,却通过崔永元将各地的美食家聚集在一起,通过诗词、说唱等形式,将吃这一话题由菜系特点到科学饮食,再到饮食文化,展示得淋漓尽致。

节目中,崔永元机智幽默的语言总是给人留下深刻的印象。幽默是一种美,具有很高的审美价值,幽默也是一种素质,是主持人内涵的外在表现。一个人必须具备广博的知识,才能在对事物的联想中产生幽默感。一个人也只有在自然放松的状态下,才能对某一事物的特殊之处做出与众不同的机智、迅捷的反应。

在许多谈话类节目主持人喜欢像记者似的拿着话筒提问嘉宾的情况下,崔永元以他独具魅力的幽默语言营造着现场轻松、自然的气氛。首先,他不是为幽默而幽默,当他感到现场有一点尴尬了,有一点激烈或不冷静的时候,他就用幽默或玩笑化解掉。这些幽默的语言在现场起到活化气氛的作用,使现场的氛围更像一场正常的谈话,而不是严肃的座谈会。其次,崔永元对幽默的掌握很有分寸,他知道如果在兴头上不加控制地将肚里的"包袱"都抖出来,那就滑向了贫嘴,而贫嘴则会损害主持人的形象,进而影响节目的质量。所以崔永元曾说过:"如果这种正常的谈话不需要幽默的话,那么我整个晚上可能一句玩笑都不说。"这表现了他对幽默的自制力,便体现了他对节目品味的追求。

平民受众、平民视角、平民生活、平民话题、平民语言、平民姿态这就是老百姓喜欢的《实话实说》崔永元,尤其喜欢崔永元语言中的"聊"和"侃",再加上他的穿着打扮外表形象,更是让人一眼就感觉是个普普通通的老百姓。他的朴素、言语恳切再来两句俚语俗话,开两个玩笑真是十足一个平民百姓的代言人。

4. 嘉宾与观众选择的给力

对于谈话类的节目来说,嘉宾和现场观众在某种意义上与主持人有着同样重要的意义,尤其是那些有知名度、智商高的、口才好的嘉宾,有时会成为吸引电视观众的方式之一。在这期节目中节目组邀请了五六位嘉宾,每个嘉宾都有着各自的特点。如四川的的美食家语言表达力好,表现欲强,山东的和江苏的嘉宾都特别稳重,适时而说,广州的嘉宾不仅语言丰富,而且面部表情特生动。总之,这种活跃的氛围,更能给观众以现场的真实感、亲切感。

节目中的嘉宾有很强的表达能力,能够大胆地表达自己的情感。即使主持人与自己的观点分析不同,他也要为自己的理论进行反驳,在一开始的关于"四川"字面意思的解释时,四川的嘉宾认为他代表的是四川人吃遍四面八方,而主持人解说川菜4个菜里有3个是辣的,没什么新鲜的。嘉宾立即引用一个戏剧家的诗词《饭店铭》里的话语进行反驳。从而使节目更具亲和力,气氛轻松,使节目更具感染力。另外,节目中的嘉宾还有学识,好像是当地的美食家。他们分别引经据典形容各个地方饭菜的特色,诠释当地人吃饭的学问。从地方名来折射出每个地方的饮食文化。

这期节目中观众讲话也很给力。有中国的又有外国的,有年轻的也有年迈的,他们代表着不同年龄段的观众对吃的看法。崔在采访那两个外国青年时,通过他们的话语,使节目又深入一个层次,表面上在探讨西方人在吃方面上的看法,与中国吃方面的区别,更深一层是在探讨着民族文化的差异。在瑞典狗是人类的朋友,是绝不能吃狗肉的,而另一个美国人认为四川火锅的辣使他受不了,狗肉很好吃等,既反映他们对中国美食的看法,又代表了西方人的饮食文化。

总之,这期节目是一期成功的电视谈话节目的佳作。当然,这期节目成功的原因不仅仅包括以上几个方面,它还有很多值得我们深入学习和探讨的方面。

文本

"先跑"老师该不该受指责

(节选)

近日,"先跑"教师范美忠做客了凤凰卫视《一虎一席谈》节目,引发了一场关于地震发生时他不顾学生先逃跑该不该受到谴责的议论。节目现场主持人将到场嘉宾分成了支持范美忠的一方(以下简称"支持方")和反对范美忠的一方(以下简称"反对方")。

通过现场几轮辩论,范美忠当场表示要向自己的学生道歉,但与此同时,也强调不针对自己博客中的言论道歉。

在节目录制过程中,由于嘉宾观点交锋激烈,反对范美忠的嘉宾郭松民一度愤然离场,但最终本着互相宽容的态度,在节目的最后郭松民和范美忠握手言和了。

《一虎一席谈》开篇语

(画外音)范美忠,原本一个默默无闻的中学教师,因在博客中披露自己地震时最先跑出教室,并称哪怕是自己的母亲,在这种情况下也不会管,而成为近期热点人物,人称"范跑跑"。

现任都江堰光亚学校教师的范美忠,1997年毕业于北京大学历史系。在朋友眼里他是个教育疯子,特别想在教学过程中实践自己对真正教育的研究;在学生眼里他比所有老师都看得远;在校长眼里他的工作努力勤奋,从不迟到早退。正是这样的一名教师为何在大地震来临时弃学生而不顾,第一个跑出教室呢?主持人胡一虎首先与当事人范美忠进行了交谈。

第一轮 PK

反对方:他是以牺牲学生生命来换取自己的生命。

支持方:如果我都不称职,中国的教育就没希望了。

<u>不觉得教师这个职业是神圣的</u>

胡一虎:我不知道该怎么称呼你好,当别人在问你是什么职业的时候,你怎么回答?

范美忠:教师。

胡一虎:在你回答的时候,你感觉教师是个非常神圣的职业吗?

范美忠:我不觉得它很神圣。

胡一虎:你觉得它是什么样的一个工作?

范美忠:我觉得它跟很多工作一样,它只是众多职业之一。我更多地把教师看作是启迪大家思想、智慧的职业,包括能够让学生的才能得到创造性发挥,至于道德上,我反对神圣这个提法。没有人是神圣的,也没有什么职业是神圣的。

胡一虎:到现在为止,你觉得你是不是一个称职的老师?

范美忠:如果我都不称职了,那么中国的教育就没有希望了,在当今中国,我认为我是中国最优秀的文科老师之一。

<u>当时确实已经无法控制自己</u>

胡一虎:从大地震发生到现在,你还有另外一种角色,你是灾区的民众。可是你却发表了一篇博客,你说这是表达你最真实的想法的时候,没想到换来的不是大家的关怀。你说你从来不是一个勇于献身的人,只关心自己的生命,危机意识很强,当时大地震发生的时候,实际的场景是如何?

范美忠:我当时确实是一个本能反应。

胡一虎:就头也不回地跑了?

范美忠:对。

胡一虎:也没有喊让学生快跑?

范美忠:对,当时确实我觉得有一种失措,因为有人也跟我说:"你要是当时喊了一声,现在指责你的声音就会少得多,你为什么不喊?"

胡一虎:你也不为没有喊感到愧疚?

范美忠:我觉得一个人面对这种猝然来临的大地震,当时头脑已经失控,那么我这个时候,已经失去理性责任的能力。从这个角度讲,我不认为有什么后悔的,不是我的责任,因为这不是说我有意不喊,或者我不想救学生,我当时确实就是已经无法控制自己。

<u>如果他称职,兔子都可当老师</u>

胡一虎:我们听到了最真实版本的话,范美忠觉得他至少还是一个称职的老师,你能接受吗?

郭松民:如果他要是称职的,我觉得任何一只兔子都可以当老师,因为兔子遇到危险,不会做出任何反应,只会想到逃跑。

范美忠:首先中国有像你这么道德高尚的人我感到非常高兴。

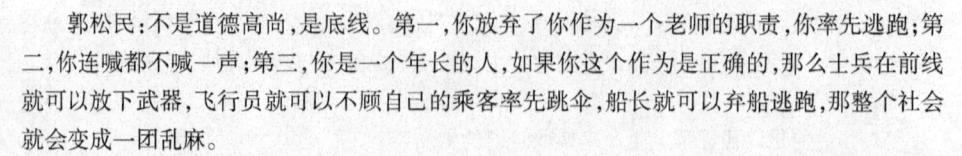

郭松民：不是道德高尚，是底线。第一，你放弃了你作为一个老师的职责，你率先逃跑；第二，你连喊都不喊一声；第三，你是一个年长的人，如果你这个作为是正确的，那么士兵在前线就可以放下武器，飞行员就可以不顾自己的乘客率先跳伞，船长就可以弃船逃跑，那整个社会就会变成一团乱麻。

不被认同说明突破了公认道德

范美忠：中国有这样道德高尚的人，我感到非常高兴，为什么这么说？因为这样的话，中国的环保问题、教育问题等我想都很容易解决。

刚才你提到教师的职业道德，我想职业道德不是你来确定的。

郭松民：你能确定对不对？因为职业道德是公认的，在这个时候，你的情况不被大家所认同，就说明你突破了公认的道德。

范美忠：你不认可不见得有人就不认可，你是道德制定者吗？

郭松民：网上的调查多得很，80%、90% 有几个人赞成你？

范美忠：教师的职业道德有一定程度是保护学生的责任。刚才你提到飞行员和军人，我首先想说教师不是军人，军人的职业规范不等于是教师的职业规范，教师主要是传授知识。另外一个也有道德的问题，就是底线道德，牺牲生命已不是底线道德，是神圣道德。那么这种底线道德可以用来责人，也可以责己，那种要牺牲生命的道德，只能责己，不能责人。如果作为职业要求的话，我认为教师没有冒牺牲生命的危险，来保护学生的职业道德规范。如果学生生病了，我把他送到医院去，这个是没有问题的。

他先跑是怕学生挡他的路

郭松民：这根本就不是让你牺牲生命去挽救学生生命的问题，而是你不能以牺牲学生的生命为代价，来挽救自己的生命。我们上过学的人都知道，如果老师不发出解散的命令，同学们会坐在那个椅子上不动。你是以牺牲学生的生命为代价，来换取你自己的生命，根本不是以你的生命来换取学生的生命，正好相反。即使这样你有你的责任，你是老师他们是学生，你是成年人，他们是未成年人。

范美忠：等一下，我的学生高二了，都是十七八的人。

郭松民：高二他们也是未成年人，喊一声来得及来不及，你告诉学生不要慌，但是你自己跑了。你是怕学生挡住你的出路！

范美忠：我没有牺牲学生的生命，我们光亚学校教职工几百人，没有一个受伤的。我们班除了有两三个女学生没跑，其他学生都跑出来了。第二个我的学生对我是没有那么听话的，我举个例子，我跟学生说过这样的话"如果你们不来上课，我都能够接受，因为那说明我的课对你们没有吸引力。你们在听我的课的过程当中，随时可以去上厕所，不用请示，随时可以离开也不用请示。"第三个你说我怕学生挡住我的路，你对光亚学校的教室缺乏一定的了解，我那个班上课的学生只有十几个，而且是非常大的一个教室，不存在挡路的问题，可能大家是用中国的一般学校的状况来衡量这个学校。

第二轮 PK

……（略）

第三轮 PK

反对方：我严厉批评的是"范跑跑"

支持方:所有旁观者没资格评论这事

言论的伤害已超过他承受范围

卢悦:我在都江堰过了10天心理援助的工作生活。

我想提醒大家,范先生是经历了8级地震的人,他是灾区民众,有权利获得灾区民众应有的关怀,即使他有些不能被社会兼容的东西。我们这个社会能不能容忍异端,能不能给异端基本的权利,我觉得这是我们的底线。当我到了灾区,光是倾听别人就已受伤害了,我发现我做不了英雄。如果没有经历过地震,所有旁观者没资格评论他能不能保护学生这件事。

对范先生应宽容,对范老师要批评

胡一虎:当我们面临职业伦理跟自己本身伦理冲突的时刻,该如何取得这个平衡点?该不该把真实的心理公开地让大家都知道?

周孝正:由于他的言论把他开除,这是社会的倒退,但是对于这件事我的观点是这样的:第一,对于范美忠先生,应该是宽容的态度;我批评的是范美忠老师;我严厉批评的是"范跑跑",这是不一样的。

首先突发事件,由于没有经过演习表现得懦弱并不是坏事,不光他,很多人都没经历过,所以我们对于范美忠先生,应该是宽容的。我为什么批评范美忠老师呢,老师有《中华人民共和国教师法》,我们有《未成年人保护法》,范美忠博客里有一句话说得不太对"何况你们(指其学生)都是十七八的人呢",注意十七是未成年人,十八是成年人,我要问问他的学生里头到底是成年人还是未成年人,千万别给我打马虎眼。如果是未成年人,国家有法,成年人特别是教师,当然要保护未成年人,这是毫无疑问的。第二,《教师法》里有教师的职业道德,师德,什么意思呢?大家都知道,就像你是船长,你这船要想沉的话你应该最后一个走,古今中外都是如此,这就叫职业道德。第三,我为什么要批评"范跑跑"呢?因为发表这个言论,他作为一个公众人物,他现在收视率挺高,对吧?那么对于这个东西我要严厉地批判。

《一虎一席谈》结束语

胡一虎:6位嘉宾对人们人性当中最可贵的第一面:从卢悦的角度来讲,他让我们知道温柔体贴的一面;从周老师的身上我们看到圆润的一面;我们又看到跟范老师对立面最明显的郭先生,他能这样地捍卫道德,我们还担心这个社会会道德低下吗?林格告诉我们从心底层面关心下一代;从吴先生这儿,他告诉我们要为朋友捍卫真理而说话。范美忠,在网络上,或许有人用十恶不赦来形容他,但是听到他的校长以宽容的态度对待他,允许他保有范老师的称呼在这个社会上,这是社会的进步。

(主持人:胡一虎,凤凰卫视2008年6月7日)

评析

群口时代的公共话语空间
——评《"先跑"老师该不该受到指责》

2006年4月29日,凤凰卫视《一虎一席谈》开播,并在2007年3月17日《新周刊》发布的"2006中国电视榜"中摘得"最佳谈话节目"桂冠。凤凰网这样介绍《一虎一席谈》:"《一虎一席谈》节目将每周萃取在社会、文化等各方面发生的重大事件、焦点或热门话题,请来当事人,或各界学者、专家、名人担任嘉宾发表意见或精辟见解。"近年来,国内谈话节目中曾经风光一时的《实话实说》、《对话》逐渐远离视线,风光不再。而《一虎一席谈》以节目形态的突破,给我们提供了一个新的谈话模式,聚焦于社会热点话题的辩论,也反映出中国现实社会多元的文化价值,成为电视荧屏关注的节目。

1. 群口时代的价值多元化

从2006年开始,整个中国的文化社会进入到了"草根文化时代"(电影流行的是《疯狂的石头》,电视热火的是各种选秀)。过去一直认为在谈话节目中,文人和百姓有不同的价值取向,老百姓需要的是展示和炫耀,学者需要的是谈话和倾吐,两者之间有很大的差异。然而自从2006年以来,两者开始合流。《一虎一席谈》依托于凤凰卫视,它相对宽松的节目形式是香港民主政治的产物。随着近年来内地政治民主化进程的加快,普通大众的声音越来越被传统媒体所重视,公众的话语权在不断地增加。民主政治下允许多种声音、不同观点的存在,为谈话节目的发展带来了新的契机。

在2008年5月12日的大地震时,都江堰市光亚中学教师范美忠弃学生于不顾,第一个跑出了教室,此后他在天涯论坛写下了《那一刻地动山摇——"5·12"汶川地震亲历记》,文章提到:"我是一个追求自由和公正的人,却不是先人后己勇于牺牲自我的人!在这种生死抉择的瞬间,只有为了我的女儿我才可能考虑牺牲自我,其他的人,哪怕是我的母亲,在这种情况下我也不会管的。"这番言论引起了网民的铺天盖地的批评与谩骂,范美忠也被网友戏称为"范跑跑",成为社会谈论的热点话题。2008年6月7日《一虎一席谈》便以《"先跑"老师该不该受到指责》为题播出,让"十恶不赦"的范美忠为自己辩护。

2. 选取具有冲突性的热点话题

在评价一个节目的好坏时,内容往往是一个决定性标准,由此也产生了"内容为王"的说法。节目内容的好坏首先体现在选题上。作为一档面向全球的华文栏目,在话题内容上,《一虎一席谈》选择的通常都是关系到国计民生的大话题或者当前社会上的热点话题。这些话题被公众所广泛关注,并且具有冲突性,不同价值判断标准的人对这些话题会有不同的认识。例如,2010年两会期间,选取的是"遏制房价有效吗"这种中国老百姓普遍关心的民生话题;2010年9月,选取的是"土地换户籍是公平交易吗"、"延长退休年龄可不可行","闫沛东挑战曹操墓会不会成功"等热门话题。2010年10月,选取的是"全球货币战争会不会爆发"、"中日会陷入'亚洲新冷战吗'"这些在全国甚至全球都具有关注度的话题。这些话题的层次决定了《一虎一席谈》的高度,并且在社会上存在着广泛的争议,话题本身具有讨论的价值,值得占用宝贵的媒体资源进行辩论。

针对"范跑跑"事件,在节目开播之前,这一话题已经成为网络热点话题,争议颇多。节目中当事人范美忠极力为自己的"先跑事件"开解,并坦言"教师职业并不神圣"、"逃生是一个人的本能"。而他的对立方郭松民则异常激动(被网民戏称为"郭跳跳"),一再强调范美忠的逃跑行为"触犯了做人的底线",甚至用"没道德"、"无耻"等字眼来痛斥"范跑跑"做出的"自由选择"。节目围绕该不该跑、师德、人的本性等话题展开辩论,让参与者实话实说、直话直说,广开言路,言者无罪。这种新奇、自由的节目方式,使得节目现场异常激烈,立即吸引了观众的目光,也让观众大呼过瘾。

3. 主持人善于掌控现场

《一虎一席谈》开放的话语空间,畅所欲言的谈话氛围,针锋相对的观点碰撞,让节目现场氛围有时显得异常激烈。为了防止辩论双方情绪激动发生意外,节目录制场外甚至准备了医生和救护车,可见现场氛围的紧张。在如此环境中主持节目,对主持人的现场掌控能力也是极大的考验。

对于群口类的谈话节目,主持人既是组织者又是引导者,他要灵活掌控各种角色,使节目按照预先设想的意图往下进行。作为新闻主播出身的胡一虎恰恰具备了这种能力。他说,作为辩论型谈话节目的主持人,其主要的作用就是要防止节目冷场,主持人应当在话题进行的过程中仔细倾听,然后充分利用话题本身的冲突性煽风点火,挑起观众和嘉宾说话的欲望,使他们摒弃公共场合固有的羞怯,在争辩中达到最自然的状态,使各种观点能够实现最大限度的碰撞。同时,主持人还要眼观六路、耳听八方,及时、敏锐地掌握现场观众和嘉宾的情绪,防止因情绪过激造成喧嚣大于内容。胡一虎说,他所做的就是在嘉宾即将打起来时将他们的情绪拉回来。在《一虎一席谈》的节目现场,经常可以看到嘉宾之间争论得面红耳赤,而胡一虎总能在他们的情绪失控之前控制住局面,使节目既能顺利进行,又能使现场的气氛始终保持在最高点。

针对"范跑跑"事件,不同的人有不同的态度,站在各自的立场上,其评析的逻辑也不同。《一虎一席谈》邀请了这位站在风口浪尖的人,到现场进行自我辩论,参与的还有事后被大家戏称为"郭跳跳"的郭松民及现场观众。这样一种新闻评论的呈现方式,让大家耳目一新。胡一虎利于其善长的"挑拨离间"技巧,用口语的表达和现场辩论的方式,让更多的人参与其中,配合以现场快速而强烈的气氛,让每一个人都参与到这一评论过程中。

现场参与模式的平等性使习惯于在公共场合中充当看客的观众敢于大胆发言,他们不再是谈话节目中充当捧客的道具,不再是公共事务的旁听者,而是成为对公共事务享有建议权的参与者。《一虎一席谈》的节目理念就是让多元思想在现场针锋相对,赋予现场观众发表个人意见的权利,真正构建媒体创造的公共话语空间。该节目的理念也正体现出了公共领域的某些特征,即公共领域不是政治精英和公共知识分子独享的领域,而是民主社会所有自由公民共享的领域。很多观众表示,在观看节目前对"范跑跑"持反对态度,但在经过一轮辩论后,态度发生了变化。

由凤凰卫视主持人胡一虎领衔的《一虎一席谈》为我国千篇一律的电视谈话节目吹来了一股清新自然之风。正如该节目的宣传口号"《一虎一席谈》,有话大家谈",《一虎一席谈》坚持以一种自由、抗辩的风格聚焦社会热点话题,以建构一个人人可以畅所欲言的公共话语空间。

(孙卉,唐黎)

文本

走近金庸

(节选)

主持人:亲爱的朋友们,大家好,欢迎大家收看《艺术人生》。在举国上下热烈庆祝香港回归祖国10周年之际,我们非常荣幸地来到了香港特别行政区,更加有幸的是,今天我们得以有机会拜望一位长者,他就是已经年近85岁高龄的金庸先生。金先生在香港生活了60年,他用他的生命见证着香港这60年的变迁,同时他也在这变迁中完成着自己的人生梦想,今天就让我们一起走进金先生的艺术人生。

主持人:感谢您百忙当中接受我们的访问,听说您最近在放暑假,还特地去医院看望了一下季羡林先生,跟季先生见面,你们聊得最多的是什么?

金庸:他跟我聊武侠小说,他也对武侠小说有意见。

主持人:您现在也在上学?在剑桥大学。我觉得很好奇,您上学怎么上?也是背着书包?

金庸:到学校有几个讲堂,就跟同学们一起。北大毕业的也有,南开大学毕业的也有。有德国人、英国人、韩国人也很多。

主持人:您班里的学生大多是什么年龄?

金庸:都20岁左右吧!

主持人:那一定都是您忠实的读者了。

金庸:(笑)也不一定是什么读者,但是知道我的名字了。

主持人:他们见到您以后,又觉得您跟他们又是同班同学了。

金庸:他们很客气的,我读不读学位没关系,主要是剑桥大学是一个做学问最好的地方。

主持人:这跟您的表兄有关吗?我们听说徐志摩先生是您的表兄。

金庸:对,表兄。小的时候受他的影响。我表哥在剑桥大学念书,爸爸就说,你大了也去念书,念个学位。其实我现在在才念完硕士。颁了一个硕士学位给我。但我表哥在剑桥念,他没学位的,也不是真正的学生,是旁听生。

[旁白]

2005年,一本英译版的《鹿鼎记》,帮助金庸获得了剑桥大学荣誉文学博士的学位,在接过证书的时候,金庸提出了一个出人意料的请求,自己去攻读一个真正的博士学位。同年,他辞去了任职6年之久的浙江大学人文学院院长职务,在外界的一片哗然声中,金庸平静地背上书包,做回了一个80岁的学生。

主持人:看上去上学是我们每个人都经历过的事,以您的声望、学识,以您的年龄、阅历,这个时候还去选择读书,更加让我们感到敬佩。

金庸:我在剑桥,他们校长说我。剑桥已经有900年历史了,他说100年前我们不知道,800年的历史没有哪一位,已经得到了我们剑桥的荣誉文学博士再来念学位的,你是第一个。打破800年的纪录,尤其现在是所有在校学生中年纪最大的。因为我来念的时候已经81岁了。

主持人:对,您觉得在您的性格里,是一个特别愿意出新的人吗?就是喜欢迎接挑战,争得第一,是这样的人吗?

金庸:也不是争得第一。这个事情很困难的,我太太觉得我年纪太大了,不适宜,本来我住的地方跟上课有一段距离,我就想骑单车去。我太太说太危险,不要骑了。她每次都打出租车送我去。她说出租车很贵的,人民币或港币差不多100块钱。后来我的教授非常好,他常常到上课那一天自己骑单车到我家里来,他说我到你家里来跟你谈,挺好的。我的教授60多了。

主持人:那您的教授怎么称呼您?

金庸:因为我以前在浙大做过教授,他们都称我为教授。他说我们英国规矩,你做过一天教授,你就永远都是教授。

[旁白]
1924年,金庸出生在浙江海宁的一个书香世家。父母给他取了一个传统文人式的名字,查良镛。查家在当地是世家旺族。康熙皇帝曾亲笔题赠:"唐宋以来巨族,江南有数人家"。在这里,查良镛度过了一段安静的童年时光。1937年7月7日,抗日战争爆发,乱世之中,再也放不下一个安静的书桌。13岁的查良镛跟随学校南迁,开始了他的流亡生活

……(略)

[旁白]
1985年,在香港生活了37年的金庸被聘为香港基本法起草委员会委员,他从此将自己的命运与香港的未来紧密地联系在了一起。

主持人:应该说在咱们这个谈话当中,您好像也在你的人生中又走了一遍一样。那回过头来,如果我问您,这辈子让您觉得很骄傲的一件事情是什么?

金庸:上天对我很好的,让我记忆力很好,我念书,在学校考试不费力,考试常常考第一名。

主持人:遗憾呢?

金庸:最遗憾,是我第二个太太,我对不起她。最伤心的是我的大儿子,如果当时我能对他更好一点,在他关键时候,打电话去跟他谈谈,可能他就不会选择自杀。

主持人:您对金钱怎么看?

金庸:钱我自己够用,过得去就好。不用太多。但是要有点商业头脑,买买股票什么的,我自己有种天赋,自己可以玩玩赚钱的。

主持人:您最想跟我们这些晚辈说些什么?

金庸:我对年轻的朋友,有一句劝告,希望你们养成念书的习惯,读书中找乐趣,这个乐趣人家剥夺不了的,而且你遇到任何挫折,有个读书的习惯,什么失败挫折,都看不在眼,不放在心上,而且永远觉得一生过得很快乐。

主持人:这次来呢,我们觉得这个能代表我们的心情,这是内地全日制普通高级中学必修的语文读本。这里收录了您的《天龙八部》的节选。

金庸:这本书给我,我非常高兴,谢谢。

主持人:前面是一个普通高中生给您写的一句话:尊敬的金庸爷爷,喜欢你写的武侠小说,更喜欢你小说里侠骨义心的大侠。

金庸:我写小说的一个目的,也是希望读者提高他们的精神。不一定能够做大侠,至少要做好人,坏人不做的。

主持人:那在这呢,再一次感谢查先生,您能在百忙之中接受我们的访问,谢谢。

金庸:谢谢。

(主持人:朱军,中央电视台《艺术人生》2007年6月20日)

评析

询询善诱,情暖人心
——评析《走近金庸》兼及《艺术人生》

中央电视台《艺术人生》自2000年开播以来,一直把人文关怀作为节目创作的宗旨,始终将视角放在人的情感和生存状态中,以独特的观察视角和文化品位折射出每位嘉宾不同的人生色彩,然后又汇集成统一的主色调——以人为本,在这一基础上又着眼于人本身的方方面面,感受人的生命体验和情感交流,从而给大家呈现出嘉宾真诚、平实的一面。《走近金庸》就是"艺术人生"中的一期饱含情感、带着温度的电视访谈佳作。下面我们就来评析一下《走近金庸》兼及《艺术人生》。

1. 主持人定位准确而感情亲和

《艺术人生》的成功与其主持人的正确定位有着密不可分的关系。朱军的主持真诚、随和、亲切。在他的主持里,没有穷追猛打,也没有过度煽情,在很多时候,当某件事情使嘉宾黯然神伤,他会看似随意地说:"我们换个话题。"朱军自己说过这样的话,我们的节目出发点是"善"的。在节目中,他充分利用自己和艺术界众多名人的熟悉关系,在一种朋友般的亲切谈话中把节目引向纵深,尽一切可能展现每一位嘉宾成功背后的必然性,在节目中达到对他们感情和理性的了解,发现他们鲜为人知的闪光点。

朱军在访谈中总是显得成熟冷静,也常常主动向被访者提问,让访问循着节目组设计好的方向发展。实际上,朱军是代表观众向被访者提问,他常常在精彩之处步步紧逼,深入挖掘,使观众有酣畅淋漓之感。在对金庸的访谈中。朱军的主动提问使得他们之间的交流以采访的方式进行。他那种不张扬的温和个性也给嘉宾一种信任,令人在节目现场温情的氛围中无保留地吐露自己心里想说的话。朱军提炼出金庸在童年、少年、青年等各个时期最有价值的事件,一一询问。在节目的最后,作为总结,朱军一连向金庸提出两个问题:回首人生路,很骄傲的事情是什么?遗憾呢?这些问题显然是事先设计好的,而不是在交流过程中自然流露出来的。朱军的"访"的方式使他对金庸的访谈可以顺利实现预设目标,这种方式偏于理性,却适合成熟的朱军,也适合传递深层的人生价值观方面的内容。

2. 以轻松的谈话氛围倾听嘉宾的回忆

虽然观众看谈话节目主要是看谈话本身,即谈话是主要的而电视只是手段,但呈现给观众的既然是一期完整的电视节目,一些现场因素就不可忽视。电视谈话节目多数是在演播室中进行的。但由于谈话节目的性质不同,演播室的布景也存在差异。

《艺术人生》的演播室犹如一个戏剧舞台,使用蓝色基调,给人以朦胧之感,为嘉宾敞开心扉地谈"艺术"、论"人生"提供了一个恬淡的氛围。在《走近金庸》这期节目里,舞台高处悬挂了金庸的肖像画。采用"画外音解说+影音资料"的方式,好比文学作品中的划分段落。这些"过渡"图像唯美,音乐舒缓,让电视观众在倾听谈话的过程中得到片刻放松。当金庸或朱军讲到精彩处时,观众发出笑声,镜头切换到观众,体现观众与嘉宾之间的共鸣感。

《艺术人生》的音乐元素占据着很大的分量,很注重用背景音乐烘托气氛。出于节目追求唯美和以情动人,现场乐队多演奏一些轻音乐等严肃音乐。在朱军采访金庸的整个谈话过程中都是以轻音乐为主,为节目奠定了一种舒缓的基调。当朱军和金庸的交谈表现出较诙谐幽默的部分时,乐队老师用架子鼓的音响及观众笑声、掌声的自然音响配合,为节目增添喜剧色彩,营造快乐轻松的氛围。

3. 话题启迪人生,情感庄重深刻

《走近金庸》不仅仅是单纯地分享被访谈者——金庸的经历与情感,它更加注重这些经历与情感可能给观众带来的人生启迪和感悟。访谈中,金庸坎坷的求学经历和白手起家的办报经历得到了重点刻画,因为这些经历可以反映金庸积极向上的生活态度,激励观众勇敢、智慧地面对人生。节目重点描述了金庸得到剑桥荣誉学位后仍执意自己攻读学位、成为剑桥大学800年来的特例这一事实。这样的挖掘更能反映金庸努力奋斗的品质,更能起到启示观众的目的。

《艺术人生》的定位,决定了其庄重深刻的访谈风格。这种"访"是一种目的性很强而又庄重深刻的对话方式。可以让主持人更好地掌控整个访谈,使谈话顺着预定的思路进行下去,使《艺术人生》启迪人生的目的得到实现。

《艺术人生》在节目的后期制作中也延续了庄重深刻的风格。《走近金庸》是全访谈式的。节目从头至尾,除了必要的背景交代之外,全是朱军与金庸的对话过程记录。节目采用分节处理的方式,将整个访谈过程按照内容区分出几个小节,每小节之间以节目预告或片花的方式进行间隔过渡,层次分明、每小节7分钟左右的节目时间,既紧凑,又抓住了观众的注意力,不至于使观众因时间过长而失去兴趣。节目沉静的背景音乐缓解了过于沉重的气氛,与金庸的叙述密切配合,同样引发了观众的思考。

总之,这期《走近金庸》乃至《艺术人生》整体节目,通俗而不庸俗,娱乐而有深度。在展示嘉宾的感人故事中,深入挖掘艺术家身上的闪光点和矛盾冲突点,从而使整个节目层次分明、高潮迭起,很好地实现了"用艺术点亮生命,用情感温暖人心"的节目宗旨,并成长为全国知名的谈话节目品牌。

文本

倾听巴菲特

这个星期沪深股市出现了剧烈振荡,这对不少投资者是个考验。

而我们今天要认识的这位老人,在过去40多年里,经历过全球股市的无数风风雨雨,最终把100美元变成了440亿美元的巨额财富,他就是被称为华尔街股神的沃伦·巴菲特。

全世界炒股的人不计其数,但大家公认的股神却只有他一个。前天,巴菲特来到了中国,我们栏目对他进行了独家采访。

股神巴菲特失算了吗?

2007年10月24日,大连周水子机场

早上11点半,沃伦·巴菲特先生的私人飞机从美国飞抵大连,他这次专程来到中国,是参加他投资的公司在大连分公司的开业庆典。《经济半小时》栏目,作为中国唯一一家获准进入停机坪拍摄的媒体,参与了接机仪式,我们对巴菲特先生的采访也就从这里开始。

77岁的巴菲特,作为世界上最富盛名的投资大师,时隔12年之后再次来到中国,这个世界上经济增长最快的国家。他的合作伙伴艾坦先生建议,为这重要的一刻合影留念,这也是12年来巴菲特先生首次面对面接触中国记者,他显得非常友好和热情。

近两年,随着中国股市的火爆,中国投资者开始对大洋彼岸的股神巴菲特津津乐道,但是,我们却很少听到巴菲特本人对中国资本市场的评价,在1995年与比尔·盖茨曾到中国短暂停留后,接下来长达12年的时间,巴菲特也一直没有再次访问中国——这个全球经济增长最快的热土,我们真想知道,在这个世界上最具有投资眼光的大师眼里,中国到底意味着什么。

其实早在2003年4月,正值中国股市低迷徘徊的时期,巴菲特以约每股1.6~1.7港元的价格大举介入中石油 H 股 23.4 亿股,这是他所购买的第一只中国股票,也是现有公开资料所能查到的巴菲特购买的唯一一只中国股票。4 年来,巴菲特在中石油的账面盈利就超过 7 倍,这还不包括每年的分红派息。在接受我们专访的时候,巴菲特先生特别表达了他对这家中国企业的欣赏。

沃伦·巴菲特:"我们大概投入了 5 亿美金的资金,我们卖掉了,我们赚到的 40 亿美元,我昨天给中石油写了一封信,感谢他们对股东做的贡献,中石油的记录比任何世界上的石油企业都要好,我很感谢,所以我给他们写了一封信。"

一方面巴菲特显得特别欣赏中石油,但另一方面他却从今年 7 月 12 日开始分批减持中石油股票,直到今年 10 月 19 日,他对所持有的中石油股票全部清仓。巴菲特买什么或者卖什么总是引来全球投资者的关注和效仿,这一次他清仓中石油同样成为财经新闻的焦点。但令人意外的是,这次中石油的股价并没有因为股神巴菲特的减持而下跌,从巴菲特第一次开始减持中石油开始计算,中石油的累计升幅达 35%,他因此少赚了至少 128 亿港元,这一次股神似乎失算了。

记者:"如果您没有卖出中石油,您的利润还将大幅提高,为什么中石油不能成为一只永远不被卖出的股票?"

沃伦·巴菲特:"你知道的,有很多像这样很好的企业,其实我希望我买了更多,而且本应该持有更久。石油利润主要是依赖于油价,如果石油在 30 美金一桶的时候,我们很乐观,如果到了 75 美金一桶,我不是说它就下跌,但是我就不像以前那么自信,30 美金的时候是很有吸引力的价格,根据石油的价格,中石油的收入在很大程度上依赖于未来 10 年石油的价格,我对此并不消极,不过 30 美元一桶的时候我非常肯定,到 75 美元一桶的时候我就持比较中性的态度,现在石油的价格已经超过了 75 美元一桶。"

"寻找超级明星股,是我们通向成功的唯一机会"——沃伦·巴菲特

巴菲特经常宣称,对于那些伟大公司的股票,你永远不应该卖出,他明确表示,他所购买的可口可乐、美国运通等 4 家公司的股票,他希望永久地保留。到 2006 年为止,巴菲特持有可口可乐长达 20 年,持有美国运通长达 14 年。当巴菲特在 2007 年 7 月卖出中石油的时候,中石油的市盈率是 15 倍,而可口可乐是 22.51 倍,美国运通是 19.25 倍。中石油将成为全球市值最大的企业,它同时是亚洲最赚钱的公司,它的市盈率也比可口可乐和美国运通低,但为什么中石油没能成为巴菲特眼中伟大的公司呢?目前在中国的资本市场上,有全世界最大的银行,最大的石油公司,最大的保险公司,最大的通信公司,可能今后还将诞生各行业的世界第一,但什么样的公司能被称为是伟大的公司呢?

记者:"您投资了一些伟大的公司,您认为中国有伟大的公司吗?"

沃伦·巴菲特:"是的,有很多好企业在中国,我们也拥有很多它们的股份,比如中石油,就像你知道的,中石油这个公司市值第二大的,仅次于美孚石油,比通用电气还要高,我不知道今天是不是这样,几天前市值是这样的。我看了很多家公司,但是你们的股票市场发展非常强劲,可能现在有一些比较便宜的股票也不像两年前那么便宜了,你们股票市场非常蓬勃。我通常是在人们对股票市场失去信心的时候购买,但是在中国的市场,人们总是很踊跃地购买,当然他们有很好的理由。近年以来,我已经不像两年前那样,容易找到被低估的股票了。"

记者:"45% 的 A 股市盈率已经高达 100 倍,根据您目前的投资经验,大家都着迷于股

市,您认为这样的增长幅度对股票市场来说是健康的吗?"

沃伦·巴菲特:"我建议要谨慎,任何时候,任何东西,有巨幅上涨的时候,人们就会被表象所迷惑,人们就会认为,他们才干了两年就会赚那么多的钱,我不知道中国股市的明后年是不是还会涨,但我知道价格越高越要加倍小心,不能掉以轻心,要更谨慎。"

巴菲特的价值投资的原则到底是什么呢?

刚才我们从巴菲特嘴里听到最多的词,就是谨慎、小心、冷静,这样的投资心态给巴菲特换回了极其丰厚的回报,不过,仅仅小心谨慎并不能成就巴菲特,真正让他成为股神的,还是被他奉为宝典的价值投资理念。

巴菲特此行的目的是参加他旗下的公司在大连分公司的开业庆典,在2006年5月,巴菲特斥资40亿美元投资了这家总部位于以色列的伊斯卡金属切削集团,获得80%的股权,这是巴菲特首次进行美国之外的股权收购,那他为什么会选择这家并不是十分出名的海外企业呢?

伊斯卡金属切削集团董事长艾坦:"我给他写了一封信。"

沃伦·巴菲特:"接到一封这家公司情况的信,大概有$1\frac{1}{4}$页长,对此一无所知,但是我对那封信很感兴趣,他们问我愿不愿意来看看。"

艾坦:"几个小时后我就收到了答复。"

沃伦·巴菲特:"我亲眼看了以后,非常好的公司,管理非常棒,我们非常骄傲能成为他们的合作伙伴。"

巴菲特在2007年度的股东大会上宣布,这是可以按照他的价值投资原则筛选出的一个投资样本,那么巴菲特的价值投资的原则到底是什么呢?

记者:"您因为价值投资而世界闻名,在中国您也有很多追随着,但是有人简单地把价值投资等同于长期投资或者特许经营权,您能告诉我们价值投资的精髓到底是什么吗?"

沃伦·巴菲特:"投资的精髓,不管您是看公司还是股票,要看企业的本身,看这个公司将来5年、10年、20年的发展,看你对公司的业务了解多少,看管理层是否喜欢并且信任,如果股票价格合适你就持有。"

记者:"这对于一个普通人容易实践吗?"

沃伦·巴菲特:"有时候,我说简单但是不容易,不需要巨大的智慧,一般的智慧就可以,但很多时候需要一种稳定的情感和态度,赚钱不是明天或下个星期的问题,而是你是买一种5年或10年的时候能够升值的东西。不难去描述,有些人发现真的做的时候,很难做到,很多人希望很快发财致富,我不懂怎样才能尽快赚钱,我只知道随着时日增长赚到钱。"

"希望你不要认为自己拥有的股票仅仅是一纸价格每天都在变动的凭证,而且一旦某种经济事件或政治事件使你紧张不安就会成为你抛售的候选对象,相反,我希望你将自己想象成为公司的所有者之一。"——沃伦·巴菲特

巴菲特从小就富有投资热诚,高中的时候,巴菲特和他的一个朋友花25元购买了一台旧弹子机放在理发店出租,几个月的时间,他们便在不同的地点拥有了3台弹子机。在哥伦比亚大学毕业后,巴菲特遇到了促使他的价值投资理念形成、并影响他一生的老师格雷厄姆。在他24岁的时候,他有了生平第一个合伙公司;1965年,巴菲特购买了伯克希尔公司,把它从一个纺织公司逐渐转型为投资公司,每股净值由当初的19美元成长到2006年底的6万美

元,用伯克希尔的每股账面价值增长率和同一年的标普尔500增长率相比,在与市场42场的漫长较量中,巴菲特只输了6场,获胜率是85.7%。特别是从1981年到1998年连续18年战胜市场,伯克希尔年复合增长收益约为22.2%,在战后的美国,主要股票的年收益率却只有10%左右。22.2%,听上去在牛市似乎不是很高的收益率,但是,在牛市里数倍甚至数十倍的收益在瞬间化为乌有,跟这样一个个神话的破灭相比,巴菲特却能够42年平均保持如此稳健的增长率。从100美元起家,通过投资积累了440亿美元的财富,他创造了史无前例的投资神话,那么这个神话,巴菲特先生又能持续多长时间呢?

沃伦·巴菲特:"我不太确定,我知道未来不会像过去那么好,最起初的时候,我们运作很小的数目,21%、22%是从很小的投入基础上得来的,我们不可能还像将来那样有21%~22%的收益率。"

从1994~1998年,美国股市在网络股、科技股的推动下使牛市达到顶峰,但是这类股票巴菲特始终一股没买,1999是巴菲特历史上投资业绩最差的一次,但是在网络股泡沫破灭后,人们发现,连续3年股市跌幅超过50%,而巴菲特这3年赚了10%,巴菲特重仓持有的可口可乐、美国运通等股票,由于业绩稳定,股价重新得到市场的认可,而巴菲特拒绝网络股的理由只有一条,他对此不懂。

沃伦·巴菲特:"我们的注意力在公司的赚钱能力上,从现在开始的未来5年、10年的收益,如果我们认为它的价格跟赚钱能力比很值,我们就买,能够这样赚钱的公司是我们关注的,如果我们不了解,我们就不投资。我们不是说对每一种股票都一种观点,我们要确定我们选的是对的,但是对于不懂的我就不投资。如果有1000只股票,对999只我都不知道,我只选那只我了解的。"

选自己了解的股票,这是巴菲特一贯给予投资者的忠告,在大连分公司考察的时候,我们依然能听到这句意味深长的忠告。

记者:"巴菲特先生,您认为投资以前做现场调研是否是必需的?"

沃伦·巴菲特:"你必须知道,你买的到底是什么。"

记者:"道听途说,您一年看1万多份年报,真的么?"

沃伦·巴菲特:"读年报像其他人在读报纸一样,每年我都读成千上万,我不知道我读了多少。不过像中石油,我读了2002年4月的年报,而且又读了2003年的年报,然后我决定投资5亿给中石油,仅仅根据我读的年报,我没有见过管理层,也没有见过分析家的报告,但是非常通俗易懂,是很好的一个投资。"

记者:"您最关心年报中的哪些方面?"

沃伦·巴菲特:"学生总是问我这个问题,但是所有的年报都不同的,如果你要找个男人的话,什么样的吸引你,是有体育才能的还是帅的或是聪明的。所以同样看企业,也有不同的方法,一个企业到另外一个企业,我看的是不同的东西。根本性的来说,我是看企业的价值。"

财富在巴菲特眼中意味着什么?

巴菲特说他只看中企业的价值,从这番话里,我感觉巴菲特不是神,但他是一个忠实的价值投资者。这为巴菲特赢得了滚滚而来的财富,1993年,巴菲特荣登世界首富的宝座,此后十几年,他在全球富豪榜上一直保持着前3名的位置。可是,在这个用了40多年时间追逐财富的人眼里,财富又意味着什么呢?

无论什么时候,关于财富的神话总会占据媒体报道的显要位置,但是没有哪一条会像这一条,带给我们远远超越财富本身的震撼,沃伦·巴菲特先生将他的财产的80%捐赠用于慈善事业,而这个数字是370亿美元。

对这样的善举,巴菲特先生却非常不以为然,他喝着他最爱的饮料,可口可乐生产的樱桃可乐,微笑着给了我们这个朴素得不能再朴素的解释。

沃伦·巴菲特:"我和我的太太在50年前就已达成了这样的共识,我们所获得的财富已经可以使我的这个家庭过上比较富裕的生活,所以希望能把我们赚到的财富回馈给社会。"

巴菲特先生的家,在美国中部的小镇奥马哈,这里也是伯克希尔公司总部所在地,他的住宅是小镇上最普通的房子,他的司机常常开着这辆车接他出入。我们也许偶尔会有关于财富的梦想,可是,我们的梦想中也有这样简单和朴素的画面吗?

尽管我们只和巴菲特先生接触了半天的时间,但是,我们真切地感受到在他声名显赫的光环下最质朴和真实的一面,更令我们吃惊的,是他依然有一颗真挚可爱的童心。在采访一结束,巴菲特就大声地对《经济半小时》记者说:"让我告诉你一个很有价值的股票。"可是他随后他却小声地对记者说:"这样别人就不再问我,而去问你了。"

巴菲特先生的幽默无处不在,庆典晚宴的演讲之前,他用了一种特殊的方式来试话筒的效果,也许是为了迎合当前中国急剧增长的财富效应,也许是他对所有人财富梦想的透彻了解,他用了这样几个词来试话筒的音响效果:"一百万、两百万、三百万。"

半小时观察:我们该如何倾听"股神们"的声音?

巴菲特说,如果我不了解,那么我就不投资。作为全球财富效应增长最快的资本市场之一,中国吸引许多多的各国投资者,但巴菲特仅仅投资了一只中国股票,而且他还全部清仓,这说明他对中国资本市场及中国上市公司并不十分了解,或者不感兴趣。在中石油的减持问题上,巴菲特显然犯了错误,不知道他所在公司的董事会会不会对他进行质询,而这件事情也足以证明巴菲特对于中国概念的陌生。所以巴菲特对于中国资本市场的看法,我们应该仅仅把它当作一家之言,理性分析,客观判断,没必要对这位大洋彼岸的股神言听计从,顶礼膜拜。

(主持人:赵赫,央视《经济半小时》2007年10月26日播出)

评析

与股神直面对话
—— 评析《倾听巴菲特》

沃伦·巴菲特其人,可以说是世上少人不知。在现在这样一个变幻莫测的金融时代,他屹立在股市的塔尖数十年不倒,被世人尊称为股神。可以说,这样一个人对世界的影响甚至超过了很多国家的影响力。

2007年10月,沪深股市出现了剧烈震荡,这对不少投资者是个考验。10月24日,沃伦·巴菲特来到大连参加他投资的公司在大连分公司的开业庆典。

这是一个极为难得的机会,《经济半小时》节目果断出击,对巴菲特进行了采访。

《经济半小时》于1989年12月18日正式开播。作为中央电视台创办最早、影响最大的名牌经济深度报道栏目,近20年来,栏目的报道内容在变,主持人的面孔在变,电视艺术风格在变,但《经济半小时》独特的品质——"观经济大势、知民生冷暖"的追求始终没变。作为中央电视台唯一的经济时事评论栏目,它的权威性和深度透析力,也给国家宏观经济的决策层提供了生动鲜活的参考价值,从政府官员到公司经理,从商界巨子到普通观众。

该节目的主持人赵赫于1987年到中央电视台当主持人、编辑,一直没有离开话筒,也一直没离开经济节目。作为经济类节目的主持人和策划者,他以锐利、稳重见长。

在整篇采访中,受访者巴菲特的言谈都贯穿始终,主持人的作用是提出想问的问题并进行引导,而受访者的回答才是这篇访谈的主线。这是因为,《经济半小时》是个财经类节目,对于巴菲特的这期节目来说,最重要的就是对他的价值投资理念忠诚的解读和传播,因此应该让他本人来畅谈自己的理念。为了突出主题,减少转移注意力的事物,很多个例和枝节的问题,节目中也选择了放弃。

其次,作为一个具有新闻效应的栏目,有关当时中石油的话题,也是一个重要的内容点。不仅因为中石油的影响力、新闻效应,更因为中石油是沃伦巴菲特明面上购买的唯一一只中国股票。相关的文字报道是很多,但是国内鲜有人听过他本人谈真实的想法,因此提出中石油的问题既现实又有意义,而且从中石油引出下文想要讲的内容,即巴菲特对自己心中"伟大公司"的理解以及他的"明星股"的重要投资概念,也非常自然。

虽然被冠以"股神"称号,但他并不是百战百胜。节目没有回避这一点,提出问题后,巴菲特也很理智地回答了这个问题。并通过这一系列的回答,引出了他的投资价值原则,以及他举例说一只网络股也不买,最终证明其正确性,用来告诉大家,买股票要选自己了解的。

这期节目不仅仅是只做给巴菲特迷看,由于这是一档新闻财经节目,因此面向的需要是普通的电视观众,而他们当中很多人不了解不理解他,甚至并不知道他。很多人都在说价值投资,有不少人认为自己理解的巴菲特才最接近真实的巴菲特,真的是这样的吗?什么才是真正的,能够帮助给普通人积累财富的价值投资?如果看了这期节目,更多的人了解、理解价值投资,真正能够做到"不要认为自己拥有的股票仅仅是一纸价格每天都在变动的凭证,……而是将自己想象成为公司的所有者之一",如果有人因为"股神"巴菲特亲口这么说,而真正的信服这样的投资理念,这就做到了《经济半小时》一贯坚持的"关注公众利益"。

探讨完追求财富的路程,节目别具一格地换了一个角度,从对待财富的态度,通过他讲述自己所认为的财富的真正含义,80%捐助社会等事迹,以及发生在访谈过程中的对小习惯的介绍,如质朴、幽默(对记者的玩笑)、童心(试话筒音效)等具体细节,向大家展现了一个拥有财富、不贪求财富、回馈社会的巴菲特,使其人物形象顿时更加立体而全面。很显然,这一段的故事不仅是为了全方位解读巴菲特其人。当前中国社会的很多"金钱至上"的腐朽价值观正在形成,因此出于一家新闻媒体的社会责任感,《经济半小时》栏目将这一段内容制作出来,目的是向中国的电视受众讲述巴菲特的价值观,呼吁理性投资,合理敛财,心怀慈善,不为钱所役。

有关巴菲特的事迹,通过书籍以及相关报道,有的问题不用询问其人就已经有了答案。但是,我们需要他亲自告诉观众这样的答案。这样的答案听上去简单,可那都是最朴素的智慧和思想。正所谓"大象无形,大音稀声"。我就是要巴菲特来告诉大家:投资就是这样简单,但就是不容易。

我们该如何倾听股神们的声音?这是节目结尾后做出的客观评析的内容。

矫正了人们的观点,展现了对中国市场充满信心的节目自身立场。并进一步分析了巴菲特清仓中石油股票的行为可能会对中国股票市场带来影响,增强了投资者及广大观众对中国市场的信心。

这段评析持的是一种客观理性的态度,而不是盲目而不假思索地崇拜股神的态度,这样的客观公正,也是一档优秀的新闻节目必须要做到的准则。

(孙卉,唐黎)

文本

网络反腐,孰是孰非

(节选)

主持人:话不说不清,理不辩不明。这里是东方直播室。前不久网上又一批人很有名,他们被称为"房叔"、称为"表哥"。这些人由于互联网的力量,被人们摆放到舆论监督的视线之内。有人交了房,有人丢了官、有人坐了牢。

旁白:2012年8月,原山西省安监局局长杨达才被网友爆出,其拥有价值数十万的名表和腰带。随后,陕西纪委公布调查结果,称杨达才存在严重违纪问题,并撤销其各项职务。2012年10月,又有网民反映,原广州市城市管理综合执法局,番禺分局政委蔡彬及其家庭成员名下拥有20多套房产,随后,番禺区纪委对蔡彬进行立案查处,并实施"双规"。2013年1月9日,中央纪委检查部,召开新闻发布会称,中纪委提倡实名举报,凡是实名举报的优先办理,及时回复举报人。并且纪委也将密切关注新闻媒体和网络曝光的官员腐败问题。而在众多经网络举报的腐败案件中,雷政富案无疑是最引人关注的。2012年11月20日,北培区委书记雷政富,接受性贿赂与少女淫乱的文章和不雅视频截图在网上疯传。经纪检部门调查核实,不雅视频中的男性,确为北培区委书记雷政富。11月23日,市委研究决定,免去雷政富有关职务,并对其立案调查。从信息曝光到雷政富落马,仅仅用了63小时,这不仅创造了中国反腐的全新纪录,也让一个人迅速浮出水面,他就是纪许光,雷政富事件的核心报道者,在事发的36小时中,他不仅通过微博实名转发、报道,更高调直播,自己亲赴案发地的全过程。那么雷政富一案是如何酝酿发酵的?在不雅视频背后又有多少玄机?作为高调反腐的代表,纪许光又为何频遭质疑呢?今天多位通过网络实名举报的反腐人士、纪委监察员、官员代表和权威法学专家将在《东方直播室》汇聚一堂,共同探讨网络反腐之路该何去何从。

主持人:今天我们也把在网络上不断通过网络反腐获得战绩、被称为"网络斗士"的一位人请到我们演播室现场,他就是纪许光,欢迎你。老纪,听说你用63小时把这段视频放到网上,结果就扳倒了雷政富,是这么回事吧?你算过这个时间?

纪许光:我没算过这个时间,就记得挺快。

主持人:也遭到很多人的质疑,说你能保证这个材料是真实的吗?能保证这种举报方式是合理的吗?

纪许光:我今天带来了这个东西,生死文书,在这次时间获得重大突破的前提下,有那么一批人说,老纪这一次充当了一个枪手、老纪动机不纯、老纪有违新闻专业主义等,于是我写了这个生死文书,如果说有谁在雷政富这个事情上,能够有证据证明我纪许光,曾经干过哪怕半点有违新闻人职业操守的事,我从某媒体大楼上跳下来自尽。

主持人:听说了没有?有个人其实对你意见非常大。这个人叫朱瑞峰。

纪许光:感觉到了,我至今认为朱瑞峰先生说的很多话,对我造成极大的伤害。我不说不代表我对这个事情没意见。

纪许光:如果朱瑞峰今天来到现场你愿意跟他对峙吗?有请朱瑞峰。

旁白:2006年6月,朱瑞峰注册成立人民监督网,揭露各地贪腐大案。雷政富一案的视频和截图,也是通过这个网站发布出来的,为何明明最初的发布者是朱瑞峰,大家更多记住的却是纪许光呢?这段视频究竟从何而来?又会引起怎样的风波呢?

主持人:关于雷政富的视频,有人说是你俩联手给创作的。

朱瑞峰:2012年11月20日,我在人民监督网发布了"雷政富与18岁的少女进行性交易性贿赂"的视频后,希望各家媒体能在传统媒体上报道出来,然后纪许光在接到我的私信后,他就马上发到了微博上。

主持人:就是后来纪许光发布的36秒视频。

纪许光:我想郑重地说明一下,大家在网上看到的这段不雅视频,老纪我从来没有在网上发布过。我有证据足以证明,大家看到的视频,尤其是第一段视频,在这段视频上打了人民监督网这个水印的视频,第一时间就出现了朱瑞峰先生的网站上。

主持人:是你第一时间发的?

朱瑞峰:是,我发这个视频到网上的时候,高清的视频我没发,发的都是处理过的。

纪许光:但所有的误解都冲向了我,所有人都说,老纪你是一个职业新闻人,你知道有多少未成年人在看网络吗?我觉得我很冤枉,我从来就没干过。

主持人:那你是不是像朱瑞峰曾经讨要过这段视频。

纪许光:我必须讨要,我要来材料来佐证你的爆料,这是很正常的事情。

主持人：但朱瑞峰在网上说你是通过不正当的手段，去向他骗来的视频。

朱瑞峰：当时纪许光向我索要视频的时候，一直以法务部的名义跟我要。我告诉他，我相信你纪许光这个人的名声，但是我不相信你单位的上级的上级。因为北京一个娱乐场所的老板，已经找到了最权威的部门，给我打电话，一定要封杀这条新闻。

主持人：纪许光属于哪家报社并不重要，你只需要通过他把事情弄大？

朱瑞峰：但是我觉得我们作为一个记者，要传播社会真相。

主持人：好，这样。我们拿到一段朱瑞峰先生提供的录音。我们可以通过这个录音判断，究竟是谁最先把这个东西发到网上的。

[录音]

雷政富：总编吗？

朱瑞峰：你好雷书记。

雷政富：我有一个老表在北京的，你们两个聊一聊好不好？

朱瑞峰：是这样雷书记，原来我给你发去的函，这么多天你也没有回复。

雷政富：我早就跟你说了去找他谈，我让他给你打电话你听一下。

朱瑞峰：雷书记，因为你当宣传部长这么多年，你知道新闻纪律的规定，所有当事人或者宣传部长来，我们作为记者才会接待，跟另外的人接触会违反纪律的。到时候咱俩都说不清楚。

雷政富：你见不见我的好朋友，你说！

朱瑞峰：当事人以外的咱们都不联系。

旁白：录音中雷政富说到的这位北京朋友，就是北京某娱乐场所老总，在与雷政富通完话后，朱瑞峰多次收到这位老板的游说和威胁短信。事后朱瑞峰也将短信内容一一在网络上公布，种种证据表明，朱瑞峰确实是雷政富事件的第一爆料人。但为何让公众熟知此事的却是纪许光呢？原来，2012年11月23日，纪许光在63小时内发布71条微博，直播自己赶赴案发地的全过程。如此高调，究竟为何？

主持人：谁向你们二位其中一位发出了接受调查的邀请。

纪许光：向我。

朱瑞峰：据我调查，纪委没有向任何一位记者和公民发出邀请，纪委办案是有纪律的。

纪许光：很遗憾再次听到朱瑞峰先生不负责任的说话。这个邀约发出之后，我曾经给朱瑞峰先生打过电话，毕竟你是我的爆料人。

朱瑞峰：我觉得你作为一个调查记者，记者不是演员，记者就是记录者，记者不能越位。

主持人：纪许光你为什么要高调？告诉我一个理由。

纪许光：在过去的8年乃至更长的时间里，我以我亲身经历说明了在中国做调查记者有多难。如果在澡堂子我可以脱下来给你看看，我的身上到处都是刀疤。我也有父母妻儿，我也会害怕。谁能告诉我，除了把自己放在舞台中央，放在阳光下面，我们还有更好的办法让自己更安全吗？

嘉宾（大学教师志凌）：许光，我特别理解你这种高调，因为你也是保护自己，但是有一点我真的有点接受不了，我觉得你为什么要贴你儿子的照片？他还是未成年人，这对他太危险了。

纪许光:如果有人说,老纪,你做的这些是不是有炒作的嫌疑,有拔高自己的嫌疑?如果你们想知道,好吧,我告诉你们,是的!

主持人:朱瑞峰你是否承认,纪许光的行为在一定程度上使得纪委介入更快?

朱瑞峰:纪许光,我很敬佩他。他起到了扩散发酵的作用。

主持人:是不是你希望的?

朱瑞峰:这在当时我是不希望的。

纪许光:你在撒谎!

主持人:刚才你也说了通过私信通知了媒体,是不是希望他们能扩散?

朱瑞峰:我希望传在正规媒体上报道。

主持人:拿到视频以后你调查过雷政富这件事吗?

朱瑞峰:我经过了认真的调查核实,我是在11月4日接到线人的举报。他是公安局内部的一位警官。

陈浩然:本来我们通过网络揭露一位腐败官员,是一件非常好的事情,但却造成了一片混乱,说明我们在走向目的的过程中中间的手段错误。我们用不正确的手段歪打正着地,瞎猫撞到死耗子般地扳倒了雷政富。所以矛盾必然发生。把矛盾当成一个获得自己私利的手段这是很可悲的。

主持人:谁的手段有问题?

陈浩然:一个路径过程中间手段都有问题。原始提供给他的不是为了反腐,他拿到这样一个材料,是想怎样制造轰动效应,真正的目的不是反腐。

纪许光:如果你证明了我老纪纪许光作为一个调查记者,我为了私利而干了雷政富这件事情,我说了我兑现我的承诺,从传媒大楼上跳下来,以死向全国的网民们谢罪。

陈浩然:这叫流氓,从法律上来说叫胁迫。

纪许光:从法律上来说你刚才说的话是对我的侮辱和诽谤。

……(略)

旁白:虽然网络反腐在最近成为热门话题,但有时候,事实并不像网络传播的那样。2012年11月,一篇名为《高校女团委书记曝不雅照》文章及视频截图在网上迅速传播。当事人立即遭到网友"人肉搜索"和"恶意攻击"。然而,事后证明,文章中所称的女团委书记只是一名教师,并非官员。

主持人:今天我们把这位当事人请到现场。

主持人:为什么今天来演播室要戴成这样?(口罩、墨镜)

马申科:自从出了这件事之后,我几乎就没有出过门,生活的城市、手机号都换了。跟过去的一切全部隔绝了联系。

主持人:我们非常关心,这段视频谁拍的?怎么流传到网上的?你是否真的有问题?

马申科:这段视频是我跟我女友在一起的时候,我们一起拍的。意外地传到了网上。

主持人:意外?

马申科:准确地讲,这些不雅照原本是在我的个人QQ空间里。11月11日当晚,我心情非常不好,我喝醉酒了。喝醉了以后,当时在网上有朋友想看一下我空间加密的材料,之后我就把空间的权限打开了,后来忘记关上了,一直到出事。

主持人：不过他也确实没想到这个情况会发生，都是酒精闹的。

志凌：但是即使不把权限放开，万一QQ号被盗了呢？万一遇到黑客了呢？即便你没有主观的错误，它都是完全不安全的。

马申科：是的，我的行为是非常不妥的。我要承担主要责任。

主持人：你是什么时候知道你出事的？

马申科：是公安局上门找的我。我女朋友当时正在上课，接到了同事电话，就马上跟家人到派出所报了案。被处以行政拘留10天。我今天也把拘留证带来了。上面说，我是通过我把不雅照上传空间导致被传播，而并非我刻意传播。

志凌：但是结果是一样的，你在上传的时候，有没有考虑过你女朋友的感受？她是最大的受害者。

旁白：马申科与女友的不雅照，原本只是个人隐私，在不慎泄露后，却被网友贴上"官员"的标签，以反腐的名义大肆传播，最终造成误伤。彻底改变了两位当事人的生活轨迹。

主持人：你跟你女朋关系怎么样？

马申科：我跟她感情一直特别好。出事当天她报了案，下午她就离开当地了。她说买了一个最大最大的箱子，把所有能装的东西都装进去了，然后永远的离开，再也不回来。我出来的头一天，拘留所所长想找我谈话，他说，经过这几天的传播，你们的事情已经家喻户晓。就连我十几岁的小女儿都知道了。我当时一听真的头要炸了，我真的感觉天都要塌下来了。我不知道出去以后怎么面对社会，面对所有认识我的人。我也不知道她将如何面对，她现在是怎样的心情。

主持人：现在事情已经过了两三个月了，你都没有和她联系？

马申科：当时网上有很多矛头指向我，我当时压力特别大，她可能觉得我在逃避。最后说了一句话，这辈子不要再见面。

主持人：你介意今天现场我们给你女朋友打一个电话吗？

马申科：我不介意。

（您拨打的电话已停机）

主持人：我们还有她母亲的电话。

主持人：喂，您好，您是郑女士的母亲吗？

郑女士母亲：你是哪位？

马申科：我是东方卫视的记者骆新。

郑女士母亲：骆新是吧，我经常看你的节目。

主持人：您女儿前不久11月份，发生的那个网络事件，很多人都知道，今天我们把她的男朋友小马也请到我们演播室来了。我不知道您女儿现在情况怎么样了？她愿不愿意跟小马说两句话？

郑女士母亲：我孩子跟他不会有任何联系了。他要是想跟她联系，我也阻止不了。这一点你相信。

主持人：我理解。

郑女士母亲：孩子的感情和婚姻大事。如果两人真心相爱的，马申科再穷，没有工作也无所谓。但是这个孩子太恶毒了，他这素质低到什么程度？

主持人：您想听小马跟您说两句话吗？他真的想跟您道歉。

郑女士母亲：这个不是道歉不道歉就能解决的事情。

主持人：小马快说句话，我们给你半分钟的时间。

郑女士母亲：我不要听他说话，我现在心脏病刚好。

马申科：阿姨，网上的很多评论不是我的。她就是因为相信了这些评论是我做的而生气的。误会太多了。

郑女士母亲：没必要了，就这样吧。

旁白：遭到网络误伤后，小马的女友彻底与他决裂了，至今不肯与小马见面，而小马本人则因涉嫌侵犯他人隐私，遭派出所拘留10天。今天现场另一位当事人，对信息不实造成的网络误伤也深有体会，他曾经因为在网上曝光官员戴名表，而成为2012年度微博名人。

民间鉴表专家花总：我刚才在后面听了很长的时间，其实你不需要去向公众解释什么，你真的需要道歉的可能是你的女朋友跟她的家人。我相信你会有足够的机会。

马申科：你说的对。

花总：我想反过来问一个问题。如果小马的女朋友不是学校的团委书记，比方说是一个艺人，当发生这个事情之后，可能也就是一个茶余饭后的谈资。但是这件事情之所以会造成这么大的影响，很重要的一点是因为她有一个公职的身份。这才是事情的症结。

旁白：2012年，因曝光"表叔"杨达才，花总受到网民推崇，可是在表叔一案过后，花总却声明，因为担心引起不必要的误伤，他从此不再鉴表。而他手中掌握的数百名官员所戴的几万只手表的数据，将不会再公布。

花总：最早的时候有人把杨达才的5块手表贴出来的时候，说这个表非常贵，说有劳力士的金表。但是我觉得实际情况不是这样，在我的数据库里面，他戴的应该是一块帝舵。虽然跟劳力士是一个厂出的，但是价格相差特别大，就像奥迪和劳斯莱斯的差距。所以当时我还帮他辟谣。但是这些东西发出去后，大家可能是缺乏对真相的信心跟耐心。我说一个官员戴了很贵的手表，这可能会被转发一万次，但是我说这个表不是那么值钱，可能就没人转了。所以这种有选择性的，这种预设立场的传播，其实很可怕。另外，情绪化的东西也很有可能造成误伤，就像刚才马先生的例子。

主持人：那我们知道，伍皓也曾经因为实名微博而被质疑了，是什么事？

嘉宾（云南红河州宣传部长伍皓）：前一段时间，一个所谓的媒体人叫宋利，在网上举报我诈捐。这个事情后来演化为网友组织了四五个人，对我进行人肉搜索，不过我也算是经得住调查。

主持人：来，我们再有请两位观众。

观众（网络管理员）：可能有些网友很奇怪，为什么我发的一些评论，莫名其妙地就被删除掉了。可能一些道听途说的信息，会造成对别人的一种伤害。而且会有一种首因效应。第一次看到的是什么，就会觉得是什么样子。希望大家在发微博的时候，不要损害到别人的利益，一定要三思而行。

志凌：真相最终会水落石出的，我们不能因噎废食。

观众（教师华克明）：我们领导现在用简餐，出门也不封路，开会也不设地毯。总之希望领导用好我们纳税人的每一分钱，为老百姓多做实事。

主持人：节目进行到这里，要问一下小马。不知道今天的节目会给你带来怎样的影响，你是否愿意把你的面貌通过今天的节目展示给公众，但这是你的权利。

马申科：我想我先做一个表率，希望也能帮助她重新走出来。我想对她说，你回来把。我会为你承担起一切。

主持人：小马你考虑好了？口罩、墨镜摘下后你会面临很多问题。

马申科：我不怕。

主持人：我们有必要给他一些掌声，他需要一些鼓励。希望你能走出这个阴影，人生还长。

马申科：我一定会好起来的。

主持人：对。没错，谢谢你小马。

主持人：感谢各位观众收看。

（主持人：骆新，上海东方卫视《东方直播室》2013年1月21日）

评析

观点撞击出真知
——评析《网络反腐，孰是孰非》

2011年，《东方直播室》被《新闻周刊》"2010年中国电视榜"评为年度最佳脱口秀节目。在评语里这样写道：它是最具海派气质的脱口秀，唇枪舌剑中蕴含着温文尔雅；它是最具思维跨度的脱口秀，娱乐话题中表达着社会关怀。它既是圆桌会议，也是表演舞台；既是辩论赛，也是疗伤室；既是个人故事，也是普适指南。它用"我视角"兼容"他视角"，用主持人和嘉宾的互动带出观点的激荡。

《东方直播室》作为一档将电视手段、网络媒体、短信直播有机结合的新闻专题节目，邀请新闻事件当事人到现场，正反双方意见嘉宾深入探讨核心问题，给予各方观点平等、公开的表达机会，在观点的激荡中提供有价值的新闻信息和建设性意见，体现社会关怀。这一点在《网络反腐，孰是孰非》这期节目中尤为突出。

1. 在观点撞击中还原现实并引发讨论

在《网络反腐，孰是孰非》这期节目中，当事人、嘉宾、观众就当下热议的雷政富不雅视频事件、周文彬自首式举报上司事件、高校女教师不雅照事件、"表叔"杨达才事件展开讨论，节目各段落内容关联性强，有助于引发观众的集中关注，节目对每个事件的讨论内容充实、互为补充、层层深入。在雷政富事件中，节目就朱瑞峰和纪许光两位爆料人之间的矛盾展开讨论，首先探讨了到底应该由谁来举报？在实际举报中，爆料人面临了哪些问题？其次，又在周文彬自首举报事件的讨论中，进一步提出了网络反腐爆料人力量有限，而国家纪检部门为什么不主动调查？举报中哪些材料才可以被认定是证据？随后，在高校女教师不雅照事件中,反思了错误信息和偏激情绪对被网络误伤者的伤害,并探讨了其背后的原因。可以说,节目的讨论表面上看似你一言我一语混乱无序,但实际上,在整个节目中,犀利言辞、激烈讨论只是表象,对问题讨论的层层深入才是整个节目成功的最主要原因。节目吸引人的地方,也在于它极高的思想性和文化性。在观点的撞击中接近事实、探讨问题、反思当下。

2. 主持人与各嘉宾的互补形成了强大的讨论场

首先,主持人态度客观中立,是整个讨论背后的推动者和把握者。主持人在节目中秉持中立的原则。在话题偏离时将话题带回正轨,起到"点火"的作用,在引起的争辩过于激烈时又要紧急地"灭火"。不仅如此,在当事人和嘉宾的发言中,寻找适当的时机发问。问什么?怎么问?都是一门很高的学问。例如,在电话连线女教师不雅照事件当事人郑女士的母亲时,在这么短的时间中,主持人选择了提问受访者两个观众最关心的问题:郑女士现在近况如何?她和家人愿不愿意原谅小马?郑女士的母亲虽然没有直接回答这两个问题,但从她的哭诉中可以推测出她对这件事的一个基本态度。可以说是在《东方直播室》电话连线当事人环节中比较成功的例子。另外,嘉宾观点鲜明且个性迥异。每一位嘉宾都有其个性:政府官员伍皓沉稳内敛,法学专家陈浩然话语犀利、大学教师志凌思考全面。各嘉宾的不同有利于对事实真相的揭露,对问题思考的进一步深入,从网络反腐的成功个例引发网络反腐合理性的思考,是否会伤及无辜,是否又会对未成年网民造成伤害?等一系列头脑风暴。最后,现场观众的发言具有范围广、观点强的特点。秉持客观原则的检察官对网络反腐的讲究证据、义愤填膺的货车司机对网络反腐的支持、谨言慎行的花总对网络反腐误伤的恐惧等,体现了不同观众对网络反腐这一行为的不同看法,也给其他人提供了更多的思考空间和深度。

3. 电视、网络、手机"三屏合一",多渠道表达观点

这期节目另一特点,将电视、网络、手机"三屏合一",利用多种新媒体手段整合,有效保证了表达观点渠道的多样性,注重观众的参与感。这样既搜集了网友观众的意见,也在无形之中对节目进行了隐性宣传。内容吸引人的同时,形式也在推陈出新。我国的电视节目日渐出现了角色多元化、一切从受众出发、人文主义思潮浓厚等发展趋势,这与信息技术发展也是分不开的。在手机、互联网严重冲击电视市场的今天,《东方直播室》的探索也有着特别的意义。节目强调与观众的互动,注重观众的参与感。播出时短信直播观众和网友的留言;对正反方观点的投票在屏幕下方滚动显示;电话连线拉近和辅助当事人的时空距离;巨幅环绕LED屏幕展现场外50位网友互动意见。观众可通过电视、网络和手机屏幕与现场互动,技术手段的运用,辅助实现了最具思维跨度的谈话节目。

正是这样一个节目,在观点碰撞中体现事实和真理的价值。培养了一批具

有追求生活品质高度、乐于发表个人意见、积极参与社会事务的观众群体。反过来说，也因观众的日渐成熟，才使《东方直播室》这类思想性节目有了生存和发展的土壤。也许正像宣传片说的那样，这座城市容纳了千百种人生、千百万张面孔、千百万个梦想。每天碰撞、交融、共同变化。正是我们每个人的态度，决定了我们共同的未来。

文本

黄毅：安全为天

（节选）

记者、主持人（古兵）：每年的6月是中国的安全生产月，可是今年6月，这个生产月并不安全：黑龙江中储粮大火、中石油大连分公司油罐爆炸、吉林德惠特大火灾事故、厦门公交起火爆炸案，近期连续发生的数起重大安全事故，引发了社会的震惊和关注。而就在昨天，6月15日的傍晚，大连一家化工厂又发生了爆炸。面对一次次生命和财产的巨大损失，带着对这些事件的一系列的疑问，我专访了国家安监总局新闻发言人、总工程师黄毅。

网页视频：进入6月，接连发生的几起重大安全事故，让人们和已经开展了12年的6月安全生产月联系在了一起。令人沉痛的消息，烧醒安全意识，再次敲响警钟几乎成为各大媒体的主题词，6月3～5日，《人民日报》连续3天刊发平安中国系列评论。在《平安是最基本的公共产品》一文中着重强调：回应公众的平安需求，增加安全公共品供给，已成为政府的天然责任。而能在多大程度上满足平安诉求，已成为一个国家现代化的标杆之一。

记者：每年的6月份其实是一年一度的国家定的安全生产月，我不知道在您的心里，在这个月份又听到这个4个字的时候，您的感受是怎样的？

黄毅：安全生产月当然是一次群众性的集中的安全生产宣传教育活动，但是应该成为安全生产月。恰恰在安全生产月里面，出现了不安全的生产安全事故，导致了人员的伤亡，所以我们感觉到非常痛心，也感觉到与安全生产月活动这种时机、这种境况是不太相称的，同时也提醒我们，安全生产工作确实是一天都不能放松，一时半会儿都不能放松，始终要警示高悬，警钟长鸣，常抓不懈，只有这样，才能够始终引起人们对安全生产的高度重视，才始终绷紧安全生产这根弦，这也是我们对近期发生的这些重特大事故的一种反思和认识。

记者：但是人们会说，安全生产月12年了，每年都有，为什么安全生产事故现在依然还有这样频发的态势？

黄毅：有人统计，在同一天，在公路上行驶的人将近一亿人，在铁路上行驶的将近两千万人，在各个工地实施作业的四千多万人，在井下进行劳作的八百多万人，这么一个大的面，如果监管不力，就容易导致群死群伤。

画面解说：这个6月的每一场大火都触目惊心。这是6月1日凌晨3点，本台记者在现场拍摄到的画面。中储粮黑龙江林甸直属库东侧的数十座粮堆都被大火覆盖，浓烟弥漫。消防队员正在用高压水枪进行扑救。

现场扑救人员:下面全是火。

记者:底下还藏着火是不是?

现场扑救人员:嗯对,基本(大庆消防)每一个中队全来了。

虽然当地投入了数百名消防官兵和数十辆消防车全力扑火,但历经了近15个小时大火仍在持续,现场消防人员介绍,大风以及水源较远等因素一度阻碍了扑救工作。

记者:最大的难度是不是由于风比较大?

现场扑救人员:主要是水源。

记者:水源供给比较远是吗?

现场扑救人员:对对。

经过27个小时的全力扑救,明火才被基本扑灭。经过统计:本次火灾中过火粮食共计4.7万吨,直接损失近亿元。如果按照每人每天1千克粮食来计算,足够12万人吃一年。中储粮黑龙江林甸直属库是2008年正式晋升为国家级储备粮库,总储粮量为14万吨,目前存储的粮食以水稻和玉米为主。

林甸直属库副主任罗洪全:因为当时建的时候库存没有现在库存大,就这么一个情况,当时建的时候是三五多吨。

记者:那么为什么存在这么大的消防隐患没有及时上报呢?

罗洪全:因为这个很多囤都是我们刚刚做完的,因为近期非常忙,收购非常忙,每天做一至两个囤,主要精力用于收购,准备下一步采取相应的措施。

画面解说:据了解,中储粮林甸直属库固定仓容量只有7.6万吨,火灾发生时这个库实际存放了15万吨粮食。由于扩容,收购上来的粮食只能露天存放在用草围成的临时粮仓中。根据当天中央气象台的网站,粮库所在地黑龙江大庆市5月31日的天气晴朗,最高温度达34℃。数百个草制的粮囤集中堆放,再加上高温干燥的天气,极易造成火烧联营的惨剧。

罗洪全:这也许是一种意外吧,昨天风太大了,风太大了昨天。

画面解说:从林甸直属库平面图上可以看到,整个国家级储备粮库,只有一个消防水池和一个给消防车加水的设备。而火势最大的粮囤群周围,竟然连一处有效的消防设施都没有。通过询问大量现场目击证人以及勘查火灾现场,在排除纵火的可能后,火灾事故调查组首先确定起火部位在12号堆垛南侧。

大庆消防支队火灾事故调查科副科长崔海川:有证人证实当时在这个附近有人员在作业活动,在上面作业的人,发现这个位置操作这台旋转式传送带的身后,也就是这个位置最先起的火。同时我们对这台机器进行勘查,发现在配重箱的位置发现了机器配电箱同时还有一根导线,我们已经对相关的物证进行提取。

画面解说:6月2日,消防火灾调查技术人员将这台传送机的配电箱,送至公安部消防局沈阳火灾物证鉴定中心,经过进一步技术鉴定,最终查明,事故是由于穿过金属配电箱的导线与配电箱箱体摩擦,致使导线绝缘皮破损漏电,短路打火。火灾并非网上所传的作业人员违规吸烟造成,目前,事故中涉嫌重大责任事故罪的9名犯罪嫌疑人,已被移送至当地公安机关依法处理。这次火灾的经济损失情况仍在进一步核实当中。"5.31事故调查组"已经将这起火灾定性为安全生产事故。

记者：一个配电箱出火的状况，会连续烧毁78个那么大的储粮屯吗？

黄毅：当然，具体的事故原因还在调查之中，因为这起事故不是由我们直接进行调查处理的，但是我们也要对这起事故进行挂牌督办，一定要把事故的原因查清楚，把事故的责任查清楚，然后依法依规对责任者进行严肃处理。

记者：对于这样一个事故来讲，人们会推测国家那么多的储粮的地方，会不会也存在类似的问题？

黄毅：我们国家作为产粮大国，13亿人口吃的问题是个大事，所以说对粮食储备应该采取更加严格、有效的措施，来防止有关粮仓着火，或者粮仓其他的一些受损方面事故的发生。所以，我们也会督促事故调查组，认真总结、吸取这次事故的教训，同时，也要求所有的储粮单位，怎么以此为戒，确保相同类型的储粮企业、直属粮库都应该万无一失。

……（略）

黄毅：中石油大连石化公司，在3年之内连续发生了5起同类型的爆炸事故，所以人们不禁要问，同一个企业、同一个地点，连续发生了相同类型的事故，什么原因？

记者：您的答案呢？

黄毅：我想还是企业的安全生产主体责任不落实，对安全防范措施不落实，对隐患的排查治理不认真，不负责，这是关键的问题。

记者：但每次调查报告最后出结论的时候，我们看到都是从严从重处理的结果。

黄毅：但是也存在着对责任的追究落实不到位的问题，最近我们通过暗查暗访，发现了一个煤矿的事故，3年前就已经调查结案了，28位相关的责任人移送了司法机关，到现在，只有一个人入监执行。

记者：您觉得什么原因造成的？

黄毅：当然，具体的原因我们目前还在进一步核实，我们要始终盯着这个事，要把这个事真正落到实处。

记者：对于安监总局的领导而言，在处理这样类似问题的时候，是不是也有无奈之举？

黄毅：当然，安全生产工作虽然是我们作为主管部门，也需要跟相关部门保持沟通、协调，取得大家的支持，不能单靠一个部门单打独斗，事实上我们目前也建立了许多进行联合执法的或者相互沟通的、相互协调的一些机制，部级会议来解决一些重大的事项。另一方面，要加大安全生产监管执法的力度，同时，一定要严格执法、廉洁执法、公正执法、文明执法，腰杆要挺起来执法。

记者：既然有法可依，为什么执法人员会存在腰杆硬不起来，手硬不起来？

黄毅：目前我们的执法环境也很复杂，包括地方存在的一些保护主义，包括生产安全事故背后的一些腐败问题，包括在事故发生之后，相关人员说情，为责任者开脱这些问题，都会对法造成一定的影响，一定的干扰。

记者：您觉得每个安全事故背后其实有一个黑色的利益网链，能这么理解吗？

黄毅：不能说每一起，起码是重特大事故的背后，很多都存在着一些问题，现在我们对每一起事故调查处理，都要查一查有没有腐败的问题，这也是我们与中纪委、监察部所取得的共识，一旦发现了这方面的线索，纪检监察部门要介入，进行认真查处。

记者：责任追究的问题，追究不到位了，您发现了，您又能怎样呢？

黄毅：发现之后，可以提交给相关的部门，涉及检察部门的，我们提交给检察部门进行调查，涉及司法部门的，我们提议司法机构来进行督办，涉及其他纪检监察部门的，我们也提供给他们一些有关的情况，让他们来对这件事进行必要的核查。

……（略）

就在最近几天，黄毅已经接到了一些调查暗访组的汇报，并通过摄像拍摄下来一些画面。一些企业的安全防范措施埋藏着巨大的隐患。

记者：哪些画面最让您震惊？

黄毅：两三个化工企业，它的这些线路、管路有很多是不合格的，很多开关是不防爆的，很多阀门是锈蚀的，甚至是根本不可转动的。这种情况如果一旦出了问题，怎么立即关闭阀门，我看到画面上一个大小伙子使撬棍撬阀门，一点常识都不懂，一旦出现泄漏，发生事故，怎么关掉阀门？线路、线路板、离合器、配电箱，隐患四伏，一旦短路之后，如果不及时处理，就容易导致火灾，甚至导致爆炸。这些问题如果不采取特殊的手段、方法，有时我们大检查当中可能看不到。恰恰这些隐患，在一次又一次例行公事那种检查中被遗忘了、被漏掉了，从而导致事故的隐患。所以说这次大检查，一定要切忌走过场，不能走形式。对那些走过场、走形式的，我们一旦发现，要从头来，从头补课，而且要对相关的责任人进行处理。

记者：但是您刚才谈到的暗查暗访的方式，我有一种担心，通过媒体公布之后是否会影响到接下来的一个阶段的检查工作？

黄毅：我想不会吧，而且我们还要随即陆续派出暗访组进行暗查，要求我们所有的安全监管检查部也要采取这种暗访的方式，而且我们还要采取审计兼异地检查的方式，这个省的安全监管人员到那个省去进行检查。

记者：避免地方保护。

黄毅：通过多种的方式把几大检查搞彻底。

据不完全统计，仅仅今年6月已经发生的多起大火，造成的死亡人数已经超过200人，而在这200多人背后，是200多个家庭的破碎，以及难以计数的泪水和叹息。

记者：我看了您的履历从基层做起来的，也在一线做过工人，可能对安全事故您有更直接的体会也有更直接的感受，当那种事故来临的时候我觉得对每个人那种恐惧感，可能是很难去抹平的是吗？

黄毅：你说这一点我很有感受，因为我在井下当了3年工，经历了一些煤矿的事故，而且我们也看到我的师傅就在一次顶板事故中丧生，当我们几个徒弟奋力把师傅拨出来的时候他已经丧失了生命，几分钟之前还是一条鲜活生命瞬间就没有了，所以那起事故使我产生了对生命的敬畏，感到生命的脆弱，这种经历对我日后走上管理岗位，特别是走上安全管理岗位（大有益处）。担任新闻发言人，时常提醒自己，你要为矿工安全服务，你要为安全生产服务，要通过我们的努力唤醒人们对生命的尊重，对生命的敬畏。

记者：这次国家安全生产的大检查持续时间有多久，什么时候达到一个什么目标才能够结束？

黄毅：按照国务院的统一部署，从现在开始一直到9月底，历时3个月，而且呢这一次大检查重在隐患的排查，重在安全责任的落实，重在防范遏制重特大事故，所以我们也希望各类媒体对这次大检查给予舆论的监督，为什么我们搞的一些暗查活动都邀请媒体特别是中央媒体,参与我们的这些检查活动,因为在某种程度上舆论的监督、社会的监督起的作用可能更大、更好。

(记者、主持人古兵,中央电视台《面对面》2013.6.16播出)

评析

话语交锋下的新闻
——评析《黄毅:安全为天》

《面对面》是中央电视台的一档长篇人物专访节目,以一对一的访谈为主要内容,中间穿插背景介绍,以一种理想的诉说方式出现在人们面前。节目秉持新闻性、权威性、关注度、影响力的诉求,强调面对面的交流,心与心的碰撞,用对话记录历史,以人物解读新闻。因《面对面》立足于"面对面对话、心与心交流",所以节目中蕴含着一定的情感基调。

《黄毅:安全为天》这一期节目,以2013年6月发生的黑龙江中储粮大火、大连石化公司油罐爆炸案、吉林宝源丰禽业公司爆炸案等3起重大安全事故为背景,采访了国家安全生产监督管理总局新闻发言人黄毅,以及吉林宝源丰禽业公司爆炸案的幸存者车允武,探讨了安全事故频发背后的原因。

每年6月是国家的安全生产月,但在今年,安全生产月的第12个年头,接二连三发生的安全生产事故却引起了全社会的震惊和关注。《面对面》节目关注了当下的生产安全事故频发的现状,选题具有很高的新闻价值。

《面对面》节目是一档新闻深度人物访谈,记者近似属于记者型主持人的范畴,在节目叙事方式方面,主要通过主持人和嘉宾一问一答的对话展开叙述。因此节目快速、准确地将镜头对准了风口浪尖上的人物,国家安全生产监督总局新闻发言人黄毅,为什么安全生产事故频发?存在哪些问题?问题存在的范围有多大?怎样杜绝安全生产事故再次发生?怎样避免监管漏洞?安全生产大检查的机制怎么设定等几个问题层层深入。

中国当前、今后的发展任务确实很重,但发展绝非不计代价。近年来,我国经济持续稳定较快增长,各地谋发展的劲头很足,许多工程、项目相继上马,安全生产形势更加复杂繁重。越是在这个时候,越要绷紧安全生产这根弦,越要摆正安全和发展的位置。

在这个时候,作为新闻媒体,就要积极担负起应有的社会责任,行使好舆论监督的功能。在中国,新闻舆论监督是人民群众行使社会主义民主权利的有效形式,核心是公开报道和新闻批评。在信息日益丰富的情况下,舆论批评显得越来越重要,通过人们对普遍关心的问题进行论辩、辩驳及至争论,即众多个体意见的充分互动,最终达到某种为一般人普遍赞同、且能在心理上产生共鸣的一致性意见,从而推动人类社会的进步。整个过程就是发现问题、分析问题、解决问题的过程。

这期节目中,记者和专家、事件经历者多方对话,不仅采访了国家安全生产监督总局新闻发言人黄毅,还采访了吉林宝源丰禽业公司爆炸案幸存者车允武。

节目中最精彩的段落便是对爆炸案幸存者的采访,众所周知,没有经历过惨案的记者和位处上层的官员很难描述出惨案的场景,而为了准确展现安全事故的可怕,从而凸显生产安全的重要性,找到当事人,通过当事人的亲口叙述,方能让整个事件更清晰地展现在观众面前,也避免了很多过度夸张或者过度轻描淡写的臆断。

通过面对面的对话,以及对幸存者的采访,节目揭示了领导安全意识淡薄、员工安全培训不到位、安全设施不完善等多种问题,这些问题归根结底是因为重视程度不够,很多人都认为,安全事故概率那么低,自己不会运气那么差刚好碰到;还有相当一部分人有这样一种落后的观念,认为安全生产事故有偶然性,不可避免,因此用不着投入大笔人力物力做无用功。这实际上是推脱责任。现代安全生产理念认为,安全生产是通过合理的制度安排,使人和物在生产过程中处于安全状态,本质的安全生产完全可以实现。在这个方面,新闻媒体就要有导向性地宣传安全生产相关知识,传播安全意识。

安全无小事,人命大于天。发展绝不能以牺牲人的生命为代价——让我们牢牢守住这条红线,努力实现科学发展、安全发展。

第11章　电视纪录片作品评析

评析指要：电视纪录片

　　从概念上讲，电视纪录片是运用电子采录设备和手段，对政治、经济、文化等新闻题材，作比较系统完整的纪实报道。它运用新闻镜头，客观真实地记录社会生活，客观地反映生活中的真人、真事、真情、真景，着重展现生活原生形态的完整过程，排斥虚构和扮演的新闻性电视节目形态。电视纪录片，从本质上说是一种叙事，是叙述者通过某种叙述行为或者技巧，运用叙述话语向受众叙述故事或者事件的一种动态的双向交流过程。关于电视纪录片的定义有许多种，我们只是选其多数人普遍认同的一种。

　　由于对电视纪录片概念认识上的差异，目前在中国电视学界和业界对于"电视纪录片"与"电视专题片"的看法，也尚未能统一认识。存在着等同说、从属说、独立说等不同的观点。"'从属说'，即指电视纪录片从属于电视专题片，或电视专题片从属于电视纪录片两种看法。认为电视纪录片从属于电视专题片者，是把电视专题片当作'电视专题节目'和'电视专栏节目'这个更大范畴的概念来看待的，因为电视专题节目或电视专栏节目所采用的形态很多，除了纪录片外，还可采用讲话、访谈、座谈会、演示、竞赛和表演等多种多样的形态。纪录片则是电视专题节目或电视专栏节目中最常用的形态。说电视专题片从属于电视纪录片者，则是把电视专题片等同于电视专题报道或电视专题新闻，把它归为电视纪录片形态中的一类，就如同电影纪录片中新闻纪录片和文献纪录片、风光纪录片和历史纪录片并存并列存在一样。"[①]正是鉴于此种复杂的情况，本书将带有新闻性的电视纪录片收录成章。在当今媒介融合的背景下，电视节目形态杂糅与混搭特征越来越凸显，电视新闻专题与电视纪录片之间的界限也日趋模糊。我们认为，这对于深入认识电视新闻专题与电视纪录片的特性应是有所裨益的。

　　当然，对于如何评析电视纪录片，我们也要考虑到电视纪录片与电视新闻专

---

① 孙宝国. 简析电视纪录片定义和主要特征[J]. 人民网－传媒频道 2011 年 3 月 16 日，http：//media.people.com.cn/GB/22114/50421/217090/14161677.html.

题片的复杂性,在此只是择其评析要点而论,也希望读者将对比电视新闻专题片特点加以区别与理解。

1. 了解电视纪录片的主要特征

一般地讲,电视纪录片具有三大主要特征,即纪实性、人文性、审美性。

(1) 纪实性。电视纪录片属于纪实类作品,也即非虚构作品。真实性是纪录片的生命,随之而来的纪实性也就成了电视纪录片创作最基本的特征。电视纪录片聚焦关注的大都是人与事,是人的本质力量和生存状态的思考。正如朱羽君教授所说:"纪录片表现的问题是真实生活中的一个存在、一个流程、一个片段,以此来反映活脱脱的人生现实,给予观众一个评价生活的基点、一种真实的人生体验。"①电视纪录片是作者通过摄像机记录正在发生的事情,并加以编排,最终成片。虽然摄影机真实记录下了新闻事实,但纪录片的编排却是在人的主观思想指导下制作完成的。所以说,电视纪录片的真实具有相对性。纪录片的真实性是带有记者主观意志的真实,他通过取景框拍下的镜头,都是在受到他个人世界观、审美观、文化背景等一系列复杂因素的影响下选择的。另外,画面中人物的角色意识有时也直接影响到纪录片的真实性。比如被记录人物动作过于拘束,在言行举止上,或有意识地表现自己等就会影响纪录片的效果。电视纪录片讲究真实性,记录的基本事实是不能虚构的。但电视纪录片的真实又并不完全等同于现实中事实的语无巨细的完全记录。"纪实性"是一个相对的概念,取决于创作者实际介入程度即巧妙地处理"有我"和"无我"的不同方式,事实上,有些纪录片是介于直接记录和较多感受的表现之间的,关键是选择记录的"度"。

(2) 人文性。电视纪录片相比于一般的新闻报道,选题更具有人文性。纪录片的主题趋向于更为深层、更为永恒的内容。它从看似平常处取材,以原始形态的素材来构造作品。表现一些个人化的生活内容,达到一种蕴含着人类具有通感的生存意识和生命感悟。强调人文内涵、文化品质。电视纪录片常关注人的主题,关注人的命运,表现人的生存状态和本质力量,以及人所具备的震撼人心的潜能。比如凤凰卫视制作的电视纪录片《玻璃心》中,就记录了3个"瓷娃娃"的生活。在这些患有成骨不全症的孩子身上,我们看到了勇敢、坚强,也看到了瓷娃娃家庭的生活困境和对未来深深的绝望。对人的探究不仅是哲学的命题,也是艺术的命题。社会问题也是纪录片常常涉及的题材,它反映我们社会中存在的普遍性问题。《千里单骑回故乡》就是一个关注春运的纪录片。记者的镜头瞄准了董华清一行人,他们骑行摩托车两千公里,就为过年回家团圆。通过一个侧面,反映了春运这一全社会关注的主题。此外,文化也是纪录片常涉及

---

① 朱羽君.纪实——震撼人心的美[J].北京广播学院学报,1991(3).

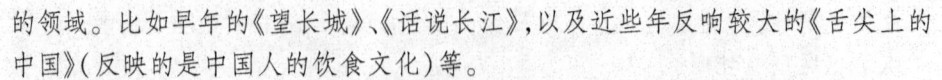

的领域。比如早年的《望长城》、《话说长江》,以及近些年反响较大的《舌尖上的中国》(反映的是中国人的饮食文化)等。

(3) 审美性。举凡好的电视纪录片还能够引发观众的审美思考。电视纪录片从真实生活中采撷素材,以生活自身的形态来阐释生活,抒发情感,升华哲理。这就是电视纪录片的美感的源泉。电视纪录片展现的真实并不等于生活的完全真实,它是一种已经艺术化的真实。纪录片以其得天独厚的视觉形象和视听结合的艺术手段,而占有审美性的优势。电视作为一门具有独特的直观视听结构的综合艺术,融合了文学、美术、音乐等多门艺术。多种艺术因素的构架,为纪录片提升艺术性提供了广阔的空间。创作者要力求使作品构思巧妙、手法新颖、寓意深刻、真实感人,从而创作出意境美的上乘之作。在《沙与海》中,刘泽远父子打枣的段落非常耐人寻味。在广阔的沙漠中映现两个小小的人影走向两棵孤独仅存的枣树,这幅画面产生了很强烈的悲情。而在几近死寂的沙漠中,孤独的生命仍然顽强地活着,也让人感到追求生存的渴望与悲壮。另外,《沙与海》的背景音乐也带给人艰辛、欢愉等情绪感觉。总体有一种感奋的力量在里面,能够准确地表达刘泽远、刘丕成两家的生活境况:漫长岁月中一种壮美的个人奋斗史。

2. 弄清电视纪录片的分类

弄清电视纪录片的分类,也是评析电视纪录片必须做的。关于电视纪录片的分类,按照不同的划分标准与角度,大致可以做以下归类:

第一,按题材内容来分类,可以将电视纪录片分为文献纪录片、社情纪录片、人物传记片、人文地理片等。

(1) 文献纪录片。它指再现过去时代的历史事件的纪录片。其关键素材是史料文献。它所表现的人物和事件须准确反映历史的本来面目,不能违背历史的真实,不能用演员扮演。可以运用历史影片数据、历史照片、文物、遗迹或美术作品进行拍摄。作品应具有文献价值,如《两种命运的决战》、《辛亥风云》、《新四军》、《大国崛起》等。

(2) 社情纪录片。它指报道当代社会生活中人物及近期发生的新闻事件的纪录片。它的性质与新闻专题片相近。选取社会生活中热点事件与典型人物。关注民情民风,关注老百姓的生存状况与人的命运,特殊人群是重点关注的对象。报道的范围不限于一时一事,结构也比较完整,如《龙脊》、《俺爹俺娘》、《沙与海》、《舟舟的世界》等。

(3) 人物传记片。它指记录人物生平或某一时期经历的纪录片。它与一般时事报道片或历史纪录片的区别在于以特定的人物为中心,不允许用演员扮演,也不可有虚构的情节和人物,如《邓小平》、《周恩来外交风云》、《革命老人何香凝》、《毛泽东》等。仅表现某一人物的某一侧面的人物肖像片、人物速写片等也属此类。

4) 人文地理片。它指介绍社会风俗、衣、食、住、行文化、城乡风貌,或探索一定地区的自然状况的纪录片,如《舌尖上的中国》《漫游柴达木》《话说长江》等。通常自然纪录片、风光片也可归入这类,如《接近白色的精灵》《小宇宙》《迁徙的鸟》《喜马拉雅》等。

第二,按文体分类,可以将电视纪录片分为新闻型纪录片、政论型纪录片、散文型纪录片、舞台纪录片、专题系列纪录片等。

(1) 新闻型纪录片。它强调对新近发生的、有新闻价值的事件或人物进行及时、迅速地反映,本质上与新闻报道片相同。其特点是真实性、现实性和时效性,如报道女排比赛的《拼搏》、反映海湾战争的纪录片。

(2) 政论型纪录片。它具有强烈政治理论色彩,是我国社会教育节目的一种形式。它对所报道的现实生活、人物事件或社会现象直接作出评论。其特点是政治性、逻辑性和论辩性,如《复兴之路》《少年启示录》等。

(3) 散文型纪录片。以记叙、抒情等手段创造一定意境,或反映生活原有形态的电视纪录片。其特点是文学性、抒情性,如《西藏的诱惑》《苏园六纪》等。

(4) 舞台纪录片。它指记录舞台演出实况的纪录片。对舞台演出的歌舞、戏剧、曲艺等进行现场拍摄、剪裁制作的艺术片,如《民间歌舞》《友谊舞台》等。

(5) 专题系列纪录片。它指在同一的主题下分别出片或连续出片的纪录片,其中各部分影片都可以连续放映,也可以各自独立,如《故宫》《近代春秋》等。

以上是两种常见的、主要的电视纪录片分类。其他还有按表现风格分类,将电视纪录片分为侧重写实型纪录片、侧重写意型纪录片;按片长来分类,可将电视纪录片分为单集和多集电视纪录片;按制作模式分类,可将电视纪录片分为商业纪录片、宣传纪录片、独立纪录片等。对于内容复杂、外延宽泛的电视纪录片来说,任何一种分类模式都存在局限,都不足以概括电视纪录片的所有类型。所以,我们要知道电视纪录片不同类型的交叉与融合性,以避免评析作品的绝对化。

3. 评析电视纪录片的主要方面

对于电视纪录片的评析,通常是从以下方面入手:选题及思想内容、表现手段及要素、创作风格等。

(1) 评析作品的选题及主题思想。在电视纪录片的策划阶段,主创人员如同一个探矿者,而整个拍摄过程就好比采矿,需要有所选择。在电视纪录片有限的篇幅中,想要事无巨细地交代清事件始末是不现实的。为了使纪录片充分发挥它的感染力,作品选题一定要以小见大,把视角对准最有震撼力、最有生命力的现实生活。如在《千里单骑回故乡》中,就将视角对准了6个渴望回家过年的人。他们用摩托车来对抗春运严峻的形势,6个人6天骑行2000千米,路上的欢笑和泪水无疑成了所有在外打工者在春运中的真实写照。如果作品只是泛泛而谈春运的票有多难买,春运的旅客路途有多艰辛,那选题虽然符合"大题材"的要求,但实际上却空洞无物。

与选题相关的是主题思想。要看作品主题思想是否正确、集中、鲜明、深刻,要看能否在作品中体现出深刻的思想。主题的好坏决定了一个纪录片的基本高度。改革开放几十年来,我国经济飞速发展,无论是物质生活还是人的精神世界都在发生着巨大的变化。电视纪录片应该以其形象的画面、典型的人物与事实、丰富的内容去反映这种变化。作品应直接关注并反映身处在变化中的普通人的生活,以小见大地反映大时代,体现深刻的思想内容。

(2) 评析作品的一体化镜语方式运用。镜语方式是指对于镜头语言的运用。电视纪录片特别强调一体化镜语方式的运用,突出表现在对长镜头的情有独钟。一体化镜语方式能较好记录行为时空的原始面貌,记录形声一体化的行为活动,使得电视纪录片中人和事物的活动具有一种符合人们日常生活经验的逼真感。正是这种纪实本性,使得电视纪录片有着其他电视节目形态所无法替代的价值和魅力。电视纪录片中应尽可能多地运用长镜头,纪实性强,能给人逼真的参与感、现场感,可以淡化主体意识,客观地展现生活原貌,酝酿某种特定的情感。所以在评析时,我们要对作品中一体化的镜语方式运用进行考量。

(3) 评析作品的表现手段及要素。作品的表现手段及要素也是评析的重要方面。电视纪录片的表现手段有很多,大致包括结构安排、细节描写、蒙太奇手法等方面。作品结构可以分为纵向结构、横向结构、点面结构、递进结构等。评析一篇电视纪录片的结构安排,一是要看其是否与"最重要的事实"直接相关,充分表现主题;二是看其是否简要清晰,易于受众理解;三是看其是否灵活多样,富有创新性。

细节是构成纪录片中的人物性格、事件发展、社会情境、自然景观的最小单位,包括动作细节、神态细节、物件细节、环境细节等。评析一篇电视纪录片的作品细节,一是要看其是否真实典型,反映事物特征,具有说服力;二是看其是否简洁、精炼。

蒙太奇手法包括重复蒙太奇、象征蒙太奇、平行蒙太奇、交叉蒙太奇、对比蒙太奇等。评析一篇电视纪录片的蒙太奇手法,一是看其是否贴切、生动,能否产生特殊的艺术效果;二是看其是否很好地进行叙事、表现思想内容。

电视纪录片的组成元素也有很多,主要有解说词、画面、同期声、音乐、语言、字幕等。这些元素的形式不同,所负担的任务也不同。对其组成元素分析也很有必要。以电视纪录片的解说词为例。它是画面、同期声等元素表达的重要补充,其叙事功能是不可替代的。若其他元素已经表明的信息,解说词可以不再重复。从总体上看,电视纪录片解说词具有真实性、通俗性、艺术性、哲理性和抒情性,解说词要求精炼和明晰,采用第三人称。解说语言要朴实、自然、流畅,以说为主。但艺无定法,纪录片解说词有时打破常规的一些创意也可能给影片带来意想不到的效果。比如《俺爹俺娘》中,创造性地用第一人称来写解说词,通过"我"的描述,使情节更加真实可信,真挚感人。对于其他电视纪录片的组成元素就不在此具体论述了。

(4)评析作品的创作风格。写实与写意是纪录片的两种艺术手法。但纯写实或纯写意的纪录片很少见。通常,制作纪录片还要注意平衡好写实与写意之间的关系。好的纪录片纪实中融汇写意,写意中蕴含纪实,体现为一种虚实相生、情景交融的综合美。例如,纪录片《沙与海》真实记录了宁夏、内蒙古交界的牧民刘泽远和辽东半岛的渔民刘丕成的生存故事,但其中又运用了许多意象,苍凉孤独的沙漠、充满变数的大海,尤其是结尾处沙漠与海的画面交替,更是意蕴悠长,体现着一种凄美与希望的结合。纪录片创作中需要写实、写意交替使用,叙事时运用写实手法,抒情时调动写意手段,使两者有机地结合在一起,构成一部具有独特创作风格的作品,使观众在真实美和抒情美中受到启迪和艺术感悟。我们在评析电视纪录片时,其创作风格当然也就成了考量与评析的特别方面。

文 本

沙 与 海

解说:每天清晨,牧民刘泽远一家都要集中在这间屋子里喝早茶。这是一户7口之家。他们居住在宁夏和内蒙交界的腾格里沙漠。刘泽远共有5个儿女,他们的早茶时间大约是在清晨6点钟左右,早茶实际上就是早饭。利用这短暂的时间,刘泽远要向全家人分派一天的工作。

27年前,当时还是农民的刘泽远离开人多地少的家乡,从甘肃来到宁夏和内蒙古一带打工干活,到这定居已经8年了,他是牧民可并不"游牧",和草原上的牧民相比,生活要安定得多。

井蛙岛由于有这一口井而得名。在这方圆还不到一公里的小岛上,渔民刘丕成一家已经有三代、60年的居住历史了。井蛙岛位于辽东半岛黄海水域,离它最近的岛叫大王岛。离它最近的县城是辽宁的庄河县,离这里大约有15海里。刘丕成今年50岁,自从出生到现在,没有离开过这里。

离刘泽远家不远的地方有一个很小的天然湖泊。夏天雨水积蓄,水面开阔,到了冬季湖面萎缩起来。刘泽远很想把湖水利用起来,他曾经试图养鱼,结果呢却令人失望,据说是沙漠中水温变化大,鱼类无法生存。刘丕成8年前承包了一片海面搞起贝类养殖。随着海产品在市场上走俏,价格不断上涨,他的家业也开始发达起来。有人猜测,他目前存款不少于40万元,还有固定资产30万。而他本人却从不愿透露这方面的消息。

[同期声]

刘丕成:我们每天就是下网的、养殖的,每天就是出海打鱼的、晒鱼的、加工的,每天都是工夫。我们是以潮流为标准,我们就是按潮流走。初一呀,十五呀,十六呀,是一个潮。大海的流和大陆不一样。出海打鱼非得讲流,不讲流是不行的。

解说:牧民刘泽远现在拥有190只羊,20多峰骆驼以及划归给他使用的一片草场。国家根据每年的草场情况和干旱程度下达收购任务,并向他们提供商品粮。

刘泽远通过交售羊肉、羊毛、驼毛等获得收入。去年大旱,(家庭)草场几乎没有什么草,政府安排他们到几十公里以外的(封闭)草场放牧,并保护性地停止了收购任务。去年刘泽远一家收入5000多元。沙漠缺水,刘泽远在家门口挖到3米深打出一口井,现在他们家包括牲畜用水都靠这口井。

自承包以来,刘丕成一家人精打细算、辛勤劳作,使家业迅速发达起来。这种发达,使刘丕成经常感到恐慌。生产规模的扩大,劳动力不足,刘丕成只得雇佣劳动工人,最多时雇工人数达到十几人。这些雇工几乎都是来自内陆地区,主人除管吃住外,每人每月要发300元左右的工资。搞养殖的工作量远比搞捕捞的工作量轻松,所以很多人愿意来干。刘丕成不愿让这些雇工在有外人在场的情况下叫他老板,同时,对我们的采访拍摄表示反感。他强调他的家庭收入和周围渔民相比并不算富,既然是宣传就应该拍那些家产已是上了百万的,他甚至抱怨那些介绍我们来的人是在有意看他的笑话。

在沙漠里,春天是个十分严酷的季节,一场接一场的风沙,会使刚刚露头的小草无影无踪,牲畜因无草可吃而受到死亡的威胁。刘泽远为补充饲料的不足,每到春季要开垦沙地,播撒种子。

[同期声]

记者:在沙地上你都种些什么呀?

刘泽远:木樨、青稞、谷子、高粱。

记者:能种活吗?

刘泽远:活呢,只是刮风就保不住苗,一刮风就把苗打死了。

解说:刘丕成主要是搞海红养殖。这种水产物是靠浮在海面上的浮漂而固定在水中,遇到大的风浪,这些海红会被冲得无影无踪。去年的一场风浪就使刘丕成损失一万多元,当海潮将要到来时,刘丕成总是为此紧张,他甚至羡慕在陆地上生活的人,因为在陆地上不管种什么,一定会有一种实实在在的感觉,而在海上一切都是漂浮着的,随时都可能无影无踪。

大风过后,刘泽远一家人最要紧的事情就是去寻找那些迟迟不归的骆驼,因为那些病弱的骆驼往往会在突如其来的风暴里倒下。

[同期声]

刘泽远:骆驼一冬天乏得很,送到这吃草,来了风就没找着,等找着它时在那边呢,这已经是第四个晚上了。找着就躺倒了,起不来了。这两天刮大风,有人过来告诉我骆驼不行了。来了想把它抬起来,可它起不来了。

记者:你们天天都来看吗?

刘泽远:天天看,这几天每天三四回来看。为啥这些天我这么忙呢?这边跑两三趟,那边跑两三趟,几个人都跑着呢,那边的骆驼就不行了。那里就是刮大风,压住就……

解说:一场风浪过去,刘丕成要为收拾残局耗费很大的精力。他年轻时曾搞过远海捕捞,当时是合作化,青壮劳力很多,凭力气他也能吃饱肚子,并且不担风险、不费心计。当门前这片海域由他自己经营时,便始终不得轻松。刘丕成认为,钱挣得越多,说明这条路行得通,总不能放着路不走,把已经到手的家业毁了。虽然各种事情压得人喘不过气来,可越是这样,越是停不下步子,就好像被海水推着走一样,钱挣得越多越停不下。

无论是大海还是沙漠,对于刘丕成和刘泽远来说,都是无法与之抗拒的庞大怪物。无论是生存还是发展,他们似乎都走在同一条道路上,那就是顺应。天长日久,当他们跟周围的环境逐渐协调起来的时候无论面对什么情况,他们都会镇静而有秩序地加以对待。除了天气预报,外部世界的其他消息对他们都是无关紧要的。

[同期声]

记者:你在这儿生活觉得憋闷吗?

刘泽远的二儿子:觉得憋闷、孤单。

记者:愿意在这儿生活下去吗?

刘泽远的二儿子:不愿意。想出去学车。

记者:有没有这个机会?

刘泽远的二儿子:有。

刘泽远的大儿子:老二反正家里是待不住,老三上学呢,现在就剩我了。妹妹出嫁就不在家了。

记者:弟弟妹妹都走了就留下你,你是不是觉得更孤单一些了?

刘泽远的大儿子:没事,人生嘛,就这么个……

记者:一天下来累不累?

刘泽远的大儿子:累倒不累。

记者:生活上觉得苦不苦?

刘泽远的大儿子:生活上不觉得苦,就是太孤单。

刘丕成:我父亲30岁来的,他今年90岁了,那几年生活可不行了,大陆上种地,粮食不用买,这里什么都得用钱。

记者:在这里生了病怎么办?

刘丕成:生了病一般备些常用的药,大病实在不行了,就往大岛上送。在这里,小命反正是交给天了。

解说:离刘泽远家门不远的地方长着几棵沙枣树,是种植的还是自长的,谁也搞不清楚,从来没有人为它浇水,然而这几棵树每年都开花结果。沙枣树耐干旱和寒冷,结出的果实就叫沙枣,果实是甜的,又非常涩。刘泽远每年都要去打枣,并告诉他的孩子们:"沙子里长东西太难,不收回来,落到地上,再刮一场风就什么都没了。"

[同期声]

记者:你上过学吗?

刘泽远:没有。

记者:你的孩子都上过学,是吧?

刘泽远:孩子都小学毕业了,最小的还在小学。

记者:你愿意让他们上学吗?

刘泽远:我当然愿意。看他自己学进去学不进去,学不进去就没有办法了。

记者:让他上学好不好啊?

刘泽远:我感觉好嘛。我一辈子没念书就哪儿也跟不上。

记者:什么意思?

刘泽远:就是国家新来的什么政策都不懂,等知道就迟了。学校里教什么就是什么,在家里究竟学的啥情况我也不知道。他说写完了就写完了,他说对了就对了。

解说:刘丕成时常抱怨家里缺乏劳动力,对这个儿子,刘丕成认为是继承家业的唯一希望。

目前儿子还小,将来他是否还乐意在这个孤岛上生活,谁也说不准。刘丕成经常为家产很可能会后继无人而悲哀。

刘丕成和刘泽远一样都没有上过学,他们都希望自己的孩子能够多念些书,这样,将来有机会去干大事情。同时他们各自心里也很清楚,这样的环境和条件,孩子们的上学能上出什么名堂也实在不是一件容易(知道)的事情,更重要的是无论海岛还是沙漠,家业都需要有人来继承。

[同期声]

记者:你平常在岛上都喜欢干些什么呢?

刘丕成的女儿:我喜欢赶海。

记者:喜欢赶海?

刘丕成的女儿:嗯,在家里待着没有什么意思。

记者:每天都出来赶海吗?

刘丕成的女儿:天天落潮我就出来赶海,赶海什么时候都能赶到。基本上我天天出来赶海。

记者:你父母希望你找个什么样的人呢?

刘丕成的女儿:找个跟我们家差不多,门当户对的。

记者:那你呢?

刘丕成的女儿:我不那么想,找个一般的,不怎么有钱的,我觉得有钱人太狂了,不怎么喜欢他们。

记者:不喜欢有钱的,你喜欢找个什么样的?

刘丕成的女儿:找一个海上平常的人家,家里的人各方面都行的,不说有钱也不是太穷那样的。

记者:就想在这是吧?

刘泽远的女儿:嗯。

记者:结婚了没有?

刘泽远的女儿:没有。

记者:找着对象了吗?

刘泽远的女儿:找了。

记者:在什么地方?

刘泽远的女儿:在纳格图。

记者:家离这儿有多远?骑骆驼得多长时间?

刘泽远的女儿:7个小时。

记者:这么远的路你们怎么认识的?

刘泽远的女儿:别人介绍的。

记者:准备什么时候结婚?

刘泽远的女儿:还没定呢。

记者:你想不想离开这个地方呢?

刘泽远的女儿长时间低头沉默。

解说:刘丕成在城里买下的房子至今还在那里空着。尽管他有时抱怨事情太多,恨不能把家产一卖二光,离开这个地方。但说归说,事情该干还是干。随着儿女们一年一年地长大,刘泽远感到现有的家庭收入还不能满足需要。

拉骆驼搞运输算是艰苦但挣钱快的路子。单调和孤独使他的孩子们难以忍受,外边世界的物质和精神生活,对他们包括刘泽远本人诱惑都是巨大的。

刘泽远计划要尽快去购买一台风力发电机和电视机,让家人都能在明亮的房间里叙话、看电视,不这样的话,年轻人的心是拴不住的。无论是沙漠的刘泽远还是海岛的刘丕成,他们在建立家业的道路上,都经历了说不尽的曲曲折折,无论他们是穷还是富,他们同样做出了努力。同时他们还同样地为他们的后代不停地做出规划和设计,同时他们也同样地为他们的后代能否把这份来之不易的家业继承下去大伤脑筋。有一点他们深信不疑,人生一辈子,在哪活都不是一件容易的事情。

(康健宁、高国栋,1991年出品)

评析

沙中荆,海中藻
——评析《沙与海》

《沙与海》是康健宁与高国栋于1989年拍摄,后来合作制作的一部人文纪录片。康健宁和高国栋,分别是宁夏电视台和辽宁电视台的导演。该片1991年获得了第28届亚洲广播电视联盟大奖赛的大奖。它是中国第一部获亚广联大奖的纪录片。本片记录了宁夏与内蒙古交界的一户游牧人家刘泽远和辽东半岛的一个渔民刘丕成的生活,通过这两户人家同与不同的比较,通过"沙与海"的对话,来表现一种人文关怀,一种对个人生存状态的思考。该片对于人性的把握相当到位,在表现人与自然的对抗中,既有对自然的忍让和谦和,又有人类特有的生存意志,将人类的坚韧不拔表现得淋漓尽致。

本片分别讲述生活在沙漠的刘泽远一家和生活在海边的刘丕成一家的故事。他们有着相同点:他们孤独,为了生活就得不断与恶劣的环境作斗争,但他们都舍不得离开。本片巧妙地运用平行蒙太奇的手法,将两个相隔千里的人的生活交织连接在一起,来叙述人与自然的矛盾,两代人之间的矛盾。海上的刘丕成觉得在海上一切都是飘忽的,还是在陆地上好,踏实,然而看到沙漠中的刘泽远,我们不禁感叹陆地也未必那样好,两者又产生了对比,这样比起单独叙述一件事情更加丰满、吸引人。片子结尾的一句话起到总结作用:人生一辈子,在哪儿活都不是一件容易的事情。

《沙与海》采用平行式蒙太奇拍摄方法,首创了双线索交叉进行的模式,将两户人家的日常生活分别呈现给我们。看似毫不相干,但总能找到共鸣的地方。狼嚎的部分,让该片鲜活起来,但又不失自然、真实。我们真切地感受到在那个改革开放初期的年代,生活的纯真与质朴。

结构上,平衡对称,错落有致。整个片子非常严格地按照介绍完刘丕成之后,紧接着介绍刘泽远的顺序,两户人家,一个在湛蓝的大海上,一个在银色的沙漠里,两种地方风貌穿插,让人感觉清晰有序,新鲜不刻板,不会给观众造成视觉疲劳。

就拍摄方面,本片多用远景和特写。由一个人的生活转向另一个人的生活时,镜头的切入往往是先运用环境的描写再逐而转向人物的故事。比如讲刘泽远时,先拍了一个沙漠的远景,继而通过旁白的解说慢慢将画面转移到人或事物上去。再比如讲刘丕成时,多数时候是先拍海的远景,或者海鸟之类的渲染环境的景物,然后再拍摄事物的中心人物。这样更有生活感、真实感,让观众对他们的环境有更深刻的了解。用众多的面部特写来表现出人物沧桑的面容和复杂的心理活动。生活的磨练在他们黝黑的脸上和手上留下一道道沟壑。

本片导演对镜头的把握可谓登峰造极,其中3个镜头将本片推向高潮。

其一,沙漠中刘泽远和儿子捡枣的整个场景。这一系列动作不但完整再现当时的场景,同时我们能体会到镜头语言的灵魂。他的捡枣过程尤其是面部和手部的特写镜头、满是皱纹的面部给人以饱经风霜的印象,沙子从他粗大的手指间漏过刻画出他对于沙漠中长出的果实的爱惜,也表现出这位沙漠中的牧民坚强不屈的抗争品格。但编导的这种强烈感情不是通过旁白说出来的,而是通过画面客观记录,通过特写和近景的交替运用让观众自己感受出来。在沙地上,一粒粒小小的沙枣铺在地上,红色与黄沙形成明显的对比,给人一种视觉鲜明的感觉,苍老的手一粒粒把它们拾起。同时,远景也让我们感受到,在茫茫沙漠中,父子俩是那么的渺小,但他们还是坚强地与沙漠抗争着。

其二,刘泽远的小女儿滑沙场景,导演先是跟拍后是仰拍,小女孩红色的身影在高高沙丘上快乐地跑着,小小的身影独自一人,我们感受到了她的孤独。可她依旧能快乐地从沙堆上滑下来,沙子像水一样被激起层层波纹,她快乐的滑动手脚,自己高兴地玩耍着,我们看到了她的天真纯洁,她的贴近自然,适应自然,这仿佛是一首生命的赞歌。

其三,对刘泽远大女儿的采访,当记者问她是否要离开这里时,给了她很长时间的没有语言的面部特写,我们可以看出她内心的矛盾挣扎。在沙漠的大风过后,刘泽远一家坐在沙地上,镜头分别给了他们每人一个特写,他们的脸上有一种劫后的茫然,还有着为骆驼们的担忧。这样的一个个特写结合在一起,给予了我们一个立体的人物,我们可以体会到他们复杂的心理活动。

本片是一部纪录片,纪录片的一大特点就是真实,但真实并不单单指客观现实的真实,它同时也是创作者主观的真实感受,是创作者将他的理解告诉观众。本片通过事实本身的含义,用画面引导观众思索。生活画面更能体现片子的真实感,房檐下的燕子、跳进水里的孩子、吸烟的神态等,同时这些看似简单的镜头也有着它更深的含义。

本片的音乐选择绝对是一个亮点。看一个片子的元素是不是一个亮点,我觉得是以观众的第一印象的视听为基准的。如果观众看到一个画面,听到一句话,能突然一惊,有被激活的感觉,那么,它绝对就是亮点。本片的音乐运用就有这种效果。特别是在画面刘泽远的小女儿在沙漠里摸爬滚玩里面,以及刘泽远在捡沙枣的时候,音乐效果能让人动容。本片音乐的运用还有一个特点,就是统一。统一表现在3个方面:一是整个片子的统一,半个小时看下来,没有出现第二支曲子,只有一支曲子,没有杂乱的感觉,而且非常受用;二是这个片子在介绍渔民刘丕成的时候,都没有配音,音乐只是统一出现在介绍沙漠里的刘泽远一家的时候,最妙的是,尽管这样安排,但丝毫不会给人一种偏得介绍刘泽远一家的感觉,整个片子下来,依然流畅自然;三是连片尾的音乐也是同一支曲子。

这个片子的创作者能巧妙地利用一些空镜头,化腐朽为神奇,本来是完全可以不要的镜头,却运用得富有情趣。比如,刚开始介绍渔民刘丕成的时候,他的小儿子从渔船上纵身一跃,像鱼儿一样跃入海里,这个画面非常生动,摄像不但及时捕捉到了,编辑也很有眼力把它很好地运用起来,富有趣味性。在记者采访牧民刘泽远的大女儿时,有这样一个画面:记者问她想不想离开这个家,这个女孩子沉默了很长一段时间,这个沉默是很耐人寻味的,它非常传神地从侧面表现了沙漠里生活的闭塞、年轻人的孤独。

这个片子的解说词也具有深刻性。比如,在介绍渔民刘丕成的时候,有这么一句:"生活像被海浪推着走",这句话化抽象为具体,很有修辞效果。比如,"除天气预报,外面的生活对他们无关紧要",这样的生活对我们来说简直无法想象,但却是他们最真实的写照。再比如,"钱赚得多,说明这条路行得通","人生一辈子,在哪儿活都不是一件容易的事",非常口语化,但很有哲理性。这些都在侧面为升华主题服务。

这个片子尽管有很多优点,但还是有一定的局限性。我们同样以一些人文类的纪录片来做比较。在结构上，虽然是两户人家，两个地方风貌的穿插，平衡对称，在修辞上有一种"反复"的美，看起来安排得当，但不够精巧。衔接上比不过《俺爹俺娘》，《俺爹俺娘》里空镜头和照片做到了完美融合，这个片子基本上结构就是一条线索，它不像《龙脊》，除了以时间为线索，民歌也是一条线索。这个片子更简单，直来直去。字幕由于受时代的局限，以这种简单的形式出现无可厚非。编导的主观意识过于浓厚，是本片的另一个不足，它使整个纪录片看起来又有专题片的痕迹。

看完这个片子，我们看到了现在还在延继、继承的特点，这些特点经过时间的过滤，还保留下来，那应该是经典的、优秀的。同时，这个纪录片的不足之处也正好反映出中国纪录片的进步。

文本

俺爹俺娘

（节选）

（冬季的鲁中山区，白茫茫的山野沐浴在金色的晨光中，空气清新而凛冽，近处清脆的鸟鸣和远处传来的公鸡啼叫声，使小山村更显得格外静谧。一只乌黑的摄像机镜头正在慢慢摇下来——山上，焦波正在拍摄。）

[字幕]——

解说：在鲁中山区，与沂蒙山毗邻，有一个小山村，那里就是我的故乡，住着我的年迈的爹娘——

（山脚下村子的全景。叠出爹和娘刻满深深皱纹的脸。）

（太阳快要从山背后爬上来了，天边被映得很红；深黛色的山坡、田野和小路都披着白霜。一个老汉的歌声从远处传来。）

[同期声]（歌声）

同志们呀个个要听真，咱为了救人民参加了八路军，在家里咱本来可都是些老百姓，革命的战士你不要忘了本……。

（村中心，温暖的朝阳照在一段古时候留下来的残垣上——它是村子的标志；斜对面就是焦波爹娘的房子，房顶上覆盖着积雪；家对面是一个叫"宫厅"的老式学堂。）

[字幕]山东省淄博市博山区天津湾村

解说：听俺爹说，1938年日本鬼子占领我们村的时候，强迫村民们办"良民证"，俺爹俺娘算是拍了一次照，但交了双份儿的钱，却没见着那个手指肚大小的照片。以后，爹娘到60岁都没拍过一张照片——因为穷，所以我一直都不知道爹娘年轻时是啥模样。

（从山上俯拍山脚处的几间平房——那是一所山村中学。一棵孤零零的小树枝上挂着一个老式的120照相机。）

[字幕]博山区李家乡福山中学

解说：直到1973年，爹娘都已经是60岁上下的人了，那时我还在一个偏远的山村中学当教师，我的女朋友有一台她爹送给她的老式德国相机。我第一次带女朋友回家的时候，给爹娘拍了一张合影，这就算是俺爹和俺娘最早的照片了。

（一张发黄的老照片，小院房前，爹娘神情紧张地坐在前排，年轻的焦波和女友站在后面。）

[字幕]——
[同期声]

焦波：你看我爹娘，多年轻啊！这张照片，我和我爱人在后面都有点虚，因为急急忙忙跑上去，还没准备好，自拍嘛！你看我爱人还在舔嘴唇，我只照上半张脸，但是当时胶片也特别紧张，也舍不得拍第二张。

（家里墙上的宣传画，上面有"支援四化"的字样；老学堂已经变成了小卖店，门口站着一群老头正向这边愣愣地瞧着。）

解说：又过了15年，到1988年的时候，俺爹和俺娘第一次拍电视，对着镜头，他俩连路都不会走了。

（娘探出半张脸，不知所措地看了看，又躲到了门后。）

[字幕]摄于1988年 娘76岁／爹74岁
[同期声]

焦波：（喊）别藏！你躲躲藏藏，你别藏！

（村里的妇女们挤在院门口，伸着脖子往里看，哈哈笑着。娘跟在爹身后，爹不知该往前走还是该往后退，上一步、退一步，上一步、退一步，回头看看娘；娘也跟上一步退一步地"踏步"，围观的妇女们笑成一团。）

一妇女：还那样走路呢！

（特写：娘的一只小脚抬起来，又落下。）

解说：得！再走一遍吧。

（娘手里拿着簸箕向镜头走过来，爹站在旁边看着。）

[同期声]

焦波：（导演着）你走啊，你走啊！俺爹站到上面去。（爹反应迅速地往台阶上跑，妇女们笑。）来来来！到这来，到这来。

娘：（娘的小脚在泥地上一滑）哎哟呵！

（娘走到镜头前又不知所措地傻站在那儿，妇女们又笑。）

（一个普通的农家小院，土垒的围墙边杵着一片大石磨，院里挂着一串串黄玉米，泥墙上的炉筒子冒着炊烟。）

……（略）

[同期声]

焦波：因为我们家的责任田在（山）上边，所以每天我父母就是沿着这条小路，结伴到山上去干活。（从山上俯拍那条弯弯曲曲通往山上的小路。）有一天，我就在这儿抓拍了一张——

("咔嚓"一声,照片:同景别的小路上,老态龙钟的爹娘拄着木棍儿、驼着背往山上走着;爹的肩上扛着长长的扁担,走在前面,瘦小的娘看上去只有爹身材的一半大,有些跟不上了。)

[字幕]摄于1997年

焦波:当时我爹已经83岁了,我娘85岁,但是他们在这个年龄,还在干活!我就问我娘:"你还下地干活吗?"她说:"去!人活着不干活干什么?"

焦波:这就是我们家里的责任田,我爹和我娘就在这儿割麦子。我娘拾了一大捆麦穗,当她一起身的时候——

("咔嚓"一声,照片:娘手拿一捆麦穗站在已经割了一半的麦田中间。)

[字幕]

焦波:在一个广袤的天地下,我娘那矮小的身躯,就站在那个田地里。在这张照片下面,我写了一行字:"平平凡凡的爹娘啊,你们是儿子心中至高无上的生命雕像。"

他们这一辈子、这一生啊,就是在辛辛苦苦的劳作中渡过的。

(照片:烈日下,爹娘在晒谷子;爹娘在用脱粒机脱粒,纷飞的糠屑中,爹银白的头友和胡须格外耀眼;娘哈腰用手去捧散落在地上的谷子;爹娘并排坐在院里扎笤帚。)

解说:爹娘终年辛辛苦苦地干活,把儿女们一个一个养大成人;儿女们又一个一个地远走高飞了;然后,家里的爹娘老了。

(院里的房门。叠同景别照片:房门前老少三代16口人的合影。)

[同期声]

焦波:这是我家的第一张全家福,1985年拍的,当时我刚到淄博日报,也是第一次使用彩色胶卷。我爹70岁,我娘72岁;这是我大哥,患痴呆病的大哥;我大姐那个时候生活很困难,现在看起来比那时候还年轻;我二姐。

[字幕]——

(照片上穿着皮夹克、戴着鸭舌帽的焦波,显得很时髦。)

焦波:这个就是我,刚到淄博日报,那个踌躇满志的样子啊!这是我爱人。这些孩子现在也都大了,有的已经有了孩子;这里面出了4个大学生,还出了一个硕士生,还有一个博士生!这是我儿子。

(照片上8岁的焦剑特写,叠照片:院门口,娘满脸欢喜地扶着1岁的焦剑学走路。)

[字幕]——

解说:我儿子的第一步,是在娘的搀扶下开始的。

(照片:娘坐在门槛上给5岁的焦剑喂饭,手中的羹匙举得老高,焦剑却一脸烦。)

(韩蕾、焦波,浙江电视台2003年)

评析

平凡中的震憾
——评析《俺爹俺娘》

《俺爹俺娘》从焦波给爹娘拍摄的万余张照片中精选出120幅,配以朴实文字,记录了两个世纪老人30年间的生活片段,真实、质朴,影印出一个个真情瞬间,编织出一个游子思念家乡、想念爹娘的图片散文故事。该片以独到的艺术感觉、精湛的电视语言、细腻的表现手法,生动地讲述和表达了埋藏在人们内心深处的厚重的情感,引起了广大观众的强烈共鸣。

1. 故事吸引观众,抓住细节拍摄

作为一部只有30分钟的纪录片,很难让观众看后留下深刻印象,但这部《俺爹俺娘》的拍摄让所有人看后都会有所感动,其最主要的原因是故事感人,导演抓住了俺爹俺娘生活的一些小细节去拍摄。在作者眼里他为爹娘拍摄的每一张照片都是一个故事,片中有一段是这样叙述的:当焦波考上师范时,在临走前父母给了他三样东西:一个125元钱的上海手表,一部120元的青岛金路自行车,然后就是一件半大衣,那时候家里连肉都很少吃,但却在临走前父母送了焦波这样昂贵的东西,之后57岁应该退休的父亲又背着木匠箱子到城里打工,有一次焦波接到电话,说父亲受伤了。焦波马上赶到父亲打工的地方,他看到低矮的工棚,他父亲就是躺在那杂乱的房间里,手上缠着纱布,纱布上布满血,那时父亲不舍得吃白馒头就跟其他人换黑馒头,焦波看到后,心里很难受,从那以后焦波感觉自己更加理解父亲了。就是这样一段短短的画面,让人很难忘,拍摄中作者运用了大量的空镜头,虽然看似简单,但是这些画面都是焦波的真情流露,之后画面衔接的是父亲和重孙女背诗的情景,这又给人一种很和谐、幸福的感觉,让观众看上去一家人其乐融融。这种情感起伏的变化更加使作品感人。导演还抓住了很多细节拍摄,比如照片中父母第一次接电话的情景,和生病的母亲为了看儿子的摄影展带病来到北京去观看。这种很小的细节,导演掌握得很好,虽然没有重点去拍摄,但会给人一种强大的暖流,感受到年迈的父母对自己子女的关爱。

2. 多种镜头的恰当运用

这部电视纪录片中,有很多的空镜头和拉镜头的画面。比如在我离家娘送我的那一段,娘用微微的手电光一直照射着我要走过的路,我沿着微光往前走,在我越走越远,路上的光越来越暗的时候,我以为我娘已经转身走了,但在我猛的一回头,就看见那束光还在那里晃动,光的后面就是我的娘。在这组画面中,基本上都是空镜头,也运用了和照片的结合,在还是那天母亲打着手电送我的路上,没有任何人物的拍摄,只有那漫长的路,和结合母亲那矮小的身躯的照片。让观众看后,有一种心疼母亲的感觉,无论在哪里,当你回头,看到的总是母亲,这就是母亲所给予你的爱。还有当我去到大姐家看望母亲时。在临走时,母亲那渺小的身躯又站在了窗户前,向我挥手告别,开始镜头是以一个全景展现母亲在窗内的情形,后来通过镜头的往后拉,母亲的身躯也越来越小,这个画面可能并不起眼,但却用镜头拉长的画面,看到母亲向儿子挥手时一种真挚的情感,还有当父亲在背"静夜

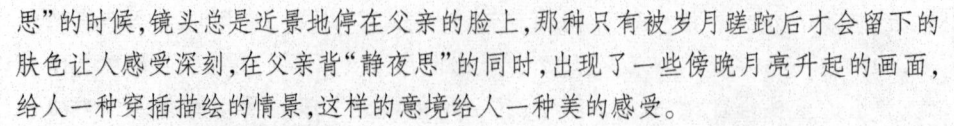

思"的时候,镜头总是近景地停在父亲的脸上,那种只有被岁月蹉跎后才会留下的肤色让人感受深刻,在父亲背"静夜思"的同时,出现了一些傍晚月亮升起的画面,给人一种穿插描绘的情景,这样的意境给人一种美的感受。

3. 声音画面的完美结合

影片开篇描绘的是焦波的家乡鲁中山区的景象。之后我们听到的是父亲唱的那首革命歌曲,这首歌给人一种很朴实的感觉。这也为后面的拍摄定下了一个基调。之后我们随着画面的推移,看到的是一个村庄安静的情形,听到是一声声的鸡鸣声。这体现的是焦波对自己家乡和对自己父母的思念。这样一个纪录片"我"用了自己(焦波)的声音话语来描述,也运用了画外音的旁白来进行相互拍摄。焦波自己所叙述的声音给人一种现场、朴实的感觉,让人觉得真实。而画外音的介入,可以渲染情绪,讲出一些焦波本人描述不到的话语,更加的具体。这部片子给人一种感动、真实的感觉,还有一个原因就是在拍摄的时候运用了大量的同期声。让我们可以感受得到主人公人物的心情以及发生的各种事情。我们也能听到主人公的对话,从他们的话语中观众们看到一个朴实的农村夫妇的各种生活状态。在影片最后结尾的过程中我们听到焦波在大山深处高声呼喊"爹,娘"的声音中,我们被他所震撼。这两声巨大的呼喊声,喊出了儿子对父母所有的思念和爱。这是一种声嘶力竭的声音,让人感动,让人心疼。

看完这纪录片后,俺爹俺娘的形象深深地烙印在我们心底。他们那份无私的、质朴的爱感动着我们。这部纪录片所蕴含的是千千万万个家庭里父母对子女的爱及子女对父母的爱的一部代表作,它的精神是属于整个民族的。

电视纪录片《俺爹俺娘》以它质朴的艺术表现与真挚的感染力,在国内外获得了许多奖项,如"中国广播电视新闻奖"长片一等奖;2003"中国·横店影视城杯"纪录片大奖、"最佳撰稿"单项奖;第十届(2003年度)中国电视纪录片学术奖短片特别奖、"最佳编导"、"最佳撰稿"奖。在2005年1月法国FIPA电影节"法国中国日"展映,产生了广泛的社会影响与好评。此后,根据焦波为父母拍摄的照片等资料改编成了一部24集的纪实连续剧,于2007年首次在中央电视台播出。

文本

接近白色的精灵

(节选)

第一集 乌梁素海的形成

150年前,受地球自转巨大偏向力的影响,黄河在"几"字形大拐弯处发生了一次大规模的改道。留下的月牙形老河道,慢慢形成了一个有300平方公里的巨大湖泊——乌梁素海。

这个年轻的湖泊正好出现在从西伯利亚到中国南方之间古老的候鸟迁徙的路线上,大约在20世纪40年代,也就是60年前,一群天鹅落在了湖面上……

第一次尝试

60年后,动物片摄影师刘宁来到乌梁素海,这里生活着疣鼻天鹅,它是芭蕾舞剧天鹅湖中白天鹅的原型。当刘宁第一次在乌梁素海的湖面上看到疣鼻天鹅时,他被这白色精灵的高雅震惊了,但他很快就发现,疣鼻天鹅对人非常警惕,无法接近,普通摄像机的镜头够不着它,在湖上奔波了几天,只在录像带上留下了一些远远的白点。

片名:接近白色的精灵

[回到北京]

回到北京后,那群白色精灵的影子一直萦绕在刘宁的眼前。他下决心一定要拍摄一部乌梁素海疣鼻天鹅的动物片。

[同期声]

但是,最令人头痛的仍旧是,怎样接近那些高度警觉的天鹅。

几个月中,刘宁绞尽脑汁,自己制作了不少特殊器材,设计了各种拍摄方案。

这是刘宁的方案之一,这个胸前藏有摄像机的家伙将被派去接近野天鹅,刘宁有些担心,这个办法会不会低估了疣鼻天鹅的智商。

[摄制组开进乌梁素海]

2002年3月,内蒙西部寒风料峭,动物片摄影师刘宁和他的摄制组又一次向乌梁素海进发。车离乌梁素海越来越近了,空气中已经能嗅到大湖的气息。

这一次,刘宁带来了特殊的镜头,这些笨重的器材是现代光学技术的杰作,可以将百米之外的一只麻雀拉近到眼前。另外,摄制组的行囊中还有各种专门设备。

老张,乌梁素海本地的生态管理员,刘宁上次来结识的朋友,后来成了整个拍摄过程中的一个关键人物。

[天鹅归来]

春天,温暖的阳光驱动着候鸟们向北迁徙,它们其中的一部分就选择了这个由黄河指引的、营养充足的湖泊。

整个的湖面像是一个巨大的自助餐桌,鸟儿们使用着不同的手段从这个餐桌上取得自己喜欢的食物,从它们饥饿的样子,可以想见长途飞行带给它们的体力消耗和艰辛。

摄制组在湖中艰难跋涉,乌梁素海是一个浅水湖,在芦苇长出来之前,发现天鹅并非特别困难。

此时,在他们头顶的天空中,本片的主角正从南方飞来。这是一种极有飞翔天赋的鸟儿,它们强健的翅膀在早春的寒风中扑动。

看到天鹅们不断地从天边的迷蒙中出现,由远及近,画着优美的弧线落在湖面上,刘宁激动不已。

[集体用餐]

高倍率的望远镜头立即显示了威力,从镜头中刘宁欣喜地看到,正在觅食的疣鼻天鹅好像近在眼前。

[出刘宁拍摄镜头]

……（略）

[空镜，夏到秋]

小天鹅已长大。

芦苇黄了，秋风瑟瑟，小天鹅已经明显地长大，它们几乎和父母的个头相差无几了，只不过他们的羽毛是灰色，嘴是黑色的，它们依然对父母言听计从，形影不离。

从夏天到秋天，小天鹅一直在看别人飞翔，足足在乌梁素海的水面上游荡了半年，它们才被父母提醒，原来它们的真正专业不是游泳，而是飞行。

[达里湖失败]

看到小天鹅跃跃欲试，刘宁又着急起来，秋天，天鹅已经抛弃了巢穴。一家人忽东忽西，拍摄变得越发困难。唯一的办法就是挖半地下式的掩体，才能拍到小天鹅学飞行的场面。想到掩体，不禁让刘宁回想起去年春天在达里湖的遭遇。

当他们到达那个巨大的盐碱湖泊时，远处水面上密密麻麻地落满了各种水鸟。于是，他们在水边挖掩体，伪装也做得非常认真。

在这个掩体里，刘宁守候了几天，鸟儿们却再也没有出现。

[拍到小天鹅学飞行]

总结达里湖的教训，刘宁在乌梁素海选择了天鹅食物最丰富的地方挖掩体，而且更加小心隐蔽。

[大天鹅教小天鹅飞翔]

这一次他成功了。他拍到了一只小天鹅第一次腾空的镜头。一开始，小天鹅还飞不高，很快就落回水面上。

掩体非常窄小，为了不惊扰天鹅，不能随意进出。动物片摄影师，就像一个老练的狙击手，他有足够的耐心等待最精彩的瞬间出现。

小天鹅的飞行能力在短短的时间里就有了长足的进步，它们已经能飞得更远了。

但是，它们仍旧缺少章法，只是乱哄哄地追随着父母，体验着飞行的快乐。然而，一只真正的天鹅，必须懂得编队飞行，这需要更多的知识。尽管鸟类天生就是要飞翔的，飞行依旧是危险的。在出生第一年中死去的小天鹅，大多是死于飞行事故。

终于，它们飞高了，而且还形成了不大严谨的队形，从春到秋，他们在刘宁的眼前变成了真正的天鹅。

[天鹅家庭集群]

看到一个个天鹅家庭聚集在一起，刘宁回忆起公天鹅如何无情地殴打进入自己领地的同类，在即将启程南飞的时刻，湖面上，不再有领地，也不再有争夺领地的战斗。

[老张统计天鹅数量]

来自西伯利亚的寒流到达乌梁素海几乎是在一夜之间。

老张又带着他的笔记本，来到天鹅集群的地方，他想统计一下，这一年乌梁素海究竟养育了多少只天鹅。天鹅们不会想到，有人会给它们送行，这不是一个拥有很大权力的人，但正是因为他，天鹅才少了许多的骚扰。

［天鹅启程］

天鹅们出发了，一个个家庭终于踏上了南归的路，小天鹅在父母的带领下，熟练地变换着队形，这时，似乎孩子多的家庭可以得到先飞的权利，辛苦与汗水，也许在天鹅的世界里是很荣耀的。

［结尾，天鹅远去］

天鹅们远去了，摄制组也踏上归程，曾几何时，刘宁还满怀期待和不安，现在，天鹅的隐秘生活已经记录在他的磁带上，可以说，他终于实现了自己的愿望，接近白色的精灵。

［渔民救助小天鹅］

这天，摄制组到湖边找老张，在老张的窝棚前，他们惊讶地看到一群陌生人正在喂7～8只小天鹅。而老张却不在场。

他们四处张望，看见远远的一个身影在割一种天鹅爱吃的草，那正是老张。

原来这是一群乌梁素海的渔民，他们打鱼时救了这些被渔网缠住的小天鹅，送到老张这里来了。其实，他们都是一些非常朴实的人。

［老张在窝棚里］

秋凉透进湖边老张的窝棚，老张一如既往，正在整理鸟类观察记录，这位许多年前捕鸟盗蛋的能手有一个心愿，他也想做一些鸟类的研究。那时，他的经验和观察记录就会派上用场。

［食物被封，头年小天鹅回家］

天鹅作为乌梁素海最后的候鸟，这时也必须离开了，此时，小天鹅的编队练习已经十分娴熟，它们不断练习交换位置、变换队形这些长途迁徙中必需的技巧。

（刘宁、胡晓兵、刘颖，中央电视台2003年9月26日首播）

评析

真心用镜头展现天鹅的美丽
——评析《接近白色的精灵》

《接近白色的精灵》属于自然类电视纪录片。拍摄的主要对象是内蒙古乌梁素海与生息在此地的疣鼻天鹅——白色的精灵。该片以乌梁素海的形成为开篇，接着将疣鼻天鹅在漫长迁徙过程中从领地战斗、交配、筑巢到产卵以及小天鹅成长的全过程，以镜头语言娓娓道来。全片遵循真实记录的原则，无论是摄影叙事，是拍摄角度、手法，还是拍摄技巧、内容节奏把握等方面，都体现出作品的特点与制作者的独具匠心。

1. 作品采用两条叙事主线进行叙述记录

全片最突出的特点，就是采用两条叙事主线叙述记录。一条是以拍摄者的视角展现白色精灵们的生动有趣的生活，另一条是以参与拍摄的摄影师为对象展现他们的蹲点拍摄的艰辛而精彩的全过程。摄影师刘宁用摄像机捕捉到了大量生动的画面，并通过剪辑手法再现了难得一见的天鹅生活中的种种细节故事，包括公天鹅争夺领地、驱赶头年的孩子、使用调虎离山计营救小天鹅等。

2. 作者运用多种特殊拍摄设备及拍摄角度、方法

因为拍摄作品内容和阶段的变化,需要拍摄者根据情况运用多种特殊拍摄设备及拍摄角度、方法进行拍摄。在动物纪录片中,需要克服的最大困难就是悄无声息地接近动物而不给它们的生活带来干扰。遵循这个原则,刘宁等人想方设法尝试各种伪装来拍摄,确也收到了成效。相信看完本片的观众,一定会对那个胸前藏有摄像机的家伙记忆犹新,拍摄者的奇思妙想令人忍俊不禁。假天鹅的加入,从近景拍摄天鹅,反客为主,从一只天鹅入侵者的角度使人体验到被威吓的感受,展现公天鹅扑面而来的气势。同时,除了刘宁拍摄镜头等拍摄者的这条主线,让拍摄者也成为纪录片的对象之一,也是一个反客为主的精彩运用。再就是安偷拍器,记录天鹅孵化和小天鹅出壳。通过这个偷拍器让观众发现了一个个普通摄像机发现不了的细节。比如天鹅嘴的下边有个凹陷的构造,能够确保翻蛋时的万无一失;小天鹅能根据阳光是否明媚决定破壳的时机;天鹅孵化中最艰难的一段就是既要腾出足够空间给出壳的小家伙,又要紧贴正在孵化中的蛋壳。高倍率的望远镜头更是此次拍摄的一大能手和主力,这些笨重的器材是现代光学技术的杰作,可以将百米之外的一只麻雀拉近到眼前,从远处拉近景也是大多动物纪录片拍摄常用的方法。

在拍摄过程中,摄影师还运用多种方式进行伪装拍摄,从搭建高台到水边挖掩体,拍摄者大费周章的伪装都是为了将人为因素的影响降到最低,真实记录下了大量疣鼻天鹅的隐秘生活。尽管如此,这次天鹅的纪录片拍摄还是留下了一些遗憾,比如拍摄天鹅换羽镜头的失败。摄影师的航拍计划本可以从不同的视角拍摄天鹅的飞翔,结果却并未成功。

3. 作者们娴熟运用拍摄技巧与镜头语言来表情达意

(1) 作品多处采用对比手法。如疣鼻天鹅领地战斗的残酷与战斗姿态的优美形成鲜明对比;鹭与天鹅的对比,每个天鹅家庭要拥有自己的领地筑巢而居,这与鹭类以捕鱼为生,食物遍布整个乌梁素海的无所谓生活态度形成强烈差异。强烈的对比是纪录片能够震撼人心的一个技巧,能够在不断的对比中强化摄影师所要表达的夙愿。

(2) 镜头语言运用灵活多变。例如,用空镜过渡夏到秋的季节变幻,用长镜头表现天鹅交配时的浪漫缠绵,用快速多变的镜头切换展现天鹅领地之争时的紧张与激烈。

(3) 充分利用画外音补充记叙等功用。画外音的解说在片中穿插,能够更加直白地表达出拍摄者当下的感受和心情。有时画外音还起到埋伏笔的作用。比如在讲述经历不同风雨后,小天鹅落单后的遭遇时,画外音提到:"公天鹅连头年的亲生孩子都不认,接下来会发生什么事情,谁也说不清楚。"这样的描述

加重了观众的疑惑,也为接下来的公天鹅营救小天鹅的精彩谋略埋下了伏笔。作品中还有一处伏笔也很精彩,那就是纪录片开篇讲到的老张,"刘宁上次来结识的朋友,后来成了整个拍摄过程中的一个关键人物。"事实证明,这位老张在后来安装偷拍器、调查天鹅产卵等环节都起到了至关重要的作用。

(4) 准确的比喻以及合理的想象是画外音所起到了另一功用。"整个的湖面像是一个巨大的自助餐桌,鸟儿们使用着不同的手段从这个餐桌上取得自己喜欢的食物,从它们饥饿的样子,可以想见长途飞行带给它们的体力消耗和艰辛。"这样的想象和比喻能够更好地帮助观众理解所看到画面的内容,传达拍摄者的心声。

4. 摄制团队人员的令人感动的敬业精神

作品中真实地记录了刘宁和他的拍摄团队,从第一次尝试的失败到屡次拍摄器材和拍摄方案的更迭的周折,这也都反映了他们让人感动的敬业精神。工夫不负有心人,经过从春经夏入秋数月的蹲守,刘宁和他的拍摄团队取得了大量鲜活而珍贵的天鹅影像。《接近白色的精灵》给人展现的是自然的奇迹,没有丝毫的人工雕琢,却真实地从侧面反映了人类对于禽鸟生活的干扰的痕迹。从牛群牛倌们把牛赶进天鹅巢区到渔民布网缠住野鸭子等细节的描述都验证了这一点。

刘宁和摄制组不惧艰难险阻,甚至月复一月,呆在同一处景地。用镜头带着观众近距离走进疣鼻天鹅,深入了解鸟的世界。让我们一次又一次萌发了亲近天鹅的愿望。面对诗一般的画面,聆听着大自然的声音,我们心中留下的将是永恒的奇迹。

总之,本片无论从拍摄技巧上还是内容上,都带给我们久违的惊喜。与人类相通的生活脉络,全新的视听完美感受,这是自然纪录片的一种魅力。似乎这篇优秀电视纪录片,也告诉人们这样一个道理:天鹅的美丽值得耐心守候。

(王雅、孙宜君)

千里单骑回故乡

(节选)

核心提示:这是一个讲述骑摩托车回家的故事。大多数骑摩托车回家的人,都是1000公里内的短途。但这6个在广东打工的四川、重庆人的回家路都是在 1500~2000 公里不等。跟着他们走完这段2000公里,一路波折的回乡路,让人深有感触,除了家的呼唤,还有主人公曾说过的一句话:摩托车,还给了我尊严。

解说:回家,哪怕黑夜无情。

购票者:排了3个晚上才买到一张票。

购票者:家里一直在打电话,快点回家过年,现在没有票了,怎么办?

解说:回家,哪怕路途坎坷。

返乡者:辛苦是辛苦,但很幸福,想到家里面的温馨,还是该回的照样回,一点折都不打。

解说:回家,哪怕山长水远,哪怕千难万险。

张建:哎呀,快了一点点,开车,感觉舒服一点,心情好好一点。

返乡者:打都没打算买火车票。

解说:6人,6天,跨过6个省区,行程2000公里。

解说:有苦,有乐,有争吵。

返乡者:所以还是做有钱人好呀,开个摩托车,处处都受限制,这里不能去,那里不能走。

解说:出发,为那千里外,亲人的笑脸。

董华清在广东中山打拼决定春节骑摩托车回乡

解说:广东中山,偏居华南一角,是一座随中国国门开启而兴旺的城市。这里是连接"中国制造"、"世界工厂"的大动脉,是第16届亚运会火炬传递的出发地。人们从四面八方涌来,追逐梦想,眺望未来。尽管,只能蜗居在狭小的房间,忍受与亲人分离。

董华清:我们家乡在一个小县城,丘陵地带,在四川,靠近成都,大概200公里左右一个小县城,里面没有什么适合我们工作的地方,孩子在家里出生的,那个阶段,我说我不要在外面了,不要出来闯荡了,我想我回家能做一个稳定的事情,一家人就这样生活。但孩子生下来以后,才待了一年,感觉不行了,因为家里实在没有多少事情好做。

解说:距离春节还有一个多月,董华清和妻子就为回家过年忙了起来,给父母、女儿置办些礼物,是小两口计划在元旦大促销时完成的任务。董华清在一家民营机械公司做销售,收入虽还买不起私家车,但公司里的这辆车却可由他支配。

董华清:我的同事倒是有别扭的,女孩子嘛,她跟我说,她开这个车出去买东西,看看周围有没有人,有人就算了,没人就"唰"一下,就下来了。不过我也不是那种很狂热地喜欢摩托车的,摩托车只是一种交通工具,我不是真正的摩托车迷,如果让我有选择,我还是宁肯选择有汽车,至少不管任何天气,我都能出门。

解说:并不狂热爱好摩托车的董华清,却也庆幸在买不起汽车的日子里,摩托车给了他尊严与自由。今年春节,他决定带着妻子骑行2000公里回四川。从10年前离家上大学起,董华清几乎年年春节都要回家,而今年,对女儿的思念,让他越发归心似箭。

董华清:经济条件稍微好一点了,我会选择坐飞机回去,因为正价票不好买,也贵,我一般会选择三十晚上,或者大年初一、初二的时候出行,今年我想早一点回去,多一点时间陪陪家里人,因为现在自己成家了,有小孩了,人家说,养儿方知父母恩,一年没有见到他们了,也不知道他们什么样子,小孩也不认识我。梦梦要穿多大的鞋。

钟素平:这个不应该买20码,这个应该买22码的。

董华清:前几个月回去一次,她也不认识我,抱也不让我抱,单独想把她领走是不可能的,必须要有爷爷奶奶陪同才可能在一起,当时心里酸酸的。

……(略)

2011年1月20日广东中山

董华清骑摩托车回乡过年过红军长征四大险关

解说:出发的日子最终定在1月22日,他将和4位在网上认识的重庆人结伴而行。为了在大部队出发前养足精神,董华清决定提前到佛山的集合点附近住一晚,他任职的公司,在那边有一间店铺。

董华清的家在四川省内江市威远县,从广东中山出发,途经广西、湖南、贵州、重庆,一路向西向北,不但海拔越来越高,贵州到重庆一段更是陡峭的山路,沿途的高速路禁止摩托车通行,董华清将必须穿越娄山关、凉风垭、青杠哨和酒店垭,这正是当年红军长征路上的四大险关。但是,刚刚出发不到10分钟,摩托车出了状况。

钟素平:昨天晚上摔了一跤,把那个弄坏了。

董华清:昨天晚上跑夜路的结果。他那里在修路,有个坑,然后我一过,"呼"一声巨响,就变成这个样子。

解说:刚刚整装待发,车轮就已变了形,单薄的摩托车,如何能承受得住漫漫两千公里征程。

2011年1月22日

佛山 - 阳朔

行程522公里

解说:集合点在105国道和佛山三乐路的交界处,首先和他们会合的是两个从广州出发的重庆人,预计的会合时间是4点48分。就在时钟刚要指向4点48分时,有两辆摩托车在路边停了下来。

董华清:到了。

解说:虽然从未见过面,但是董华清一眼就认出,走在前面的这位是和他通过电话的邓朝刚。

董华清:这位兄弟是哪个?

邓朝刚:张建。

解说:邓朝刚和张建是重庆綦江人,相识已20多年,又同在广州番禺打工,他们的回家路全程也有1500多公里。

邓朝刚:我先把面罩戴上,太冷了。

董华清:穿多点衣服。

记者:为什么这么早呀?

邓朝刚:上一环(佛山一环路)因为一环是不让摩托车走的。

记者:你玩"反攻精英"(电脑游戏)呀。

邓朝刚:不是不是,冷哪,蒙面大侠。

记者:银行劫匪。

邓朝刚:不是劫匪。这样暖和很多,太冷了刚才。

解说:邓朝刚是正宗的摩托车车迷,不但出行的装备齐全,家中还有3辆摩托车,这次他要骑回家的,是其中排量最小的一台。

邓朝刚:实际上我从2008年就开始策划了,就是开摩托车回去,我们全部准备好了,车、人都准备好了,但是,下了一场大雪,那种雪,可能几十年才下一次的,路全部封住了,走不了,所以就没成功。

解说:初中毕业后,邓朝刚就离开家乡出外打工,如今已在广州安了家,是一名房地产中介,20多年来,他回重庆看望父母,大多会避开春节的回乡潮,而仅有的几次春节回家,让他至今耿耿于怀。

邓朝刚:1994年或1995年,一个可以装40多人的车,装了80人左右,多了一半,我是坐的哪里呢,坐的座位肯定是没有了,座位边不是有个加座嘛,加座都没坐了,我是加座与座位中间那个缝,这样塞在那里的。4天呀,还要躲那些检查站,躲的时候,把我们叫下来,走路过关卡。

解说:然后自从2008年,有了骑摩托车回家的念头后,邓朝刚回家过年的心思,一发不可收拾。

邓朝刚:2009年是坐汽车,去年2010年,过了年以后,我觉得有点没意思,没有一点过年的气氛,家不在这边嘛,父母不在这边,没有那种归属感嘛,过完年以后,才临时决定的,初三半夜去坐飞机,这样就回去了。

解说:黎明前的高速公路上,飞驰着四颗想家的心,只是摩托车不属于高速路,而骑车的人,在异乡,找不到归宿。

张建半年两次骑摩托车往返渝粤被赞超级强人

解说:奔驰了40多分钟后,3辆摩托车离开高速路,准备转入321国道,在这里,会有两位在佛山打工的重庆人,加入这支回家的车队。

……(略)

解说:半个小时后,清障车过来了,连日来,载着夫妻俩,奔波近两千公里的摩托车,就这样被吊了起来。董华清和钟素平都不知道这辆单薄的摩托车还能完成回家的使命吗?清障车把夫妻俩送出快速路就停住了,交了250元罚款后,董华清拿回了驾驶证,一直没有说话的钟素平,此时忍不住感慨。

钟素平:好贵哦。

董华清:什么?

钟素平:好贵哦。

董华清:最贵的就是它了。

解说:这时候尹森回来了,原来他也在快速路上遇到了警察。

尹森:刚才那交警不让我走,把我吓死了,后面,他搞了半天,这边不让走,后来他让我推出来的。

解说:10分钟后,3个人重新出发。终于在中午12点到达来凤镇。在这里,尹森将一路向北,前往重庆潼南,董华清和钟素平则沿着108省道,向西进入四川。

尹森:走了,路上小心点,下雨。

董华清:好。

解说:设置好路线,两辆车先后出发。

解说:天空已经下起小雨,地上也有泥水溅起。一路走走停停,雨水会模糊视线,碎石会卡住车轮,离家越近,路越艰难。

董华清:最难的反而是快到家这一块了,路面是坑坑洼洼不平的,然后那个泥又把它覆盖了,人走在上面都会摔跤,车走在上面,我因为后面坐人,行李又绑得多,重心太靠后了,一不小心,它就会重心不平衡,就会摔。下面(路)下雨开不进去,是不是。

解说:晚上抵达村口时,两人浑身上下都是泥。

董华清:哎呀。

董华清父亲:辛苦、辛苦、辛苦。辛苦、辛苦,你们辛苦喽。哎呀,哎呀,哎呀。

解说:父亲已在村口等待多时,看到狼狈不堪的儿子和儿媳,口中不住地感慨。

董华清父亲:麻烦你了,麻烦了。我拿个重的嘛。

解说:停好摩托车,拆下行李,已是晚上十点。父亲领着孩子们向家里走去。

董华清:哎呀,哎。

解说:终于到家了。母亲已做好了饭菜,看着儿子身上已风干的泥浆,一声叹息接着一声叹息。

董华清:哎,眼镜也看不到。

董华清母亲:啧。

记者:心疼吧。

董华清母亲:是啊,像逃难的。

解说:夫妻俩早已饥肠辘辘。此时却顾不上吃饭,迫不及待想见到女儿。

董华清:梦梦。长冻疮了。

董华清父亲:起那个,起痒子。

解说:女儿突然醒了。董华清赶忙去拿准备好的巧克力。

董华清:哎呀,梦梦。

董华清父亲:梦梦,妈妈回来了,爸爸回来了。

董华清:要不要巧克力。

董华清父亲:要,你说要。

董华清:梦梦不哭。

董华清父亲:梦梦不哭啊。

董华清:要不要巧克力,我哄不来,怎么办。

董华清父亲:没关系,他害怕。爸爸妈妈回来了嘛,梦梦。哎呀,你妈妈买新衣服了嘛,你看,你看妈妈买新衣服。起来,来来来,妈妈买新衣服,看,看妈妈买的新衣服,来,包裹里面翻,来来来,你看。

董华清:她根本不认识我。这样下去不行呀。

钟素平:来。

董华清父亲:来来来,新衣服,穿着,要不要。

董华清:她害怕,你看嘛。她的表情我都看得出来。

董华清父亲:哎呀,认不到你爸爸妈妈哟。

董华清:梦梦乖不乖呀,这是哪个?这是妈妈。

梦梦:妈妈。

董华清:这是妈妈呀。我是哪个?

梦梦:爸爸。

董华清:哎哟,乖。

解说:经过一早上的努力,女儿终于开口叫爸爸、叫妈妈。钟素平甚至可以抱着女儿,站在看不见爷爷奶奶的地方。董华清在筹划让父母到中山去住,或者是到南昌和妹妹生活在一起。无论哪个方案,夫妻俩都能更多地见到女儿。

罗秀英(董华清母亲):我老人,要说心里话,最好的就是在这里,是不想在大城市里,大城市里,像我们没什么文化,本地人说话,根本听不懂,但现在要给他带孩子,你不跟着走,怎么办。她对他们就不认识,她拿着肉,不拿给爸爸妈妈吃,只拿给我,给奶奶爷爷吃。你说这是什么概念嘛,爸爸妈妈,知道是爸爸妈妈,她就不知道爸爸妈妈是什么关系,她就不给肉吃。小孩子是最可怜,其实我都无所谓,没办法呀。

董华清:舅舅来了。

解说:今天要给董华清接风洗尘,在家的亲戚们都过来了,大家围在董家20多年的老灶前,熬豆浆、做豆花。青菜是母亲自己下田种的,再放一大勺自家做的辣椒酱,厨房里热气腾腾,飘出来的香气,将会是脑海中长久挥之不去的亲情。

董华清父亲:来,喝酒。

董华清亲戚:来。

解说:除了常年在家的长辈们,年轻人都在外打工或是读书,董华清的表哥、表姐、堂兄、堂妹也和他一样,在大城市和家乡之间不停地迁徙,一年又一年。

熊川(董华清表哥):我过了年,初十我就要出门了。正月出门,腊月回家,男人过得累呀。

董志权(董华清父亲):晚一辈,比我们上一辈要幸福得多,要强,很强,就希望他们要强。强到什么程度,就靠他们自己,自己平时出去打工,有没有努力。过年了,2010年过去了,2011年即将要来临了。

[字幕]

2月9日 刘建抵达广东佛山

2月10日 董华清和钟素萍抵达广东中山

2月10日 尹森抵达广东佛山

2月18日 邓朝刚抵达广东广州

张建 留在重庆 暂不去广东

(凤凰卫视中文台《皇牌大放送》2011年2月26~27日)

评析

记录与叙事之间的真实
——评析《千里单骑回故乡》

  这是一个讲述骑摩托车回家的故事。6个在广东打工的四川人决定骑摩托车回家过年。1500~2000公里的行程耗时6天。记者一路跟随拍摄,记录下了6位主人公一路的艰辛,也记录下了在家过年的温暖。一路波折的回乡路,现实无奈的生活,都让人深有感触。摩托车,不仅给了他们回家的希望,还给他们尊严。该片在第55届纽约国际电视电影节上获得优异奖。该片选题新颖、拍摄手法灵活、叙事技巧娴熟,充满了对春运中个体的关怀。出色的地讲述春运中一群特殊骑行者的故事。

  首先,该片选题新颖、以小见大,以小故事折射春运百态。回家过年的心情都一样急迫,但回家的艰辛却各有各的不同。每年春节,火车票都是一票难求,熙熙攘攘的火车站里,挤满了迫切想要回家的人。但记者并没有直面铁路春运这一老旧的话题,而是另辟蹊径,瞄准了一群准备骑摩托车回家的人。故事的主人公董华清在广东中山打工,女儿在四川的老家,一个不怎么发达的小县城。因生活所迫,董华清不得不在外打工。同行的其他几个队员,情况也基本相似。他们能代表一大批在大城市打工的异乡人,他们努力地靠自己的劳动去换取在大城市扎根的机会,既充实地奋斗着,也对未来充满了迷茫和恐惧。镜头正是瞄准了这样一群人,从一个人拓展到6个人,从6个人再折射到全国众多的打工者,影片质朴感人。以小见大是新闻写作中很重要的一种方法,不仅体现在了事例的真实性,也使内容更加朴实,更能深入事实,挖掘出更深的东西,更能反映出时代特色。在我国东南沿海地区,我的地方外来务工人员的数量大大超出当地人口,2011年我国进城打工者总数已经超过2.5亿。广东省又是我国最早设立经济特区的地方,是众多梦想家的天堂。改革开放30多年后,这个地方依旧留下了难以磨灭的时代印记。在这些骑行者的身上,我们也更能看到时代变迁的影子。影片由于关注了这样一群特殊的骑行者,更能引发观众共鸣,展现时代变迁。

  其次,影片"挑、等、抢"等基本拍摄手法灵活运用,真实地记录了整个骑摩托车回家的过程。引发浓浓乡愁。骑行路上状况不断,条件艰苦。骑行者们迫切回家的心情也注定了此次拍摄无法给记者留下富裕的时间。但本片最后呈现出的,却是内容丰富、信息明确。这与记者在拍摄现场敏锐的洞察力和快速的反应能力是分不开的。从影片中我们也可以看到,许多采访,都是在路况受阻、焦急等待的情况下拍摄的。在队里意见发生分歧时,现场摄影师抓拍到了邓朝刚和张建两人争吵的画面,非常真实生动地表现了路上出现的分歧和矛盾。在摩托车雪地受阻时,摄影师又抓拍到了满面愁容的董华清看到邓朝刚给摔倒的摩托车拍照,董华清忍不住大笑的画面。这次骑行有哭有笑,但更多的时候是苦中作乐。另外,记者的提问也给影片提供了许多关键信息。比如,在一开始天还没亮就集合的时候,记者提问:为什么这么早啊?还有在采访张建母亲时,当母亲说到希望张建不要再走的时候,记者提问张建:可以吗?记者的主动提问,也保证了整个拍摄过程重要素材的获得。

最后,该片叙事手法娴熟,在客观记录与叙事之间,为我们再现了真实。纪录片的真实性和艺术性之间的矛盾与融合,从纪录片诞生之日起,就一直伴随着它的发展。时至今日,依然是从业者不断探讨的问题。真实性是纪录片的生命,是它的魅力源泉,但同时,纪录片也要讲究审美性,在真实的基础上提高纪录片的技术水平和艺术价值,才能更好地传播。在《千里单骑回故乡》中,两者就结合得十分出色。首先,人物、故事的真实保证了影片的真实性,再加上朴实无华的镜头语言保证了信息的真实传达。其次,在叙事技巧上,影片牢牢把握回家、争吵、互助、生存等几个关键字,解说词承担了故事讲述最主要的作用,设置悬念、烘托气氛。"但"、"却"是出现最频繁的字眼且多用疑问句引起下文。例如,"出发不到一个小时,就看见"道路凝冻,禁止通行"的路牌。是强行上山,还是转向高速?"、"董华清遇到了警察,被收走了钥匙和证件,会被罚款?还是会被扣车?家似乎又变得遥远了"。记录和叙事结合的成功之处在于,在每段解说词后,都会紧跟着被访者的描述,或者是同期声,可以说,同期声呼应了之前解说词设置的悬念。使得信息相互印证,观众也就不会对影片真实性产生怀疑。因此,记录和叙事的结合,保证了整个片子在真实性和可看性两者之间,都达到了最高点。观众既看到了好看的故事,也看到了真实,是这个片子成功的重要原因。

《千里单骑回故乡》选题新颖、拍摄手法灵活、叙事技巧娴熟,充满了对春运中个体的关怀,出色地讲述了春运中一群特殊骑行者的故事。

文本

记者再报告——玻璃心

瓷娃娃秋霞:因为我画的全都是瓷娃娃,瓷娃娃的眼睛全都是蓝色的,所以我就画成了蓝色的。

瓷娃娃秋霞:这是公主,这是结婚的小朋友。

记者:我觉得结婚这张画得好漂亮啊!

瓷娃娃秋霞:那当然,送给你吧。

瓷娃娃李文博:我从来没梦见公主。自己倒是个矮人,但是还少6个,公主也不可能请得来。

文娜文博妈妈:我生我这个闺女不会走路,我这个小子不会走路,我也不会走路。

瓷娃娃李文娜:我现在是还害怕。

记者:害怕什么?

文娜:就是,不可能实现的。

字幕:成骨不全症,又被称为脆骨病,是世界罕见病的一种,患者因骨骼先天性脆弱,频繁骨折造成身材矮小。行动障碍,寿命短暂。又被称为"玻璃娃娃"或"瓷娃娃"。

中国罕见病患者有数千万人,其中约10万人患脆骨病,大多生活在农村。贫穷、无知和落后的医疗条件,成为他们终生痛苦的根源。

记者:各位好,欢迎各位收看《记者再报告——玻璃心》。生命是可贵的但有时生命又是残忍的。对于成骨不全症的孩子来说,他们一出生,就被剥夺了亲近自然、亲近社会的权利。因为举手投足常常有骨折的风险,往往被局限在一方床头、一架轮椅上。他们的内心世界究竟是怎么样的呢?他们对生活有怎样的渴望?记者再报告,带您走进玻璃娃娃的世界。

[字幕]山东潍坊 店子村

瓷娃娃秋霞妈妈刘淑荣:其实现在秋霞比以前好多了,2009年开始治疗现在已经很好了。一些好心人帮着,感觉是好多了,但是还是愁。

记者:你觉得你最需要什么?

瓷娃娃秋霞妈妈刘淑荣:就是这样还可以。

瓷娃娃秋霞爸爸赵书令:我觉得还能过得去,有些好心人帮助我们不少。我们全家人非常的感谢。因为他们家庭都不算富裕。他们能帮我们,确实很感动。

记者:你知道他家情况吗?

村民甲:你到他家看,他家娘俩儿都瘫了。

村民乙:就不能下地走路,就是空骨头,一走就断。

村民丙:反正收入是不行了,他家光靠回收废品渡日。

记者:秋霞的病你到底了解多少?

秋霞妈妈:可能就是遗传吧。

记者:秋霞长大之后工作、结婚、生孩子,有想过吗?

秋霞妈妈:那些都很害怕。

记者:你怕什么?

秋霞妈妈:怕像我一样,也是遗传。

记者:对自己现在的生活满意吗?

秋霞妈妈:还可以吧。

记者:还可以就是还有不满意的?

秋霞妈妈:凑合了,还行吧。

记者:怎么让以后秋霞不凑合?

秋霞妈妈:我也不知道啊。

[字幕]赵秋霞 瓷娃娃 10 岁

(秋霞在坐在床上向记者介绍她画的画)

瓷娃娃赵秋霞:这是冬天,这有个蛇。

记者:冬天怎么会有蛇呢?

赵秋霞:他在冬眠嘛。(笑)这是青蛙、荷花。这是夏天,这是房子、犀牛、大动物。

瓷娃娃赵秋霞:因为我画的全都是瓷娃娃,瓷娃娃的眼睛全都是蓝色的,所以我就画成了蓝色的。

记者:我发现你画的画,站着的小朋友比较多。

赵秋霞:这是我的梦想。

记者:什么样的梦想?

赵秋霞:就是站起来走路的梦想。

(秋霞一家人吃饭)

秋霞爸爸:我希望秋霞长大以后,自强自立,成就一番事业,来回报社会。

记者:你认为成就一番事业是指什么?

秋霞爸爸:画画嘛。

记者:画画,成为一个画家?

秋霞爸爸:嗯。

记者:妈妈呢?

秋霞妈妈:有那么个想法,但是不能上学,也不知道能不能实现。

(秋霞弹电子琴)

[字幕]河北沧州 东丁楼村

瓷娃娃李文娜:以前的时候不知道这个病是什么病,就是有毛病,肯定是不可能再站起来了。三年级时候才确诊是成骨不全症。以前的时候,我可能比现在好一点。我现在情况很严重的,治疗已经没啥太大帮助了。严重的话我自个能感觉出来。这条腿虽然没折过,但是也不能动,脊柱也弯了。现在胳膊还靠这两个东西支撑着。

记者:这么坐着辛苦吧?

瓷娃娃李文娜:就是疼吧。

一天一夜 24 小时,她只要坐起来,面对的就是一面墙。很容易想象一个人如果对着墙 8 年的话,会变成什么样子。

记者:听说文娜有几次都不想活了。

文娜文博妈妈:那时候说,这么受罪,我不吃饭了。我说你死了我想你也想疯了。我就这样伺候你,等什么时候伺候不了了,咱俩再死。我劝这孩子,她就不哭了,我说你得为我活着。我说这么伺候着你我不嫌累。我说,自己生的,伺候 8 年没伺候好。孩子受罪受够了。一宿都这么坐着。

(两位医生来给文娜看病)

天津医院小儿骨科主治医师任秀智:我摸摸绷绷劲行吗?

文娜：一动就难受。

瓷娃娃罕见病关爱中心医学顾问哈里·汤姆逊：看起来是因为家庭的忽视。跟其他患者相比，您看她小的时候骨头姿态还很好，骨头内部结构也很好。但现在不同了。

天津医院小儿骨科主治医师任秀智：实际上，文娜的事情是非常让人痛心的事情。她甚至躺在床上脚脖子是抬不起来的，只能看到一个很微弱的脚趾动作。踝关节、大腿、小腿都没有运动。可想而知肌肉和骨骼的萎缩。非常难以说出口，但是又不得不说的一件事就是，文娜这一生真的没有再站起来的希望了。

国家二级心理咨询师瑞红：如果说有医生告诉他，这个孩子是需要不停的锻炼，哪怕骨折也要行走，那这个孩子展现在你面前的，可能是行走的也可能是拄着拐杖走，她不会是这样子的。当时妈妈告诉她，你千万别动，你要什么吃的喝的我给你拿。像这种爱的保护，也束缚了她心灵的成长，自己就一直在那个床上8年。

（文娜在妈妈的帮助下吃饭）

文娜：幸福，现在对于我来说就是，走路已经是不可能了，还有一个就是，希望能自己照顾自己，不用父母帮忙。

记者：所有事吗？

（文娜沉默）

记者：你心里还有什么希望么？什么都没有？

文娜：现在就什么都不敢想。以后怎么样……我现在是害怕。

记者：害怕什么？

文娜：就是，不可能实现的。

（秋霞坐在床上唱《隐形的翅膀》）

瓷娃娃罕见病关爱中心发起人王奕鸥：我第一次见秋霞的时候，觉得跟我小时候特别像。她担心自己会让周围的家人更不快乐。我的降生已经让这个家庭这么不快乐了，那我要尽量开心一些，让爸爸妈妈开心。

文博旁白：早上，妈妈蒸的馒头，爸爸吃完饭，就到地里干农活，妈妈中午忙着洗衣服，他们都没有时间去做午饭。但中午还要赶回来照顾我和姐姐。妈妈身体不好，爸爸年纪也大。我还经常让他们生气，有时还和妈妈顶嘴，有时候我告诉自己，以后不再让妈妈生气，但没过几天我又让妈妈生气了。我不敢让别人知道这些，因为我怕别人知道我说话不算数，今天写下来我要让大家听见，以后我不再让妈妈生气了。

文博：就是现在有些人，也难免瞧不起我们家，一家四口3个残疾人，再加上生活这么贫困，很难让人瞧得起，说实话。

文娜文博妈妈：我就想有一个幸福家庭，有一个小子会走路，我在家里喂鸡喂狗，他爸爸在外面挣钱。孩子将来结婚了我给他们看家，我一辈子就想有这样一个家庭也没希望了。你说我还能想什么简单的希望。

记者：觉得日子苦么？

文娜文博爸爸：越往后肯定会越苦。我现在已经是快60的人了。那都是越往后越难，一定是越难。

记者：文博会画画，能指望以后他画画养你们吗？

文娜文博爸爸:这个可不敢说,谁要啊?哪有人要啊?也没那么高的技术。

记者:从文博家到胡同口大概是100米的距离,而这100米对于文博卧床8年的姐姐来说,是早已淡去的梦想,对于文博本人来说,也是难以企及的长度。更多的时候,他坐在轮椅上,默默地看着胡同口,一天又一天地描绘着光影的变化,而这幅画他取名为"最遥远的距离"。

文博:我一般最喜欢的是画花鸟,接触最多。山水风景这里也没有条件。

(秋霞爸爸哼曲《映山红》)

文博:画画,你成为画家,那不是一个赚钱的工作,那是两码事。如果可能的话,我会学些其他的技能和手艺,我马上就17周岁了,再过两年吧,我就能用其他的方式赚钱,可以让我的家庭过得更好。

文娜文博妈妈:我特别喜欢养花,小猫小狗我也爱养,要是我会走啊,这一辈子我光弄花。

记者:想不想去上学?

秋霞:嗯。

记者:叔叔帮你完成这个愿望。

秋霞:真的?怎么回事?

记者:帮你做好手术,让你能站起来。等不用坐轮椅,学校就会让你去上学了。

秋霞:哦。

文娜文博妈妈:我相信这不是命,一开始我就不该选择生他们,不该把他们带到这个世界上来受这个罪。就不该生下来。

文博:你不生我,没准中国将来就少了一个艺术家啊。

记者:你的艺术作品拍卖了一万块钱。为什么不收这笔钱呢?

文博:又问这件事吗?(笑)

记者:很多人问过吗?

文博:不是啊,他们不一定知道。这一万块钱能没用吗?但是用在哪儿呢?如果用在年龄比我更小的病友身上,有可能比在我这儿体现的价值更大。实际上,年龄越小越好。大夫打的比喻就是,100元钱的药在你身上不能说没有用,但可能是一毛钱的效果。自己觉得那个本钱真是不值,可能就是因为没钱吧,我觉得一万块钱肯定不是小数目。我不可能看着一万块钱浪费在我这。

[字幕]2011年6月,秋霞得到慈善捐助,在山东潍坊接受内钉手术,有望靠双腿站起来。

文娜已经无法进行任何治疗了,肠胃功能也在恶化,健康堪忧。

文博仍在努力自学,继续追逐成为画家的梦想。

瓷娃娃罕见病关爱中心发起人王奕鸥:国外很多的国家,对于罕见病这个特殊的群体,是有相关的政策保障的。像美国、日本、巴西、印度这些国家。可能在中国目前还没有针对这个群体的立法的政策上的保障,但我们也希望能够通过像是民政部相关部门,在现有的项目中,能够把罕见病这个群体纳入进去。比如像大病医保里面,然后像民政部现在正在开展的儿童工作、重度残疾人的工作。那还不是可以把罕见病,这一特殊群体也考虑进去。

天津医院小儿骨科主治医师任秀智:具体地说,比如在像这些疾病的这种药物开发、器械开发,如果国家给一个好的政策的话,它的开发周期会缩短,会间接地降低它的治疗费用。另一方面就是说,如果能在报销体制上,能更多地关怀到这个特殊的人群,也能避免因病致贫的现象。

[字幕]成骨不全症的最佳治疗年龄不超过14岁,因为贫穷和缺乏相关知识,许多孩子错过了最佳手术期,只能终生瘫痪。过去数年,政府和公益组织资助了数千名罕见病患者,仍有更多这样的孩子等待救助。

(任韧,凤凰卫视2011年6月19日)

评析

影像冲击心灵
——评析《记者再报告——玻璃心》

《记者再报告——玻璃心》(简称《玻璃心》)是由凤凰卫视主播任韧制作的一部纪录片,讲述的是3个"瓷娃娃"的故事。"瓷娃娃"即成骨不全症患者,他们的骨骼先天性脆弱,频繁骨折造成身材矮小、行动障碍,许多人需要经常手术和长期服药以维持生命。据"瓷娃娃罕见病关爱中心"推测,中国目前这样的患者大约有10万人。该片以平实的镜头,真实的细节向我们展现了3个"瓷娃娃"他们不同的命运,也展示了他们如玻璃般易碎的世界。该片摘得第33届泰利奖"公众卫生"、"社会责任"两项铜奖,以及芝加哥电影节雨果电视奖调查性报道及新闻纪录片类银奖。其充满人文关怀的主题和出色、细致的表现手法,都对同类作品有很重要的借鉴意义。

1. 纪录片式的拍摄手法强调了内容的真实性

电视纪录片具有三大鲜明特征:真实性、人文性、审美性。真实性是纪录片的生命,如果没有了真实性,震撼人心的力量也就无从说起。正是因为真实,才赋予了影片中瓷娃娃的故事以生命。真实并不是一味的拍摄。20世纪60年代西方对"直接电影"或"真实电影"的讨论,对日后纪录片的创作产生了深远影响。其争论的核心问题在于导演是否应该主动介入纪录片创作。时至今日,无论是当初直接电影所提倡的"墙上的苍蝇",还是真实电影所强调的"参与式"创作,经过了历史长河的洗礼,都成为了当下纪录片的一种创作手段,而被后人广泛借鉴、运用。在《玻璃心》中,我们常常能看到两种真实的结合,其中又以"参与式"的创作手法为主。例如,在秋霞弹电子琴的时候,文娜一家人吃饭的时候,文博专心画画的时候,摄影机只是静静地呆在一边,默默地记录下发生的事,这些镜头使观众忽略了记者的存在,使观众仿佛真正看到了他们的家庭生活。但这个节目中更多的是记者的主动提问参与。比如记者会主动提问:你有什么梦想吗?你想不想上学?有没有想过孩子以后的生活?这些提问有助于让观众更靠近被采访者,使观众了解他们的心灵。推动了节目的发展。在被采访者的反应和回答之间,显露真实。

2. 说理性与真实性相结合彰显纪录片独特的人文关怀

《玻璃心》关注的是一群罕见病人这一特殊人群,充满了对人的本质力量和生存状态的思考。该片并不仅仅只有展现,而是充满了对人的关怀,打动人心,触及灵魂。比如在影片中,多次出现了骨科医生、心理专家以及关爱活动发起者等人的采访,在瓷娃娃的生存现状中,加入了科学依据及社会关怀。电视纪录片有别于纪录电影,它需要达到一种社会效应,即吸引更多的人来关注这一群体。《玻璃心》就很好地把说理性和真实性结合了起来,使节目不仅感人,还有丰富的资料和科学依据。另外,很多细节也凸显了对人性的关怀,比如瓷娃娃秋霞多次和记者的聊天:

瓷娃娃秋霞:这是公主,这是结婚的小朋友。

记者:我觉得结婚这张画得好漂亮啊。

瓷娃娃秋霞:那当然,送给你吧。

瓷娃娃秋霞:这是冬天,这有个蛇。

记者:冬天怎么会有蛇呢?

瓷娃娃秋霞:他在冬眠嘛。(笑)这是青蛙、荷花。这是夏天,这是房子、犀牛、大动物。

纪录片的主题趋向于更为深层、更为永恒的内容,它从看似平常处取材,以原始形态的素材来构造片子,表现一些个人化的生活内容,达到一种蕴含着人类具有通感的生存意识和生命感悟,强调人文内涵、文化品质。《玻璃心》片中的这些细节增强了节目的感染力,也使被摄者的形象更加立体、生动,触动了观众对生命的感悟。

3. 在表现手法上兼顾了记录与抒情

在结构上,两个家庭、3个瓷娃娃的命运主线相互交织,为我们展现了一个患有成骨不全症的孩子的世界。但他们的命运也各有各的不同,文娜因为缺乏医学知识和落后的医疗条件,对着家里的墙壁一坐就是8年;文博自强不息,想通过自学,成为出色的画家;而秋霞最幸运,她接受了医生的治疗,将有可能依靠自己的双腿站起来。3条主线相互穿插,展现了3个孩子的不同命运,以此折射出这一群体所面对的困境。从观看习惯上说,这样的一种结构,能消除观众收看电视产生的疲劳,也能在有限的篇幅里尽可能多的丰富所蕴含的信息。另外,影片在音乐的使用上也很有特色。影片整体上以轻柔、缓和、哀伤的轻音乐贯穿始终,而3次同期声音乐的出现,给全片的音乐画上了点睛之笔。秋霞唱的《隐形的翅膀》,歌词正是秋霞自身的写照;秋霞爸爸唱的《映山红》,寒冬腊月盼春风,正是他们一家人的期盼。画面真实再现当时情景,配上音乐,感情就会随着音乐的节奏自然而然地流淌。音乐的出现,参与了叙事、舒缓了节奏、抒发了感情、增强了感染力。同时,音乐的出现,也使正在收看节目的观众沉重的内心得到放松,精神得到慰藉。

可以说,《记者再报告——玻璃心》真实地反映了瓷娃娃的世界、充满了对生命的尊重。是一部非常优秀的电视纪录片。

附注:北京2012年5月14日电视纪录片 第六届"记录·中国"颁奖典礼于5月12~15日举行,由凤凰卫视主播任韧制作的纪录片《玻璃心》在530多部参评作品中脱颖而出,与央视《美丽中国》(Wild China)等并获二等奖。这是该纪录片今年以来第三次获奖,也是该片在国内获得的第一个奖项。此前,《玻璃心》已于今年3月和4月分别摘得第33届泰利奖"公众卫生"、"社会责任"两项铜奖和芝加哥电影节雨果电视奖调查性报道及新闻纪录片银奖。

文本

舌尖上的中国

(节选,分集剧情)

第1集 自然的馈赠

作为一个美食家,食物的美妙味感固然值得玩味,但是食物是从哪里来的?毫无疑问,我们从大自然中获得所有的食物,在我们走进厨房,走向餐桌之前,先让我们回归自然,看看她给我们的最初的馈赠吧。

本集将选取生活在中国境内截然不同的地理环境(如海洋、草原、山林、盆地、湖泊)中的具有代表性的个人、家庭和群落为故事主角,以及由于自然环境的巨大差异(如干旱、潮湿、酷热、严寒)所带来的截然不同的饮食习惯和生活方式为故事背景,展现大自然是以怎样不同的方式赋予中国人食物,我们又是如何与自然和谐相处,从而了解在世代相传的传统生活方式中,通过各种不同的途径获取食物的故事。

[本集部分旁白]

中国拥有世界上最富戏剧性的自然景观,高原、山林、湖泊、海岸线。这种地理跨度有助于物种的形成和保存,任何一个国家都没有这样多潜在的食物原材料。为了得到这份自然的馈赠,人们采集、捡拾、挖掘、捕捞。穿越四季,本集将展现美味背后人和自然的故事。

香格里拉,松树和栎树自然杂交林中,卓玛寻找着一种精灵般的食物——松茸。松茸保鲜的极限是3天,商人们以最快的速度对松茸进行精致的加工,这样一只松茸24小时之后就会出现在东京的市场中。

松茸产地的凌晨3点,单珍卓玛和妈妈坐着爸爸开的摩托车出发。穿过村庄,母女俩要步行走进20公里之外的原始森林。雨让各种野生菌疯长,但每一个藏民都有识别松茸的慧眼。松茸出土后,卓玛立刻用地上的松针把菌坑掩盖好,只有这样,菌丝才可以不被破坏,为了延续自然的馈赠,藏民们小心翼翼地遵守着山林的规矩。

为期两个月的松茸采摘季节,卓玛和妈妈挣到了5000元,这个收入是对她们辛苦付出的回报。

老包是浙江人,他的毛竹林里,长出过遂昌最大的一个冬笋。冬笋藏在土层的下面,从竹林的表面上看,什么也没有,老包只需要看一下竹梢的叶子颜色,就能知道笋的准确位置,这完全有赖于他丰富的经验。

笋的保鲜从来都是个很大的麻烦,笋只是一个芽,是整个植物机体活动最旺盛的部分。聪明的老包保护冬笋的方法很简单,扒开松松的泥土,把笋重新埋起来——保湿,这样的埋藏方式就地利用自然,可以保鲜两周以上。

在中国的四大菜系里,都能见到冬笋。厨师偏爱它,也是因为笋的材质单纯,极易吸收配搭食物的滋味。老包正用冬笋制作一道家常笋汤,腌笃鲜主角本来应该是春笋,但是老包却使用价格高出20倍的遂昌冬笋。因为在老包眼里,这些不过是自家毛竹林里的一个小菜而已。

在云南大理北部山区,醒目的红色砂岩中间,散布着不少天然的盐井,这些盐成就了云南山里人特殊的美味。老黄和他的儿子在树江小溪边搭建一个炉灶,土灶每年冬天的工作就是熬盐。

云龙县的冬季市场,老黄和儿子赶到集市上挑选制作火腿的猪肉,火腿的腌制在老屋的院子里开始。诺邓火腿的腌制过程很简单,老黄把多余的皮肉去除,加工成一个圆润的火腿,洒上白酒除菌,再把自制的诺盐均匀地抹上,不施锥针,只用揉、压,以免破坏纤维。

即使用现代的标准来判断,诺邓井盐仍然是食盐中的极品,虽然在这个古老的产盐地,盐业生产已经停止,但我们仍然相信诺邓盐是自然赐给山里人的一个珍贵礼物。

圣武和茂荣是兄弟俩,每年9月,他们都会来到湖北的嘉鱼县,来采挖一种自然的美味。这种植物生长在湖水下面深深的淤泥之中,茂荣挖到的植物的根茎叫做莲藕,是一种湖泊中高产的蔬菜——藕。

作为职业挖藕人,每年茂荣和圣武要只身出门7个月,采藕的季节,他们就从老家安徽赶到有藕的地方。较高的人工报酬使得圣武和茂荣愿意从事这个艰苦的工作。挖藕的人喜欢天气寒冷,这不是因为天冷好挖藕,而是天气冷买藕吃藕汤的人就多一些,藕的价格就会涨。

整整一湖的莲藕还要采摘5个月的时间,在嘉鱼县的珍湖上,300个职业挖藕人,每天从日出延续到日落,在中国遍布淡水湖的大省,这样的场面年年上演。

今天当我们有权远离自然,享受美食的时候,最应该感谢的是这些通过劳动和智慧成就餐桌美味的人们。

第5集 厨房的秘密(上)

[本集部分旁白]

与西方"菜生而鲜,食分而餐"的饮食传统文化相比,中国的菜肴更讲究色、香、味、形、器。而在这一系列意境的追逐中,中国的厨师个个都像魔术大师,都能把"水火交攻"的把戏玩到炉火纯青的地步,这是8000年来的修炼。我们也在这漫长的过程中经历了煮、蒸、炒3次重要的飞跃,它们共同的本质无非是水火关系的调控,而至今世界上懂得蒸菜和炒菜的民族也仅此一家。

本集将主要透过与具有精湛美食技艺的人有关的故事,一展中国人在厨房中的绝技。

要统计中国菜的菜品数量,毫无争议地划分菜系,是一件几乎不可能完成的事。烹炒煎炸蒸、火候、食材、调味……有时候,这些显得简单,有时候却又无比复杂。中国的厨房里,藏匿着什么样的秘密?是食材、佐料、调料的配比?是对时间的精妙运用?是厨师们千变万化的烹制手法?这不是一道简单的数学题。

这顿午餐是为了犒劳邻居们。每年的11月份,尼西乡的人们都要给青稞地施肥。为了不错过最佳的时机,各家之间互相帮忙。在今天,他们的耕种方式、生活习惯,依然还保持着原样。

扎西是个黑陶匠人,这里的人们固执地认为,用黑陶烹制出的菜肴,拥有特殊的好滋味。黑陶能承担的烹饪方法,就是煮。"煮"这种烹饪方式,与陶制炊具的诞生息息相关。陶器诞生之前,人们不一定能想到,他们的后代会吃出这么多花样。能够在烧和烤之外找到另一种让食物变熟的方法,在当时已经是一种惊喜和飞跃。

这里的人们有着自己的生活哲学,并不追求过于精致的生活习惯。作为水和火之间的媒介,它将温度传给食材,让美味释放出来。看似简单的沸腾下,却蕴藏着尼西人厨房的秘密。这秘密流传了几千年后,当初的"惊喜"已经变成日常的烹制手法。

中国人最早将"蒸"带入厨房,也创造了海量的蒸制菜肴。重阳节这天,是欧阳广业的40岁生日。晚上之前,他要准备一场大型村宴,压力可想而知。村宴的场地是不固定的,灶台也须临时搭建。这样的炉灶,对于村宴再合适不过。广东是美食之乡,这看上去毫无秘密可言的厨房,却要满足这里挑剔的食客。

在中国的村宴里,蒸菜往往是主角。蒸是中国菜烹饪法的基本方式之一。在人们发现油脂的快速加热功效之前,蒸被认为比煮加热更快,并且更容易保持食材的完整形状。历史上,"蒸"字曾经和"祭"字同义。牺牲、祭品要保持完整形状。而水蒸气的运作,使热量比较均匀弥散于容器中,也使得蒸一整头猪成为可能。

在广东,人人几乎都是美食家,他们对菜肴有着几近苛刻的要求。蒸猪是今天宴席的压轴菜。作为一场成功的村宴,家人团聚,老友会是重要的,美味传达出的满足感也必不可少。

离开故乡25年后,72岁的居长龙从日本回到扬州。他终于有机会来到熟悉的冶春茶社,再次品味熟悉的味道。

淮扬菜本身的最大特点,是将寻常的食材精雕细琢后,以华丽的姿态登场。这里面,中国厨房的另一大秘密——刀工的作用首当其冲。西餐的厨师,每个动作都有相应的刀具;中餐的厨师手中的一把刀,却能行出无数种刀法。中国菜的刀法之所以如此丰富,正因为它从来不是简单的"化整为零"。19岁开始,居长龙用3年的刻苦,将一把刀运用到纯熟。但刀工对年龄有着苛刻的要求,72岁的他,现在已经很少展示自己的刀工绝活了。

每天,周赛群都会和一群孩子在一起,授业传道,试图把30余年的经验悉数教给他们。无论天资如何,一年级的学生都必须在练习基本功的同时尽快掌握更多菜品的制作方法。

第6集　五味的调和

中国饮食素有"味"是灵魂之说。不同的原材料,不同的调味品,不同的调制手法,不同

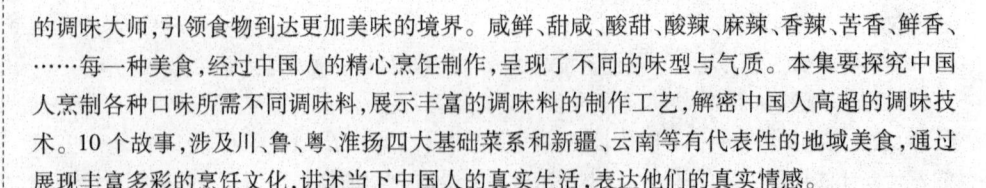

的调味大师,引领食物到达更加美味的境界。咸鲜、甜咸、酸甜、酸辣、麻辣、香辣、苦香、鲜香、……每一种美食,经过中国人的精心烹饪制作,呈现了不同的味型与气质。本集要探究中国人烹制各种口味所需不同调味料,展示丰富的调味料的制作工艺,解密中国人高超的调味技术。10个故事,涉及川、鲁、粤、淮扬四大基础菜系和新疆、云南等有代表性的地域美食,通过展现丰富多彩的烹饪文化,讲述当下中国人的真实生活,表达他们的真实情感。

[本集部分旁白]

不管在中餐还是在汉字里,神奇的"味"字,似乎永远都充满了无限的可能性。除了舌之所尝、鼻之所闻,在中国文化里,对于"味道"的感知和定义,既起自于饮食,又超越了饮食。也就是说,能够真真切切地感觉到"味"的,不仅是我们的舌头和鼻子,还包括中国人的心。

和全世界一样,汉字也用"甜"来表达喜悦和幸福的感觉。这是因为人类的舌尖能够最先感受到的味道就是甜,而这种味道则往往来源于同一种物质——糖。

对于阿鸿来说,糖不仅表示着甜,更意味着一切。糖葱薄饼,潮州著名的传统甜食,阿鸿的手艺是祖传的。今天,阿鸿准备多做一些糖葱,明天就是当地隆重的节日——冬节。祖祠中,随着大戏的开场,人们怀着敬意,把各种色泽艳丽的甜品奉献给祖先,同时为自己的生活祈福。阿鸿的心愿,是他的传统手工技艺能继续为整个家庭带来富足。

中国人在品尝生活的甘甜之时,似乎也很善于欣赏苦。

10月的果园,茶枝柑由青转黄,气味芬芳。味苦带甘的新会陈皮就出自这些饱满的果实。储存年份的长短,决定了陈皮的等级和价值。在中国南部,陈皮甚至能决定一家餐馆的兴衰。

澳门路环岛,阿伦进完货回到店里。他是这家海鲜餐厅的主人。餐厅以阿伦祖父的名字命名,半个多世纪以来,生意很少冷场,秘密就在于餐馆的招牌菜——陈皮鸭。

阿伦的记忆里,父母始终只是在店里日夜忙碌的两个身影。童年给他留下的,是辛苦的回味。陈皮飘香里,时光仿佛过得很快,如今,阿伦已有了稳定的工作和收入。在他看来,40多年的生活经历,如果用一句话来概括,最准确的莫过于"苦尽甘来"。

咸的味觉来自盐。在中国菜里,盐更重的使命,是调出食物本身固有的味道,改善某种肌体的质地。在中国的烹饪辞典里,盐是百味之首。

粤东海边,村民世代以晒盐为生。不下雨的日子里,阿刘每天都要在盐田里忙碌。晒盐的收入微薄,一年不到一万元,阿刘还要做电工和捕鱼贴补家用。村子里的人大多外出打工,大片的盐田已经荒废,阿刘依然选择留守。

酸味能去腥解腻,提升菜肴的鲜香。当酸味和甜味结合在一起时,它还能使甜味变得更加灵动,更加通透。酸甜,正是大部分外国人在中国以外的地方对于中餐产生的基本共识。

在烹制肉类时,酸味还能加速肉的纤维化,使肉质变得更加细嫩。当然,"酸"味本身,不仅能促进消化,增进食欲,与此同时,在世界通用的"甜"以及"苦"之外,中国人还很特别地使用"酸"字来形容某种疼痛、某种妒嫉、某种不堪以及某种纠缠而难以言说的苦难。

除了"酸",还有一种可以提振食欲、并且在中餐的菜谱上经常和"酸"字合并使用的味道,那就是"辣"。

素琼是个菜农,也是绝对的一家之主。在四川,许多妇女都像素琼这样开朗、坚韧、果断,汉语里,人们用"泼辣"来形容这种性格。四川盆地气候潮湿,多阴雨,住在这里的人,正需要辣椒的刚猛热烈。

在川菜中，无论是作主料、辅料还是作调味料，辣椒都是宠儿，它给川菜烙上了鲜明的印记。素琼特意推迟了这一季辣椒的种植和采摘，果然在冬季里卖出更好的价格，这种精明让她丈夫十分佩服。

中国烹饪，既能像麻辣的川菜一样如此凶猛地侵略我们的味觉，也能润物细无声地让我们的舌尖领略鲜味的美好。

庄臣18岁时，进入中国最早的五星级酒店，成为一名厨师。2000年，庄臣辞去餐饮总监的职务，成为职业美食家、广东饮食文化的推广者。他认为，在烹饪中保持食材的原味，是一种素面朝天的鲜美。

"鲜"是只有中国人才懂得并孜孜以求的特殊的味觉体验。全世界只有中文才能阐释"鲜味"的全部含义。然而所谓阐释，并不重在定义，更多的还是感受。"鲜"既在"五味"之内，又超越了"五味"，成为中国饮食最平常但又最玄妙的一种境界。

五味使中国菜的味道千变万化，也为中国人在品味和回味他们各自不同的人生境遇时，提供了一种特殊的表达方式。在厨房里，五味的最佳存在方式，并不是让其中有某一味显得格外突出，而是五味的调和及平衡，不仅是中国历代厨师和中医不断寻求的完美状态，也是中国在为人处世、甚至在治国经世上所追求的理想境界。

评析

吃的记录，人的文化
——评析《舌尖上的中国》

《舌尖上的中国》自播出以来，引起了社会各界广泛赞誉和强烈反响。影片以中国各地美食生态为主要内容，通过中华美食的多个侧面，来展现食物给中国人生活带来的仪式、伦理等方面的文化，通过中国美食来了解中华饮食文化的精致和源远流长。它是中国科教类纪录片创作的一次新的尝试，也是一次成功的案例。此片中让人印象深刻的不仅仅是各种上天赋予的神圣的食材，让人动容的还有食物背后采食者的生活与艰辛。因此，这不仅是一部传输关于美食知识和文化的纪录片，它还记录了各地的风土人情与民俗习惯，充满了浓浓的人文气息。这使得《舌尖上的中国》在国内众多的纪录片中独树一帜。

吃是自然。对美食类纪录片来说，往往会以各种见所未见、闻所未闻的珍贵美食来吸引观众的眼球，而在《舌尖上的中国》中，一切都回归自然。摄制组远离城市，拍摄了云南香格里拉的松茸、浙江竹林里的冬笋、云南大理的食盐、东北查干湖大鱼，这些最天然的食材都是来自大自然的馈赠。大江南北的炎黄子孙懂得如何巧妙地适应和利用自然，"靠山吃山，靠海吃海"，这就是把自然的恩赐最大化的中国式生存之道。整部纪录片通过"自然的馈赠"、"主食的故事"、"转化的灵感"、"时间的味道"、"厨房的秘密"、"五味的调和"、"我们的田野"等7

集节目,带领观众从主食到配料、从乡野到餐厅,进行了全方位的参观。衔接流畅自然,富有逻辑,从最普通的老百姓视角展现中国大地上最普通的美食,引起了观众的共鸣。《舌尖上的中国》就是像是一本精美的美食画册,制作商精致考究,全片采用了大量的特写镜头,通过光与影对美食进行精雕细琢的描绘,最大限度地将美食带来的诱惑与激情展现在观众面前,让人不得不感叹中华美食的独特魅力。

吃是文化。美食的背后还蕴含着丰富的中华文化。文化是一个群体的集体记忆和情感表。人类发展至今,美食文化也经历了漫长的历史变迁。一个时代的美食文化,不仅是这个时代最真实的生活写照,也是更大的社会群体的集体记忆。《舌尖上的中国》不仅描绘了诱人的美食,制作者们也将镜头伸向了美食背后所凝聚的历史和文化。美食文化凝结着普通劳动者的辛勤与快乐,镜头中,鱼把头石宝柱一家的全鱼宴年夜饭,陕西人老黄坚守在窑洞土地上碾糜子和糜子面,云南大理的老黄坚持用熬制的食盐腌制火腿。通过劳动场景、制作细节以及生活的喜怒哀乐,美食被赋予了独特的文化体验,日复一日年复一年的劳作,正是当地人坚守的对待食材的方式,它展现的正是我们在现实生活中难以触碰到的美好。现代社会的高速运转已经使得大多数的人都处于追求效率的快节奏生活当中,一日三餐也只为满足最基本的饱腹需要而存在。无论是高级餐厅里的精致美食还是菜市场里工业化加工生产的食材,都与文化相距甚远,《舌尖上的中国》正是通过对美食背后的文化的探索,来唤醒人们对食物的追求与敬畏。

吃是信仰。中国人相信食物是上天的恩赐。现在的人们已经很难体会到以前人类艰难维持着生存时对事物的那种敬畏之感。在镜头下,我们可以看到在许多地区仍然保留着祭祀仪式,以祈祷来年风调雨顺、丰收大吉。相对于作为重头戏的食物制作工艺展示,片中对仪式的介绍也有着非常重要的价值。在影片中,有一场西藏"望果节"的祭祀仪式,铺满青稞粉的手印、抛向空中的青稞粉,人们相信,祈祷的声音可以直达天宇。在东北的查干湖,每年快过年的时候都要举行一次祭湖祭鱼的活动,虽然因为游客需求和商业的参与,祭祀活动已经与老人石把头记忆中的祭祀有了很大的差别,但渔民们还是虔诚地祈祷湖里的神仙恩赐来年的丰收。在这些仪式中,人类表达了对上天的感激和对自然的崇敬,让人更能体会到"民以食为天"的含义。

吃是故事。一个好的纪录片,一定要会"造悬念"。在节目开始,故事的主角必须在最初的30秒钟吸引住观众的注意力。在经历过一个阶段以后,再抛出一个问题,或者一个神秘事件,制造一些麻烦,最后留给结尾一个悬念,使观众不得不跟着往下看。在《舌尖上的中国》里就大量采用了这样的叙述方式,比如说第一集中的"鱼把头"已经70多岁了,他这次带领大家到冰面上捕鱼,他到底能不能打到鱼呢?正当观众看着渔网被慢慢拉上来的时候,此时镜头一转又跳到其他地方,这就给观众造成了一个悬念,要接着把后面的故事看完。纪录片里的这些"小人物"的故事,就这样用"蒙太奇"的编辑手法串场,再排序出场。整个故事没有空洞地宣扬饮食文化的博大精深,而是实实在在地讲美食背后的制作工艺与生产故事。《舌尖上的中国》对食物朴素细腻的描述,对人和食材关系的微妙理解,悄然传达出几千年来中国人在劳动中所产生的智慧思考以及味觉审美,达到善于讲故事以吸引观众的最终目的。

吃是情感。所谓一方水土养一方人,不同地区的人吃不同的食物,这其实包含着深厚的历史传承与文化渊源。纪录片导演陈晓卿认为:《舌尖上的中国》更关心的正是人与食物的关系。而这部纪录片的思路可以归结为:就地取材、就材而食、就食品人、就人化文。中国幅员辽阔,生活在其中的人们按照所处的地缘环境来寻找食材,进而做成种种迷人味道的食物,然后从这些味道中品出中国人的人生百态,最后通过讲述日常生活百态来成就中国文化的深沉积淀,可谓由俗见雅、由浅入深。

它制造了社会文化认同,引发了民族的情感共鸣。这样的一部纪录片,让观众不仅仅是冷漠的观众,而成为了吃文化乃至其代表的中华文化的参与者、继承人。很多观众看到节目中出现的家乡美食,边看边流泪,一道道美食除了勾起观众的食欲,也勾起了浓浓的思乡之情。简单、家常的菜肴,反而让人越是容易泪流满面。"小时候的味道"、"妈的味道"、"家乡的味道"看到影片中的一幅幅画面,尤其是和家乡有关的部分,亲切感溢于言表,但也让离家在外的莘莘游子平添一分乡愁。

在纪录片中每一个鲜活的个体背后都洋溢着朴实的气息,然后再串联起祖国各地的美食生态。这其中,既有制作的技巧,也有艰辛的劳作,更有相濡以沫的真情;有端上桌的美食,有方寸间的方桌厨房,也有广袤的祖国山河。这样一部名为"制造吃货",实为"传播文明",不愧是近年来中国最优秀的纪录片之一。

参考文献

[1] 艾丰．新闻写作方法论[M]．北京：人民日报出版社，1996．
[2] 陈龙．新闻作品评析概论(2版)[M]．长沙：中南大学出版社，2009．
[3] 陈国钦．纪录片解析[M]．上海：复旦大学出版社，2011．
[4] 程道才．专业新闻写作概论[M]．北京：中国广播电视出版社，2002．
[5] 程道才．中外新闻作品赏析[M]．北京：中国广播电视出版社，1997．
[6] 程天敏．新闻写作学[M]．太原：山西教育出版社，1999．
[7] 程世寿．典范新闻评论选析[M]．武汉：华中理工大学出版社，1996．
[8] 董广安．现代新闻写作教程[M]．郑州大学出版社，2004．
[9] 甘惜分．新闻学大辞典[M]．郑州：河南人民出版社，1993．
[10] [荷兰]梵·迪克．作为话语的新闻[M]．北京：华夏出版社，2003．
[11] 郭卫华．新闻侵权热点问题研究[M]．北京：人民法院出版社，2000．
[12] 徐耀魁．西方新闻理论评析[M]．北京：新华出版社，1998．
[13] [美]密苏里新闻学院写作组．新闻写作教程．北京：新华出版社，1986．
[14] 顾勇华，陈杰．中国新闻评论名篇选析[M]．南京：河海大学出版社，1990．
[15] 胡文龙，秦珪，涂光晋．新闻评论教程[M]．北京：中国人民大学出版社，1998．
[16] 胡欣．新闻写作学[M]．武汉：武汉大学出版社，2003．
[17] 康拉德·芬克．冲击力：新闻评论写作教程[M]．北京：新华出版社，2002．
[18] 康文久．实用新闻写作[M]．北京：新华出版社，2002．
[19] 李天道．普利策新闻奖名篇快读[M]．成都：四川文艺出版社，2005．
[20] 李文明.新闻评论的电视化传播——(焦点访谈)解读[M].成都：四川大学出版社，2003．
[21] 孟建，祁林．广播电视新闻范文评析[M]．北京：新华出版社，2001．
[22] 孟建，黄灿．当代广播电视概论[M]．北京：中国传媒大学出版社，2011．
[23] 梅尔文·门彻．新闻报道与写作[M]．北京：华夏出版社，2003．
[24] [美]罗恩·史密斯．新闻道德评价．北京：新华出版社，2001．
[25] 刘建明．当代新闻学原理[M]．北京：清华大学出版社，2003．
[26] 刘根生．新闻评论范文选析[M]．北京：新华出版社，2001．
[27] 刘明华，张征．新闻作品选读[M]．北京：中国人民大学出版社，2004．
[28] 刘刚著．新闻价值判断与表现[M]．北京：新华出版社，2003．
[29] 罗伯特．赫利尔德.电视广播和新媒体写作[M]．北京：华夏出版社，2002．
[30] 吕娜．中外新闻作品研究[M]．北京：中华书局，2003．
[31] 马少华，刘洪珍．新闻评论案例教程[M]．北京：中国人民大学出版社，2008．
[32] 蓝鸿文.新闻采访学[M].第2版.北京：中国人民大学出版社，1999．
[33] 麦尔文·门彻尔.新闻报道与写作[M].北京：新华出版社，1981．
[34] 欧阳宏生．电视批评论[M]．北京：中国广播电视出版社，2000．

[35] 欧阳宏生.广播电视学导论(3版)[M].成都:四川大学出版社,2007.
[36] 邵华泽.同研究生谈新闻评论[M].北京:人民日报出版社,1999.
[37] 孙宜君,等.新闻佳作评析[M].徐州:中国矿业大学出版社,2004.
[38] 孙宜君,阎安.广播电视学引论[M].南京:江苏教育出版社,2013.
[39] 孙发友.新闻报道写作通论[M].北京:人民出版社,2005.
[40] 汤世英.中外新闻作品研究[M].武汉:武汉大学出版社,2000.
[41] 童兵.中西新闻比较论纲[M].北京:新华出版社,1999.
[42] 王振业,胡平.新闻评论写作教程[M].北京:中国广播电视出版社,2001.
[43] 王苏华,曹华民.中外新电视新闻佳作赏析[M].北京:中国广播电视出版社,1998.
[44] 王长潇.电视影像传播概论[M].广州:中山大学出版社,2006.
[45] 王灿发.新闻作品评析教程[M].北京:中国传媒大学出版社,2007.
[46] 夏琼.新闻评析[M].北京:高等教育出版社,2002.
[47] 严介生.美中不足——评析72篇好新闻中的疵点[M].北京:中国广播电视出版社,1993.
[48] 曾庆香.新闻叙事学[M].北京:中国广播电视出版社,2005.
[49] 赵玉明,王福顺主编.广播电视辞典[M].北京:北京广播学院出版社,1999.
[50] 周胜林,等.《当代新闻写作[M].上海:复旦大学出版社,2004.
[51] 李良荣.新闻学概论[M].上海:复旦大学出版社,2001.
[52] 李新民.中国电视大趋势[M].北京:华夏出版社,2006.
[53] 许颖.广播电视新闻实务[M].大连:东北财经大学出版社,2007.
[54] 汪文斌,胡正荣.世界电视前沿[M].北京:华艺出版社,2001.
[55] 石长顺,等.电视文本解读[M].武汉:华中科技大学出版社,2003.
[56] 石长顺.当代电视务实教程[M].上海:复旦大学出版社,2005.
[57] 石长顺.电视栏目解析[M].武汉:华中科技大学出版社,2003.
[58] 郭庆光.传播学教程[M].北京:人民大学出版社,1999.
[59] 黄匡宇.广播电视学概论(三版)[M].广州:暨南大学出版社,2010.
[60] 陆晔,赵民.当代广播电视概论[M].上海:复旦大学出版社,2005.
[61] 周勇.广播电视概论[M].长沙:中南大学出版社,2005.
[62] 陈犀禾.当代美国电视[M].上海:复旦大学出版社,2001.
[63] 郭镇之.中外广播电视史[M].上海:复旦大学出版社,2005.
[64] 陆地.解析中国民营电视[M].上海:复旦大学出版社,2005.
[65] 胡智锋.会诊中国电视[M].北京:文化艺术出版社,2005.
[66] 胡智锋.电视节目策划学[M].北京:复旦大学出版社,2008.
[67] 黄升民,等.广电媒介产业经营新论[M].上海:复旦大学出版社,2005.
[68] 刘燕南.电视传播研究方法[M].北京:北京师范大学出版社,2003.
[69] 何苏六.电视画面编辑[M].北京:中国广播电视出版社,1997.
[70] 赵淑萍.电视节目主持[M].北京:北京师范大学出版社,1999.
[71] 刘海贵.当代新闻写作[M].上海:复旦大学出版社,2001.
[72] 邢虹文.电视与社会——电视社会学引论[M].上海:学林出版社,2005.
[73] 布尔迪厄.关于电视[M].沈阳:辽宁教育出版社,2000.
[74] [美]罗伯特·赫利尔德.电视广播和新媒体写作[M].北京:华夏出版社,2002.
[75] [美]安德鲁·博伊德.广播电视新闻教程[M].北京:新华出版社,2000.

[76] 张静民. 电视节目策划与编导[M]. 广州:暨南大学出版社,2001.

[77] 张俊德,等. 广播电视新闻学实务教程[M]. 上海:文汇出版社,2009.

[78] 郑思礼,郑宇. 现代新闻评论分析与评价[M]. 昆明:云南大学出版社,2009.

[79] 贡吉玖. 中国广播电视新闻奖·新闻佳作赏析[M]. 北京:中国广播电视出版社,1999.

[80] 中共中央宣传部新闻局编. 马克思主义新闻工作文献选读[M]. 北京:人民日报社,1990.

[81] 江欧利. 中国广播电视新闻奖1999年度·新闻佳作赏析[M]. 北京:新华出版社,2004.

[82] 江欧利. 中国广播电视新闻奖2002年度·新闻佳作赏析[M]. 北京:新华出版社,2004.

[83] 郭宝新. 中国广播电视新闻奖2001年度·社教佳作赏析[M]. 北京:新华出版社,2003.

[84] 郭宝新. 中国广播电视新闻奖2002年度·社教佳作赏析[M]. 北京:新华出版社,2004.

[85] 郭宝新. 中国广播电视新闻奖2003年度·社教佳作赏析[M]. 北京:新华出版社,2005.

[86] 李丹. 中国广播影视大奖·2004年度新闻佳作赏析[M]. 北京:新华出版社,2006.

[87] 中国广播电视协会. 中国广播影视大奖·广播电视节目获奖作品集(2007-2008)广播卷[M]. 北京:中国广播电视出版社,2010.

[88] 中国广播电视协会. 中国广播影视大奖·广播电视节目获奖作品集(2007-2008)电视卷[M]. 北京:中国广播电视出版社,2010.

[89] 中国新闻奖评选委员会. 中国新闻奖作品选(第1-22届)[M]. 北京:新华出版社,2011.